Gabriele Stumpp · Müßige Helden

Gabriele Stumpp

Müßige Helden

Studien zum Müßiggang in Tiecks „William Lovell", Goethes „Wilhelm Meisters Lehrjahre", Kellers „Grünem Heinrich" und Stifters „Nachsommer".

M&P
VERLAG FÜR WISSENSCHAFT UND FORSCHUNG

Die Deutsche Bibliothek – CIP-Einheitsaufnahme

Stumpp, Gabriele:
Müssige Helden : Studien zum Müssiggang in Tiecks „William Lovell", Goethes „Wilhelm Meisters Lehrjahre", Kellers „Grünem Heinrich" und Stifters „Nachsommer" / Gabriele Stumpp. – Stuttgart : M und P. Verl. für Wiss. und Forschung, 1992
Zugl.: Marburg, Univ., Diss., FB 09 1990
ISBN 978-3-476-45016-6

ISBN 978-3-476-45016-6
ISBN 978-3-476-04174-6 (eBook)
DOI 10.1007/978-3-476-04174-6

M & P Verlag für Wissenschaft und Forschung
ein Verlag der J. B.Metzlerschen Verlagsbuchhandlung und
Carl Ernst Poeschel Verlag GmbH in Stuttgart

Vorbemerkung

Allen, die mich durch Diskussionen, Hinweise und Anregungen beim Zustandekommen der vorliegenden Arbeit unterstützt haben, möchte ich an dieser Stelle danken. Mein ganz besonderer Dank gilt meinem Doktorvater, Herrn Prof. Dr. Gert Mattenklott, der mich immer wieder ermutigt und ermuntert hat. Nachdrücklich danken möchte ich auch Herrn Prof. Dr. Burghard Dedner für seine Betreuung der Dissertation.

Zu danken habe ich auch Herrn Prof. Dr. Otto Kaiser, meinem Vertrauensdozenten von der Studienstiftung des deutschen Volkes, und Herrn Prof. Dr. Hermann Hofer für ihre freundlichen Ratschläge.

Durch Stipendien der Studienstiftung des deutschen Volkes und der Hessischen Graduiertenförderung wurde die Fertigstellung der Arbeit sehr erleichtert.

Inhaltsverzeichnis

Einleitung

Wer glaubt, der Müßiggang gehöre endgültig der Vergangenheit an, muß sich eines Besseren belehren lassen: er wird nun schon seit einigen Jahren wiederentdeckt - wenn auch nicht als unmittelbare Lebenspraxis, so doch als Gegenstand theoretischer Reflexion oder literarischen Interesses. Im Zeitalter der heraufziehenden postindustriellen Freizeitgesellschaft gewinnt der Müßiggang unvermittelt an Bedeutung. Hier beginnen jedoch auch die Schwierigkeiten; denn er steht nicht für eine einsinnige Lebensform, über die per definitionem ein für allemal Auskunft zu gewinnen wäre. So werden der überfeinerte Dandy und der ausschweifende Lebemann ebenso den Müßiggängern zugerechnet wie der notorische Faulpelz, der versponnene Tagträumer oder der exzentrische Künstler. Deshalb stößt man auf den Müßiggang in Anthologien zur Faulheit und zum Schlaraffenland, zum Dandy und zum Flaneur, aber auch in soziologischen, kulturanthropologischen und literaturwissenschaftlichen Untersuchungen. Äußerst unterschiedlich sind daher auch die Ergebnisse der Auseinandersetzung mit dem Müßiggang.
In ihren "Materialien zu einer Theorie des Müßiggangs"[1)] empfiehlt etwa Gisela Dischner ihn als Lebensform der Zukunft, in der die Entfremdungserscheinungen der kapitalistischen Gesellschaft überwunden sein sollen. Unter dem Titel "Müßiggang und Laster" versammelt das Konkursbuch[2)] eine heterogene Mischung theoretischer, essayistischer und poetisch-biographischer Überlegungen zum Müßiggang, die von der Kritik kapitalistischer Selbsterhaltungslogik bis zur Beschreibung der Erlebnisse und Impressionen eines müßigen Individuums reichen. Im Rahmen der Freizeitsoziologie versucht Horst Werner Opaschowski, einen von ihm beobachteten Wertewandel innerhalb der Bevölkerung - die beginnende Abkehr von der seitherigen Arbeits- und Berufsethik - mit einer "sich neu entwickelnde[n] Mußekultur" zu erklären und plädiert für einen "aktive[n] Müßiggang", mit dem künftige Freizeitprobleme bewältigt werden können[3)]. Ein in sich differenziertes Bild von Faulheit, Müßiggang und Muße vermittelt Gert Mattenklott in seiner Studie über "Faulheit"[4)]; er versagt sich einer vorschnellen Vereinnahmung des Themas und steckt in der Auseinandersetzung mit literarischen, philosophischen, pädagogischen und kulturanthropologischen Quellen einen Horizont ab, innerhalb dessen erst sinnvoll über eine mögliche Zukunft von Müßiggang und Faulheit zu diskutieren wäre. Interdisziplinärer Zusammenarbeit verdankt sich die jüngste Veröffentlichung zum Thema Müßiggang, der Band "Nichts Besseres zu tun - Über Muße und Müßiggang"[5)], in dem beide aus psychologischer, sozialpädagogischer, theologischer, literaturwissenschaftlicher und soziologischer Sicht beleuchtet werden.

Literarische Zeugnisse zu Müßiggang und Faulheit aus dem späten Mittelalter bis zur Gegenwart präsentiert "Das Insel-Buch der Faulheit"[6], während im "Lob der Faulheit"[7] vorwiegend zeitgenössische Autoren zu Wort kommen. Einen Überblick über Texte zu Müßiggängern wie dem Dandy, Snob und Flaneur bietet Gerd Steins gleichnamige Anthologie[8]; der Psychologie des Dandyismus spürt Hiltrud Gnüg im "Kult der Kälte" nach[9], in dem sie u.a. klassische Dandyromane wie Wildes "Dorian Gray", Huysmans "A Rebours" und Balzacs "La fille aux yeux d'or" analysiert und den antibürgerlichen Gestus der Helden herausarbeitet. Dem Typus des Flaneurs widmet sich Eckhardt Köhn, der eine "Literaturgeschichte des Flaneurs bis 1933" zu rekonstruieren versucht.[10] Bilder und Texte zum Schlaraffenland als dem Ort exzessiver Faulheit und Gefräßigkeit stellen Martin Müller und Dieter Richter vor.[11]

Unumwunden gestehen einige der genannten Veröffentlichungen die Probleme ein, die man in einer Leistungsgesellschaft mit Muße, Müßiggang und Faulheit hat.[12] Die Hoffnung auf das ganz Andere, Verheißungsvolle und Verbotene, die zumindest der Müßiggang wachruft, steht meist in einem seltsamen Mißverhältnis zu den Ergebnissen, welche die Beschäftigung mit ihm zeitigt.

Symptomatisch erscheinen mir zwei Beobachtungen: der Müßiggang wird umstandslos entweder mit Faulheit oder mit Muße ineinsgesetzt, oft mit beiden zugleich, ohne daß die historische Genese der Gleichung Müßiggang-Faulheit bzw. die historische Differenz Muße-Müßiggang Beachtung finden[13]; zum andern läßt sich die Tendenz feststellen, Müßiggang und Muße mit Arbeit zu versöhnen. Da wird etwa von Opaschowski gefordert, daß "Muße (...) in Zukunft nicht mehr bloße Freiheit von Arbeit sein (kann), sondern (...) mögliche Freiheit in Arbeit und Freizeit werden (muß)"[14]; der Müßiggang wird als "unentfremdete Arbeit"[15] bestimmt, oder "Müßiggang und Faulheit" werden als das "Gegenteil von Fremdbestimmung und Verwertungszwang", d.h. als "Versöhnung von Lust und Arbeit"[16] definiert. Der Sinn dieser Synthesis, die dem überkommenen Verständnis des Müßiggangs wie der Muße zuwiderläuft, wird deutlich, wenn sich der Begriff der Arbeit in den angesprochenen Fällen[17] unterderhand zu dem einer produktiven Tätigkeit schlechthin erweitert; dann wird der Müßiggang zu einer konstruktiven Betätigung, die sich breitenwirksam empfehlen läßt und zugleich Glück und Selbstverwirklichung verspricht. Der Kritik Gert Mattenklotts an solchen Konzepten, die ihre Nähe zu Vorstellungen kunstgewerblicher Freizeitaktivitäten schwer verleugnen können, ist nichts hinzuzufügen[18].

Die Beschwörung des 'kreativen Müßiggangs' oder der 'arbeitsamen Muße' läßt vermuten, daß sich hinter ihr die herrschende Arbeits- und Produktivitätsideologie fortschreibt - aller Kritik an der "Fetischisierung der Arbeit"[19] zum Trotz. Denn die Verschmelzung von Müßiggang resp. Muße und Arbeit unterschlägt die Momente des Zwangs und der Notwendigkeit, die der letzteren als Naturauseinandersetzung und Reproduktionsquelle innewohnen, und verschenkt die Unterschiede zu einem Begriff von Tätigkeit, die sich jenseits der Bedingungen und Beschränkungen der Arbeit entfalten kann, aber auch die Möglichkeit, mit Müßiggang oder Muße etwas zu verbinden, das von den Kategorien unentfremdete oder produktive Tätigkeit nicht abgedeckt wird.

Die Betonung der Produktivität des Müßiggangs weckt zudem den Verdacht, er solle vom Odium des Anrüchigen, das ihm von alters her anhaftet, befreit werden, ohne daß diese negative Tradition auf ihre emanzipatorischen Potenzen hin untersucht worden wäre.

Dort, wo Vorstellungen von der pflanzenhaften Passivität und orientalischen Trägheit des Müßiggangs zitiert werden, stehen sie meist unverbunden neben den Bestimmungen "freie bewußte Tätigkeit"[20) oder "produktive Betätigung"[21), die durchaus für sich selber stehen könnten, denn der Titel Müßiggang verleiht ihnen keine zusätzliche Konkretion; da überdies die Unterschiede zur Muße häufig übergangen werden, entsteht ein eigentümlich vages und blasses Bild des Müßiggangs, weshalb sich beim Leser neben der Langeweile meist auch die Enttäuschung darüber einstellt, daß sich der angeblich verruchte Müßiggang als eine so durchaus biedere Angelegenheit entpuppt.

Den Bemühungen um den Müßiggang muß man freilich zweierlei zugute halten: erstens den Umstand, daß es schwierig ist, in einer sogenannten permissiven Konsumgesellschaft, die in der Sphäre der Reproduktion den leistungsorientierten Produktionsbereich komplementär ergänzt, Felder für den Müßiggang zu finden, die nicht schon von den Angeboten der Waren- und Freizeitindustrie besetzt sind. So hat es etwa wenig Sinn, auf den alten Lasterkatalog des Müßiggangs zu rekurrieren und das Publikum zum Zechen, Schlemmen und Buhlen oder zum raffinierten Genuß von Luxusgütern aufzufordern, wenn dies die professionelle Werbung ohnehin schon besorgt; auch das Plädoyer für ein abenteuerndes Müßiggängerleben müßte mit den entsprechenden Angeboten von Abenteuerurlauben konkurrieren[22).

Auf diese Weise läßt sich vielleicht der Mangel an Phantasie und die Einfallsarmut einer Anthologie wie dem "Lob der Faulheit" oder die ernüchternde Harmlosigkeit des Konkursbuchs "Müßiggang und Laster" erklären.

Zweitens - so die erste These dieser Arbeit - scheint der Müßiggang kein wirklich theoriefähiges Phänomen zu sein; begrifflich-analytisch oder präskriptiv kann man ihm kaum gerecht werden. Selbst der Philosoph, der sich seiner annimmt, operiert mit anschaulichen Beispielen und verfährt deskriptiv, wie etwa Seneca in seinen Abhandlungen "De brevitate vitae" und "De otio".

Auskunft über den Müßiggang läßt sich am ehesten im ästhetischen Bereich, in literarischen Zeugnissen gewinnen[23]. Daher bemüht sich die vorliegende Arbeit um die mikrologische Analyse ästhetischer Modelle des Müßiggangs.
Hier eröffnet sich nun ein schier unerschöpfliches Spektrum möglicher Untersuchungsgegenstände, von der antiken Anakreontik und Idyllik über den Schelmenroman, den galanten Roman des Rokoko und die Dandyliteratur des 19. bis zum Aussteigerroman des 20. Jahrhunderts. Die Untersuchung einiger repräsentativer Bildungsromane erschien jedoch als besonders fruchtbar und vielversprechend. Denn sie zitieren bestimmte typologische Muster des Müßiggangs, die im ersten Kapitel unter Berücksichtigung antiker, mittelalterlicher und neuzeitlicher Quellen extrapoliert werden - wie den hedonistisch-lasterhaften, den geschäftig-spielerischen und den träumerischen Müßiggang. Diese Typologien begründen zugleich die Auswahl der Romane, in denen jeweils eine der genannten Varianten dominiert.[24] In ihnen erschöpft sich im wesentlichen die Variationsbreite des Bildungsmüßiggangs im 18. und 19. Jahrundert.[25]
Die hier behandelten Romane greifen auf die Tradition des Müßiggangs zurück und dynamisieren seine überkommenen Muster, indem sie sie auf die Gegebenheiten der modernen bürgerlichen Gesellschaft beziehen und zugleich zum Medium der Individualität ihrer Helden machen.
Aufgrund dieser Konstellation wird der Müßiggang in den Romanen selbst zum Stein des Anstoßes, da er gegen zentrale Kategorien des bürgerlichen Welt- und Selbstverständnisses verstößt: gegen Arbeitsethik, Zeitökonomie und Moral. Dadurch wird er jedoch interpretatorisch allererst greifbar. Ein Vergleich mag dies illustrieren; in Choderlos de Laclos' "Liaisons dangereuses" führen sämtliche Hauptakteure qua Standesvorrecht und gesellschaftlichem Rang ein müßiges Leben und machen, was die beiden Drahtzieher der Intrige anbelangt, mit ihrer Lasterhaftigkeit und Verderbtheit dem verrufenen Müßiggang alle Ehre. Dennoch wäre eine Analyse der "Liaisons dangereuses" unter dem Aspekt des Müßiggangs wenig ergiebig. Denn dieser bildet zwar, wie Heinrich Mann im Vorwort zu seiner deutschen Übersetzung des Romans richtig feststellt, "(d)ie Grundlage"[26] der erotischen Machenschaften - aber nicht mehr. Er hat keine darüber hinausgehende ästhetische Funktion, d.h., es gibt im Roman selbst keine Instanz, die auf ihn hinweist, ihn bewußt werden läßt, ihn befürwortet oder kritisiert. Als bloße Voraussetzung der Handlung bleibt er außerhalb derselben[27]. Dies gilt mit einigen Einschränkungen auch für die Dandyromane. Denn anders als bei den Bildungshelden zählt der Müßiggang zu den Selbstverständlichkeiten einer dandyistischen Existenz; nur außerhalb der Arbeitswelt kann der Dandy seinem Kult des Schönen und Zwecklosen frönen. Im Unterschied zum Liebes- oder zum galanten Roman macht die Dandyliteratur den Müßiggang jedoch verschiedentlich explizit, da er zu

den provokativen Strategien gehört, mit denen sich die Dandys von der breiten Masse geschäftiger Bürger absetzen. Ihrem bornierten Zweckdenken und banalen Gewinnstreben setzen sie einen ostentativen Aristokratismus entgegen.
Dagegen entwerfen die Bildungsromane Modelle eines Müßiggangs unter bürgerlichen Vorzeichen und dokumentieren die Widrigkeiten, denen der Müßiggänger aufgrund äußerer Umstände ausgesetzt ist, aber auch die Schwierigkeiten, die ihm seine eigene bürgerliche Konstitution, sein Gewissen z.B., bereitet. Zugleich bestätigen sie die These von der Theorieferne des Müßiggangs, da sie ihn vor allem als Normabweichung und Regelverstoß vorführen, um auf diese Weise die individuelle Unverwechselbarkeit ihrer Helden zu bekräftigen.
Als Normverletzung aber - und als solche interessiert er im Zusammenhang dieser Arbeit - entzieht sich der Müßiggang dem theoretischen Zugriff, ähnlich wie die Individualität in ihrer Eigen- und Besonderheit.
In der Moderne, in der er aufhört, ein selbstverständliches Standesprivileg zu sein, wird der Müßiggang eine Angelegenheit des vereinzelten einzelnen[28)]. Denn mit der immer umfassenderen Durchsetzung der Arbeitsteilung und der Totalisierung bürgerlicher Arbeitsethik wird er zum Refugium und Reservat jenes autonomen Individuums, das vom Bürgertum selbst im Zuge seiner politischen und ökonomischen Emanzipation immer wieder theoretisch beschworen wurde, ohne daß ihm eine adäquate Basis in der Realität verschafft worden wäre.[29)]
Nicht zufällig machen sich zwei so unterschiedliche Dichter wie Schiller und Friedrich Schlegel im Namen des Individuums zu Fürsprechern des Müßiggangs.
In seinen Briefen "Ueber die ästhetische Erziehung des Menschen" setzt Schiller dem "Fluch" der Arbeit und der Arbeitsteilung, unter dem "die Individuen (...) leiden"[30)], die Utopie eines künftigen "seligen Müßigganges"[31)] entgegen, in dem sich der einzelne ohne seelische Verkrüppelung und geistige Verarmung frei entwickeln kann. Zwischen dem beklagenswerten gegenwärtigen Zustand der Menschheit und ihrer hoffnungsvolleren Zukunft aber soll die Kunst vermitteln. Sie nimmt das Ideal des freien, individuellen Menschen im Bild der müßigen olympischen Götter vorweg: denn die Griechen "machten den *Müssiggang* (...) zum beneideten Loose des Götterstandes: ein bloß menschlicherer Nahme für das freyeste und erhabenste Seyn."[32)]
Auch Schlegel sieht im Müßiggang ein letztes "'Fragment von Gottähnlichkeit, das uns noch aus dem Paradiese blieb'"[33)]; nur im Müßiggang kann das Individuum seine Einzigartigkeit bewahren. Denn wer sich der Arbeit und dem Erwerbsleben verschreibt, der wird zu einem jener künstlichen, den Normen der Arbeitswelt angepaßten Prometheusgeschöpfe, die sich bis zur Ununterscheidbarkeit ähneln.
Anders als Schiller, der das Lustprinzip des Müßiggangs ästhetisch sublimiert und bändigt, entwirft Schlegel eine sinnlich-anarchische Kunst des Müßiggehens. Beide

Positionen markieren zugleich die Bandbreite, innerhalb derer der Müßiggang in den Bildungsromanen zur Sprache kommt.
Auf die müßige Untätigkeit der Bildungshelden hat bereits J.O.E. Donner in einer Dissertation von 1893 aufmerksam gemacht[34]), ohne seine Beobachtung allerdings im einzelnen weiterzuverfolgen. Lothar Köhn räumt in seinem Forschungsbericht zum "Entwicklungs- und Bildungsroman"[35]) zwar ein, daß die "Emanzipation der Romancharaktere von der modernen Arbeitswelt (...) ein Moment [sei], das bis zu Thomas Manns 'Zauberberg' eine bedeutsame Rolle spielt"[36]), verwirft aber die konstitutive Bedeutung des Müßiggangs für den Bildungsroman mit dem Hinweis, daß er nicht als "Spezifikum"[37]) dieser Romangattung gelten könne. Das ist richtig und falsch zugleich, wie das Beispiel der "Liaisons dangereuses" zeigt.
In den Bildungsromanen - so die zweite These dieser Arbeit - markiert der Müßiggang einen Grundkonflikt, der bis in ihre poetologische Struktur hineinreicht. Denn der Widerspruch zwischen dem Realitätsprinzip der bürgerlichen Lebensordnung und dem Lustprinzip des unbürgerlichen Müßiggangs, den der Protagonist auszutragen hat, setzt sich in der ästhetischen Spannung zwischen der poetischen Fiktion und dem Gattungspostulat des Romans nach Wirklichkeitsnähe bzw. -treue fort. Die Freiräume und Lizenzen, die dem müßigen Helden zugestanden werden, korrespondieren dem Grad der Fiktionalisierung des Romangeschehens. Deshalb steht das Konfliktpotential der jeweiligen Bildungsgeschichte im Mittelpunkt der Analyse; sie orientiert sich nicht an vorgegebenen Bildungsbegriffen oder Gattungsbestimmungen, sondern konzentriert sich zunächst auf jene Indizien, die es erlauben, die einzelnen Romane als bürgerlich zu apostrophieren, d.h. auf die Vergegenwärtigung von Arbeitsethik, Zeitökonomie und Zweckrationalität.[38]) Sie sollen als Statthalter eines Realitätsprinzips entziffert werden, das alles, was den Kriterien der Faktentreue und Probabilität nicht genügt, als phantastisch und irreal von sich ausgrenzt. Mit dem Müßiggang ihrer Protagonisten eröffnen sich die Romane eine Dimension des Romanhaft-Unwahrscheinlichen bzw. des Scheins, der im Zitat anderer poetischer Gattungen, wie der Lyrik, einbekannt oder in der Realitätsuntüchtigkeit, der Schicksals- und Wundergläubigkeit der Helden ironisiert wird. Auf diese Weise stellt sich der Roman selbst dem 'Kampf der Poesie mit der Prosa'[39]), nicht nur der Held, dessen Wunsch nach Selbstverwirklichung den thematischen Vorwand liefert, das Realitätsprinzip bürgerlicher Lebensordnung zu durchlöchern.[40])
Daß die Bildungsromane nicht die Lösung des Bildungsproblems, sondern dessen Exposition betreiben, erhellt u.a. aus ihrem Verhältnis zur humanitätsphilosophischen Bildungskonzeption Herders und Wilhelm von Humboldts, die auf dem optimistischen Glauben an ein von Natur aus gutes Individuum beruht. Es soll in der Auseinandersetzung mit einer möglicherweise widerständigen, ihm jedoch letztlich förderlichen Welt seine Anlagen entwickeln und seine Fähigkeiten freisetzen. Diese

Bildungsidee unterwirft der Bildungsroman der Probe aufs Exempel und bringt jene Momente ins Spiel, die sie kraft idealisierender Konstruktion übergeht: Selbstverkennung und Überschätzung angeblicher Talente und Begabungen, Egozentrik und Amoralität auf der Seite des Subjekts - desillusionierend banale oder existenzbedrohende Widerständigkeit auf Seiten der 'Prosa der Verhältnisse'.

Die Um- und Mitwelt der Bildungshelden entspricht meist nicht der Vorstellung vom gedeihlichen Nährboden für ihre individuellen Eigentümlichkeiten oder einer unumschränkt positiven Vorbildfunktion. Sie selbst sind in der Regel weder außerordentliche Individuen noch gar Genies[41)], sondern meist von solider Durchschnittlichkeit, so daß sie einer allzu emphatischen Vorstellung von Individualität nicht gerecht werden. Sie gewinnen jedoch in dem Maße individuelles Profil, in dem sie sich einem konsequenten Müßiggang überlassen.

Da dieser seine wahre Subversivkraft dort entfaltet, wo er das auf Arbeit und Zeitökonomie fußende Realitätsprinzip außer Kraft setzt, gilt allen Formen von Arbeitsverweigerung und angeblich sinnloser Zeitverschwendung unser besonderes Interesse.

Auszuräumen ist die Erwartung, die Bildungsromane trumpften mit einer Utopie des Müßiggangs gegen das übermächtige bürgerliche Realitätsprinzip auf; gleich weit vom Optimismus wie vom Maximalismus der Utopie entfernt, veranschaulichen sie individuelle Formen der Aneignung des Müßiggangs, ohne den Preis zu verschweigen, der für die Abweichung vom entlastenden Kanon verbindlicher Normen zu entrichten ist. Nicht zufällig endet das Abenteuer des Müßiggangs für zwei der Helden, Tiecks Lovell und Kellers Grünen Heinrich, tödlich, wendet Goethes Meisterroman den Müßiggang ins Unscheinbare, während Stifters "Nachsommer" ihn in die ideale Form der Arbeit verkehrt.

Anmerkungen

1) Gisela Dischner, Materialien zu einer Theorie des Müßiggangs. In: Gisela Dischner, Friedrich Schlegels "Lucinde" und Materialien zu einer Theorie des Müßiggangs, Hildesheim 1980.
2) Konkursbuch. Zeitschrift für Vernunftkritik. Nummer sieben, "Müßiggang und Laster", Tübingen 1981.
3) Horst Werner Opaschowski u. Gerhard Raddatz, Freizeit im Wertewandel. Schriftenreihe zur Freizeitforschung, Bd.4, Hamburg 1982, S. 36 u. S. 31. Im folgenden zitiert als Opaschowski, Freizeit im Wertewandel.
4) Gert Mattenklott, Faulheit. In: Ders., Blindgänger. Physiognomische Essais, Frankfurt a. M. 1986, S. 43 - 71.
5) Nichts Besseres zu tun - Über Muße und Müßiggang, Hrsg. Joseph Tewes, Oelde 1989.
6) Das Insel-Buch der Faulheit, Hrsg. Joachim Schultz u. Gerhard Köpf, Frankfurt a. M. 1983.
7) Lob der Faulheit. Literaturalmanach 1986, Hrsg. Jochen Jung, Salzburg u. Wien 1986.
8) Dandy - Snob - Flaneur. Exzentrik und Dekadenz. Kulturfiguren und Sozialcharaktere des 19. und 20. Jahrhunderts, Bd. 2, Hrsg. Gerd Stein, Frankfurt a. M. 1985.
9) Hiltrud Gnüg, Der Kult der Kälte. Der klassische Dandy im Spiegel der Weltliteratur, Stuttgart 1988.
10) Eckhardt Köhn, "Straßenrausch". Flanerie und kleine Form. Versuch zur Literaturgeschichte des Flaneurs bis 1933, Berlin 1989.
11) Martin Müller, Das Schlaraffenland. Der Traum von Faulheit und Müßiggang. Eine Text-Bild-Dokumentation, Wien 1984.
Dieter Richter, Schlaraffenland. Geschichte einer populären Phantasie, Köln 1984.
12) Siehe z. B. Gert Mattenklott, der fordert, "daß die Menschen sich der unverstellten Erfahrung von Faulheit nicht so prüde und gelegentlich wie in panischem Schrecken verschließen" sollten. Mattenklott, a. a. O., S. 62. Joseph Tewes, der Herausgeber von "Nichts Besseres zu tun", stellt in seinem Vorwort fest, daß "(n)ahezu alle Autoren (...) direkt oder indirekt von ihrer Angst vor vergeudeter Zeit, von ihrem Kleinkrieg gegen anerzogene und zunächst protestlos hingenommene Mußelosigkeit (reden)". Tewes (Hrsg.), a. a. O., S. 9.
13) Die Verfassser des Nachworts zum "Insel-Buch der Faulheit", Schultz und Köpf, setzen Müßiggang und Faulheit gleich, Dischner und Opaschowski gehen entweder gar nicht (Dischner) oder zu oberflächlich (Opaschowski) auf die Unterschiede zwischen Muße und Müßiggang ein. Schultz/Köpf, a. a. O., S. 325; Dischner, a. a. O., S. 183; Opaschwoski, Freizeit im Wertewandel, a. a. O., S. 31 u. 36. und ders., Probleme im Umgang mit der Freizeit. Schriftenreihe zur Freizeitforschung, Bd. 1, Hamburg o. J., S. 8ff. Im folgenden zitiert als Opaschowski, Probleme .
14) Horst Werner Opaschowski, Probleme, S. 11.
15) Dischner, a. a. O., S. 183.
16) Schultz u. Köpf, Nachwort zum "Insel-Buch der Faulheit", a. a. O., S. 325.
17) Siehe Dischner, Opaschowski und Schultz/Köpf.
18) Mattenklott, a. a. O., S. 70f.
19) Dischner, a. a. O., S. 185; siehe auch Opaschowski,Probleme, a. a. O., S. 7 u. Schultz/ Köpf, a. a. O., S. 325.
20) Dischner, a. a. O, S. 183.
21) Opaschowski, Probleme, a. a. O., S. 8.

22) "Die alten läßlichen Laster sind durchaus im Schwange noch, aber die Sünde hat eine andere Qualität bekommen: sie lockt nicht mehr, da man sie nimmer fürchtet. Oder was können uns Laster bedeuten, deren Folgen von allen Kassen kuriert werden, Laster, deren öffentliches Eingeständnis die Medien unverzagt honorieren, Laster, die man ohne große Mühe an jeder dritten Ecke kaufen kann ???"
Uwe Schmidt, Wohlfeil leben. In: Konkursbuch "Müßiggang und Laster", a. a. O., S. 19 - 22, S. 21.
Daher sieht Gnüg u.a. auch durch die massenhafte Verbreitung von Luxusgütern, die früher nur kleinen exklusiven Zirkeln vorbehalten waren, das Ende echten Dandytums besiegelt. Gnüg, a. a. O., S. 317.

23) Diesem Umstand trägt die Neigung, Anthologien zum Müßiggang zusammenzustellen, Rechnung.

24) Tiecks "Lovell", Goethes "Wilhelm Meister", Stifters "Nachsommer" und Kellers "Grüner Heinrich" könnnen überdies als Vertreter der wichtigsten Epochenstile zwischen dem Ende des 18. und der ersten Hälfte des 19. Jahrhunderts bezeichnet werden: Tiecks Roman zehrt noch von der Ästhetik der Empfindsamkeit und des Sturm-und-Drang, deutet jedoch schon auf die Romantik voraus; Goethes "Lehrjahre" gelten als Werk der Klassik, Kellers "Grüner Heinrich" vertritt den bürgerlichen Realismus, und Stifters "Nachsommer" ist noch der Ästhetik des Biedermeier verpflichtet.

25) Selbst die Bildungsromane des 20. Jahrhunderts partizipieren zum Teil noch an dieser Tradition; man denke etwa an die Funktion des immoralistischen Müßiggangs in Thomas Manns "Zauberberg" oder in Musils "Mann ohne Eigenschaften".

26) Heinrich Mann, Einleitung zu Choderlos de Laclos'"Schlimme Liebschaften". In: Choderlos de Laclos, Schlimme Liebschaften, übertragen und eingeleitet von Heinrich Mann, Frankfurt a. M. 1976 (Nachdruck der Ausgabe des Romans von 1920), S. 6.

27) So sieht auch Baudelaire eine notwendige Voraussetzung des Liebesromans im Wohlstand und in der Berufslosigkeit seiner Protagonisten : "(...)les Français qui, (...), ont voulu spécialement écrire des romans d'amour, ont d'abord pris soin (...) de doter leurs personnages de fortunes assez vastes pour payer sans hésitation toutes leurs fantaisies; ensuite ils les ont dispensés de toute profession."
Charles Baudelaire, Le peintre de la vie moderne. Le Dandy (IX). In: Charles Baudelaire, Oeuvres Complètes, Texte établi, présenté et annoté par Claude Pichois, Paris 1975 - 1976 (Bibliothèque de la Pléiade), vol. II, p. 683 - 724, p. 709.

28) Deshalb wirken alle Versuche, den Müßiggang zu vergesellschaften, d.h. globale Konzepte zu entwerfen, ihn zu planen und massenwirksam zu verordnen, unzulänglich und unangemessen.

29) Opaschowski sieht zwar in der Freizeit eine "Oase der Individualität", aber gerade in ihr schreiben sich viele Momente des Arbeitslebens, wie konkurrenzbezogener Profilierungs- und Leistungszwang etc., ungebrochen fort. Opaschowski, Probleme, S. 36.

30) Friedrich Schiller, Ueber die ästhetische Erziehung des Menschen in einer Reihe von Briefen (1795). In: Schillers Werke. Nationalausgabe. Begründet von Julius Petersen, Weimar 1943ff., Bd. 20, Hrsg. L. Blumenthal u. Benno v. Wiese, Weimar 1962, 6. Brief, S. 327.

31) Ibid., 6. Brief, S. 328.

32) Ibid., 15. Brief, S. 359; Hervorh. von Schiller. Im folgenden werden Hervorhebungen der zitierten Autoren nur noch dann explizit vermerkt, wenn sich im selben Zitat auch Hervorhebungen von mir, G. Stumpp, finden.

33) Friedrich Schlegel, Lucinde. In: Kritische Friedrich-Schlegel-Ausgabe, Hrsg. Ernst Behler unter Mitwirkung von Jean-Jacques Anstett u. Hans Eichner, München-Paderborn-Wien 1958ff,

Bd. 5 (1962), S. 25. Mit seiner Kritik der Arbeitswut nimmt Schlegel bereits das zentrale Motiv von Paul Lafargues "Recht auf Faulheit" vorweg.

34) J. O. E. Donner, Der Einfluss Wilhelm Meisters auf den Roman der Romantiker. Akademische Abhandlung, Helsingfors 1893 (Diss.), S. 28f.
Siehe auch Heinz Schlaffer, der ebenfalls auf das Müßiggehen der Bildungshelden hinweist. Heinz Schlaffer, Der Bürger als Held. Sozialgeschichtliche Auflösungen literarischer Widersprüche, Frankfurt a. M. 1973, S. 44f.

35) Lothar Köhn, Entwicklungs- und Bildungsroman. Ein Forschungsbericht (Erster Teil). In: DVjs 42 (1968) S. 427 - 473.

36) Köhn, a. a. O., S. 460.

37) Ibid.

38) Daß die Bildungsromane dem Leser die bürgerliche Gesellschaft in ihrer politischen und ökonomischen Realität nicht episch ausladend vor Augen führen, hat die These veranlaßt, ihre Helden bewegten sich von vornherein in einer wirklichkeitsfernen, idealen Welt. So spricht etwa Gerhard Schulz in Bezug auf Wilhelm Meister vom "Verzicht auf die Einordnung (des Helden, d. V.) in eine tatsächlich existierende Realität". In diese kann er sich als Held eines Romans, d.h. eines ästhetisch-sprachlichen Gebildes, nur schwerlich einordnen. Gerhard Schulz, Bürgerliche Epopöen? Fragen zu einigen deutschen Romanen zwischen 1790 und 1800. In: Deutsche Literatur zur Zeit der Klassik, Hrsg. Karl Otto Conrady, Stuttgart 1977, S. 189 - 210, S. 194. Siehe auch Rolf Selbmann, der die Behauptung aufstellt, "daß die Zuordnung eines Romans als Bildungsroman, je eindeutiger sie ausfällt, den betreffenden Roman um so weiter der Darstellung von Arbeit entfernt (sic!)". Sprachlich zurechtgerückt müßte dies wohl heißen: daß ein Roman umso eindeutiger der Gattung Bildungsroman zugeordnet wird, je weiter er sich inhaltlich von der Darstellung von Arbeit entfernt. Rolf Selbmann, Der deutsche Bildungsroman. Realien zur Literatur (SM 214), Stuttgart 1984, S. 130.
Der These von der Realitätsferne der Bildungsromane ist nur unter der Prämisse zuzustimmen, daß sich die Realitätshaltigkeit eines Romans an seiner möglichst detailgetreuen, mimetischen Wiedergabe historisch-soziologischer Fakten bemißt. Löst man sich von solchen Abbildungsimperativen, dann lassen sich in den Bildungsromanen durchaus die Agentien bürgerlicher Lebensordnung entdecken.

39) Diese Formulierung lehnt sich an Friedrich Schlegels Diktum vom "Duell der Poesie und der Prosa" an, mit dem er den Inhalt von Tiecks "William Lovell" charakterisierte.
Friedrich Schlegel, Fragmente zur Literatur und Poesie (531). In: Kritische Friedrich-Schlegel-Ausgabe, a. a. O., Bd.16 (1981), S. 129.

40) In diesem Zusammenhang wird auch der Vorwurf der Realitätsferne des Bildungromans in ein anderes Licht gerückt: seine Distanz zur Realität wäre nicht länger ein Mangel, sondern eine Stärke dieser Romangattung.

41) Dies gilt nicht für die romantischen Bildungsromane, die deshalb oft zum Künstlerroman tendieren - man denke an Novalis' "Heinrich von Ofterdingen" oder an E.T.A. Hoffmanns "Kater Murr". Da dem Künstler das Müßiggehen bis zu einem gewissen Grade als Bedingung ästhetischer Produktivität zugestanden wird, entschärft sich in diesen Romanen die Problematik des Müßiggangs. Siehe dazu in Kapitel II die Interpretation von Tiecks "Franz Sternbald".

"Müezekeit ist aller sünden muoter"
(Berthold von Regensburg, 13. Jhdt.)

I. Typologien des Müßiggangs

Die typologischen Varianten des Müßiggangs, mit denen dieses Kapitel bekannt machen möchte, fassen bestimmte Vorstellungskomplexe zusammen, deren jeweilige Gewichtung die Titel hedonistisch-lasterhafter, spielerisch-geschäftiger und träumerischer Müßiggang anzeigen sollen. Keinesfalls wird damit eine streng klassifikatorische Einteilung oder Trennung verschiedener Arten des Müßiggangs unterstellt. Alle drei Varianten können vielmehr ineinander übergehen, die Grenzen zwischen ihnen sind fließend.

Noch weniger erhebt der typologische Überblick dieses Kapitels einen Anspruch auf Vollständigkeit, da nur diejenigen Motive des Müßiggangs zur Sprache kommen, die für die Interpretation der Bildungsromane relevant werden. Eine umfassende Geschichte des Müßiggangs, die sich in sozial- und kulturhistorische Details dieser Lebensform vertieft, hätte überdies den Rahmen der vorliegenden Arbeit gesprengt[1].

Der schlechte Ruf des hedonistischen Müßiggangs reicht weit hinter das spätmittelalterliche Sprichwort zurück, das ihn zum "Anfang aller Laster" erklärt. Schon in der Antike verbannte Aristoteles ihn als physisches Genußleben ans untere Ende der ethischen Güterhierarchie: Wer sich dem Bios apolaustikos ergibt, führt ein "Leben des Viehs"[2].

Der Müßiggang steht für Liebesfreuden, Ehebruch, Schlemmereien, Weingenuß, Spiel und Verschwendungssucht, für ungehemmte Sinnenlust und Triebverfallenheit, aber auch für ein träges, halb bewußtloses Wohlleben, das alle genuin menschlichen Fähigkeiten in ein pflanzenhaftes Vegetieren depotenziert.

So verurteilt Seneca jene Müßiggänger, "qui nulli rei nisi vino ac libidini vacant"[3] oder bei denen "aut latrunculi aut pila (...) consumpsere vitam"[4].

Den Zusammenhang zwischen Müßiggang und Ehebruch datiert Ovid ironisch schon in die mythische Vorzeit zurück, wenn er in den "Remedia Amoris" Ägisths Ehebruch mit Klytemnästra dem Umstand anlastet, daß jener müßigging: "quaeritis, Aegisthus quare sit factus adulter?/ In promptu causa est: desidiosus erat."[5]

Die Neigung der Müßiggänger, ihre Reichtümer zu verschleudern, bedauert Xenophon[6], und Aristoteles spricht demjenigen, der sein "Leben lang schläft und wie eine Pflanze lebt"[7], mit Nachdruck die wahre Glückseligkeit ab.

Da sich der Mensch aber, allen philosophischen Einwänden zum Trotz, zu den bedenklichen Freuden des Müßiggangs hingezogen fühlt[8]), erscheint dieser als ein Erbübel der unzulänglichen menschlichen Natur, an dem sich eine Art pessimistischer Anthropologie demonstrieren läßt. Denn er lockt jene angeblich niedrigen Verhaltensweisen hervor, die den Menschen dem Tierreich annähern und ihm seinen Rang als vernunftbegabtes Wesen streitig machen. Daher bekämpfen vor allem die sogenannten Pflicht- und Tugendethiken den hedonistischen Müßiggang.
In ihm rebelliert der 'untere', "leidenschaftsbegabte(.) Teil der Seele"[9]) gegen die 'oberen' Vermögen, den Geist und den "vernunftbegabten Teil"[10]) derselben, von denen beherrscht zu werden ihm angeblich "naturgemäß und zuträglich"[11]) ist. Deshalb entbindet er mit dem Lustprinzip, das er freisetzt, zugleich anarchische Energien, die alle vorgegebenen Normen und Ordnungen bedrohen.
Nicht umsonst gilt er als ein Politikum, das die Stabilität des antiken Gemeinwesens gefährden kann. So tadelt etwa Isokrates das verweichlichende Wohlleben und die Exzesse der Athener jeunesse dorée, die sich die Zeit in schlechter Gesellschaft, mit Flötenspielerinnen und in Spielhöllen[12]) vertreibt und dadurch den Feind zu Übergriffen auf den Stadtstaat geradezu einlädt. Im selben Sinne mahnt auch Aristoteles die Bürger der Polis zu einer maßvollen und disziplinierten Lebensführung, da Zeiten materiellen Wohlstands und Friedens sie leicht "übermütig"[13]) machen, d.h. zur Hybris eines ausschweifenden Genuß- und Luxuslebens verführen.
Dem inkriminierten hedonistischen Müßiggang wird jedoch nicht Arbeit als Alternative entgegengehalten, sondern Muße (schole). Sie beruht auf denselben Voraussetzungen wie das Genußleben: auf der Freiheit von ökonomischen Zwängen und auf frei disponibler Zeit; wer für seinen Lebensunterhalt nicht zu arbeiten braucht und uneingeschränkt über seine Zeit verfügt, kann sich der Muße oder dem Müßiggang verschreiben.
Beide verbindet ein Moment der Freiheit, das sich in der Emanzipation von äußeren Zwecken behauptet; denn Muße wie Müßiggang beanspruchen, reiner Selbstzweck zu sein. Dennoch fallen beide keineswegs ineins[14]); denn die Muße steht als Inbegriff philosophischer Betrachtung, der Theoria, an der Spitze der ethischen Güterhierarchie. Als "Leben des Ernstes und nicht des Spiels"[15]) vertritt sie das Ideal aktiver geistiger Tätigkeit, das mit der Entfaltung der Vernunft zugleich die höchste, gottähnliche Bestimmung des Menschen einlöst und deshalb vollkommene Glückseligkeit verheißt.
Wie dem Müßiggang kommt auch der Muße politische Bedeutung zu; denn außer dem Bios theoretikos im emphatischen Sinne benennt sie einen friedlichen und sicheren Zustand des Gemeinwesens bzw. Staates[16]) und steht für die vorbildliche Lebensweise des politisch wie ethisch verantwortungsbewußten Bürgers[17]), vor allem natürlich des Aristokraten.

Im Müßiggang aber, dem der Leichtsinn eingeschrieben ist, da er nicht wie die Muße zu einem "Leben des Ernstes" verpflichtet, vernachlässigen die Reichen und Vornehmen nicht nur "Gesundheit und Vermögen"[18], sondern verspielen zugleich einen Überlegenheitsanspruch, der sich auch in der scheinbar politikfreien Sphäre des Privatlebens bewähren soll[19].
Mit dem Genußleben begibt sich die Herrenkaste gleichsam unter ihr Niveau: "die sinnliche Lust (kann) jeder beliebige genießen, der Sklave nicht minder als der ausgezeichnetste Mensch"[20], beteuert Aristoteles, während Seneca feststellt: "(...) in ventrem ac libidinem proiectorum inhonesta labes est"[21], und mit dem Stichwort Ehre unmittelbar auf die Implikate gesellschaftlicher Rangordnung anspielt. Aristoteles fordert daher eine Erziehung zur Muße und schlägt ein Bildungsprogramm vor, das neben gymnastischen Übungen und nützlichen Kenntnissen, vor allem "selbstzweckdienlich[e]" "Lehr- und Bildungsgegenstände"[22] umfassen und zur Ausübung verschiedener Tugenden wie der "Selbstzucht" oder der "Gerechtigkeit"[23] befähigen soll. In diesem Zusammenhang wird die aristokratische Muße noch einmal nachdrücklich von den verächtlichen Mühen der Arbeit abgehoben, macht diese doch "den Körper oder die Seele oder den Intellekt der Freigeborenen zum Umgang mit der Tugend und deren Ausübung untauglich" und das "Denken unruhig und niedrig"[24]. "Alle Handwerke" samt der "Lohnarbeit" belegt Aristoteles mit der geringschätzigen Vokabel "banausisch"[25].
Während Arbeit und Muße inkommensurabel sind, erscheint dagegen der Müßiggang als verfehlter Modus der Muße, als Entscheidung für die geringgeschätzte Sphäre der Gefühle, Leidenschaften und Triebe, so daß sich im Verhältnis beider eine für die abendländische Tradition typische Trennung und Opposition zwischen Sinnlichkeit und Vernunft, Leiblichkeit und Intellektualität reproduziert.[26]
Auf diese Weise verfestigen sich die divergierenden Glücksversprechen der Muße und des Müßiggangs in konträren typologischen Motiven: im konsequenten Hedonismus, der die Lust der Sinne verabsolutiert, und in der Theoria, die sich am Urbild des in tätige Betrachtung versunkenen Gottes orientiert. Das Glück der Muße zehrt vom Wunsch nach Unangreifbarkeit und Dauer, indem es losgelöst von den Wechselfällen und Sorgen des Alltags[27] wie von den Verstrickungen der Sinnlichkeit "Genüsse von wunderbarer Reinheit und Beständigkeit (bietet)"[28]. Daher nähert sich die spezifische Zeitform der Muße der Zeitenthobenheit des Logos an[29] - nicht umsonst stellen sich fast naturwüchsig Ruhe und Stille als Assoziationen zu ihr ein[30].
Die Freuden des Müßiggangs sind dagegen flüchtiger Natur, sie triumphieren in der Gegenwärtigkeit des Augenblicks - 'carpe diem' lautet ihr Motto. In ihm verkehrt sich der Vorwurf der Vergänglichkeit, dem sich der Sinnengenuß von alters her aussetzt[31], in dessen Rechtfertigung: da das menschliche Leben selbst vergänglich ist,

zählt nur der Augenblick des Genusses bzw. der Genuß des Augenblicks, so daß sich das 'carpe diem' unmittelbar aus einem Memento mori legitimiert.

> "Ich denke nur auf heute;/Was morgen ist, wer weiß es", verkündet Anakreon und zieht daraus die Konsequenz: "Darum bei guten Tagen/Die Würfel nimm und trinke/Und opfere Lyäen"[32], oder: "(...) schling um meine Stirne/Rosen, rufe mir ein Mädchen!/Ich, bevor ich hin muß wandern,/Hin zum Reihentanz der Toten,/Will die Sorgen mir verscheuchen."[33]

Die Typologie des hedonistischen Müßiggangs erschöpft sich keineswegs in stumpfer Sinnenverfallenheit. Die philosophischen Vertreter der Lustethik, Aristippos und die Kyrenaiker etwa, binden die physische Lust an ihre souveräne Beherrschung. Der Müßiggänger aristippischer Prägung liefert sich nicht blindlings seinen Sinnenbegierden aus, sondern ist in der Lage, sie zu kultivieren und bewußt zu inszenieren[34].
Während man in der Muße einen archimedischen Punkt außerhalb der gewöhnlichen Lebensumstände bezieht, trotzt der Hedonismus gerade den gegebenen Lebensbedingungen ein Optimum an Lust ab.[35] Die Basis solcher Lebenskunst ist eine Philosophie, die sich auf die unmittelbare Lebenspraxis konzentriert, anstatt sich allgemeinen Gegenständen von übergeordnetem Interesse zuzuwenden. Die Genußethik orientiert sich am einzelnen und spricht ihn von aller politischen und moralischen Verantwortung frei. Daher bricht der Hedonismus die Harmonie zwischen individueller Eudämonie und allgemeiner Sittlichkeit, die ein Charakteristikum der Muße ist, auf: sittliche Normen dürfen entmächtigt werden, wenn sie individuellen Genußansprüchen zuwiderlaufen[36].
Aber nicht nur die philosophischen Fürsprecher der Lust, sondern vor allem die Dichter lassen dem hedonistischen Müßiggang Gerechtigkeit widerfahren, indem sie seine positive Beziehung zum Eros hervorheben, die in der pauschalen Formel vom animalischen Genußleben unterschlagen wird. Daß der Müßiggang der Ziehvater Amors und das Lebenselixier der Liebe ist, verrät Ovid:

> "quam platanus uino gaudet, quam populus unda/ et quam limosa canna palustris humo, /tam Venus otia amat".[37]

Umgekehrt muß den Müßiggang fliehen, wer sich aus den Fesseln der Liebe lösen will, da Amor die Tätigen haßt:

"fac monitis fugias otia prima meis.
haec ut ames faciunt; (...).
(...)
otia si tollas, periere Cupidinis arcus"[38]
"(...) qui finem quaeris amoris,
(...) res age, tutus eris."[39]

Wie die Genußphilosophie favorisiert auch die Liebeslyrik das Individuelle, Private und Persönliche, das, was sich dem Anspruch auf Allgemeinheit entzieht[40]. Auf diese Weise betreibt der hedonistische Müßiggänger eine Enthierarchisierung von Lebenszielen und -zwecken. Er untergräbt den Geltungsanspruch normativer Postulate, die qua definitionem mehr als bloß momentane oder partielle Gültigkeit reklamieren. Ihnen steht die Muße mit den Ewigkeitswerten der Tugenden und der Theoria sehr viel näher[41]; beide gehen mit bestimmten Versagungen und Tabuierungen einher, die sich vor allem in den Konzepten einer Erziehung zur Muße bemerkbar machen - etwa in Platons Gesetzesvorschlägen für die geschlechtlichen Beziehungen im Idealstaat, mit denen er die "Kraft der Sinnenlust"[42] bändigen und manipulieren möchte oder in den Zensuranweisungen des Aristoteles, die der Jugend das Hören von Iamben und Komödien und den Anblick anrüchiger Statuen und Bilder verbieten[43]. Unterstellt sich der Müßiggang vorbehaltlos dem Lustprinzip, so kann die sublime und sublimierte Lust der Muße eine gewisse Affinität zum Realitätsprinzip nicht verleugnen, da sie dem einzelnen ähnliche Einschränkungen und Zumutungen auferlegt wie jenes.
Nicht umsonst rehabilitiert die Poesie, die sich um die Regeln des Realitätsprinzips nicht zu kümmern braucht, den Müßiggang, während ihn die meisten philosophischen Traktate verdammen[44].
Im Medium der Poesie streift jedoch selbst die Muße ihren kontemplativen Ernst und ihre tugendhafte Strenge ab, um in die Utopie eines heiteren und geruhsamen Landlebens einzugehen. Bei Vergil und Horaz hebt sich diese ländliche Muße von der Heillosigkeit städtischer Lebensverhältnisse ab, die entweder durch politische Wirren oder hektische Betriebsamkeit korrumpiert sind [45]:

"O rus, quando ego te adspiciam quandoque licebit/ nunc veterum libris, nunc somno et inertibus horis/ ducere sollicitiae iucunda oblivia vitae?"[46]

- so seufzt Horaz und malt die Idylle eines friedlichen Landlebens aus, das ihn die Strapazen der Stadt vergessen läßt. Kann er sich dabei doch im Sinne eines 'otium

cum litteris' mit den Büchern der Alten beschäftigen oder durch Schlafen und Träg-sein-Dürfen in der Art anspruchslosen Müßiggehens ausgiebig erholen.[47]
In der 16. Epode beschwört er als Kontrast zum Bild des Grauens, welches das vom Bürgerkrieg zerrissene Rom bietet, die Muße des goldenen Zeitalters und preist die seligen Inseln, auf denen die Natur, ohne bearbeitet werden zu müssen, freiwillig üppige Gaben spendet. Der kulinarische Aspekt, der die Schilderung der "arva beata"[48] dominiert, deutet darauf hin, daß hier Muße und Müßiggang ineinander übergehen. Auch Vergil nähert die bukolische Muße dem erotischen Müßiggang an, wenn er sein Arkadien, das den Mythos des goldenen Zeitalters[49] zitiert, zum Schauplatz der Liebesklage und -sehnsucht der Hirten macht.
In der Liebesdichtung der Neuzeit, vor allem der Anakreontik des Rokoko, verschmelzen ländliche Muße und sinnlicher Müßiggang vollends miteinander; denn nun kann sich das freizügige Genußleben, das Ovid noch umstandslos im städtischen Milieu ansiedelte, nur noch in einer imaginären Schäferwelt behaupten[50]. Die Poesie, die in der Antike die Trennung zwischen Muße und Müßiggang lockerte, wird in der bürgerlichen Moderne zum Zufluchtsort beider werden.

Das Mittelalter hält im wesentlichen an der antiken Unterscheidung von Muße und Müßiggang fest. Die Autarkie philosophischer Betrachtung radikalisiert sich in der Vita contemplativa zu weltabgewandter Wahrheitssuche und Versenkung in Gott[51], während sich der Müßiggang den sprichwörtlich schlechten Ruf, der 'Anfang aller Laster' zu sein, zuzieht - ein durch Untätigkeit erzeugtes moralisches Vakuum, das die Sünden allererst ins Kraut schießen läßt. Er wird daher sowohl von der religiösen Form der Muße als auch von den Lebensidealen des Ritters, die u.a. noch dem Typus aristokratisch gebildeter Muße verpflichtet sind,[52] ausgeschlossen.
Schon Benedikt von Nursia empfiehlt mit seiner Formel 'ora et labora' körperliche Anstrengung als Mittel der Kasteiung gegen die Versuchungen des Müßigseins[53], und die Vorschriften ritterlicher Ethiken warnen immer wieder vor Trägheit und Müßiggang.
"Dehein man sol müezic sîn", heißt es etwa bei Thomas von Zirclaere[54], und in Hartmanns "Iwein" liest man: "verlegeniu müezekheit/ ist gote und der werlte leit"[55]. Dennoch bleiben sowohl das mönchische wie das ritterliche Leben für die otiositas anfällig: die Mönche müssen sich der Acedia anklagen, die gerade im deutschen Sprachraum mit Müßiggang und Trägheit gleichgesetzt wird[56], und auch die Fest- und Liebesfreuden der Ritter verweisen auf Motive des hedonistischen Müßiggangs[57]. So feiert der altfranzösische "Rosenroman" die Verbindung von Müßiggang, Sinnengenuß und Liebe in einer Allegorie, die u.a. das Motiv vom Müßiggang als dem 'Anfang aller Liebe' aufgreift; denn niemand anders als Frau Müßigkeit

(Dame Oiseuse)[58], eine "reiche und mächtige"[59] Dame, öffnet dem Erzähler das Tor zum Liebesgarten, in dem er auf Gott Amor und den schönen Sinnengenuß[60] trifft.

Die Polemik gegen den Müßiggang, die in der Antike mit der Abwertung des Genußlebens ihren Anfang nimmt und sich im Mittelalter in der Verurteilung des 'Urgrunds aller Sünden' fortsetzt, gewinnt in der Neuzeit unvermittelt an Schärfe und Vehemenz. Denn eine der zentralen Kategorien des neuen Welt- und Selbstverständnisses, das sich gegen Ende des 15. und zu Beginn des 16. Jahrhunderts in Traktaten, Predigten und Lehrdichtungen zu artikulieren beginnt, heißt: Arbeit. Im Ethos der Arbeit wird die christliche Leib- und Sinnenfeindlichkeit erst realitätsmächtig, indem sie sich mit einem diesseitigen Weltbezug verschränkt. Der Müßiggang wird nun primär als Arbeitsscheu und Faulheit angegriffen; so verkündet der personifizierte Müßiggang bei Hans Sachs:

> "Zur arbeyt send treg meyne glieder
> Und ist mir also hart und wieder,
> Wann ich an groß arbeyt gedenck.
> (...)
> Leyd eh, was mir nur ist zu leyden,
> Das ich nur arbeyt müg vermeyden."[61]

Arbeit aber wird vom biblischen Fluch zum irdischen Segen umgedeutet und zur alleinigen Quelle von Tugend, Moral, Gesundheit und Wohlstand verklärt:

> "Die arbeit (...) rett und schütz
> Deß menschen hertz, sinn und gemüt
> Und vor vil laster ihn behüt,
> Behelt in auch mager und gsund,
> Vor aller faulkeit hurtig rund,
> Und lest im auch ein gut gewissen,
> Das nicht mit sünden wird gebissen",

erklärt Hans Sachs[62], und über 200 Jahre später beteuert Johann Bernhard Basedow:

> "Arbeit (...) ist Vergnügen; Arbeit schafft Brot und Bequemlichkeit; Arbeit setzt uns in den Stand, anderen wohlzutun; Arbeit entfernt die Menschen von vielen Lastern; Arbeit erhält die Gesundheit".[63]

Arbeit gilt nicht länger als verachtenswerte Mühsal oder als Geißel für den sündigen Leib, sondern wird zum göttlichen Gebot und zur gottgewollten Bestimmung menschlichen Lebens nobilitiert:

> "Die müssig gänden/strofft der her/Und gibt der arbeyt lon/ und ere"[64], verkündet Sebastian Brant, und bei Johannes Mathesius heißt es:"(D)ie Arbeit (ist) allen Menschen von Gott aufferleget vnd befohlen."[65]

Am Ende dieses Aufwertungsprozesses behauptet Arbeit den Rang einer anthropologischen Konstante, die ohne religiöse Rechtfertigung auskommt. So stellt Kant - das animal rationale zusätzlich als animal laborans definierend - nüchtern fest: "Der Mensch ist das einzige Thier, das arbeiten muß."[66] Arbeit scheint nun so unabdingbar zum Wesen des Menschen zu gehören, daß ihre disziplinierende Funktion nicht mehr euphemistisch umschrieben werden muß:

> "(...) der Mensch verlangt Geschäfte, auch solche, die einen gewissen Zwang mit sich führen", und er "muß auf eine solche Weise okkupirt sein, daß er mit dem Zwecke, den er vor Augen hat, in der Art erfüllt ist, daß er sich gar nicht fühlt".[67]

Unter Berufung auf den Paulus-Satz "Wer nicht arbeitet, soll nicht essen"[68], meldet die bürgerliche Arbeitsethik einen universellen Geltungsanspruch an, in dem ein christlicher, alle Menschen einbeziehender Imperativ mit einem egalitär bürgerlichen, auf alle Mitglieder der Gesellschaft zielenden, konvergiert:[69]

> "Ob gleich auff erd nicht yeder man
> Mit hand-arbeyt sich neeren kan,
> So hat doch yeder sein beruff,
> Darzu in gott ordnet unnd schuff,
> Zum regiment oder zur lehr,
> Andren gschefften und hendlen mehr,
> Das yeder fleissig warten soll;
> Darmit er hat zu schaffen wol."[70]

Wo der Gesichtspunkt des Berufs und seiner Aufgaben bestimmend in den Vordergrund tritt, wird die Differenzierung zwischen Tätigkeit und Arbeit hinfällig, wie sie beispielsweise bei Aristoteles zu beobachten war, der zwischen freien bzw.

selbstzweckdienlichen Aktivitäten und zweckgebundenen Mühen (Ponoi) unterschied.
Ausschlaggebend ist nun, daß - von Alten und Kranken abgesehen - ausnahmslos jeder arbeiten soll - auch Kinder! In der "Oeconomia Christiana/das ist von christlicher Haushaltung" des Justus Menius von 1529 heißt es:

> "(...) die Eltern (sollen) daran sein/das yhre kinder zur arbeit/ angehalten/ vnd des mussigganges ynn der iugent entwehnet werden"[71].

Kants Pädagogik rät: "Es ist von größter Wichtigkeit, daß Kinder arbeiten lernen."[72] Nicht früh genug kann das Kind vor den Gefahren des Müßiggangs gewarnt und mit dem Gegengift des Arbeitseifers immunisiert werden:

> "Man sollte (...) überhaupt (...) alle Kinder, von den ersten Jahren an, mehr zur Indüstrie anhalten, und ihnen die Arbeit gewohnt und beliebt machen."[73]

Das Lob der Arbeit oder des Berufs muß natürlich im Zusammenhang mit der Herausbildung eines bürgerlichen Selbstwertgefühls und Selbstbehauptungswillens gesehen werden; die Verabsolutierung des Arbeitsethos schießt jedoch übers Ziel hinaus, indem es sich gegen Selbstkritik und Relativierung abdichtet und das emanzipatorische und humane Potential, das in der Ausdifferenzierung verschiedener menschlicher Aktivitäten oder in der Befreiung von der Arbeit überhaupt liegt, außer acht läßt.
Da Arbeit nun bei müßigen Aristokraten so gut wie beim Bettler oder bei saumseligen Knechten und Mägden eingeklagt wird, reicht der Katalog potentieller Müßiggänger von der Spitze bis zum Bodensatz der Gesellschaft, angefangen bei den

> "faule[n] Regenten vnd Obrigkeiten", den "vnnütze[n] faule[n] Edelleut[en]"[74] und "faule[n] Statt Junckern" über die "faule[n] gemeine[n] Bursch, Haußschlentzer, Fenstergucker" etc. bis zu den "Handtwercker[n] und Maister[n], welche selbst nicht arbeiten mögen", den "Handtwercks Gesellen, welche (...) vngern vnnd vnfleissig arbeiten", den "Schmorotzer[n], Tellerschlecker[n] vnd Schmeckbrätel[n]" den "Karten: vnd Würfelspiler[n]",[75] den "schläfrige(n) Faullentzer[n]"[76] und den "starcke[n] vnnd gesunde[n] Betler[n]".[77]

Die Subsumtion unters Prädikat "faule Müßiggänger" ebnet gesellschaftskritisch alle Rangunterschiede ein. Zugleich gewinnt die Polemik gegen den Müßiggang eine doppelte Stoßrichtung: sie prangert die parasitären oberen Stände an und entwirft das Bild der verderbten müßiggehenden Aristokratie, das sich zu einer Stereotype bürgerlicher Feudalismuskritik entwickelt[78]; andererseits wendet sie sich an alle, die ihren Lebensunterhalt mittels Arbeit bestreiten müssen, sich aber offen oder heimlich nach dem Müßiggang sehnen[79]; dieser wird immer noch mit den traditionellen Attributen des Genußlebens, erweitert um das Motiv der Faulheit, ausgestattet:

> "(...) der gsund im müssiggang
> Hat mancherley ubels anfang,
> Darzu im steh die thür weit offen,
> Er sey in dem wollust ersoffen,
> Zu bulerey und dem ehbrechen,
> Zu spielen, schwelgerey und zechen,
> Zu trägheyt, schlaffen und faullentzen,
> Zu hoffart, feyren und umbschwentzen"[80].

Was den Menschen zu den Genüssen des Müßiggangs zieht, ist aber nichts anderes als seine Natur, die sich seiner angeblichen Bestimmung erfolgreich widersetzt:

> "(...) so sindt sie (die Menschen, d. V.) doch alle von Natur zum Müssiggang vnd faulheit geneigt und gefliessen",[81] und auch Kant muß einräumen, daß es ein "besonderes Unglück für den Menschen (ist), daß er so sehr zur Unthätigkeit geneigt ist."[82]

Dem beunruhigenden Hang zum Müßiggehen und seinem Lustprinzip muß eine Gegenrechnung aufgemacht werden: der Müßiggänger frönt nicht nur sinnlichen Lastern und Ausschweifungen, er schreckt auch vor "stelen, rauben, mörden, falsch schwern"[83] nicht zurück; seine moralischen Lizenzen münden also früher oder später im Verbrechen. Deshalb wird er am Ende für sein Tun und Treiben, sofern er nicht am Galgen endet, mit Krankheit und Armut bestraft[84].

In den im Vergleich zu älteren Müßiggangskritiken sehr viel dringlicheren Hinweisen auf Verarmung und sozialen Abstieg bekundet sich das veränderte gesellschaftlich-kulturelle Umfeld, aus dem heraus der Müßiggang nun verworfen wird. Es macht sich auch im Tadel der Nutzlosigkeit geltend, mit dem man den Müßiggänger jetzt konfrontiert[85]: Er "(s)ey ihm und ander leutn unnütz"[86], meint Hans Sachs und unterstreicht auf diese Weise, daß der Nutzeffekt der Arbeit gleichberechtigt neben ihrer kathartischen Funktion steht[87].

Die Nutzlosigkeit des Müßiggängers wird vor allem in seiner ostentativen Zeitverschwendung greifbar:

> "Under den Müssiggängern aber werden alle die jenigen verstanden/die *jhr zeit vergeblich* vnd vnnützlich verzehren" (Hervorh. von mir, G. Stumpp; im folgenden als v. d. V. bezeichnet)[88], ihnen wird an anderer Stelle vorgeworfen: "Es ist ja warlich eine ebene ehr/wenn man den edlen schatz/die zeit/ also vnnützlich verschwendet und zubringet".[89]

Im Laufe der Entwicklung bürgerlicher Arbeitsethik schält sich die Ökonomie der Zeit als immer entscheidenderer Faktor heraus, der im 18. Jahrhundert in ökonomischen, pädagogischen und moralischen Schriften die Auseinandersetzung mit dem Müßiggang beherrscht. Die Bedeutung der Zeitökonomie muß vor dem Hintergrund einer mit der Neuzeit einsetzenden globalen Verzeitlichung des Bewußtseins gesehen werden, die sich in ganz unterschiedlichen philosophischen bzw. geschichtsphilosophischen, naturwissenschaftlichen und ökonomischen Zeitkonzeptionen dokumentiert.[90]
Je dichter nun im sozialen Bereich das Netz der Zeit geknüpft wird, desto rascher ist die Schwelle zur Zeitverschwendung des Müßiggangs überschritten; schon Abraham a Santa Clara geißelt das "unnutzliche (.) Auf- und Abtraben" der Müßiggänger und rechnet ihnen vor, daß sie

> "Bald (...) im Würths-Hauß (seynd)/bald in der Herberg/bald (...) einem Artzten zu(hören)/bald (...) auf dem Marckt (stehen)/(...) bald (...) in ein Barbier-Stuben (sitzen)/bald im Bier- und Caffe-Hauß".[91]

Die Zeitlichkeit des Müßiggangs ist diskontinuierlich und dem Regelmaß der Arbeitszeit inkommensurabel. Daher muß Sorge getragen werden, daß dieses Regelmaß so wenig wie möglich gestört wird, weshalb Philipp Peter Guden in seiner "Policey der Industrie, oder Abhandlung von den Mitteln, den Fleiß der Einwohner zu ermuntern..." die Abschaffung der Feiertage fordert, damit

> "dem Volke alle Gelegenheiten abgeschnitten werden, welche zum Müßiggang verleiten"[92]. Denn es neigt dazu, "sich (...) an den vielen Fest-Tagen der Arbeit [zu] entwöhnen."[93]

Zum Schrittmacher solcher Zeitökonomie zugunsten verbesserter Arbeitsleistung macht sich die Aufklärung:

> "In dem aufgeklärten Genf sind Industrie und Mäsigkeit so allgemein als Kenntnisse. *Alles arbeitet von frühe Morgens bis nach Sonnenuntergang*; alsdann geht Jeder *spazieren*, und diese Zeit heisst: *l'heure perdue*." (Außer "l'heure perdue" alle Hervorh. v. d. V.)[94)]

Benjamin Franklins Formel "time is money"[95)] bringt den ökonomischen Umgang mit der Zeit im wahrsten Sinne des Wortes auf den Begriff. Zeitökonomie garantiert jedoch nicht nur rationelle Arbeitsplanung und gesteigerte Arbeitseffizienz, sie wird auch zum Markenzeichen des guten und ordentlichen Bürgers. Denn dieser

> "thut nicht nur alles zu gesezter Zeit, sondern auch (...) bald und *ohne Auffschub*"[96)], während derjenige, der "unordentlich lebt, d.h. nicht jeder Sache ihre Zeit läßt, die ihr die Natur angewiesen hat, und z.B. des Nachts arbeitet, und den Tag mit Spiel und Zeitvertreiben hinbringt, der thut sich tausendfältigen Schaden".[97)]

Nur scheinbar wird "jeder Sache" hier ihre je eigene Zeit zugestanden, die ihr "die Natur angewiesen hat", allzu rasch entpuppt sich das Naturgemäße als ein Prinzip bürgerlicher Lebensordnung, das sich zur zweiten Natur verfestigt hat, indem es sich den Schein der Naturwüchsigkeit borgt und alles von ihm Abweichende als widernatürlich verdächtigt: einen Tag etwa nur mit "Spiel und Zeitvertreib" zu verbringen. Der Bürger ist es sich schließlich "schuldig", daß er seine "besten Stunden" und "frischsten Kräfte auf Arbeiten verwendet"[98)], und läßt sich von "Ordnung und Pünktlichkeit" durch

> "*nichts abhalten*: keinen Vortheil, kein Vergnügen (...). Der ordentliche Mann opfert lieber die größe (sic!) Lustbarkeit auf, ehe er ein nothwendiges Geschäft liegen läßt oder vernachläßigt."[99)]

Die disziplinierende Funktion solcher Zeitordnung erhellt aus den entsprechenden Empfehlungen einschlägiger Pädagogiken, die dem Kind dasselbe abverlangen wie dem Erwachsenen:

> "Es ist aber auch *Ordnung in den Verrichtungen nötig*. Man muß nicht zugeben, daß die Kinder aus Leichtsinn von einer Arbeit zur andern springen. (...) Jedes muß *zu seiner Zeit* geschehen, und das Notwendige und Nützliche, muß dem Angenehmen und dem, was zum bloßen Zeitvertreib geschieht, vorgehen. Gewisse *tägliche Verrichtungen, die an eine*

> *Zeit gebunden sind*, müssen unter keinerlei Vorwand (...) aufgeschoben (...) werden." (Hervorh. v. d. V.)[100]

Die Zeit soll als unendlich kostbares Gut geschätzt und gehütet werden, aber nicht, weil sie angesichts der Endlichkeit menschlicher Existenz unwiederbringlich entgleitet[101], sondern weil es sie ständig zu nutzen und dem Müßiggang zu entreißen gilt:

> "Wenn Ihr euch, meine besten Kinder, von dem Werthe der Zeit durch ihre Flüchtigkeit, Kürze und Unwiederbringlichkeit, (...) überzeugt habt: und wenn Ihr den Folgen einer ungenützten oder übel angewandten Zeit entgehen wollt: so gewöhnt euch schon jetzt vor allen Dingen, niemals müßig zu gehen."[102]

Das alte Memento mori muß modernem Utilitätsdenken weichen. Wie über Geld und Vermögen, so muß auch über die Zeit Buch geführt und Rechenschaft abgelegt werden:

> "Ein, zwey oder noch mehr Stunden später Aufstehen, verrückt auf einmal die Ordnung des ganzen Tages, und hat gleich einen Einfluß auf eine ganze Woche, einen Monat, ich möchte fast sagen, auf das ganze übrige Leben: denn die zwey, drey oder mehr verschlafenen Stunden sind doch niemals wieder einzubringen."[103]

Auf diese Weise entsteht ein Sittenkodex der Zeit, eine 'Zeitmoral', die jedes Zaudern, Zögern, Bummeln, Sich-an-den-Augenblick-Verlieren oder Sich-Gehen-und-Treiben-Lassen als schnödes Müßiggehen sanktioniert. Denn die Ökonomie der Zeit ist auf einen bestimmten Typus von Arbeit zugeschnitten - sie simuliert das Realitätsprinzip der Berufstätigkeit:

> "Eine sehr wichtige Regel ist, daß man die Kinder an eine gewisse Ordnung im Arbeiten gewöhnen muß, an gewisse *festgesetzte Stunden*, und nicht darauf wartet, bis sie Lust haben. Diese Ordnung dient ihnen zur Vorbereitung für ihre künftige Bestimmung, da in verschiedenen Ständen und Aemtern gewisse bestimmte Stunden zur Arbeit festgesetzt sind, ohne daß nach der Laune, oder Arbeitslust gefragt wird." (Hervorh. v. d. V.)[104]

Vom subjektiven Befinden des einzelnen abgekoppelt, entqualifiziert sich Zeit zu einer beliebig teilbaren Größe, zu einem Abstraktum, dem sich die konkrete Lebenszeit anzupassen hat[105]).

> "Ein vortreffliches Mittel, sich immer munter und thätig zu erhalten, ist, wenn man sich von Jugend an zu einer gewissen Ordnung gewöhnet, *seine Zeit nach den Stunden abtheilet*, und auf das strengste darüber hält." (Hervorh. v. d. V.)[106])

Die eingeteilte Zeit soll den Alltag strukturieren und zur allgegenwärtigen Statthalterin der Arbeit werden, indem sie auch dort Ausdauer, Konzentration, Selbstkontrolle - die psychischen Voraussetzungen von Arbeit - einfordert, wo diese selbst gar nicht ansteht; so schlägt etwa Heinrich Campe in seinem "Väterlichen Rat für meine Tochter" zur Einübung weiblicher Tugenden folgendes vor:

> Die Mutter "wird die Zeit des Aufstehens und des Schlafengehns, die der Arbeit und der Erholung, die der Mittags- und der Abendmahlzeit u.s.w. genau mit dir verabreden, einen *nach Stunden, nach halben und Viertelstunden bestimmten Lebens- und Geschäftsplan* darüber aufsetzen, und mit liebevoller Strenge darüber wachen, daß an *jedem Tage* und *in jeder Stunde* gerade das von dir geschehe oder besorgt werde, was der Plan dafür angeben wird" ("Lebens- und Geschäftsplan", Hervorh. v. Campe, alle anderen Hervorh. v. d. V.).[107])

Der Bericht über die "täglichen Beobachtungen" der Mutter aber gehört, sofern er positiv ausfällt, für den Vater "dann jedesmahl" zur "Zeit (...) köstlichsten Lebensgenusses".[108])
Die Ordnung der Zeit, die weder Leerlauf noch Lücken zuläßt und minuziöse Rechenschaft auch über den kleinsten Zeitabschnitt verlangt, wird zu einem Regulativ, das durch Planung und Kontrolle die bürgerliche Existenz gegen innere wie äußere Zufälle abdichten und nicht nur ökonomisch, sondern auch moralisch sichern soll. Denn der "Hang zur Unordnung richtet leicht Verwüstung, Unordnung im Herzen an"[109]), und "Ordnungsliebe" ist "um der Sittlichkeit willen"[110]) wichtig. Auf diese Weise verbürgt das äußere Gerüst der Zeitordnung die innere Festigkeit der Moral.

> "Wenn ich in ein Haus komme, und treffe den Hausvater und seine Frau noch um zehn Uhr an dem Kaffee- oder Theetische, die Söhne in Haarwickeln und die Töchter uneingeschnürt an; so habe ich eine sehr schlimme Vorstellung von der Einrichtung des Hauses, und von der Erziehung der Kinder. Ich ahnde lauter traurige Dinge für die Zukunft. In

Söhnen sehe ich Müßiggänger (...); in Töchtern so genannte Schlumpen," läßt der "Kinderfreund" seine jungen Leser wissen.[111)]

In welchem Umfang Arbeit sich als einzig maßgeblicher und sinnvoller Lebensinhalt durchgesetzt hat, zeigt eine weitere Variante des Müßiggangs, die auf der Vorstellung basiert, müßiggehen könne nichts anderes als ein Versinken in völliger Passivität und tödlicher Langeweile bedeuten:

> "(...) ich halte Müßiggang für die schrecklichste Arbeit, die nur zu erdenken ist", beteuert der "Kinderfreund" und fährt fort: "Stellt euch einen Menschen vor, dem man Jahre lang nöthigte, in einem Großvaterstuhle zu sitzen, die Wände anzugaffen, sich Speise und Trank im Munde stecken zu lassen, zu Bette zu gehen und wieder aufzustehen, kurz im eigentlichen Verstande müßig zu gehen, - zu leben und zu sterben wie eine Pflanze".[112)]

Nicht zu arbeiten, gilt als Symptom einer krankhaften Unterdrückung menschlicher Aktivität[113)], worauf das abschreckende Bild bloßen Vegetierens hinweisen soll; die lustvolle Regression, die sich im pflanzenhaften Nichtstun verbirgt, unterschlägt der Verfasser wohlweislich.
Umgekehrt kann aber auch nicht jede Betätigung als Arbeit gelten: tut man nämlich etwas nur, "um das Vergnügen der Bewegung oder der Abwechslung zu haben", so ist "diese Beschäftigung nicht Arbeit, sondern nur ein Spiel"[114)]. Sehr genau muß zwischen Arbeit und bloßem Spiel unterschieden werden, sonst verfällt man dem sogenannten geschäftigen Müßiggang, der dazu führt, daß Nebensächlichkeiten, z.B. die Beschäftigung mit den Künsten, die Hauptsache, die Arbeit, überwuchern.
Den Typus eines solchen geschäftigen Müßiggängers führt Johann Elias Schlegels gleichnamige Komödie von 1741 vor[115)]. In ihr verspottet er den Bürger, der dem Vorbild des uomo universale, des universell gebildeten Hofmanns, nacheifert, weil er sich mit der gesellschaftlichen Arbeitsteilung und Spezialisierung nicht abfinden will. Der Held der Komödie, ein zum Juristen ausgebildeter Bürgersohn, dilettiert in der Dichtkunst, Malerei und Musik, weil ihm die Ausübung nur eines und speziell des eigenen Metiers zu langweilig ist. Sein betriebsamer Müßiggang bringt ihn jedoch um die Grundlagen einer gesicherten bürgerlichen Existenz: beruflichen Erfolg, ein einträgliches Amt und eine vorteilhafte Heirat. Die Vielseitigkeit seiner Interessen, die ihn keine der von ihm geübten Künste angemessen beherrschen läßt, entzieht den Tugenden der Zielstrebigkeit, Zuverlässigkeit und Pünktlichkeit den Boden - der zerstreute geschäftige Müßiggänger versündigt sich an den Postulaten des Pflichtbewußtseins und der Zeitökonomie. Nicht zufällig erklärt die Braut, die

den Protagonisten wegen seines Müßiggangs verschmäht, Uhr und Kalender zu ihren liebsten Sinnbildern, während das Symbol des Schäfers, das er sich aussucht, auf die Zeitlosigkeit Arkadiens und auf die mögliche Nähe des geschäftigen zum erotischen Müßiggang hindeutet.
Schlegel begnügt sich bei seiner Kritik am geschäftigen Müßiggang nicht mit dem Hinweis auf dessen materielle Voraussetzungen, die den Helden zum Schmarotzer an seinen Eltern machen; er plädiert darüberhinaus für die Vorteile der Arbeitsteilung, die für ihn in der Gründlichkeit und Solidität der Arbeit liegen. Der Held mit dem bezeichnenden Namen Fortunatus, der mehr seiner Namenspatronin, der launischen Glücksgöttin Fortuna, vertraut, anstatt auf die eigenen Anstrengungen zu bauen, blamiert sich durch die Halb- und Vagheiten seines Dilettantismus.[116)]
Am Typus des geschäftigen Müßiggangs wird noch einmal die Historizität bürgerlicher Müßiggangskritik deutlich. Denn die geschäftigen Müßiggänger zogen sich schon in der Antike die Mißbilligung der Philosophen zu, weil sie sich mit Sinn- und Belanglosigkeiten befaßten. Diese wurden jedoch auf das Ideal der Muße, nicht auf die Realität der Arbeit[117)] bezogen. Auch hier löst der neue Gegensatz Müßiggang versus Arbeit die überkommene Opposition von Muße und Müßiggang ab.
Am Maßstab strenger Arbeitsmoral und zweckrationaler Zeitplanung gemessen, verliert auch die Muße selbst mit der Zeit ihre Legitimationsgrundlage. Ihre ehemaligen Gehalte, Wissenschaft und Kenntnisse, werden zunehmend für die Zielsetzungen produktiver Arbeit funktionalisiert[118)], und selbst die im Mittelalter noch sakrosankte religiöse Betrachtung gilt nun als Zeitverschwendung:

> "Ein ausgedehntes Gebetsleben wird im Hinblick auf seinen gesellschaftlichen Nutzen zu einer Art von Müßiggang" [119)].

Unter solchen Vorzeichen ebnen sich die Unterschiede zwischen Muße und Müßiggang ein, da nun in beiden primär die Verweigerung nutzbringender Arbeit gesehen wird. Die Muße selbst aber rettet ihre ursprüngliche Selbstzweckhaftigkeit ins Medium von Phantasie und Reflexion und wird zu einer Art träumerischen Müßiggangs. Diese typologische Akzentverschiebung bestätigt Schlegels "Idylle über den Müßiggang", die in einem arkadischen Ambiente Eros und Logos ironisch miteinander verschränkt und im faulen Müßiggang die spekulativen Potenzen der Muße entdeckt. Denkt doch der träg und träumerisch am Bach liegende Erzähler äußerst ernsthaft über die Möglichkeit eines immerwährenden Geschlechtsaktes nach [120)].
Wo Zeit, die nicht mit Arbeit ausgefüllt ist, mit Langeweile identifiziert wird, da verliert auch der Traum vom Paradies und goldenen Zeitalter sein Recht:

> "Eben so falsch ist die Vorstellung, daß, wenn Adam und Eva nur im Paradiese geblieben wären, sie da nichts würden gethan, als zusammen-

> gesessen, arkadische Lieder gesungen, und die Schönheit der Natur betrachtet haben. Die Langeweile würde sie gewiß eben so gut als andere Menschen, in einer ähnlichen Lage gemartert haben",[121])

so Kant in seiner "Pädagogik". Sein Einspruch gegen den paradiesischen Müßiggang beleuchtet noch einmal schlaglichtartig den Prozeß der Verzeitlichung des Bewußtseins im 18. Jahrhundert. Denn Kant implantiert der ursprünglichen Zeitlosigkeit des Paradieses bzw. goldenen Zeitalters gleichsam ein Uhrwerk, das mit dem Zeitverlauf die Dieselbigkeit utopischen Glücks meß- und fühlbar werden läßt, um es dann als langweilig zu denunzieren.
Wenn Kant die arkadische Idylle realistisch mißversteht, indem er sie den Bedingungen realen Zeitablaufs unterwirft, dann folgt er der Logik eines Realitätsprinzips, das seine Maßstäbe der Arbeit und ihrem Ethos entlehnt. Ihr Anspruch auf das Monopol ausschließlicher Realitätsmächtigkeit bestätigt auch Philipp P. Gudens Polemik gegen die Verfasser anakreontischer Lyrik, die er mit dem Postulat lebenstüchtiger Wirklichkeitsnähe in die Schranken weist, indem er von ihnen verlangt, gefälligst Weinbauern zu werden:

> "Ist es aber eine so grosse Glückseligkeit, Wein zu trinken, so mußt du anacreontischer Dichter gewiß einen Bauren in den Wein-Ländern beneiden müssen. Warum wirst du also nicht vielmehr ein Bauer? Warum nimmst du nicht statt deiner Leyer den Karsten, oder Hacke, zur Hand, und arbeitest im Weinberge?"[122])

Da die Poesie von der Realität ablenkt und zu einem träumerischen Müßiggang verführt, warnt Kant nachdrücklich vor der Lektüre wirklichkeitsferner Literatur, vor allem von Romanen:

> "Man muß (...) Kindern alle Romane aus den Händen nehmen. Indem sie sie lesen, bilden sie sich in dem Romane wieder einen neuen Roman, da sie die Umstände sich selbst anders ausbilden, herumschwärmen und gedankenlos da sitzen."[123])

Die Lektüre von Romanen gefährdet die fraglose Anerkennung des Realitätsprinzips, weshalb es viel sinnvoller ist, "das Gedächtniß nur mit solchen Dingen [zu] beschäftigen (...) die auf das wirkliche Leben Beziehung haben".[124])
Auf dieses Ansinnen scheint die schöne Literatur durchaus zu reagieren und die Zeichen der Zeit nicht zu verkennen. In die Idyllendichtung etwa hält ein ihr bisher fremdes Arbeitsethos seinen Einzug.[125]) So zitieren Hallers "Alpen", die in diesem

Zusammenhang als repräsentativ gelten können, zwar das goldene Zeitalter, aber nur, um zu betonen, daß mit ihm nicht länger ein "Dichterreich voll fabelhafter Pracht",[126] sondern das arbeitsame, einfache, ja karge Leben der Alpenbauern und -hirten gemeint sei.
Vor allen anderen literarischen Gattungen öffnet sich der Roman den Maximen bürgerlicher Lebensordnung. Er möchte sich vom Ruch, ein bloßes Kompendium unwahrscheinlicher, zusammengefabelter Abenteuer zu sein, befreien und durch Authentizität, Wirklichkeitsnähe und prosaische Kunstlosigkeit jeden Verdacht auf Fiktionalität zerstreuen[127].
Ein Zeichen dieses Gattungswandels ist u.a. auch die Bewertung der Arbeit. In Schnabels "Insel Felsenburg", dessen Held dem literarischen Archetyp des homo oeconomicus - Defoes "Robinson Crusoe" - nachgebildet ist, wird dem Müßiggang eine entschiedene Absage erteilt. Der Gründer des kleinen Inselstaates arbeitet von Beginn an nach einem System eingeteilter Zeit, und selbst die auf der Insel lebenden Affen müssen arbeiten.[128] Das fruchtbare Eiland wird nicht als Horazsche "selige Insel" vergegenwärtigt, sondern als Terrain planvoller Naturauseinandersetzung.
Die Normen bürgerlicher Arbeitsmoral lassen sich auch in Sophie von La Roches "Geschichte des Fräuleins von Sternheim" entdecken. Denn der Vater der Heldin sorgt dafür, daß in seinem Herrschaftsbereich "(a)uf Säufer, Spieler, Ruchslose und Müßiggänger (...) eine Strafe teils an Fronarbeit, teils an Geld gelegt (ist)".[129] Im Armenhaus, das er einrichtet, müssen alle unter Aufsicht arbeiten, wobei das Ganze durch seine straffe Disziplin und hierarchische Organisation einer Fabrik und Kaserne en miniature ähnelt.[130] Die Heldin selbst lernt die Wohltaten des Arbeitens am eignen Leibe kennen, denn nur ihre anhaltende Arbeitsamkeit hilft ihr über die schwere Zeit ihrer Gefangenschaft hinweg.

Den moralischen und ökonomischen Nutzen der Arbeit anerkennen auch zwei Romane, die der Vorgeschichte des eigentlichen Bildungsromans zugerechnet werden, Jung-Stillings "Lebensgeschichte" und Johann Karl Wezels "Herrmann und Ulrike".[131]
So fällt dem Helden der "Lebensgeschichte", als er in Schönstadt einzieht, auf, "was Manufakturen und Handlung einem Ort vor Segen und Wohlstand zuwenden können".[132] Wezels Protagonist macht dem Fürsten, in dessen Diensten er steht, sogar Vorschläge zur "Abschaffung des Bettelwesens"[133] und möchte

> "Ordnung, Fleiß, Tätigkeit darinne (im Land, d. V.) (...) verbreiten, [und] der Menge dürftiger, fauler Müßiggänger Arbeit und Nahrung (...) verschaffen".[134]

In beiden Romanen kommen jedoch plötzlich auch die Sinndefizite von Arbeit ungeschminkt zur Sprache. "Ich lebe nicht in dem Beruf, zu welchem ich geboren bin, ich thue alles mit Zwang"[135], bekennt Heinrich Stilling, der das ihm aufgezwungene Schneiderhandwerk verachtet und sich seiner schämt. Bezeichnenderweise wird sein Aufbegehren nicht als wirkliches Leiden an der Arbeit akzeptiert, sondern der verderblichen Romanlektüre angelastet:
"Wozu solltet Ihr geboren seyn?", hält ihm sein Gesprächspartner entgegen und fährt fort: "Ich glaube, Ihr habt Euch durch euer Romanlesen unmögliche Dinge in den Kopf gesetzt".[136]
Die bittere Notwendigkeit des Gelderwerbs, die ohne Rücksicht auf andere Vorlieben und Wünsche zur Arbeit zwingt, durchzieht leitmotivartig die ganze "Lebensgeschichte".
Nicht besser als Heinrich Stilling ergeht es Wezels Herrmann, der bei einem Advokaten sein Brot verdienen muß, wo

> "seine lebhafte, fast brausende Tätigkeit (...) in die traurige Beschäftigung eingezäunt (war), trockne Akten, die weder seinem Verstande noch Herze einen Brocken Nahrung verschafften, wörtlich und sorgfältig abzuschreiben."[137]

Da ihm auch seine Anstellung bei einem Kaufmann nicht zusagt, kommt er zu dem Schluß, er sei "(w)eder zum Pfluge, noch zum Handwerke, noch zum Fabrikanten tauglich".[138]
Nur zum Teil verdankt sich die Desillusionierung der Arbeit bei Jung-Stilling und Wezel einer realistischen Nahsicht, schwerer ins Gewicht fallen dürfte ein anderes Motiv: Wert und Bedeutung der Arbeit werden nicht vom Standpunkt allgemeinverbindlicher Normen aus beurteilt - unter diesem Aspekt wird Arbeit in beiden Fällen gutgeheißen -, sondern vom Standpunkt des Individuums aus. Damit aber wird der Blick geradezu unausweichlich auf die Enttäuschungen und Versagungen gelenkt, die mit Arbeit und Berufstätigkeit einhergehen.

> "Der lange weitläufige Zusammenhang der Bedürfnisse und Arbeit, der Interessen und deren Befriedigung ist seiner ganzen Breite nach vollständig entwickelt und jedes Individuum aus seiner Selbständigkeit heraus in eine unendliche Reihe der Abhängigkeiten von anderen verschränkt",[139]

so umreißt Hegel die Verflechtung des einzelnen ins Netzwerk der arbeitsteiligen Gesellschaft; zu den jeweiligen Arbeiten und Tätigkeiten merkt er an, daß sie

> "statt in individuell lebendiger Weise mehr und mehr nur maschinenmäßig nach allgemeinen Normen" vonstatten gehen.[140]

Auf diesen Sachverhalt bezieht sich Schillers und Schlegels Kritik am modernen Arbeits- und Wirtschaftsleben. Beide bringen ihre Einwände im Namen des Individuums vor (auch Schiller argumentiert vom einzelnen her - trotz der Menschheitsperspektive, die er in den Briefen ins Auge faßt), und beide sehen nicht in einer anderen Form der Arbeit, sondern im konsequenten Müßiggang einen Ausweg aus dem Widerstreit zwischen den Autonomieansprüchen des Individuums und der Heteronomie seiner Lebenswelt.[141] Den in dieser Konstellation angelegten Konflikt transponieren die Bildungsromane ins Medium der Ästhetik und lassen den Wunsch ihrer Helden nach Selbstverwirklichung mit den Normen der Bürgerlichkeit kollidieren. Keineswegs ist der Müßiggang in den im Rahmen dieser Arbeit untersuchten Romanen ein fragloses Privileg des über alle Sorgen erhabenen Helden; sie halten vielmehr stets das Skandalon, daß dieser sich dem Berufs-und Arbeitsleben entzieht, im Bewußtsein des Lesers wach - könnte sich sonst der Erzähler des "Grünen Heinrich" mit der Feststellung an das Publikum wenden, es werde

> "oft die Klage erhoben (...), daß die Helden mancher Romane sich eigentlich mit Nichts beschäftigen und durch einen andauernden Müßiggang den fleißigen Leser ärgern"?[142]

Als Ärgernis weist der Müßiggang auf die bürgerliche Lebensordnung zurück, der er als Abwehrgestus verhaftet bleibt. Seine Abhängigkeit von ihr zeigt sich im Wandel seiner traditionellen Motive.

Anmerkungen

1) Diese Geschichte steht nach wie vor aus. Es gibt zwar einige Monographien zu bestimmten Epochen und Autoren, Gesellschaftsformen und -klassen; etwa Elisabeth Charlotte Welskopf, Probleme der Musse im alten Hellas, Berlin 1962; Michael O'Loughlin, The Garlands of Repose. The literary celebration of civic and retired leisure. The traditions of Homer and Vergil, Horace and Montaigne, Chicago 1978; Dieter Groh, Viel Muße und wenig Arbeit. Die Überflußgesellschaft ist viel älter als wir glauben. Eine kulturhistorische Betrachtung. Rundfunkfeature HR 3. 7. 1984; Thorstein Veblen, The Theory of the Leisure Class. An Economic Study of the Evolution of Institutions, New York 1899; Sebastian de Grazia, Of Time, Work and Leisure, New York 1964; Albrecht Timm, Verlust der Muße. Zur Geschichte der Freizeitgesellchaft, Hamburg o. J. Diese Arbeiten gehen - mit Ausnahme Veblens - von der Muße, meist von einer aus der antiken Philosophie abgeleiteten Vorstellung derselben, nicht vom Müßiggang aus.

2) Aristoteles, Die Nikomachische Ethik 1095 b 20. Aristoteles, Die Nikomachische Ethik. Übersetzt und herausgegeben von Olof Gigon, Zürich 1967. (Aus der Bibliothek Der Alten Welt des Artemis Verlags Zürich und München, 2. überarb. Aufl.); im folgenden zitiert als Aristoteles, N. E. In seiner Systematik der Lebenstypen grenzt Aristoteles den Bios theoretikos (Muße), politikos bzw. praktikos (das Leben des Handelnden, des Politikers oder des nach Erwerb Strebenden) und apolaustikos (Müßiggang) voneinander ab. (N. E. 1095 b 15); siehe dazu auch Franz Boll, Vita contemplativa, Sitzungsberichte der Heidelberger Akademie der Wissenschaften, 8. Abhdl., Heidelberg (1920) S. 3 - 34, S. 4f.

3) L. Annaeus Seneca, De brevitate vitae 7 (1). In: Seneca in ten volumes. With an English translation by John W. Basore a.o., vol. I-III Moral Essays, vol. II, London 1968 - 1979; 10 Bde. (The Loeb Classical Library); im folgenden zitiert als Seneca, De brev.

4) Ibid., 13 (1).

5) Ovid, Remedia Amoris, v. 161f. In: P. Ovidi Nasonis, Amores, Medicamina Faciei Femineae, Ars Amatoria, Remedia Amoris. Ed. brevique adnotatione critica instr. E. J. Kenney, Oxonii 1961 (Scriptorum classicorum bibliotheca Oxoniensis); im folgenden zitiert als Ovid, Rem. am.

6) Xenophon, Memorabilien I, 2, 22 - 23. In: Xenophon, Memorabilia and Oeconomicus. With an English translation by C. E. Marchant, London 1959 (The Loeb Classical Library).

7) Aristoteles, N. E. 1176 a 30. Solch pflanzenhaft träge Müßiggänger, die kaum merken, ob sie noch leben oder nicht, beschreibt auch Seneca: "(...) qui sella se et lectitia huc et illuc ferunt (...). quos quando lavari debeant, quando natare, quando cenare, alius admonet, et usque eo nimio delicati animi languore solvuntur, ut per se scire non possint, an esuriant." Seneca, De brev. 12 (6)
Späte Nachfahren dieser Spezies von Müßiggängern sind Gontscharows Oblomow und Becketts Murphy, der auf eine eiserne Lunge spart, für den Fall, daß er einmal keine Lust mehr hat zu atmen. Zur Trägheit von Gontscharows Helden siehe Gert Mattenklott, Faulheit, a. a. O., S. 52ff.

8) Siehe Aristoteles, N. E. 1108 a 10 - 20.

9) Aristoteles, Politik 1254 b 5. Aristoteles, Politik. Übersetzt und herausgegeben von Olof Gigon, Zürich 1971 (Aus der Bibliothek Der Alten Welt des Artemis Verlags Zürich und München, 2. durchges. Aufl.); im folgenden zitiert als Aristoteles, Pol.

10) Ibid.

11) Ibid.

12) Isokrates, Areopagiticus, 149, 48ff. In: Isocrates. In three volumes. With an English translation by George Norlin (vol. I a. II; vol. III English transl. by L. van Hook), London 1961 - 1962 (The Loeb Classical Library), vol. II, p. 104 - 157.

13) Aristoteles, Pol. 1334 a 25.

14) Daß Muße und Müßiggang nicht einfach identisch sind, bezeugt auch ihre Unterscheidung in anderen Sprachen, etwa im Französischen (loisir - oisiveté) oder Englischen (leisure - idleness); im Lateinischen wechselt allerdings der Terminus otium seine Bedeutung je nach Kontext und kann für Muße wie für Müßiggang stehen; aber auch das Lateinische kennt die Unterscheidung zwischen otium und desidia; siehe Ovid, Rem. Am., v. 162, wo Ägisth desidiosus, nicht otiosus genannt wird.

15) Aristoteles, N. E. 1177 a 2.

16) Siehe Aristoteles, Pol. 1334 a 10-40. Daß "otium und salus populi (...) geradezu identisch sind", unterstreicht Ernst Bernert und führt aus, daß "das *otium civitatis* als Dauerzustand das erstrebenswerte Ziel (ist), das der Staatsmann jederzeit vor Augen haben muß. (...) Es wird dem Cato zum höchsten Lob angerechnet, qui quondam peperisset otium civitati, Cic. de off. III 3", Ernst Bernert, Otium. In: Würzburger Jahrbücher für die Altertumswissenschaft, 4. Jg. (1949/50), S. 89 - 99, S. 90. Siehe auch J.-M. André: "(...) le mot otium devient un slogan politique (mit dem Aufstieg Roms zur beherrschenden Macht in Italien und dem Mittelmeerraum, d. V.): il désigne désormais dans la vie de la cité l'ordre et la paix sociale". J.-M. André, Recherches sur l'otium Romain. Annales Littéraires de l'Université de Besançon, vol. 52, Paris 1962, p. 6.

17) Bürger hat hier die Bedeutung von cives, d.h. freies Mitglied des Gemeinwesens. Als Vertreter der Stoa, für die das politische Engagement an erster Stelle steht, billigt Cicero Muße (otium) nur dem zu, der seine Pflichten (officia) gegenüber dem Staat erfüllt hat. Die griechische und die römische Konzeption der Muße weichen in einigen Punkten voneinander ab (siehe André, a. a. O., p. 12), sie fallen aber im Rahmen des typologischen Überblicks, der hier gegeben werden soll, nicht weiter ins Gewicht. In der Bestimmung philosophischer Muße etwa stimmt Cicero durchaus mit Aristoteles überein, siehe dazu Bernert, a. a. O.,S. 92: "Das ganze Leben des Philosophen wird otium genannt (de off. I 156), weil es frei ist von der Beschäftigung mit der Politik, aber doch hingewandt einer großen Aufgabe. Otium tritt daher mit studium (Cic., de orat. I 22; III 131) und mit litterae (Cic., Tusc. I 6) zu einem festen Begriff zusammen".

18) Aristoteles, N. E. 1176 b 10.

19) Siehe Thorstein Veblen, der in seiner "Theory of the Leisure Class" die Lebensformen der 'Mußeklasse' als ostentative Gesten der Herrschaft und gesellschaftlichen Superiorität entziffert. "(E)in müßiges Leben (stellt) den unmittelbarsten und überzeugendsten Beweis von Reichtum und damit von überlegener Macht dar." Zitiert wird Veblen nach der deutschen Ausgabe: Thorstein Veblen, Theorie der feinen Leute. Eine ökonomische Untersuchung der Institutionen. Deutsch von Suzanne Heintz und Peter von Haselberg. Mit einer Einführung von Peter und Suzanne Heintz, München 1981, S. 43.

20) Aristoteles, N. E. 1177 a 5.

21) Seneca, De brev. 7 (1).

22) Aristoteles, Pol. 1338 a 10; siehe auch ibid., 1337 a 15 - 20.

23) Aristoteles, Pol. 1334 a 25.

24) Ibid., 1337 b 5 - 15.

25) Ibid.

26) Bei der Entgegensetzung von Muße und Müßiggang nimmt Epikur, dessen Philosophie fälschlicherweise die Aufforderung zu unumschränktem Sinnengenuß zugeschrieben wurde ("Epikurëismus"), eine Zwischenstellung ein, indem sich seine Idee der Ataraxia an die Autarkie der Muße anlehnt und zugleich Elemente hedonistischer Sinnlichkeit aufgreift. So erklärt er zwar das physische Wohlbefinden zum Ziel der Eudämonie, aber weniger die positive Lustempfindung als vielmehr einen Zustand der Schmerzlosigkeit, dem die Unerschütterlichkeit und Ruhe der Seele (Ataraxia) entspricht. Die klassische Opposition von Muße und Müßiggang findet sich noch ungebrochen in Schopenhauers "Aphorismen zur Lebensweisheit", in denen er die "freie Muße" als "das höchste Gut" bezeichnet und ihr "Kunst, Poesie oder Philosophie" als angemessene Inhalte zuweist. Arthur Schopenhauer, Aphorismen zur Lebensweisheit. Aus: Parerga und Paralipomena (1851). In: Arthur Schopenhauer, Sämtliche Werke. Textkritisch bearbeitet und herausgegeben von Wolfgang Frhr. von Löhneysen, Darmstadt 1989, Bd. IV, S. 406; im folgenden zitiert als Schopenhauer, Aphorismen. Bei den unbeschäftigten Müßiggängern müssen dagegen zunächst "die Muskelkraft und die Zeugungskraft herhalten". Schopenhauer, Aphorismen, S. 400f. Später wird die "Erregung der Leidenschaften" etwa durch "hohe Hasardspiele, dieses wahrhaft degradierende Laster" erzielt. Schopenhauer, Aphorismen, S. 401.

27) Der Philosoph kümmert sich nach Platon nicht um das Naheliegende und Nächste: "(...) ein solcher weiß nichts von seinem Nächsten und Nachbarn, nicht nur nicht, was er betreibt, sondern kaum, ob er ein Mensch ist oder etwa irgendein anderes Geschöpf." Auch erscheint er "einfältig (...), wo es auf knechtische Dienstleistungen ankommt".
Platon, Theaitetos 174 b u. 175 e. Platon, Sämtliche Werke. Nach der Übersetzung von Friedrich Schleiermacher mit der Stephanus-Numerierung herausgegeben von Walter F. Otto, Ernesto Grassi, Gert Plamböck, Reinbek 1971, Bd. 4. Im folgenden zitiert als Platon, Theaitetos.

28) Aristoteles, N. E. 1177 a 25. Um Mißverständnissen vorzubeugen: Muße ist weder weltabgewandt noch asketisch; den sinnlichen Bedürfnissen wird eine angemessene Befriedigung, aber keine zentrale Bedeutung zugestanden. Auch hier gilt wieder das Prinzip der Rangordnung. Daß die Genüsse der Muße nicht völlig ungetrübt sind, räumt Cicero - sich auf Aristoteles berufend - ein: "Aristoteles quidem ait omnes ingeniosos melancholicos esse". Cicero, Tusculanarum Disputationum I, 80. Marcus Tullius Cicero, Gespräche in Tusculum. Lateinisch-deutsch, Hrsg. Olof Gigon, München 1970 (2.Aufl.) (Tusculum Bücherei).
Die geistig Tätigen neigen zur Melancholie! In diese Richtung geht auch die Anmerkung Schopenhauers, daß "mit dem Grad der Intelligenz die Fähigkeit zum Schmerze sich steigert". Schopenhauer, Aphorismen, S. 402, Anm. F.

29) Im "Theaitetos" kommt Platon mehrmals auf das unbegrenzte Zeithaben der Philosophen zu sprechen, das sie vor allen anderen, etwa denen, die bei Gericht tätig sind und ständig unter Zeitdruck stehen, auszeichnet. "Insofern jenen (den Philosophen, d. V.) das, was du eben nanntest, die Muße, niemals fehlt, und sie ruhig mit Muße ihre Untersuchungen anstellen". Platon, Theaitetos 172 d. Die "andern aber reden teils immer im Gedränge, denn es treibt sie zur Eile das Wasser, welches abfließt, und läßt ihnen nicht zu, worüber sie es am liebsten möchten, Untersuchungen anzustellen". Platon, Theaitetos 172 d-e. In ihrer Abhandlung "Probleme der Musse im alten Hellas", Berlin 1962, weist Welskopf darauf hin, daß "(d)ie Indifferenz gegen die Zeit, die uns in der reichen Muße der homerischen Helden begegnete" bei Aristoteles "philosophisch analysiert" wird, weshalb er in der N. E. die Muße als eine "Lust" bestimme, die "ohne Hast und ohne Termin (ist)". Welskopf, a. a. O., S. 254.

30) Daß sich Muße nicht mit dem Trubel der Menge oder irgendwelchen Formen der Ruhelosigkeit verträgt, betont Seneca; siehe Seneca, De brev. 12, 2, wo er diejenigen kritisiert, die ihre

Muße mit lauter Geschäftigkeiten vertun: "Quorundam otium occupatum est; in villa aut in lecto suo, in media solitudine, quamvis ab omnibus recesserint, sibi ipsi molesti sunt; quorum *non otiosa vita dicenda est, sed desidiosa occupatio.*" (Hervorh. v. d. V.).

31) "(D)ie Lust (...) ist bedenklich, weil sie nur kurz dauert", so faßt Bruno Snell die Einwände gegen hedonistische Lebensgrundsätze zusammen; "(d)ie moralische 'Hemmung' wird vor allem in der Form empfohlen, ein augenblickliches Glück dem beständigen zu opfern. Leidenschaft, Begierde stören das dauernde Glück". Bruno Snell, Mahnung zur Tugend. Ein kurzes Kapitel aus der griechischen Ethik. In: Bruno Snell, Die Entdeckung des Geistes, Göttingen 1975 (4. Aufl.), S. 151 - 177, S. 157.

32) Anakreon, Genügsamkeit. Aus: Anakreon und die sogenannten Anakreontischen Lieder, übers. von Eduard Mörike. In: Eduard Mörike, Sämtliche Werke, hg. von Herbert G. Göpfert, München 1958 (2. Aufl.), S. 1378 - 1422, S. 1393.

33) Ders., Genuß des Lebens, a. a. O., S. 1392.

34) Von dieser Kunst zehren noch die Dandys des 19. Jahrhunderts.

35) Die Situationsbezogenheit des Hedonismus erhellt aus einem Diktum des Horaz über Aristipp, dem er bescheinigt, sich in jeder Lage zurechtzufinden und das Beste aus ihr zu machen: "omnis Aristippum decuit color et status et res". Horaz, Epistularum liber prior, I, 17,23. In: Q. Horati Flacci Opera, ed. Fridericus Klingner, Lipsiae 1959 (3. Aufl.).

36) Der Hedonismus zielt nach Hegel auf die "Freiheit und Selbständigkeit des Individuums". G. W. F. Hegel, Vorlesungen über die Geschichte der Philosophie. In: G. W. F. Hegel, Werke in zwanzig Bänden, neu edierte Ausgabe. Redaktion Eva Moldenhauer u. Karl Markus Michel, Frankfurt a. M. 1971, Bd. 18, S. 539.

37) Ovid, Rem. am., v. 141ff. Ovids Einsicht, daß der Müßiggang der Liebe förderlich sei, ist auch im 20. Jahrhundert nicht vergessen: "Müßiggang ist aller Liebe Anfang" betitelt Christa Reinig einen Gedichtband. Christa Reinig, Müßiggang ist aller Liebe Anfang, Düsseldorf 1979.

38) Ovid, Rem. am., v. 136ff.

39) Ibid., v. 143f. Der Müßiggang wird auch hier, allerdings ironisch, mit den Attributen des nervenzerrüttenden Genußlebens ausgestattet: "languor et inmodici sub nullo uindice somni/aleaque et multo tempora quassa mero/erupiunt omnes animo sine uulnere neruos. Ovid, Rem. am., v. 145ff. Schlaffheit, langes Schlafen, Würfelspiel und Weingenuß liefern den Müßiggänger Amor wehrlos aus.

40) Siehe Snell, der aufzeigt, wie sich bei Archilochus, Sappho und Anakreon die Priorität der Gefühle gegen die übliche Rangordnung des als wertvoll Erkannten, des Heroischen, der Macht oder des Ansehens, durchsetzt. Snell, Das Erwachen der Persönlichkeit in der frühgriechischen Lyrik. In: Ders., Die Entdeckung des Geistes, a. a. O., S. 56 - 81, S. 59 u. 60. Auch Heinz Schlaffer hebt die dezidierte Antiheroik der Liebesdichtung und ihre private, individualistische Gesinnung hervor. Heinz Schlaffer, Musa iocosa. Gattungspoetik und Gattungsgeschichte der erotischen Dichtung in Deutschland, Stuttgart 1971, S. 93.

41) In seinem Vorwort zur N. E. kontrastiert Gigon die Tugendethiken, die das Gute stets "mit dem Seienden" verbinden, der Lustethik des Aristipp, welche die "Lust" "mit dem Werden verknüpfte". Olof Gigon, Einleitung zur Nikomachischen Ethik des Aristoteles. In: Aristoteles, N. E., a. a. O., S. 7 - 51, S. 22.

42) Platon, Nomoi 841 a. In: Platon, Sämtliche Werke, a. a. O., Bd. VI. Siehe auch ibid. 841 b-e und 842 a.

43) Aristoteles, Pol. 1336 b 10-25.

44) Geradezu folgerichtig beklagte Seneca den Wahnsinn der Dichter, die mit ihren Geschichten die Menschen zu sinnlichen Ausschweifungen verlocken und diese mit dem Vorbild der Göt-

ter entschuldigen: "Inde etiam *poetarum furor fabulis* humanos errores alentium; quibus visus est *Iupiter voluptate concubitus delenitus duplicasse noctem. Quid aliud est vitia nostra incendere quam auctores illis inscribere deos et dare morbo exemplo divinitatis excusatam licentiam?*" (Hervorh. v. d. V.) Seneca, De brev. 16 (5). Auf die Lustethiker, die sich der Verdammung des Genußlebens nicht anschließen, wurde weiter oben bereits hingewiesen.

45) Siehe u.a. die Epoden II und XVI sowie die 6. Satire des II. Buches der Satiren von Horaz. Auch Vergils Eklogen verklären die Muße der Hirten zum Inbild friedfertiger Ruhe und Zufriedenheit; Snell spricht von der "Ruhe des Feierabends", die in ihnen herrsche und vom "vergoldeten Alltag(.)". Bruno Snell, Arkadien/Die Entdeckung einer geistigen Landschaft. In: Bruno Snell, Die Entdeckung des Geistes, a. a. O., S. 257 - 274, S. 262 u. S. 263.
Snell weist mehrmals auf die utopische Ferne Arkadiens zur zeitgenössischen Wirklichkeit Vergils hin. Snell, Arkadien, a. a. O., S. 257f.

46) Horaz, Satiren (Sermonum liber alter) II, 6, 60 - 62. In: Q. Horati Flacci Opera, ed. Fridericus Klingner, Lipsiae 1959 (3. Aufl.).

47) Siehe auch Michael O'Loughlin: "In the attack on the restless acquisitiveness of the uncontained self, it is important to see that the insistence on man's limitations springs from a willingness to consume and enjoy what comes within his scope." Michael O'Loughlin, The Garlands of Repose, a. a. O., p. 83. O'Loughlin betont vor allem die humane Dimension der "retired leisure", der ländlich 'zurückgezogenen' Muße, die den in der Stadt herrschenden Materialismus, die Wertschätzung materiellen Reichtums, gegen Freiheit und Zufriedenheit eintauscht. "As the material wealth of the uncontended man swells, his humanity is depleted; the contained man's limitation is the condition for his expansive liberation (II. 73 - 79)." Ibid.

48) Horaz, Epodon liber, XVI, 41. In: Q. Horati Flacci, Opera, a. a. O.

49) Die Anspielung aufs goldene Zeitalter wird vor allem in der 4. Ekloge deutlich; vgl. Snell, Arkadien, a. a. O., S. 264 und O'Loughlin, a. a. O., p. 55f.

50) Siehe Heinz Schlaffer, Musa iocosa, a. a. O., S. 40: "Die Gesetze der antiken Gattung (Liebesdichtung, d. V.) können in der Neuzeit nur außerhalb der bürgerlichen Realität gelten, in einem fiktiven Raum (...) Diesen fiktiven Raum findet die scherzhaft-erotische Dichtung in Arkadien."

51) Der für die Theologie des Mittelalters verbindliche Augustinus bezeichnete das der Kontemplation geweihte Leben ausdrücklich als "otium sanctum" und band es an die "inquisitio, aut inventio veritatis". Augustinus, De civitate Dei Lib. XIX, Cap. XIX. In: Sancti Aurelii Augustini Opera Omnia, tomus sept., Parisiis MDCCCXXXVIII.

52) Im "Tristan" wird der Held seiner Bildung und feinen Sitten wegen bewundert; seine Behauptung aber, nur der Sohn eines Kaufmanns zu sein, wird mit folgender Überlegung in Zweifel gezogen: "wie haete ein koufman iemer/in siner unmüezekeit/so groze muoze an in geleit?/Solt er die muoze mit im han/der sich unmuoze sol began?" Gottfried von Straßburg, Tristan und Isolde, Hrsg. Friedrich Ranke, Dublin/Zürich 1967 (11. Aufl.), v. 3284ff.

53) "Otiositas inimicae est animae, et ideo certis temporibus occupari debent fratres in labore manuum, certis iterum horis in lectione divina", befindet der heilige Benedikt und identifiziert den Müßiggang mit träger Untätigkeit, während die "lectio divina" dem "otium sanctum" zuzuordnen ist. Benedikt von Nursia, zitiert nach Ludwig Völker, Langeweile. Untersuchungen zur Vorgeschichte eines literarischen Motivs, München 1975, S. 112. Siehe auch Völker, a. a. O., S. 113: "Eine positive Wertung der Untätigkeit unter dem Gesichtspunkt der "Muße" findet sich in der geistlichen Literatur im Umkreis der Vita contemplativa."

54) Thomasin von Zirclaria, Der Wälsche Gast, Hrsg. H. Rückert, Quedlinburg u. Leipzig 1852, v. 7797.

55) Hartmann von Aue, Iwein. Textausgabe nach der Ausgabe "Iwein." Eine Erzählung von Hartmann von Aue, herausgegeben von G. F. Benecke u. Karl Lachmann, neu bearbeitet von Ludwig Wolff. 7. Ausgabe. Berlin 1968, v. 7171f.

56) Völker weist darauf hin, daß die deutsche Acedia-Rezeption den Sinn der Acedia bei Thomas von Aquin verfehlt, der ihrer Gleichsetzung mit Müßiggang oder Bequemlichkeit ausdrücklich widersprochen hatte. Völker, a. a. O., S. 125.

57) In Hartmanns "Erec" macht sich der Held des "verligens" schuldig, d.h., er vernachlässigt seine Pflichten als Burgherr und Ritter, weil er allzulange und -oft dem erotischen Müßiggang auf dem Liebeslager seiner jungen Frau huldigt.

58) Guillaume de Lorris, Der Rosenroman, übersetzt und eingeleitet von Gustav Ineichen. Mit einem Vorwort von Wolfgang Stammler, Berlin 1967 (2. Aufl.), v. 580.

59) Ibid., v. 582.

60) Ibid., v. 794ff.

61) Hans Sachs, Ein gesprech mit dem schnöden Müssiggang und seynen acht schendtlichen eygenschaften. In: Hans Sachs, Werke, Hrsg. Adelbert von Keller u. Edmund Goetze. Reprograf. Nachdruck der Ausgabe Stuttgart 1870 - 1908, Hildesheim 1964 - 1982, Bd. III, S. 487; im folgenden zitiert als Sachs, Ein gesprech. Die Gleichsetzung von Müßiggang und Faulheit findet sich u.a. auch bei Joachim Westphal, der einem Kapitel seines "Theatrvm Diabolorum" den Titel "Faulteuffel. Wider das laster des Müssigganges" gibt. Joachim Westphal, Faulteuffel. Wider das laster des Müssigganges (...). In: Theatrvm Diabolorum, (...). 1569. In: Ordnung, Fleiß und Sparsamkeit. Texte und Dokumente zur Entstehung der "bürgerlichen Tugenden", Hrsg. Paul Münch, München 1984, Nr. 15 (S. 80 - 100).

62) Er legt seine Ansichten dabei dem 'Philosophen' Menander in den Mund, den zu referieren, er im Lehrgedicht "Drey philosophi wider den müssiggang" vorgibt. Hans Sachs, Drey philosophi wider den müssiggang. In: Sachs, Werke, a. a. O., Bd. XVI, S. 439; im folgenden zitiert als Sachs, Drey philosophi.

63) Bernhard Basedows Elementarwerk mit den Kupfertafeln Chodowieckis u.a. 1785. Kritische Bearbeitung in drei Bänden, Hrsg. Theodor Fritzsch, Leipzig 1909, Bd. I, S. 141.

64) Sebastian Brant, Vo tragkeit vnd fulheit, v. 15f. In: Sebastian Brant, Das Narrenschiff. Nach der Erstausgabe (Basel 1494), Hrsg. Manfred Lemmer, Tübingen 1986 (3. erw. Auflage), S. 255.

65) Johannes Mathesius, Syrach Mathesij Das ist/Christliche Lehrhaffte/Trostreiche vnd lustige Erklerung und Außlegung des schönen Haußbuchs/so der weyse Mann Syrach zusammen gebracht vnd geschrieben. In gewisse Predigten vnd drey vnterschiedene Theil angeordnet/vnd mit fleiß abgetheilet. 1589. In Auszügen abgedruckt in: Ordnung, Fleiß und Sparsamkeit. a. a. O., Nr. 18 (S. 104 - 114), S. 106. In welcher Weise die Bibel dabei ideologisiert wird, mag die Verdeutschung der Hiob-Stelle (Hiob 5,7): "Homo nascitur ad laborem ut avis ad volatum" zeigen: sie wird bei Westphal mit "Der Mensch wirdt zur arbeyt/ der Vogel zum fliegen geborn" übersetzt. Daß "labor" hier sinn- und kontextgemäß mit "Unglück" wiederzugeben wäre, räumt Westphal zwar ein, aber nur, um spitzfindig zu erklären, daß der Mensch oft für ein Unglück halte, was in Wahrheit sein Glück sei, nämlich zu arbeiten! Westphal, Faulteuffel, a. a. O., S. 93. Auf Luthers im Sinne der Arbeitsethik tendenziöse Bibelübersetzung weist Pinchas Lapide hin. Pinchas Lapide, Arbeit - Fluch oder Würde des Menschen? (2) Die Bibel - Im Schweiße deines Angesichtes. Rundfunkfeature, Hessischer Rundfunk, 2. 5. 82.

66) Kant, Über Pädagogik, Hrsg. D. F. Th. Rink. In: Kants Werke. Akademie-Textausgabe, Logik, Physische Geographie, Pädagogik, unveränd. photomech. Nachdruck, Berlin 1968, Bd. IX, S. 471. Im folgenden zitiert als Kant, Pädagogik.

67) Ibid.

68) Paulus: 2. Brief an die Thessalonicher 3. 10. In Luthers Übertragung: "So jemand nicht will arbeiten, der soll auch nicht essen."

69) Siehe Hans Sachs: "Der müssiggang sagt nur von den/Die aller-ding frey müssig gehn./Den hat Paulus stracks wider-sessen;/Spricht: Wer nit arbeyt, soll nit essen!" Sachs, Ein gesprech, a. a. O., S. 490. Max Weber unterstreicht die Differenz zwischen dieser neuen Auslegung des Paulus-Satzes und der mittelalterlichen: "Deutlich zeigt sich hier die Abweichung von der mittelalterlichen Haltung. Auch Thomas von Aquin hatte jenen Satz interpretiert. Aber nach ihm ist die Arbeit nur naturali ratione notwendig zur Erhaltung des Lebens des einzelnen und der Gesamtheit. Wo dieser Zweck wegfällt, zessiert auch die Geltung der Vorschrift. Sie trifft nur die Gattung, nicht jeden einzelnen. Wer ohne Arbeit von seinem Besitz leben kann, auf den bezieht sie sich nicht, und ebenso steht natürlich die Kontemplation als eine geistliche Form des Wirkens im Gottesreich über dem Gebot in seiner wörtlichen Auslegung." Max Weber, Die protestantische Ethik und der Geist des Kapitalismus. In: Max Weber, Gesammelte Aufsätze zur Religionssoziologie, Tübingen 1920 - 1921, Bd. I, S. 171f.

70) Sachs, Ein gesprech, a. a. O., S. 490.

71) Justus Menius, An die hochgeborne Furstin/fraw Sibilla Hertzogin zu Sachsen/Oeconomia Christiana/das ist/von Christlicher haushaltung. Mit einer schönen Vorrede D. Martini Luther 1529. In: Ordnung, Fleiß und Sparsamkeit, a. a. O., Nr. 3 (S. 47 - 51), S. 49.

72) Kant, Pädagogik, S. 471. Die Forderung, daß Kinder lernen sollten zu arbeiten, erheben u.a. auch Mathesius, Basedow, Sulzer und Struve. Mathesius, a. a. O., S. 111. Basedow, a. a. O., Bd. I, S. 516. Johann Georg Sulzer, Anweisung zur Erziehung seiner Töchter (Zürich 1781). In: Johann Georg Sulzers Pädagogische Schriften. Mit Einleitung und Anmerkungen von Willibald Klinke, Langensalza 1922, S. 190. Christian August Struve, Erklärung teutscher Sprichwörter in Rücksicht auf Erziehung und Behandlung der Kinder. 2 Bde., Glogau 1798 - 1799. In Auszügen abgedruckt in: Ordnung, Fleiß und Sparsamkeit, a. a. O., Nr. 47 (S. 310 - 312), S. 310. Nicht zu vergessen ist in diesem Zusammenhang auch das Arbeitsprogramm, das Rousseau im "Émile" für seinen Zögling entwirft, oder Heinrich Pestalozzis Erziehungsroman "Lienhard und Gertrud, in dem Kinder systematisch zur Arbeit angeleitet werden.

73) Johann Georg Kürnitz (Hrsg.): Oekonomische Encyklopädie, oder allgemeines System der Staats-, Stadt-, Haus- und Landwirthschaft, in alphabetischer Ordnung. 60. Theil. 1792. In Auszügen abgedruckt in: Ordnung, Fleiß und Sparsamkeit, a. a. O., Nr. 46 (S. 284 - 309), S. 299.

74) Aegidius Albertinus, Lucifers Königreich vnd Seelengejaidt: Oder Narrenhatz. Jn acht Theil abgetheilt. (1616), Hrsg. Rochus Frhr. von Liliencron, Berlin u. Stuttgart o. J. (Deutsche National Litteratur. Hist.-Krit. Ausgabe, Bd. 26), S. 217.

75) Ibid., S. 218.

76) Ibid., S. 220.

77) Ibid., S. 221. Daß das Kriterium für Müßiggang in erster Linie das Faktum des Nichtarbeitens ist, zeigt sich u.a. bei Westphal, a. a. O., S. 83. Der Müßiggang setzt demnach nicht länger Vermögen und Reichtum voraus; in seinen "Ansichten vom Niederrhein" tadelt Georg Forster die Bettler von Köln umstandslos als Müßiggänger: "Bekanntlich geht die Unsittlichkeit der Bettler in Kölln so weit, daß sie den Müßiggang systematisch treiben". Georg Forster, Ansichten vom Niederrhein. In: Georg Forster, Werke in vier Bänden, Hrsg. Gerhard Steiner, Leipzig o. J., Bd. II, S. 412, siehe auch S. 412ff. Bei Sebastian Brant werden Knechte und Mägde als Müßiggänger gescholten: "Tragkeit fyndt man jn allen gschlechten/Vor vß jnn dienst mägten/ vnd knechten/" heißt es in einem Abschnitt des "Narrenschiffs", in dem Trägheit als Müßiggang verurteilt wird. Brandt, Vo tragkeit, v. 1f., a. a. O., S. 254.

78) Sie läßt sich bis ins 18. Jahrhundert hinein verfolgen; als zwei Beispiele von vielen seien Restif de la Bretonnes "Nuits de Paris" und Merciers "Tableau de Paris" genannt; im übrigen kennt man den Typus des adligen Müßiggängers und Verführers unschuldiger Bürger- und Bauernmädchen aus der Literatur dieses Jahrhunderts, man denke etwa an Bürgers "Die Tochter des Pfarrers von Taubenheim", an "Die Soldaten" von Lenz und "Die Kindermörderin" von H. L. Wagner. Weitere Hinweise zu diesem Themenkomplex bei Hellmuth Petriconi, Die verführte Unschuld. Bemerkungen über ein literarisches Thema, Hamburg 1953.

79) So weiß der Müßiggang bei Hans Sachs zu berichten: "(...) pawer unnd handwercks-man/Und was gesindtes sie auch han,/Die mich tegelichen hart verachten/Thund doch all heymlich nach mir trachtn/Wolten on arbeyt sich gern neern,/Im müssiggang ir zeyt verzern". Hans Sachs, Ein gesprech, a. a. O., S. 487f.

80) Hans Sachs, Drey philosophi, a. a. O., S. 439.

81) Mathesius, a. a. O., S. 106.

82) Kant, Pädagogik, S. 470.

83) Hans Sachs, Ein gesprech, a. a. O., S. 488.

84) Bei Sachs heißt es: "(...) Wann ich verzeret hab/All mein gut und mich mit den listen/Und bösen stücken nit mag fristen/Und bringt ein schad den andern schaden,/ Würd etwan mit kranckheyt beladen,/Nimb ich den bettel-stab in dhand./... Wenn ich dem hencker nur entrinn/Halt ich die betteley für gwin." Sachs, Ein gesprech, a. a. O., S. 489.

85) Dagegen haftet der Welt des Nutzens in der Antike etwas Verächtliches an.

86) Hans Sachs, Drey philosophi, a. a. O., S. 439.

87) Später wird der Nutzeffekt der Arbeit ihre kathartische Funktion überflügeln. Bei seiner Analyse der "Moralischen Wochenschriften" des 18. Jahrhunderts kommt Wolfgang Martens zu dem Ergebnis: "Der Sinn der Arbeit liegt in ihrem Nutzen. Man kann mit ihr ein ehrliches Stück Geld verdienen und der Allgemeinheit förderlich sein. Das alte 'Bete und arbeite!' ist nur noch formelhaft, nicht mehr im alten strengen Sinne, hier und da in Wochenschriften vernehmlich; das erste Glied der Forderung hat offenbar an Gewicht verloren." Wolfgang Martens, Die Botschaft der Tugend. Die Aufklärung im Spiegel der deutschen Moralischen Wochenschriften, Stuttgart 1968, S. 320. Auch hier emanzipiert sich die Arbeit von religiöser Legitimation.

88) Aegidius Albertinus, Lucifers Königreich und Seelengejaidt (...), a. a. O., S. 217.

89) Westphal, Faulteuffel, a. a. O., S. 98.

90) Zum Prozeß dieser Verzeitlichung in der Geschichtsschreibung bzw. der Geschichtsphilosophie und in den sich formierenden Naturwissenschaften siehe Stephen Toulmin/June Goodfield, Entdeckung der Zeit. Aus dem Englischen von Ursula Hermann, Frankfurt a. M. 1985, und Michel Foucault, Die Ordnung der Dinge. Eine Archäologie der Humanwissenschaften, Frankfurt a. M. 1974. Die Durchsetzung einer quantitativ-mechanischen Zeitauffassung und ihren Einfluß auf die Regulierung sozialer Prozesse untersucht Norbert Elias. Norbert Elias, Über die Zeit. Arbeiten zur Wissensoziologie, Hrsg. Michael Schröter, Frankfurt a. M. 1984. Die eminente Bedeutung, die der Zeit im Bewußtsein der Epoche zukommt, kondensiert sich auch in den philosophischen Systemen, in denen die Erkenntnisleistungen des Subjekts als zeitbezogene kategoriale Synthesen bestimmt werden - allen voran in Kants "Kritik der reinen Vernunft".

91) Abraham a Santa Clara, Centifolium Stultorum In Quarto. Oder Hundert Ausbündige Narren/(...) (1709), Nachdruck der Erstauflage von 1709, Dortmund 1978 (Die bibliophil. Tb.), S. 162.

92) Philipp Peter Guden, Polizey der Industrie, oder Abhandlung von den Mitteln, den Fleiß der Einwohner zu ermuntern, welcher die Königl. Groß-Brittanische Societät der Wissenschaften zu Göttingen i.J. 1766 den Preis zuerkannt hat, Braunschweig 1768, S. 169f.

93) Ibid., S. 171. Natürlich sind auch Guden "die öffentlichen Schau-Plätze der Schwelgerey, des Müßiggangs und der Wohllust", nämlich "die öffentlichen Wirths-Häuser, Caffee- und Wein-Schenken" ein Dorn im Auge! Guden, a. a. O., S. 169. Die Ökonomie der Zeit ist keine 'Erfindung' des 18. Jahrhunderts; "*Zeitplanung* ist ein altes Erbe", schreibt Foucault, das sich "(i)n den klösterlichen Gemeinschaften (...) entwickelt" hat. Michel Foucault, Überwachen und Strafen. Die Geburt des Gefängnisses, Frankfurt a. M. 1977, S. 192. Das 18. Jahrhundert beginnt nur, das "alte Erbe der Zeitplanung" zu säkularisieren und gesellschaftlich durchzusetzten. Zum Vorbild klösterlicher Ordnung für das moderne Arbeitsleben siehe auch Hubert Treiber/Heinz Steinert, Die Fabrikation des zuverlässigen Menschen. Über die Wahlverwandtschaft von Kloster- und Fabrikdisziplin, München 1980.

94) Johann Ludwig Ewald, Über Volksaufklärung. Ihre Gränzen und Vortheile. Den menschlichsten Fürsten gewidmet, Berlin 1790, S. 98. Mit dem Lob aufgeklärter Lebensverhältnisse geht meist eine Kritik des Katholizismus einher, der die Gläubigen mit seinen aufwendigen Gottesdiensten, religiösen Vorschriften und zahlreichen Feiertagen von der Arbeit abhält.

95) Benjamin Franklin, Advice to a young tradesman, written by an old one. To my Friend A.B., July 21, 1748. In: The papers of Benjamin Franklin, vol. 3, ed. Leonard W. Labaree a.o., Yale University Press, New Haven 1961, p. 306.

96) Carl Friedrich Bahrdt, Handbuch der Moral für den Bürgerstand, Tübingen 1789, (417 - 418), S. 198.

97) Ibid., S. 198, (417).

98) Ibid., S. 210, (453).

99) Ibid., S. 199, (420).

100) Johann Georg Sulzer, Anweisung zu Erziehung seiner Töchter. In: Sulzer, Pädagogische Schriften, a. a. O., S. 190.

101) So argumentierte noch Seneca in "De brevitate vitae", wo er gerade den Arbeitsamen und Beschäftigten Zeitvergeudung vorwarf. Seneca, a. a. O., 2 (1) u. 10 (5).

102) (Felix Christian Weiße), Der Kinderfreund. Ein Wochenblatt. 10. Theil (1778). In Auszügen abgedruckt in: Ordnung, Fleiß und Sparsamkeit, a. a. O., Nr. 34 (S. 190 - 210), S. 198; im folgenden zitiert als (Felix Christian Weiße), Der Kinderfreund, a. a. O.

103) Ibid., S. 200.

104) Christian August Struve, Erklärung teutscher Sprichwörter in Rücksicht auf Erziehung und Behandlung der Kinder, a. a. O., S. 311.

105) Die Zeitökonomie der Arbeit ähnelt der naturwissenschaftlichen Zeitmessung; ein Umstand, den später der Taylorismus nutzen wird.

106) (Felix Christian Weiße), Der Kinderfreund. 19. Theil 1781, a. a. O., S. 199.

107) Joachim Heinrich Campe, Väterlicher Rath für meine Tochter, Braunschweig 1796. Neudruck der Ausgabe Braunschweig 1796. Mit einer Einleitung von Ruth Bleckwenn. Quellen und Schriften zur Geschichte der Frauenbildung Bd. 3, Hrsg. R. Bleckwenn, Paderborn 1988, S. 223. Über die "Verfeinerung" der Zeitplanung in der Pädagogik, der Arbeitswelt und beim Militär schreibt Foucault: "Man beginnt, in Viertelstunden, Minuten, Sekunden zu rechnen." Foucault, Überwachen und Strafen, a. a. O., S. 192.

108) Campe, a. a. O., S. 224. Nicht zufällig wird in Weißes "Kinderfreund" die Organisation des Militärs zum Vorbild für die bürgerliche Lebensordnung erklärt; "strenge Subordination, eine Genauigkeit und Ordnung selbst in grösten Kleinigkeiten" sind nicht "nur für einen guten Soldaten nöthig (...). Sie sind bey jedem Amte, bey jedem Stande unentbehrlich, machen den

guten Bürger und den guten Menschen aus." (Felix Christian Weiße), Der Kinderfreund. 20. Theil, a. a. O., S. 206.

109) Johann Ludwig Ewald, Erbauungsbuch für Frauenzimmer aller Konfessionen, 2 Bde., Hannover 1803, Bd.I, S. 205.

110) Ibid.

111) (Felix Christian Weiße), Der Kinderfreund. 19. Theil 1781, a. a. O., S. 200.

112) Ibid., 10. Theil 1778, a. a. O., S. 198. In Hallers "Alpen" heißt es ganz analog: "Kein Sklaven-Handwerk ist so schwer, als müßiggehen." Albrecht von Haller, Die Alpen, v. 250. In: A. v. Hallers Gedichte, hrsg. u. eingel. von Ludwig Hirzel, Frauenfeld 1882.

113) Daß Aktivität, Produktivität, Tätigsein zu Schlüsselbegriffen werden, spiegelt sich auch in der idealistischen Philosophie wieder, etwa in Fichtes Konzeption des transzendentalen Ichs als reiner Tathandlung und unendlicher Tätigkeit.

114) Basedow, Elementarwerk, a. a. O., Bd. II, S. 12.

115) Johann Elias Schlegel, Der geschäfftige Müßiggänger. Ein Lustspiel in fünf Aufzügen. In: J. E. Schlegel, Werke, Hrsg. Johann Heinrich Schlegel (1764 - 1773), Bd. II, (Faksimiledruck), Frankfurt a. M. 1971.

116) Nicht immer galt der Dilettantismus als die verächtliche Zeitverschwendung des Laien. Das Ideal des Hofmanns, wie es Baldesar Castigliones "Cortegiano" entwirft, verlangt vom uomo universale, daß er u.a. zu musizieren, zu zeichnen und zu malen verstehe, aber auch in der Lage sei, Verse und gute Prosa zu schreiben. Siehe Baldesar Castiglione, Das Buch vom Hofmann (Il libro del cortegiano), übersetzt und erläutert von Fritz Baumgart, München 1986, 1. Buch XLVII, XLIX u. XLIV. Dem Prozeß der Abwertung des Dilettantismus geht Gert Mattenklott in "Das Ende des Dilettantismus" nach, wo es u.a. heißt: "Dilettanten waren einmal geachtete Leute. Das ändert sich erst mit dem Dilettantismus", d.h. im Zuge der Professionalisierung der Künste. Gert Mattenklott, Das Ende des Dilettantismus. In: Merkur 41. Jahrgang Sept./Okt. 1987 (Nr. 463 - 464), S. 748 - 761, S. 749.

117) Siehe Seneca, De brev. 12 (2-4) u. 13 (1); in seiner Schrift "De otio" unterstreicht Seneca nachdrücklich die Würde und den Wert derjenigen theoretischen Gegenstände, denen die Muße sich zuwendet.

118) Hegels Rede von der "Arbeit des Begriffs" in der Vorrede zur "Phänomenologie des Geistes" zeigt an, daß selbst die Tätigkeit des Philosophen nun als eine Form der Arbeit gilt. Hegel, Werke, a. a. O., Bd. 3, S. 65. Daß sich die Gelehrten der Moderne des otium schämen, hat Nietzsche beklagt. Denn von einem Denken, das mit dem Takt der Arbeit Schritt halten will, sei nicht viel zu erwarten. Siehe Friedrich Nietzsche, Die fröhliche Wissenschaft, IV 329. In: F. Nietzsche, Werke. Kritische Gesamtausgabe, Hrsg. Giorgio Colli u. Mazzino Montinari, Berlin 1967ff., Bd. V, 2, (1973), S. 236.

119) Wolfgang Martens, Die Botschaft der Tugend, a. a. O., S. 320.

120) Siehe Friedrich Schlegel, Lucinde, a. a. O., S. 25.

121) Kant, Pädagogik, S. 471.

122) Guden, a. a. O., S. 173.

123) Kant, Pädagogik, S. 473. Gemäß jener Gleichsetzung des Romanhaften mit dem Unwirklichen, Erfundenen und Wunderbaren, wie sie sich auch noch im letzten Viertel des 18. Jahrhunderts z.B. bei Adelung im Artikel zum Roman findet. Adelung, Versuch eines vollständigen grammat.-krit. Wörterbuchs der Hochdeutschen Mundart III, Leipzig 1777 - 86.

124) Kant, Pädagogik, S. 473.

125) Zur Verdrängung der traditionellen Muße der Idylle zugunsten eines protestantischen Arbeitsethos siehe Renate Böschenstein-Schäfer, Arbeit und Muße in der Idyllendichtung des 18. Jahrhunderts. In: Goethezeit. Studien zur Erkenntnis und Rezeption Goethes und seiner

Zeitgenossen. Festschrift für Stuart Atkins, Hrsg. Gerhart Hoffmeister, Bern u. München 1981, S. 9 - 30, bes. S. 16f. u. S. 20; siehe außerdem - bezogen auf Haller - Burghard Dedner, Topos, Ideal und Realitätspostulat. Studien zur Darstellung des Landlebens im Roman des 18. Jahrhunderts, Tübingen 1969, S. 26. Selbstverständlich ist das Problem des Arbeitsethos in der Idyllendichtung natürlich weit komplexer und komplizierter als im Rahmen dieser Arbeit ausgeführt werden kann; siehe eben dazu Dedner, a. a. O., S. 24ff.

126) Haller, Die Alpen, a. a. O., v. 32.

127) Blanckenburg, der erste Theoretiker dieses 'neuen' Romans, grenzt bekanntlich das Wunderbare aus der Romanhandlung aus und versichert, daß "der Romandichter (...) uns in seinem Werke wenigstens die möglichen Menschen der wirklichen Welt (zeigt)." Friedrich von Blanckenburg, Versuch über den Roman, Faksimiledruck der Originalausgabe von 1774. Mit einem Nachwort von Eberhard Lämmert, Stuttgart 1965, S. 257.

128) Siehe Johann Gottfried Schnabel, Insel Felsenburg = Ders., Wunderliche Fata einiger See=Fahrer, absonderlich Alberti Julii, (...) Nordhausen 1731. Unveränderter Nachdruck Frankfurt a. M. 1973 (Deutsche Romane des 17. und 18. Jahrhunderts. Eine Serie von Nachdrucken, ausgewählt von Ernst Weber), S. 236 u. S. 237ff.

129) Sophie von La Roche, Geschichte des Fräuleins von Sternheim (1771). In: Deutsche Literatur. Sammlung literarischer Kunst- und Kulturdenkmäler in Entwicklungsreihen. Aufklärung, Bd. 14, Hrsg. Fritz Brüggemann, Darmstadt 1964, S. 48.

130) Siehe Sophie von La Roche, a. a. O., S. 47 u. S. 48.

131) Johann Heinrich Jung's, genannt Stilling, Lebensgeschichte (...). In: J. H. Jung genannt Stilling, Sämmtliche Schriften, Nachdruck der Ausgabe Stuttgart 1835 - 1838, Hildesheim/New York, 1979, Bd. I, 1. Johann Karl Wezel, Herrmann und Ulrike (1780), Hrsg. Gerhard Steiner, Leipzig 1980. Zur Einordnung beider Romane als Vorläufer des Bildungsromans siehe Jürgen Jacobs, Wilhelm Meister und seine Brüder. Untersuchungen zum deutschen Bildungsroman, München 1972.

132) Jung-Stilling, a. a. O., S. 206.

133) Wezel, a. a. O., S. 779

134) Wezel, a. a. O., S. 752.

135) Jung-Stiling, a. a. O., S. 168.

136) Ibid.

137) Wezel, a. a. O., S. 246.

138) Wezel, a. a. O., S. 422f.

139) Hegel, Vorlesungen über die Ästhetik I, S. 336f. In: Hegel Werke, a. a. O., Bd. 13.

140) Ibid., S. 337.

141) Dabei will Schiller seine Utopie des Müßiggangs freilich nachdrücklich von der Tradition des Hedonismus abgegrenzt wissen; deshalb fordert er, die "Willkühr, die Frivolität, die Rohigkeit aus ihren (der Menschen, d. V.) Vergnügungen" zu vertreiben. Schiller, Ueber die ästhetische Erziehung, a. a. O., 9. Brief, S. 336. Dennoch verwendet er die Vokabel Müßiggang, da der Terminus Muße sich nicht entschieden genug von der Arbeit abzuheben scheint. Hat doch die Muße außer in der Form des träumerischen Müßiggangs in der Schwundstufe sogenannter Mußestunden, d.h. der Zeit des Feierabends und der Feiertage, in der bürgerlichen Gesellschaft überlebt und ist dadurch ihrem Arbeitsrhythmus integriert.

142) Gottfried Keller, Der Grüne Heinrich, Bd. III, S. 132. In: Gottfried Keller, Sämtliche Werke, Bd. 18. Nähere bibliographische Hinweise zu Keller siehe Kap. IV, Anm. 2.

> "Nun giebt es seltenere Menschen, welche lieber zugrunde gehen wollen, als ohne *Lust* an der Arbeit arbeiten: (...) Zu dieser seltenen Gattung von Menschen gehören die Künstler und Contemplativen aller Art, aber auch schon jene Müssiggänger, die ihr Leben auf der Jagd, auf Reisen oder in Liebeshändeln und Abenteuern zubringen." (Nietzsche, Die Fröhliche Wissenschaft I,42)

Tiecks "William Lovell": lasterhafter Müßiggang

Zur selben Zeit, als "Wilhelm Meister" die Bühne literarischer Öffentlichkeit betritt, erscheinen auch die ersten drei Bücher von Tiecks Briefroman "William Lovell". Eine Koinzidenz, die in unserem Zusammenhang umso bedeutsamer ist, als beide Romane ihre Titelhelden als Müßiggänger exponieren, dabei jedoch die überkommene Typologie des Müßiggangs in unterschiedlicher Weise abwandeln.
So erzählt "William Lovell" nicht einfach die Geschichte eines lasterhaften Aristokraten, sondern schlägt die Brücke zwischen der traditionellen Thematik des verderbten Müßiggangs und der modernen Problematik individueller Bildung.
Daß der Müßiggang in Tiecks Roman eine zentrale Rolle spielt, erhellt aus gereizten Urteilen wie diesen:

> "Alle Personen des Tieckschen Romans sind ohne ernste Lebensaufgabe; sie arbeiten nicht, sie langweilen sich nur".[1)]
>
> "Es fehlt den Tieckschen Menschen alles Kernige und Markige."[2)] "(E)s (Tiecks Figuren, d.V.) sind Lungerer, Nichtstuer (...). Die Arbeit wird vom jungen Tieck lächerlich gemacht."[3)]

Für William Lovell zumindest trifft der Vorwurf des Müßiggangs ins Schwarze: der Leser lernt ihn als empfindsamen, verliebten jungen Mann kennen, der dank seiner materiellen Verhältnisse keine Zukunftssorgen zu kennen und sich in einem ausschließlich vom Müßiggang beherrschten Milieu zu bewegen scheint. Gleich zu Beginn versammelt der Roman verschiedene gängige Motive des Müßiggangs: anakreontischen Lebensgenuß, Liebe und Langeweile.
So preist etwa Williams Bekannter Karl die

> "lustigen Gesellschaften in London (...), wo Wein, Gesang, Tanz und Küsse von den reizendsten Lippen" ihn "begeisterten" (238)[4] und beschwert sich später über den "gänzliche[n] Müßiggang" (282)

auf dem Lande und die mit ihm einhergehende Langeweile. Andererseits bewahrheitet gerade die ländliche "Einsamkeit" (283) mit ihrem "Mangel an Beschäftigung" (283) die Ansicht des Philosophen Diogenes, wonach die Liebe eine Angelegenheit für Müßiggänger sei; denn sowohl William als auch Karl verlieben sich bei ihrem Aufenthalt auf dem Land. Und nicht zufällig führt Karl Ovid und Horaz, bei denen sich Liebe und Müßiggang verquicken, als seine Kronzeugen an.
In den Umkreis solcher Lebensweise paßt auch der Plan einer Reise, die William nach dem Willen seines Vaters unternehmen soll und die auf keinerlei praktisch-ökonomischen Nutzen abzweckt (249).
Diese Reise liefert Tieck den Anlaß, noch einmal nahezu vollständig den Lasterkatalog des verderbten Müßiggangs zu zitieren und seinen Helden zum Verschwender, Zecher, Buhler, Verführer, Spieler, Bettler, Räuber und Mörder zu machen, der am Ende in einem Duell den Tod findet.
Lovell scheint ein nach den Vorbildern englischer und französischer Literatur[5] geformter Rake zu sein, dessen sittlich-moralischer Zerfall den Leser in seiner christlich-bürgerlichen Gesinnung bestärken und bestätigen soll. Noch 1892 nennt Gotthold Klee, der Herausgeber einer Werkausgabe Tiecks, "William Lovell" eines der "widerwärtigsten Bücher unserer Literatur", um dann einzuräumen: "wenn wir auch (...) seine (Tiecks, d.V.) im Grunde sittliche Absicht nicht verkennen wollen"[6]. In solcher Moraldidaxe geht der Roman freilich nicht auf.[7] An Lovell wird nicht bloß der Sündenfall des verwöhnten Sprosses eines reichen Vaters demonstriert, dessen privilegierte Stellung mit dazu beiträgt, daß der Sohn nach seiner Verführung durch die Kokotte Blainville und unter dem Einfluß einer zwielichtigen Geheimgesellschaft zum skrupellosen Lebemann und Wüstling wird.[8] Bei näherem Hinsehen zeigt sich nämlich, daß Lovell von bürgerlichen Prinzipien gleichsam umstellt ist.[9] Dies deutet sich bereits in seiner Befürchtung an, der eigene Vater "*berechne(.)*" sein Glück, anstatt es zu "fühlen" (250), womit er auf den typisch bürgerlichen Grundkonflikt zwischen Ökonomie und Gefühl anspielt. Verräterisch wird in diesem Zusammenhang die Kapitalmetaphorik, deren sich der alte Lovell im Hinblick auf die 'zweckfreie' Reise seines Sohne bedient, wenn er meint, dieser könne

> "gewisse Gedächtnissachen (...) als ein Kapital irgendwo unterbringen, und (...) [bekomme] sie nachher mit reichen Zinsen zurück." (249)

Und tatsächlich ist das Glückskalkül des Vaters pekuniärer Natur[10]; Williams Heiratspläne lehnt er mit dem Hinweis auf das geringe Vermögen der Geliebten ab und gibt zu bedenken:

> "(W)as Dein Vater seit Jahren mühsam zusammenträgt, darfst Du nicht wie ein mutwilliger Knabe mit einem einzigen Steinwurfe vernichten.-" (365)

Die Verweigerung einer nicht standesgemäßen Heirat fügte sich nahtlos ins Bild einer selbstbewußten Adelskaste, verriete nicht die Sprache des Vaters etwas anderes. Die Rede vom "mühsamen Zusammentragen" läßt hinter der Fassade des begüterten Landedelmannes den verbissen und zielstrebig seine Aufstiegspläne verfolgenden Bürger sichtbar werden. Der alte Lovell "knüpft Verbindungen" (250), um William "Ansehen zu verschaffen" (ibid.) und ihn "in der großen Welt emporzuheben" (ibid.). Dieser macht allerdings aus seiner Abneigung gegen die vom Vater für ihn projektierte Zukunft keinen Hehl:

> "Gähnend durchs Leben hinzuschlendern, mit einer Gefährtin, deren Vater genauso viele Goldstücke aufweisen kann, als der meinige, so recht gleich und gleich gesellt, dem Tode entgegenzukriechen, dies ist unsre große, ehrenvolle Bestimmung!" (367)

Der Vater von Williams Freund Eduard aber, der vermögende Baron Burton, vertritt - seiner Standeszugehörigkeit zum Trotz - die Maximen bürgerlicher Zeitökonomie, indem er versichert: "Die Zeit eines jeden Geschäftsmannes ist edel und fast unbezahlbar" (395).
Daß der Zeit des Geschäftsmannes das Adelsprivileg ("edel") zugesprochen wird, signalisiert den unaufhaltsamen Siegeszug bürgerlicher Ökonomie.[11]
Unterm Diktat der utilitaristischen Formel 'Zeit ist Geld' erscheint alles, was nicht der Vermehrung des eigenen Reichtums dient, als bloße Zeitverschwendung: Phantasie, Gefühl, ästhetischer Genuß; was zählt, ist einzig die instrumentelle Vernunft, die alle zwischenmenschlichen Beziehungen zu einer Kosten-Nutzen-Rechnung verkümmern läßt:

> "Ich fordre von den Menschen nicht mehr, als was sie mir leisten; und dies vorher zu wissen, ist der Kalkül meines Umgangs; je gewisser ich diesen rechne, je mehr kenne ich die Menschen, und das ganze übrige Wesen von Zuneigung und Wohlwollen, uneigennütziger Freundschaft, und reiner Liebe, ist nichts als poetische Fiktion" (522f.).

In diesem Sinne ermahnt auch Williams Vater den Sohn, bei der Frage der Eheschließung sich vom Verstand, nicht von der "Phantasie" (365) leiten zu lassen.
Die Generation der Väter vertritt so ein Realitätsprinzip, in dem sich nach Ernst Ribbats Feststellung

> "die rücksichtslose Konkurrenz, die Absolutierung des Reichtums als des einzigen Indikators sozialer Geltung "[12)]

durchsetzen und das "schon konstituiert ist, ehe der junge Lovell und seine Freunde ihr Leben beginnen"[13)], weshalb sie früher oder später mit ihm konfrontiert werden. Die Abkehr von aristokratischem Lebensgenuß zugunsten bürgerlicher Häuslichkeit führt der Roman geradezu beispielhaft an Mortimer, dem eigentlichen Gegenbild Lovells, vor.
Mortimer, der zunächst zu jener "lustigen"(238) Londoner Gesellschaft gehört, die Karl Wilmont so gerühmt hatte, distanziert sich schon bald von "dieser sogenannten *genußreichen* Art zu leben" (254) und zieht sich zurück, um "wieder (...) zu studieren" (254), wobei er sich ausdrücklich gegen den Vorwurf des geschäftigen Müßiggangs verwahrt:

> "Halte mich nicht für ein Wesen, das sich seine Zeit verdirbt, indem es sich tausend unnütze Geschäfte macht" (254).

Die klassische Opposition von Müßiggang (genußreiche Art zu leben bzw. sinnlose Geschäftigkeit) und Muße (einsame Studien), die hier anklingt, wird wenig später variiert, wenn Mortimer beschließt, "ganz das wilde, unstete Leben auf[zu]geben" (304), um in ländlicher Abgeschiedenheit seiner Phantasie zu leben und mit seinem Freund Karl zu "lesen, schwatzen, reiten, jagen" (304).
Die Rastlosigkeit müßiger Vergnügungen soll mit der beschaulichen Ruhe eines ländlichen Idylls vertauscht werden. Doch mit Mortimers Entschluß zu heiraten, erfährt diese Opposition eine entscheidende Abwandlung; denn die heiter besinnliche Muße verkehrt sich in eine von Resignation und Verzicht geprägte Lebensform:

> "Ich habe mir keinen poetischen und empfindsamen Plan entworfen, ich habe *alles genau gegeneinander berechnet*, (...) und meine Foderungen sind also nicht zu hoch gespannt" (341; Hervorh. v. d. V.).

Phantasie und Gefühl müssen der Berechnung weichen, die Poesie des Herzens der 'Prosa der Verhältnisse'. Mit der Ehe meldet sich das Realitätsprinzip der Väter an, dem sich die junge Generation bislang zu entziehen schien:

> "(G)laube mir", beteuert Mortimer, "daß man erst als Hausvater ein eigentlicher Bürger dieser Erde wird" (341).

Für den Aristokraten, der sich von Jugend an den Traditionen seiner Familie verpflichtet weiß, können Eheschließung und Vaterschaft kein neues Realitätsverhältnis begründen, wohl aber für den Bürger, der sich mit der Gründung einer Familie neue Verantwortung aufbürdet. Deshalb bekundet sich gerade in der Verquickung von Realitätstüchtigkeit und Familienpflichten Mortimers Verbürgerlichung. Sie bestätigt zugleich eine Verengung der ursprünglichen Bedeutung des Wortes "Bürger" - aus dem 'freien Mitglied eines Gemeinwesens' wird der Privatmann, der in der Versorgung der Familie und der Erziehung der Kinder aufgeht. Wieder wird die Sprache selbst zum Index dieses Vorgangs; konnotiert doch die Bezeichnung "Hausvater" die Vorstellung eingeschränkter, fast behäbiger Lebensumstände, die alle weitergehenden Interessen und Ambitionen von vornherein unterbinden. Die Verankerung dieses 'Erdenbürgers' im wirklichen Leben gewährleisten weder politisches Engagement noch gesellschaftlicher Ehrgeiz, sondern die unabweisbare Sorge für die Familie. Im Unterschied zur gesellschaftlich ambitionierten Vätergeneration verkörpert Mortimer die kleinbürgerliche Variante des Bürgertums - seinen äußeren Lebensumständen als Gutsbesitzer zum Trotz!
So läßt die Ehe aus den früher leichtsinnigen Müßiggängern brave, verantwortungsbewußte Bürger werden; die Bilanz dieser Verwandlung zieht Karl:

> "Seit Du ein Ehemann bist", schreibt er an Mortimer, "führst Du einen gewissen altklugen Ton und übst Dich an mir zum künftigen Erzieher Deiner Kinder. Du bist bei weitem nicht mehr so launicht als ehedem (...). (...) Du verlierst vielleicht nach und nach das wahre Leben und wirst am Ende nur eine Ruine vom ehemaligen Mortimer." (544)

Zum 'Leben aus zweiter Hand' schrumpft das "wahre Leben", wenn es dem Realitätsprinzip unterstellt wird.
Anläßlich seiner eigenen Heiratsabsichten stößt Karl unvermittelt auf dessen Kern: die Arbeit. Um nicht von der "reichen Aussteuer" (509) seiner zukünftigen Frau abhängig zu sein, sondern um sie auch zu 'verdienen', nimmt er ein Amt an und erkennt plötzlich, daß er "bisher alles ernstere, festere Leben verabsäumt habe" (509). Der Ernst dieses Lebens verdrängt den sorglosen Müßiggang und zwingt zum Verzicht auf die unmittelbare Einlösung des Glücksversprechens der Liebe zugunsten eines ungewissen Aufschubs:

> "(W)ir sind beide jung, und so mag unsere Vereinigung noch immer ein Jahr oder etwas länger aufgeschoben bleiben" (509).

Über die Abwesenheit der Geliebten vermag Karl nur das "Bewußtsein ihrer Liebe", das ihn "an [s]einen Arbeitstisch begleitet" (509), hinwegzutrösten; ein äußerst unzulänglicher Trost, dessen Problematik Goethes späteres "Bräutigam"-Gedicht so nachdrücklich verdichtet, daß der Bräutigam gemeinhin für einen Witwer gehalten wird[14]:

> "Der Tag erschien, mir war, als ob es nachte,
> Was ist es mir, so viel er bringen mag.
>
> Sie fehlte ja, mein emsig Tun und Streben
> Für sie allein ertrug ich's (...)"[15].

Zwischen Wunsch und Erfüllung, Bedürfnis und Befriedigung schiebt sich die Arbeit, in der sich jene sozialen Normen durchsetzen, die das Individuum dazu zwingen, von sich selbst zu abstrahieren; allgemeine, gesellschaftlich vermittelte Pflichten und individuelle Eudämonie treten auseinander - Arbeit und Glück schließen sich gegenseitig aus:

> "Ich bin mir in manchen Stunden schon ungemein abgeschmackt vorgekommen, daß ich mir so viele edelmütige Bedenklichkeiten ausgedacht und Emilien nicht auf der Stelle geheiratet habe. *Glück*! ist das nicht das höchste Wort im Leben, unsre erste Pflicht (...)?" (545)[16]

Arbeit unterwirft den einzelnen einer disziplinierenden Sozialisation:

> "(...) die Tätigkeit wird Dich zum Manne machen," verheißt Mortimer, "denn das ist der große Vorteil der Beschäftigung, daß sie unsern Geist reift, wenn sie gleich in sich selbst oft keinen großen Wert hat" (510).

Die Vergnügungen des Müßiggangs gehören nicht länger zum Entwurf einer in sich totalen Lebensform, sondern gelten nun als zeitlich limitiertes Vorrecht einer noch unreifen Jugend, die in eine von Arbeit bestimmte Gesellschaft integriert werden muß[17].
Indem er entfremdete Arbeit ("keinen großen Wert in sich") als Beispiel für Arbeit schlechthin wählt, bewegt sich der Roman auf der Höhe sich durchsetzender bürgerlicher Ökonomie. Ihre lebensfeindlichen Mechanismen werden bis zu Kafka hin

mit Vorliebe immer wieder im geistlos-unerbittlichen Räderwerk bürokratischer Arbeitsformen vergegenwärtigt. So muß auch Karl

> "die langweiligsten, unbedeutendsten Sachen mit einer Emsigkeit und Genauigkeit abschreiben (...), als wenn daran die Seligkeit von zehn Märtyrern hinge" (544).

Arbeit enträt eines immanenten Sinns, sie ist bloßes Mittel zum Zweck - des Gelderwerbs wie der Domestizierung der Müßiggänger:

> "Die meisten Menschen wissen immer nicht, was sie mit ihrer Zeit anfangen sollen, wenn sie nicht von einer geordneten Tätigkeit mitgenommen werden; sie werden dann nur gar zu leicht auch im Geiste *müßig* und *faul* und sind nachher für jede Arbeit unbrauchbar" (510f.; Hervorh. v. d. V.).[18]

Die geistige Disziplin, die hier gefordert wird, bezieht sich weniger auf den Intellekt als auf die Psyche. Ihrer Zurichtung sollte sich nach Mortimers Ansicht rechtzeitig eine Pädagogik annehmen, die ihre Zöglinge der "Zugluft des gemeineren Lebens" (662) aussetzt, um ihren "Geist abzuhärten und (...) männlich zu machen" (ibid.) und nicht "Sonntagsgeschöpfe" zu erzeugen, an denen "so wenig Energie und Kraft" zu "bemerken" sei (662f.).[19]
Mortimers pädagogische Grundsätze treffen sich mit der Arbeitsethik des niederen Romanpersonals: "Wir sind in der Welt, um zu arbeiten, und etwas zu tun" (505), stellt der alte Gärtner Thomas lapidar fest, und sein Bruder Willy vertritt in einer nur scheinbar gleichnishaften Rede den universellen Geltungsanspruch der Arbeit:

> "Es ist eine närrische Gotteswelt, in der wir leben, und sie könnte gewiß besser sein, wenn alle Menschen sich nur für Arbeiter in dem Weinberge hielten; aber alle wollen essen, und viele tun doch gar nichts, sondern verderben noch im Gegenteile die Reben, und stören andre Menschen in der Arbeit" (476).

Das biblische Gleichnis von den Arbeitern im Weinberg kann nur deshalb bruchlos in die Paraphrase des Pauluszitats 'wer nicht arbeitet, soll auch nicht essen' übergehen, weil die Arbeit im Weinberg hier wörtlich genommen wird. Gerade dies auf den ersten Blick naive Wörtlichnehmen der Gleichnisrede verrät in der Austreibung metaphorischer Mehrsinnigkeit etwas von der Unerbittlichkeit des Realitätsprinzips Arbeit[20]. Deren ethischer wie ökonomischer Sinn ist Naturbeherrschung:

> "(D)ie Natur hängt einmal nach dem Verwildern hin, und darum muß man Tag und Nacht dagegen arbeiten." (505)

Ein Diktum, das sich auf die äußere wie die innere Natur bezieht. Bezeichnenderweise akzeptiert selbst der verderbte Held den Zusammenhang zwischen Arbeit und Moral; knüpft er doch die Aussicht auf Besserung an die Vorstellung

> "mit einem dumpfen, langsamen Fleiße eine Handarbeit [zu] lernen, und nichts so sehnlich als den Abend und die Schlafstunde [zu] erwarten." (426)

Dabei wird das Ideals des Handwerks noch von dem des bäuerlichen Lebens übertroffen:

> "ich (komme) manchmal auf den Gedanken, (...) ein Bauer zu werden, und das reinste, frischeste Glück des Lebens zu genießen." (427)[21)]

Kurz vor seinem Ende beschließt Lovell, "durch Sorgfalt an Blumen und Bäumen", also durch Arbeit, "ab[zu]büßen", was er "an den Menschen verbrochen" (696) hat. Der Preis freilich, der für die Zurichtung der 'Natur' zu entrichten ist, straft in der banalen Realität der Arbeit deren ideologische Verklärung Lügen:

> "(...) was Du da von den Geschäften und der Elastizität sagst, ist so altfränkisch, so philosophisch und so unwahr, daß ich beinahe Lust hätte, Dir alle meine Geschäfte zu übertragen, damit Du es selber mit Händen griffest, wie sehr Du gelogen hast" (544),

hält Karl Mortimers optimistischer Auffassung der Berufstätigkeit entgegen.[22)] Der Belanglosigkeit ihrer Inhalte entspricht der Modus ihrer Zeitlichkeit; sie steht im Zeichen sinnentleerter Monotonie:

> "(...) wenn Du es nur selber fühltest, wie bei einer solchen Arbeit die Wände umher immer enger zusammenrücken, und das Herz ängstlich klopft (...). (...) kaum ist man eine halbe Stunde ausgegangen, so findest Du schon neue Stöße, die auf Deine Abfertigung warten." (544)[23)]

Karl irrt allerdings, wenn er glaubt, Mortimer könne sich in seiner ländlichen Geruhsamkeit keinen Begriff von der trostlosen Wiederkehr des Immergleichen ma-

chen, der er in seinem Amt ausgeliefert ist. Denn die "schöne(.) Einförmigkeit" (462) des Landlebens bildet in den Alltagsritualen der betroffenen Figuren den Wiederholungszwang der Arbeit nach.[24)]
Von Mortimers Frau Amalie erfahren wir, daß das Ehepaar regelmäßig jeden Morgen nach dem Frühstück in der Allee vor seinem Landsitz spazierengeht, und der mit ihnen befreundete Eduard behauptet, daß man das Leben umso mehr genieße, "je einförmiger und ruhiger die Zeit vorüberfließt" (535). Die Entropie völliger Ereignislosigkeit erscheint als Ideal dieses Landlebens:

> "Viele Menschen irren darinnen sehr, wenn sie streben, recht viele frohe und glänzende Epochen in ihren Lebenslauf zu bringen, denn jede dieser Epochen zieht mehrere Tage nach sich, die durch ihre Nüchternheit unsere Seele leer und melancholisch machen" (535).

Um dem Wechsel von Enthusiasmus und Ernüchterung vorzubeugen, wird die Seele in der Gleichförmigkeit stets ähnlich verlaufender Tage, bei denen sich die Zeit in sich selbst zurückbiegt, stillgestellt. Mortimer spricht von einem "zirkelmäßigen Leben" (659), mit dem nur das Bewußtsein moralischer Perfektibilität versöhnt. Die Statik dieser Lebensweise wird in Amalies allegorischer Auslegung ihres "schöne[n] Garten[s]" (463) plastisch. Zeit verräumlicht sich in ihm zu einem überschaubaren Ganzen, in dem Wege, Gebüsche und Beete "das Leben eines glücklichen Menschen" (464) veranschaulichen. Dabei imaginiert Amalie Zukunft bezeichnenderweise in erster Linie als "Zukunft jenseits des Grabes" (464), so daß nur der Tod das Regelmaß des Zeitablaufs zu unterbrechen vermag. Denn nie ist von irgendwelchen ländlichen Festen oder anderen Unterhaltungen die Rede[25)]; selbst auf das adlige Vorrecht der Jagd haben Mortimer und Eduard verzichtet[26)]. Ein Verzicht, der im Sinne der erotischen Metaphorik der Jagd zugleich den Entschluß zu ehelicher Treue impliziert.
Der Lebensverlust, den Mortimer und Eduard erleiden, läßt sich in der undramatischen Kategorie des Alltags fassen, in dessen Ritualen alle aufrührerischen Wünsche und Sehnsüchte verebben:

> "Im Mäßigsein, im Resignieren liegt jenes, was die Enthusiasten nicht Glück nennen wollen" (658), schreibt Mortimer seinem Freund Eduard.

Auf diese Weise verflüchtigt sich der soziale Status dieser Figuren, ihre Zugehörigkeit zum Landadel (Gentry), zur bloßen Staffage; sie geben sich im Verlauf des Romans immer deutlicher als Vertreter einer bürgerlichen Lebensordnung zu erkennen[27)]. Indem Tieck die letztere in ihrer spezifischen Zeitstruktur, nicht in der

Abfolge einzelner Beschäftigungen und Verrichtungen vergegenwärtigt, trägt auch er der spezifischen 'Verzeitlichung des Bewußtseins' im 18. Jahrhundert Rechnung[28].

Erst vor dem Hintergrund solcher Bürgerlichkeit gewinnt der Müßiggang des Helden Kontur. Eine auf den ersten Blick unscheinbare Akzentverschiebung innerhalb des Carpe-diem-Motivs des Müßiggangs beleuchtet dies schlaglichtartig:

> "Hast Du Verdruß, Händel und Prozesse (...) in Deinem Vaterlande?", schreibt die römische Hetäre Bianca an Lovell, "O laß alles fahren und freue Dich des Lebens und der Liebe!" (511)

Die Aufforderung zum Lebensgenuß bezieht ihre Rechtfertigung nicht mehr aus dem Memento-mori menschlicher Zukunftsungewißheit, sondern aus der Ablenkungsfunktion, die er angesichts unabweisbarer ökonomischer Probleme verspricht[29]. Die Mühseligkeiten der Lebenssicherung sollen vergessen, nicht bewältigt werden. Daher nimmt der Müßiggang die Züge einer Flucht an, mit der sich der Held vor der Tristesse des Alltags zu retten trachtet. Daß dieses Fluchtmotiv[30] den geheimen Antrieb seines Tun und Lassens bildet, bezeugen schon vor seinem 'Sündenfall' ins Laster seine Reflexionen über den Sinn seiner Reise:

> "Wenn ich nun einst wiederkehrte, den Busen mit den schönsten Gefühlen angefüllt, mein Geist genährt mit den Erfahrungen der Vorwelt und eigenen Beobachtungen, (...), um dann ein fades, alltägliches Leben zu führen, von der Langeweile gequält" (256f.).

Hier spricht nicht der standesbewußte Aristokrat, sondern ein bürgerliches Individuum, das befürchtet, mit all seinem inneren Reichtum in der Schalheit einer bürgerlich beschränkten Existenz unterzugehen. Diese steht im Banne der Gewohnheit:[31]

> "Sollte man doch fast schwören, das *Leben* wäre bei den meisten Menschen nichts weiter, als eine *Gewohnheit*, so nüchtern unbefangen, so jämmerlich und phlegmatisch schleppen sie sich durch die spannenlange Zeit, die ihnen (...) gegönnt ist." (370)

Vor der alles verschlingenden Macht der Gewohnheit, der die Gegenfiguren Mortimer und Eduard zunehmend verfallen, flieht Lovell in die Turbulenzen eines Müßiggangs, in dem sich Normen erst gar nicht stabilisieren können:

> "Ich lebe hier in einem Taumel von einem Tage zum andern, ohne Ruhepunkt oder Stillstand fort." (399)

Nicht zufällig siedelt der Roman den Müßiggang des Helden in Großstädten und Metropolen an, während seine Antipoden auf dem Lande leben:

> "Ich bin (...) hier auf dem großen Tummelplatze einer dichtgedrängten, geräuschvollen Welt" (567), schreibt Lovell über London und versichert, daß "(d)ies rasche und doch ungewisse Leben, in dem die Leidenschaften unaufhörlich in Bewegung gesetzt sind, (...) einen großen Reiz" (568) für ihn habe.

Der Stadt-Land-Gegensatz erschöpft sich nur scheinbar im Kontrast ländlicher Unschuld und städtischer Verderbtheit, wie es etwa im "Paysan perverti" der Fall ist. Im topographischen Gegenüber von Stadt und Land bebildert der Roman zwei Lebenshaltungen, die sich in zwei verschiedenen Lebensrhythmen verdichten. So ist die Ruhelosigkeit des Großstadtlebens, die Lovell favorisiert, das Surrogat jenes permanenten Ausnahmezustandes, um den es ihm eigentlich geht. Daher mündet sein Müßiggang nicht in die routinierte Ausschweifung des blasierten, großstädtischen Lebemanns, sondern in dionysischen Exzeß:[32)]

> "Das ganze Leben ist ein taumelnder Tanz; (...) Eine hohe bacchantische Wut entzünde den frechen Geist, daß er nie wieder in den Armseligkeiten der gewöhnlichen Welt einheimisch werde!" (379)

Der bacchantische Furor entbindet jene Vitalität, derer die andern Figuren in ihrer geordneten Existenz verlustig gehen. Als "phlegmatisch" (370) bezeichnet der Held den Verlauf ihres Lebens und setzt ihm den beschleunigt ekstatischen Rhythmus seines eigenen entgegen; Tanz und Taumel konterkarieren den Paßgang des schleppenden Normallebens.
Absichtsvoll kehrt Lovell dessen Zeitordnung um und macht die Nacht zum Tage:

> "Ich durchschweife oft in meinen abenteuerlichen Stimmungen die Stadt, und labe mich in der magischen Nacht an den wunderbaren und rätselhaften Bildern der äußern Gegenstände." (402) Deshalb kommt er auch manchmal "gegen Morgen mit dem fröhlichsten Rausche nach Hause" (400).

In der Konfrontation des Bürgers und des Müßiggängers stoßen zwei inkommensurable Modi des Zeiterlebens aufeinander. So schreibt Lovells Freund Rosa:

> "Wenn ich mir diese Uhr (des Turms, die eben schlägt, d. V.) beseelt und verständig vorstelle, so müßte sie notwendig in der Zeit, die sie nach willkürlichen Abteilungen mißt, diese Abteilungen wiederfinden, und nicht ahnden, daß es ein großer, göttlicher, ungemessener Strom ist, der vorübersaust, kühn und herrlich und auch nicht *eine* Spur der kläglichen Einteilung trägt.
> Willkommen denn wüstes, wildes erfreuliches Chaos! - Du machst mich groß und frei, wenn ich in der *geordneten* Welt nur als ein Sklave einherschreite." (353)

Das rauschhaft chaotische Zeitgefühl des Müßiggängers trennt ein Abgrund von der statisch chronologischen Zeitordnung des Bürgers[33)], die mit seiner Weltordnung ("geordnete Welt") identisch ist. Mit seiner Sprunghaftigkeit und Unstetigkeit aber versucht Lovell, das Zeitkontinuum befriedeten Alltagslebens aufzusprengen.[34)] Unterwerfen sich die andern Figuren der Endgültigkeit ihrer einmal übernommenen Aufgaben und Pflichten, so versucht er, die eigene Existenz in einem Zustand ewiger Vorläufigkeit zu halten. Ihr Symbol ist das Glücksspiel:

> "An die Karten und ihre wunderbaren, unerwarteten Abwechselungen kann man alle Empfindungen knüpfen; das Glück steigt und fällt wie Ebbe und Flut, mit jedem Spiele beginnt ein neues Schicksal" (598).

Das Glücksspiel dokumentiert nicht wie sonst die Geldgier des Müßiggängers ("was kömmt gegen diese Empfindung (des wechselnden Glücks, d.V.) das unbeholfene Geld in Rechnung" (598)), sondern sein aleatorisches Lebensprinzip. Stets lauert er auf das Unkalkulierbare, das Neue, hofft er auf den alles verändernden Zufall[35)]. Zugleich neigt Lovell jedoch auch zu jener älteren Auffassung des Zufalls, die aus ihm die geheimnisvolle Offenbarung des Schicksals herausliest:

> "Es gibt Stunden im Leben, (...), in denen Zufälle zusammentreten, so kindisch wunderbar aneinandergereiht, daß wir die Welt umher auf einzelne Augenblicke für ein Hirngespinst halten *müssen* .(...) es kommt mir oft in der Welt nichts so seltsam vor, als daß irgendein Zufall mit einem früheren zusammenhängt, so daß wir oft wirklich auf die Idee von dem geführt werden, was die Menschen gewöhnlich *Schicksal* nennen." (575)

Im Unterschied zum schicksalsgläubigen Helden, der dem "eigensinnigen Gange des Zufalls auf die Spur"(598) kommen möchte, bemüht sich umgekehrt Mortimer, "in den Zufällen selbst das Notwendige zu entdecken" (662), um sein Leben einer quasi naturgesetzlichen Zwangsläufigkeit zu unterstellen.
Bei Lovell wird das Spiel zur Lebensmetapher und steht für seine Weigerung, erwachsen zu werden, d.h. sich dem Realitätsprinzip von Pflichten, Tätigkeiten und Arbeiten zu unterwerfen[36]. Das macht ihn für Andreas Versprechungen, ihm Einblick in eine "höhere Welt" (635) zu verschaffen, anfällig.
William möchte sich in kein starres Rollenschema pressen lassen: "ich bin wandelbarer wie Proteus oder ein Chamäleon" (585)[37]. Verglichen mit der ernsthaften Lebensführung der andern Figuren, erscheint sein Müßiggang als realitätsfern und regressiv, bezogen auf die Entwicklung bürgerlicher Ökonomie als anachronistisch; nicht zufällig wird Lovell am Ende ausgerechnet von Karl, der sich seinen Lebensunterhalt durch Arbeit verdiente, getötet, so daß zuletzt das Realitätsprinzip der Arbeit über das Lustprinzip des Müßiggangs obsiegt.
Dennoch bescheinigen die Laster dem Helden nicht etwa Dekadenz, sondern scheinen im Gegenteil eine Lebenskräftigkeit zu verbürgen, auf die die andern keinen Anspruch erheben können. Auf diese Weise erwächst dem Müßiggang die Funktion einer positiven Gegenbildlichkeit zum bürgerlichen Alltagsleben, auf das Williams Rede von den "Armseligkeiten der gewöhnlichen Welt"(379) zielt; ihnen will er sich so entfremden, daß er wie ein "verbannte[r] Geist auf sie von einem fernen Planeten herunterblick[t]" (379).
Daher steht sein Müßiggang im Zeichen bewußter Grenzüberschreitung wie die einzelnen Laster in dem der Entgrenzung. Sie wird im Motiv des Zechens explizit:

> "Man nenne doch die schöne Erweckung der innersten Gefühle nicht *Rausch*! man sehe nicht mit Verachtung auf den Menschen hinab, dem sich plötzlich in der glücklichsten Erhitzung neue Tore der Erfahrungen auftun, dem neue Gedanken und Gefühle wie schießende Sterne durch die Seele fliegen (...). O Wein! du herrliche Gabe des Himmels! fließt nicht mit dir ein Göttergefühl durch alle unsre Adern?" (400)

Der Rausch übertrumpft nicht nur die tödliche Nüchternheit des Alltags - aus der Schablone moralischer Wertung herausgelöst, streift das Laster das überkommene Stigma bloßer Defizienz ab und wird sozusagen 'produktiv'; es entpuppt sich als Bedingung der Möglichkeit dessen, was seit der Aufklärung ein zentrales Anliegen des 18. Jahrhunderts ist: der Erfahrung.
Insofern diese sich in Neuland vorwagt und auf das nicht Vorhersehbare und gedanklich nicht zu Antizipierende ausgeht, kann das Laster als Abweichen vom Pfad

des Erlaubten und Üblichen beanspruchen, Erfahrungen zu verschaffen. Im Zuge solcher 'Umwertung aller Werte' reduziert sich der Müßiggang nicht mehr auf den Zirkel stereotyper Laster, sondern erweitert sich zu einer offenen, auf Erfahrungsfülle angelegten Lebensform.

So durchmißt Lovell verschiedene Milieus und Schichten der Gesellschaft:

> Ich bin "bald hier, bald dort, bald in einem gemeinen Wirtshause, unter den niedrigsten, aber originellsten Menschen, bald in einer Gesellschaft von Spielern, bald auf den öffentlichen Spaziergängen, bald in den vollgedrängten Theatern." (537)

In der Wahllosigkeit und Beliebigkeit dieser Mobilität des Helden wird die grenzüberschreitende Funktion seines Müßiggangs programmatisch.[38)] Ihre eigentliche Bedeutung tritt an zwei Motiven des Lasterlebens besonders deutlich zutage, dem Buhlen und dem Betteln. Bei beiden wird die moralische bzw. soziale Deklassierung des Helden durch seine Fähigkeit, sich extremen Lebenssituationen auszusetzen und sie auszuhalten, kompensiert. Lovell wendet sich nämlich nicht nur den kultivierten Hetären Laura und Bianca, sondern auch den Straßenmädchen zu, die er "im Gedränge von Lazzaronis und Handarbeitern" aufspürt, um ihnen "in ihre finstre enge Wohnung" zu folgen, wo sich "Bilder der Madonne und von Märtyrern neben Schminktöpfen und schmutzigen Gläsern mit Schönheitswassern" (403) finden.[39)]
Unordnung, Schmutz und Unmoral markieren den chaotischen Gegenpol der bürgerlichen Trias von Ordnung, Sauberkeit und Moralität. Daß er keine Berührungsängste kennt, läßt den unmoralischen Helden über seine moralisch intakten Gegenspieler triumphieren.

In Lovells 'amour de la boue' und seiner Praxis existenzieller Preisgabe[40)] zeichnen sich die Umrisse eines modernen Lebensgefühls und einer Form moderner Subjektivität ab, hinter denen Eduard und Mortimer in ihrer Angepaßtheit zurückbleiben.[41)]

Durch dieses eigentümliche Quidproquo gilt der Müßiggang seinen ökonomischen Anachronismus mit einer zukunftsweisenden mentalen und psychischen Innovation ab. Denn es gehört zur 'Tragik' der Lovell-Figur, daß sie, die mit dem Getriebe bürgerlicher Lebenswelt so gar nichts zu tun haben will, das Psychogramm ihrer späteren Vertreter vorwegnimmt; läßt sich doch in Williams beschleunigtem Lebensrhythmus die nervöse Hektik und in seiner Bindungslosigkeit die Verlorenheit der unbehausten künftigen Großstadtbewohner erahnen:

> "Ich treibe mich jetzt wie ein abgerissener Zweig in den Fluten und Wirbeln des wühlenden Lebens auf und ab." (537)

Seine proteische Wandlungsfähigkeit antizipiert bereits etwas von der Rollenflexibilität, welche die fortschreitende Kapitalisierung der Gesellschaft ihren Mitgliedern abfordern wird.
Vorurteilslosigkeit und Unbefangenheit, die ihn auch bei seinem Aufenthalt in den Niederungen der Gesellschaft und unter Bettlern nicht verlassen, zeichnen Tiecks Protagonisten aus:

> "Schon leb ich unter den niedern Volksklassen und esse in den Wirtshäusern in der Gesellschaft von gemeinen Leuten" (615).
> "Ich wohne jetzt unter Bettlern und lebe in ihrer Gesellschaft, ich sehe es, wie sich die Menschheit im niedrigsten Auswurfe zeigt" (618).
> "Ich bin jetzt mit dem Elende der unglücklichsten Geschöpfe vertraut, keine Menschenklasse ist mir nun mehr fremd; ich habe viel erfahren und gelernt." (618)

In solchem Zugewinn an Erfahrung offenbart sich die neue Qualität des Müßiggangs: der Müßiggänger entdeckt Bereiche, die dem in Moralvorschriften, Familien- und Berufspflichten eingespannten Bürger verschlossen bleiben. Das Telos dieser Lebensweise faßt Lovell zusammen:

> "Man urteilt nur dann über das Leben am richtigsten, wenn man im eigentlichen Sinne recht viel lebt, nicht nur den Becher einer jeden Freude kostet, sondern ihn bis auf die Hefen leert, und so durch alle Empfindungen geht, deren der Mensch fähig ist." (399)

Das unumschränkte Lustprinzip des Müßiggangs wird zugunsten eines neuen Erkenntnis- und Erfahrungsinteresses verabschiedet. Dabei geht es dem Helden weniger um den objektiven Gehalt seiner Erfahrungen als um deren subjektive Erlebnisdichte, d.h. um ihre ästhetischen Qualitäten.
Indem ihm die Gefühle, Stimmungen und Reflexionen, die seine Ausschweifungen hervorrufen, wichtiger werden als die konkret physischen Genüsse, betreibt er eine Ästhetisierung des Lasters, die sich nicht an der Kategorie des Schönen, sondern der des Interessanten ausrichtet. Zu dessen angemessenem Medium wird die Psychologie[42].
Wenn Williams alter Diener Willy feststellt, daß sein Herr nicht nur "sein Geld durch(bringt)", sondern auch "seine Seele (...) verschwendet" (373), dann liefert er den Schlüssel zu jener doppelten Lesart des Müßiggangs, die Tiecks Roman eröffnet, indem er die Psychologie konkurrierend neben die herkömmliche moralische Bedeutung des Lasterlebens treten läßt. Dessen psychologische Ergiebigkeit hält seiner

moralischen Insuffizienz die Waage. Denn der Held entdeckt im Müßiggang ein Medium radikaler Selbstergründung:

> "(...) wohl dem Menschen (...), der sich vor keinem Gefühl und Gedanken in sich selber entsetzt, der alle Segel seines Geistes anspannt, und alle Flaggen im Winde fliegen läßt, ihm allein ist es vergönnt, sich selber und seine geheimen Wunder in der Brust kennenzulernen; er findet tausend Widersprüche in sich selber, (...); er sammlet alle die Tausend der seltsamen Erfahrungen, um sich endlich über sein eigenes Wesen zu beruhigen." (459f.)

Mit solch schonungsloser Introspektion unterläuft Lovell die Strategien harmonisierender Lebensbewältigung, wie sie die bürgerlichen bzw. verbürgerlichten Figuren des Romans vorführen. Ihr Glück beruht auf der Einsinnigkeit und Dieselbigkeit ihres Gefühlshaushalts, die sie mit einem der Arbeitsdisziplin analogen Verfahren ihrer inneren Natur abzwingen; eine Art der Selbstbeherrschung, die in Selbstverleugnung umschlägt. Der Ökonomie emotionaler Beschränkung begegnet Lovell mit schrankenloser Verausgabung im wörtlichen wie übertragenen Sinne.[43] Sein Erlebnishunger und sein dionysischer Impetus erheben gegen das verarmte, dürre, normale Leben beredten Einspruch. Sein Sich-Gehen- und -Treiben-Lassen, die gemeinhin dem Müßiggang zur Last gelegte Passivität, erscheinen unvermittelt als quasi experimentelle Fähigkeiten, die den Helden Seelenzustände und Stimmungen ausloten lassen, denen sich die andern Figuren bei Strafe des Verlusts ihres Seelenfriedens verschließen müssen.
Lovell bringt mit seinen Ausschweifungen ans Licht, was jene verdrängen. Ihre moralische Progression nimmt er in einer umfassenden triebhaften Regression zurück:

> "Freilich ist Wollust das große Geheimnis unsers Wesens, freilich will auch die reinste inbrünstigste Liebe sich in diesem Brunnen kühlen; sie soll eben sterben, damit wir fühlen, daß wir Menschen sind, (...). Denn schläft nicht die wildeste Verzweiflung, die gräßlichste Angst, (...) Selbstmord und alle Greuel im Innern dieses Gefühls? Erwachen, treten sie nicht hervor aus ihrem Dunkel diese entsetzlichen Gestalten, wenn ewig unbefriedigt dieser Trieb des bewegten Herzens in sich selber kreiset(...)?" (377)

Hellsichtig trifft Lovell hier den neuralgischen Punkt einer Sexualmoral, die nur das domestizierte 'sublimierte' Gefühl zulassen will, den unberechenbaren Trieb aber unterschlägt und daher ins Pathologische umzuschlagen droht. Deswegen ersetzt er

die quietistische Selbstverkennung Mortimers und Eduards durch jene konsequente Selbsterkenntnis, die er gleichsam stellvertretend für die andern betreibt; er durchläuft "alle Empfindungen (...), deren der Mensch fähig ist" (399), so daß seine Existenz in psychologischer Hinsicht Exemplarität beanspruchen darf. In Lovell tritt der Bürgerwelt ihre Kehr- und Schattenseite entgegen; sein Müßiggang wird zum Gradmesser der Versagungen, die sie dem integrierten Bürger abverlangt.
Vor dem Hintergrund dieser Funktion des Müßiggangs wird einsichtig, warum in Tiecks Roman jenes Raffinement hedonistischer Sinnlichkeit fehlt, auf das die galanten französischen Romane (Mirabeau, Diderot, de Laclos) solchen Wert legen. Was Lovell an der Ausschweifung reizt, ist die Tabuverletzung, der sie entspringt. Wenn er verkündet:

> "Das Leben ist nichts, wenn man es nicht auf die sinnlichroheste Art genießt" (403),

erteilt er nicht nur den Ansprüchen verfeinerter Genußkultur[44] eine Absage, es geht ihm auch weniger um den Sinnengenuß[45] selbst, als um die Provokation, die er mit seiner These bewirkt. Dies gilt auch für seine pansexualistische 'Entlarvung' der sogenannten höheren menschlichen Kulturleistungen:

> "(...) ich weiß, daß Poesie, Kunst, und selbst die Andacht nur verkleidete, verhüllte Wollust ist, (...)." (377f.) "Sinnlichkeit und Wollust sind der Geist der Musik, der Malerei und aller Künste, alle Wünsche der Menschen fliegen um diesen Pol" (378).

Mit dieser Trieb- und Sublimationstheorie möchte Lovell vor allem schockieren; gesteht er doch selbst, daß er sich dabei einer "blinden Sucht zu übertreiben" (379) ergeben habe. Weniger als Kulturkritiker denn als Bürgerschreck möchte er sich profilieren. Nicht ganz zu Unrecht nennt ihn André Gottrau deshalb einen "theoretische[n] Wüstling"[46].
Von der lasterhaften Personnage de Sades, de Laclos' und Restifs unterscheidet ihn eine psychische Konstitution, die sich im überhitzten Pathos und der 'barocken' Bildlichkeit seiner Polemiken ebenso verrät wie in seinen immer wiederkehrenden moralischen Zweifeln und Bedenken, seinen Anfällen von Reue. Lovell erlaubt sich Gefühle, während die Protagonisten der französischen Romane die Energie für ihre Machenschaften gerade aus ihrer Gefühlskälte beziehen. Wenn sie ein 'Naturrecht der Lust' verkünden, dann vergessen sie nicht, die letztere vom Gefühl zu trennen[47] und ihre souveräne Beherrschung zur propagieren:

> "Trop de sensibilité nuit au jugement"[48], und: "Le sage (...) il renoncerait aux passions, même à celles qui sont destinées à lui faire sentir délicieusement son existence, si elles l'asservissaient"[49],

schärft Gaudet seinem Schützling ein und begrüßt später nachdrücklich dessen wachsende Kaltblütigkeit:

> "(...) a présent tu commanderas en maître à l'objet de tes désirs"[50].

Die Libertins sind berechnende Verstandesmenschen, die im Stil des intrigierenden Höflings sich selbst psychologischer Berechnung entziehen, um diese um so wirkungsvoller zur Manipulation ihrer Opfer einzusetzen. Gemäß jener Regel, wonach sich die Extreme berühren, bedienen sie sich derselben instrumentellen Vernunft wie der ökonomisch ausgerichtete Bürger - die Systematik, mit der sie ihre Ausschweifungen organisieren, erinnert an die Prinzipien rigider Arbeitsplanung -, nur daß sie nicht Kapital, sondern Lust akkumulieren.
Dagegen liefert sich Tiecks Held vorbehaltslos seinen Emotionen und Leidenschaften aus, um das Programm innerer Naturbeherrschung, dem sich seine Antipoden verschrieben haben, zu sabotieren.

> "Welcher Mensch ist denn der edlere - derjenige, der stets nach dem Gefühle handelt, das ihn gerade in diesem Momente beseelt und ergreift (...)? Oder der, der nur als ein Sklave nach einem Gesetze sucht, nach dem er handeln müsse (...)?" (459)

Lovells Existenz verdichtet sich in gesteigerten Augenblicken, um danach freilich in Lebensleere und -überdruß zurückzusinken, die ihn in der Form tödlicher Langeweile heimsuchen; in ihr versteinert seine ehemals vitale Zeiterfahrung:

> "Der Begriff von Zeit ist mir jetzt fürchterlich. Wenn ich einen Tag vor mir habe, ohne zu wissen, was ich mit ihm anfangen soll - oh, und dann der Blick über die leere Wüste von langweiligen Wochen hinaus!" (608)

Mit derselben Intensität, mit der er seine aufregenden Exzesse durchlebt, liefert sich Lovell auch der Erfahrung der Langeweile aus. Darin liegt eine seiner Stärken, denn seine Langeweile ist existentieller Natur und beschränkt sich nicht auf die momentane Ratlosigkeit eines Vergnügungssüchtigen und Zerstreuungsbedürftigen; sie macht vielmehr allen vorgängigen Lebensentwürfen und Sinnstiftungen seiner Mit- und Umwelt den Prozeß:51)

> "Ist die Welt nicht ein großes Gefängnis, in dem wir alle wie elende Missetäter sitzen, und ängstlich auf unser Todesurteil warten? (...) Der Putz des Lebens veraltet und zerfällt in Lumpen; alle Gebrechen werden sichtbar." (490)

Daß dies nicht nur die Nachtgedanken eines Lebensuntüchtigen sind, denen mit Arbeit oder einer geregelten Lebensführung abzuhelfen wäre, beweist Mortimers Eingeständnis einer nihilistischen Bedrohung seiner Idylle:

> "Mag man doch vom Genusse der Philosophie und von den wunderbaren Empfindungen, die uns das Studium der schönen Wissenschaften gewähren soll, sprechen, was man will, es gibt immer Augenblicke im Leben, in denen der Mensch die Leere fühlt, die ihn dabei umgibt, wie wenig alle seine Beschäftigungen mit ihm selbst zusammenhängen." (461f.)

Solche Einsichten dürfen freilich nur ausnahmsweise und am Rande zugelassen werden und müssen gleich wieder mit dem Hinweis auf die Ruhe und das Glück der Ehe beschwichtigt werden, da sie sonst die "wohltätige Eingeschränktheit" seines "Paradieses" (463) untergraben würden. Dieses zu schützen, ist die Aufgabe der vernünftigen, sinnstiftenden Grundsätze, mit denen Mortimer und Eduard sich wappnen; ihre psychologische Funktion für die Bewältigung von Lebensangst wird von Lovell durchschaut:

> "O ihr Menschen mit euren gepriesenen Grundsätzen! den Pfeilern, an denen ihr euch lehnt, und die sogenannten schwächeren Menschen um euch her verachtet! - Was ist denn eure gepriesene Vernunft? (...) Alles ist nur Feigheit, weil ihr euch selbst und euren Gefühlen nicht vertraut; oder vielmehr ihr habt kein Gefühl" (459).52)

Die normsprengende Authentizität des Gefühls soll verbürgen, worum es Lovell zu tun ist - die Unverwechselbarkeit und Einmaligkeit seiner Individualität:

> "Es fällt mir oft ein, warum ich gerade so und nicht anders empfinde, und warum ich vorzüglich auf diese Frage geführt bin, die mir gewiß in

> keiner andern Seelenstimmung beifallen würde. Die Vorstellung unserer Individualität ist die seltsamste, die uns überraschen kann." (477)

Deshalb reduziert sich Lovells Vita nicht auf das Schema 'Verführung-Sündenfall-Lasterleben'[53]; die zentralen Motive des verderbten Müßiggangs geraten vielmehr in den Sog der individuellen Selbstbehauptung des Helden. Daß diese der humanistischen Idee einer harmonisch sich entfaltenden Individualität zuwiderläuft, begründet die psychologische Modernität des "William Lovell". Er spielt die Ambivalenzen und Fragwürdigkeiten radikaler Selbstverwirklichung bis zur kriminellen Täterschaft des Protagonisten durch.[54]
Lovell selbst kommt der moraldidaktischen Vereinnahmung seines Lebenslaufs mit der Frage zuvor, wie er sich in einem der Bücher "ausnehmen (würde)", in dem "die Lasterhaften wie Vogelscheuchen dastehn, um die Leser scharenweise, (...) von der Bahn des Bösen zurückzuschrecken" (621). Auch auf das Modell korrumpierter Natur spielt er an, das dieser moralisierenden Betrachtungsweise zugrundeliegt: "Wie würde der Verfasser unaufhörlich meine guten Anlagen bedauern und über die Verderbtheit meiner Natur jammern" (621), jener Natur, die zum "Verwildern"(505) neigt und gegen die man daher "Tag und Nacht (...) arbeiten" (ibid.) muß.
Unter den Prämissen der Moraldidaxe ist das Leben des Helden nichts weiter als ein Zeugnis moralischer Niederlage im Kampf mit der inneren Natur, ein Beispiel menschlicher Schwäche und Unzulänglichkeit.
Gegen solche Moral-Logik beruft sich Lovell auf die schicksalhafte Entelechie der eigenen Individualität, indem er darauf beharrt, daß jener Verfasser

> "gar nicht ahnden (würde), (...) daß ich von je so war, wie ich bin, daß von je alles berechnet war, daß ich so sein mußte" (621).

Die Imperative moralischer Willensfreiheit will er von der schicksalsverfallenen Dämonie des Selbst entmächtigt sehen. Nietzsches Formel 'Wie man wird, was man ist' vorwegnehmend, besteht der Held auf einem individuellen Sinn seines Müßiggangs. Folgerichtig ist er weder an der Effektivierung der Lustmaschinerie des Leibes interessiert, wie sie die Akteure de Sades betreiben, noch an einem gesellschaftlichen Aufstieg, der sich über die Teilhabe an den Lastern der Oberschicht vollzieht, wie ihn Gaudet für den "Paysan" plant[55].
Die Laster des Tieckschen Helden lassen sich so als Embleme einer Rebellion entschlüsseln, die sich bürgerlichen Lebensregeln verweigert:

> "Wer sind jene armseligen Geschöpfe, die so schwer und keuchend an den Bürden der Pflichten und der Tugenden tragen?" fragt Lovell und fährt fort: "Meine Brüder? - Nimmermehr! - Die Willkür stempelt den

freien Menschen; von allen Banden losgelassen, rausch ich wie der Sturmwind dahin, Wälder niederreißend und mit lautem und wildem Geheul über die steilen Gebirge hinfahrend." (369)[56]

Lovells Aufkündigung sittlicher Regeln und Satzungen kleidet das Hybrismotiv[57] des Müßiggangs in die Sprache des Sturm und Drang und weist ihn selbst als späten Nachfahren Werthers und Ardinghellos aus. Der Geniegestus und der Gefühlsabsolutismus, den er mit ihnen teilt, erzwingt seine soziale Randständigkeit; nicht das aristokratische Privileg, sondern die unbürgerliche Lebensform entdeckt Lovell im Müßiggang. Die lyrischen Einlagen am Ende einiger seiner Briefe lassen ihn gar als verhinderten Dichter erscheinen.
Mit Lovell isoliert sich der Müßiggänger zum Außenseiter, in dem sich eine gesellschaftsjenseitige, heimatlose Subjektivität verkörpert[58]; sie zieht mit den philosophischen Säkularisationen und Humanitätsvorstellungen des 18. Jahrhunderts als utopischer Schlagschatten der realen bürgerlichen Subjekte herauf. Damit wird das Romangeschehen zugleich auf jenen Konflikt von Ich und Welt hin transparent, der nach Lukács den modernen Roman überhaupt kennzeichnet[59], vor allem aber im Mittelpunkt der Bildungsromane steht. Verhandeln sie doch den Prozeß der Selbstfindung und -verwirklichung eines Individuums in der Auseinandersetzung mit seiner Umwelt und den Verhältnissen, in die es sich hineingestellt sieht.[60]
Tatsächlich lassen sich in Tiecks Roman typische Motive und Strukturmomente des Bildungsromans ausmachen[61], so daß die Typologie des verderbten Müßiggängers und Aristokraten, auf die er zurückgreift, von der des Bildungshelden überlagert wird. Will man das Verhältnis beider Typologien auf einen einfachen operationalistischen Nenner bringen, dann könnte man von einer Stoff-Form-Beziehung sprechen: die traditionellen Inhalte des verderbten Müßiggangs werden zur Materiatur des Bildungsmüßiggangs, der sie in eine neue Form zwingt und den starren Kanon der Laster aufsprengt und dynamisiert.
Im Doppelcharakter der Reise des Helden überschneiden sich beide Typologien; sie erinnert zunächst an die aristokratische Kavalierstour, bei der Lovell u.a. in die "glänzenden Zirkel(.)"(267) des Pariser Adels eingeführt wird, allem Anschein nach, um seinen Geschmack zu verfeinern und seine Sitten zu vervollkommnen[62]. Wenn freilich Lovells Vater seine Hoffnung, der Sohn möge als "gebildeter Mann" (249) zurückkehren, in dem Sinne verstanden wissen möchte, daß er seinen "Geist in der stillen Betrachtung der Natur und ihrer Schätze bereichert" (249) habe, und der Freund des Helden den Zweck der Reise darin sieht, "Natur und Kunst, Menschen und herrliche Städte" (251) kennenzulernen, dann schälen sich die Elemente einer Bildungsreise heraus, die auf die ästhetische und geistige Entwicklung des reisenden Individuums zielt.

In Lovells ablehnender Reaktion auf die seelenlose Repräsentationskultur der Pariser Adelskreise triumphiert vollends der bürgerliche, gegen das aristokratische Comme-il-faut sich auflehnende Bildungsheld über den adligen Kavalier:

> "Paris, (...), mißfällt mir höchlich; ich denke oft an Dich (den Freund, d.V.) und an das einsame Bondly (den Landsitz des Freundes, d.V.) zurück, wenn ich mich hier in den glänzenden Zirkeln herumtreibe; dort war meine Seele in einer steten lieblichen Schwingung, hier bin ich verlassen in Felsenmauern eingekerkert, ein wüster Müßiggang ist mein Geschäft" (267).

Der "wüste Müßiggang", die sinnlose Betriebsamkeit der "glänzenden Zirkel", wird nicht am Savoir-vivre einer Lebensart gemessen, die sich in Gesellschaften, bei Empfängen und Bällen bewährt, sondern am Ideal gefühlvoller Innerlichkeit. Lovells Protest gegen die Pariser Gesellschaft greift ein Klischee aufklärerischer bzw. empfindsamer Adels- und Stadtkritik auf und bescheinigt ihm ein durchaus bürgerliches Selbstbewußtsein. Aber wenn etwa die bürgerlich gesinnte Heldin der "Geschichte des Fräuleins von Sternheim" die Gefühllosigkeit und die widernatürlichen Konventionen des Hoflebens anprangert, dann tut sie es im Namen ihrer Grundsätze, die sie zu Tugend und Wohltätigkeit verpflichten, während Lovells Einwände rein emotionaler Natur sind. Er taugt zum 'polizierten' Aristokraten so wenig wie zum pflichtbewußten Bürger. Deswegen kann er dem "wüsten Müßiggang" des Adels weder Tugendhaftigkeit noch Tätigkeit oder Arbeit entgegensetzen, sondern nur eine andere Art des Müßiggangs. Sie dient zunächst der ungehemmten Entfaltung von Phantasie und Gefühl[63)], wodurch Lovell zugleich die subjektiven Voraussetzungen des Bildungshelden erfüllt. Denn zu Beginn des Romans charakterisiert ihn sein Bekannter Karl als "lebhafte[n], muntre[n] Jüngling"(238) und beteuert:

> "William ist ein vortrefflicher junger Mann, der mir noch viel teurer sein würde, wenn er nur einmal erst neben mir festen Fuß fassen wollte; aber er gedeiht in keinem Boden. Kein Adler steht mit dem Äther und allen himmlischen Lüften in so gutem Vernehmen, als er; oft fliegt er mir so weit aus den Augen, daß ich ganz im Ernste an den armen Ikarus denke - mit einem Wort: er ist ein Schwärmer. -" (238)

Benennen Jugend und Lebhaftigkeit die positiven Triebkräfte eines möglichen Bildungsprozesses, so deutet das Ikarusmotiv auf ein wesentliches Moment des Bildungsprogramms - die Überwindung der Fallhöhe zwischen dem "festen Boden" der Realität und dem himmelstürmenden Enthusiasmus des Helden. Ähnlich wie der nüchterne Werner im "Wilhelm Meister" ergreift auch Karl mit ironischem Einspruch die Partei prosaischer Vernünftigkeit gegen Williams poetischen Überschwang:

> "Der Trank der Hippokrene mag ein ganz gutes Wasser sein, aber sich damit den Magen zu erkälten und ein Fieber zu bekommen, kann doch so etwas besonders Angenehmes nicht sein. Es gibt aber Leute, die sich für die entgegengesetzte Meinung totschießen ließen; und unter diesen steht William wahrhaftig nicht im letzten Gliede. Wir haben sehr oft unsre kleinen Disputen darüber" (238f.).[64)]

Wie Wilhelm liefert sich auch William vorbehaltlos seiner Phantasie aus, die ihm geradezu als omnipotentes, welterzeugendes Vermögen schlechthin gilt:

> "Alles, was mir entgegenkommt, ist nur ein Phantom meiner innern Einbildung, meines innersten Geistes" (354). "(...) die lebendige und leblose Welt hängt an den Ketten, die mein Geist regiert, mein ganzes Leben ist nur ein Traum" (355).

Die Welt als Phantasmagorie und das Leben als Traum deuten kann nur, wer sich vor ihren Widrigkeiten in Sicherheit gebracht hat. In der Exklave seines Müßiggangs fällt es Lovell leicht, die Allmacht seiner Einbildungskraft zu feiern und die äußere Wirklichkeit zu poetisieren, indem er sich "zuweilen mit Vorsatz in einen gewissen poetischen Rausch versetz[t], um alle Gegenstände anders zu sehn und zu fühlen". (642)[65)]

Auf diesen Zusammenhang bezieht sich auch die Erörterung von Erziehungsfragen, die kein Bildungsroman ausläßt und die im "Lovell" Mortimer übernimmt. Er lastet Williams Scheitern einer Erziehung an, die es versäumte, das Lustprinzip der Phantasie rechtzeitig am Realitätsprinzip zu brechen:

> "Ich bin überzeugt, daß Lovell von seinem Vater mit zu vieler Sorgfalt erzogen wurde, und daß dies die erste Quelle seiner Torheit und seines Unglücks war" (662),

da William sich auf diese Weise einem "Schwelgen an den Kräften des Gemütes" (658) überlassen konnte, die Mortimer für verderblich hält.

Die Neigung, Welt und Leben ästhetisch zu verklären, kennzeichnet gemeinhin den unerfahrenen, träumerischen Bildungshelden. Und wie bei diesem zehrt auch Lovells Wirklichkeitsbezug von literarischen Mustern und Vorlieben. Seine Verführung durch die raffinierte Blainville bringt es an den Tag; denn sie gibt sich ihm gegenüber

> "so empfindsam, wie Rousseaus Julie, ein wenig melancholisch, eine kleine Teinture aus Young" und als "eine so langweilige Vernunft- und Moralschwätzerin, als die Heldinnen der englischen Romane" (287),

worauf Lovell sie prompt für ein "Ideal Richardsons"(287) hält und ihren Verführungskünsten erliegt. An ihm scheint sich die Prophezeiung des Pädagogen Böttiger zu bewahrheiten, der wie Kant von der Romanlektüre abrät, weil sie lebensuntüchtig mache[66]:

> "Der arme, durch solche Geist- und Herzverderbliche Lectüre verwahrloßte Schüler und Jüngling schüttelt *Regeln*, Grundsätze, *Ordnung* (...) alles von sich ab, überspringt mit seiner durchglühten, in eine idealische Romanwelt entzückten Phantasie alle Gränzen seiner wirklichen Verhältnisse, wird selbst Romanheld, verführt unschuldige Mädchen, oder fällt, in Ermangelung jener, in die Fallstricke feiler Dirnen, vertändelt seine Zeit, versplittert sein Geld, wimmert, (...) wird ein Geck, ein fader Süßling, wird unglücklich auf immer - oder er geräth ins tragische, wird ein Kraftgenie, (...) wertherisirt oder repräsentiert (...) Schillers Räuber in natura." (Hervorh. v. d. V.).[67]

Böttigers Warnung antizipiert nicht nur Lovells spätere Geschichte - von der Libertinage über die Zeit- und Geldverschwendung bis zum genialisch-antibürgerlichen Affekt - sie entwirft zugleich aus der Sicht des lebenspraktischen Bürgers das freilich spöttisch gezeichnete Psychogramm des Bildungshelden, der sich nicht umstandslos in die unpoetische Erwachsenenwelt eingliedern will.
Die Wechselbeziehung zwischen der Lektüre des Helden, seinem Realitätsbezug und seiner Selbststilisierung gibt im Bildungsroman stets Auskunft über seinen jeweiligen Entwicklungsstand. So markieren auch im "Lovell" die ästhetischen Paradigmenwechsel des Helden entscheidende Lebenswenden; als er sich zu rauschhaftem Lebensgenuß entschlossen hat, rät er, der Melancholiker Balder solle sich "statt des ernsten Shakespeare den jugendlichen mutwilligen Boccaz" (351) vornehmen, und sein Umgang mit den Straßenmädchen und Dirnen wirkt sich auch auf seine ästhetischen Präferenzen aus:

> Ich "(höre)", läßt er den Leser wissen, "mit ebenso vieler Andacht den pöbelhaften Späßen eines Pulcinello zu(...), mit der ich ehedem den Shakespeare sah" (403).

Zu Beginn seiner Reise hatte Lovell noch dem "gigantesken Werke des unsterblichen Shakespeare" (262) gehuldigt, so daß sein sich abkühlender Shakespeare-Enthusiasmus quasi seismographisch den Stand seiner Entwicklung anzeigt.
Immer wieder unterfüttert der Roman die Geschichte des Helden mit Bildungsinhalten; der Leser erfährt von Williams Abneigung gegen die französische Theater- und Opernkultur[68]), seiner Begeisterung für die Kunstschätze Italiens und dem Tatendrang, zu dem er sich von den Statuen antiker Heroen inspiriert fühlt:

> "Die Asche eines Heldenalters liegt unter meinen Füßen, mit ernster Größe sprechen mich die erhabenen Ruinen der Vorzeit an, die Kunstwerke der neuern Welt erzwingen meine Anbetung (...) Ein Drang zu Taten weht mich aus jeder Bildsäule an" (324).

Dieser Tatendrang ist ebenfalls ein Charakteristikum des Bildungshelden, der sich gerne dem antiken Heros wahlverwandt fühlt, seine eigene Tatenlosigkeit jedoch mit der Desolatheit der modernen Lebensverhältnisse rechtfertigt[69]) und sie mit einem Übermaß an Reflexion ausgleicht. Im "Lovell" unterstreicht die Form des Briefromans diesen Überhang der Reflexion. Selbst als er unter die Räuber gefallen ist, findet William noch Zeit und Gelegenheit, Briefe zu schreiben, in denen er über den Sinn und Zweck seines Daseins räsoniert, bis man seines "müßigen Lebens überdrüssig" (637) wird und ihn zwingt, sich an den Überfällen zu beteiligen.
Lovells Neigung und Fähigkeit zu akribischer Selbstreflexion und -zergliederung deckt seine seelische Verwandtschaft mit einer Romanfigur auf, die entweder selbst zu den Bildungshelden gerechnet wird oder als einer ihrer wichtigsten Vorläufer gilt: Karl Philipp Moritz' "Anton Reiser"[70]). Auch bei ihm bedingen sich Phantasietätigkeit und Müßiggang wechselseitig:

> "Überdem war sein Kopf (...) wieder beständig mit Phantasien erfüllt - er war zu keinem anhaltenden und ernsthaften Nachdenken, zu keinem Fleiß im Studieren mehr aufgelegt."[71])

Während Moritz' Held in der Welt seiner Lesefrüchte lebt und webt und mit seinen Allmachtsphantasien auf das eigene Innere verwiesen bleibt, eröffnet Tieck seinem Protagonisten das Feld romanhafter Fiktion und verschafft der differenzierten Innerlichkeit Reisers und dem subjektiven Absolutismus Werthers einen äußeren Aktionsradius, ein Experimentierfeld, auf dem die Gefährdungen durchgespielt werden, die ihre psychische Disposition impliziert.

In den Umkreis der Bildungsthematik gehört auch die Bekehrung des idealistischen Schwärmers durch die Erfahrung des Eros; sie wurde schon in Wielands "Agathon" zu einem entscheidenden Element der Bildungsprozesse, indem die Verführung des Helden seine Konfrontation mit der Realität als lustvollen, aber zugleich desillusionierenden Lernprozeß symbolisiert. Am eigenen Leib muß er die Brüchigkeit seiner hochgespannten Ansprüche erfahren und die eigene Schwäche eingestehen. So findet denn auch Mortimer William nach seinem Sündenfall mit der Blainville "weit munterer und menschlicher als ehedem", da er beginne, "aus den unnatürlichen Regionen der Phantasie herauszutreten und sich zu den Menschen herabzulassen" (305).

Dennoch versagt im "Lovell" das Schema heilsamer Ernüchterung, weil William von der eigenen moralischen Unzulänglichkeit auf die Hinfälligkeit aller Moral schließt, so daß aus dem empfindsamen Jüngling nicht der an seinen Erfahrungen gereifte Bürger, sondern der lasterhafte Lebemann wird. Es ist die Radikalität von Lovells Reaktionen, die der Typologie des verderbten Müßiggangs allererst Eingang in den Roman verschafft und die ihn als 'realistischen', d.h. mittelmäßigen und durchschnittlichen Bildungshelden unglaubwürdig macht. Mit seiner subjektiven Unbedingtheit nimmt er den romantischen Bildungshelden vorweg, der mit derselben Vehemenz wie Lovell die bürgerliche Weltordnung ablehnt, im Unterschied zu diesem findet er allerdings in der Kunst jene substantielle Gegenwelt, die Lovell vergeblich im konsequenten Hedonismus oder im Übersinnlichen sucht.

Daß William sich nacheinander verschiedenen Frauen zuwendet, die jeweils unterschiedliche Lebensentwürfe verkörpern - Amalie (Tugend und Wohltätigkeit), Blainville (Libertinage), Bianca/Laura (bacchantischer Lebensgenuß), Rosaline (Unschuld, Naivität, Naturpoesie), Emilie (theatralische Stilisierung, Kunstpoesie) - rückt ihn gleichfalls in die Nähe des Goetheschen Bildungshelden, bei dem sich eine ähnliche Konstellation von Frauenfiguren ausmachen läßt.

Auch das Schauspielmotiv findet sich bei Tieck: wenn Wilhelm in die Rolle jugendlicher Helden schlüpft und sich mit Shakespeares Prinz Harry oder mit Hamlet identifiziert, so verkleidet sich William als armer Tagelöhner, um Rosaline zu verführen, und spielt aus demselben Grund bei Emilie den tragisch Verkannten. Ähnlich wie bei Wilhelm verwischen sich auch bei Lovell die Grenzen zwischen Leben und Kunst; als Tagelöhner phantasiert er sich in die Freuden eines einfachen Daseins hinein, und bei der Betörung Emilies muß er gestehen:

> "Nie, (...) habe ich so gut gesprochen, und nie so tief empfunden. (...) Ach was ist Wahrheit und Überzeugung im Menschen! Ich war jetzt von allem überzeugt, was ich da sagte" (550).[72)]

Wo freilich Wilhelm sich mehr oder weniger mühsam als Theaterheld stilisieren muß, da eröffnet sich William ein Terrain souveräner Selbstinszenierung, die, anders als bei Goethes Held, nicht von der Übermacht äußerer Realität immer wieder destruiert wird, sondern nur an Lovells eigenen Grenzen scheitert.
Dies wirft zugleich ein Licht auf die Widerständigkeit der Außenwelt, gegen die sich der Müßiggang beider Helden jeweils behaupten muß. Während Wilhelm auf Hindernisse stößt, die die Logik banaler Alltagswirklichkeit simulieren, ist Lovell über diese immer schon hinaus und bewegt sich in Extremsituationen, die der Roman über weite Strecken als Folge abenteuerlicher Zufälle aneinanderreiht. Das dürfte einer der Gründe sein, warum im "Lovell" - anders als im "Wilhelm Meister" oder im "Grünen Heinrich" - die Zeit auf der Ebene der Erzählstruktur keine weitere Rolle spielt. Der Müßiggang des Helden ist in einer romanhaften Gegenwelt zur bürgerlichen Gesellschaft angesiedelt, deren Zeitökonomie ihm äußerlich bleibt.
Den inhaltlichen Unterschied zwischen Lovells und Wilhelms Welt mag ein Beispiel verdeutlichen: in den "Lehrjahren" wie im "Lovell" wird der Held einem Überfall ausgesetzt; bei Goethe veranschaulicht dieses Ereignis u.a. die Diskrepanz zwischen den Phantasien und Illusionen des Helden und der so ganz anderen Realität, die völlig unromantisch auf ihn eindringt und ihn im wörtlichen wie übertragenen Sinne versehrt zurückläßt. Im "Lovell", wo der Überfall zweimal vorkommt, ist er ein spektakuläres Vorkommnis, das die Erlebnisfülle des Helden - im Gegensatz zur Ereignislosigkeit des Landlebens seiner Antipoden - unterstreicht und, da er selbst Mitglied der Räuberbande wird, seine exterritoriale Stellung zur Gesellschaft bekräftigt.
Auch die "Gesellschaft vom Turm" des "Meisterromans" findet im "Lovell" ihre Entsprechung und zwar eine doppelte[73)]. Ihre ideologische Funktion, die sie zum Fürsprecher bürgerlicher Lebensprinzipien und -regeln macht, übernehmen die Grund- und Gutsbesitzer Mortimer und Eduard[74)] - Landadelige wie Lothario und sein Oheim. Den Logencharakter des Turms repräsentiert ein italienischer Geheimbund, dem Lovell sich verschreibt und der als eine Art Turmgesellschaft mit negativem Vorzeichen fungiert, indem er die systematische Desintegration des Helden aus allen moralischen und gesellschaftlichen Beziehungen betreibt. Der Turm des Meisterromans verkündet:

> "(...) wenn seine (des Menschen, d. V.) Bildung auf einem gewissen Grade steht, dann ist es vorteilhaft, wenn er sich in einer größeren Masse

verlieren lernt, wenn er lernt (...) seiner selbst in einer pflichtmäßigen Tätigkeit zu vergessen."[75]

Dagegen verkündet Andrea, der Drahtzieher des Geheimbundes:

"Keiner lebt im Allgemeinen, keiner kümmert sich um das große Intresse des Ganzen" (683).

Am Ende erhält Lovell von Andrea einen "Lehrbrief", der ihn ganz ähnlich wie der Wilhelms über sich selbst aufklären soll[76]. Analog zu Wilhelm, dem seine künstlerischen Ambitionen vollends ausgetrieben werden und der selbst zur "pflichtmäßigen Tätigkeit" angehalten wird, erfährt Lovell, daß er im Grunde nur für das kleine Glück der Mortimer und Eduard getaugt hätte:

"Du hättest ein recht ordentlicher, gewöhnlicher, einfältiger Mensch werden können; auf einem Kupferstich in einer Waldgegend, neben einer jungen Frau sitzend, würdest Du Dich ganz gut ausgenommen haben, aber nun hast Du alles darangewandt, um ein unzusammenhängender philosophischer Narr zu werden.-" (690)

Wilhelms Theaterspiel wird als bloßer Dilettantismus erledigt, und Lovell muß hören, daß er weder über Welt- noch Menschenkenntnis verfüge und "nicht die Fähigkeit" habe, sich "zu verändern", sondern "immer noch derselbe Mensch" sei, der er war(690).
Ein Diktum, das, wenn auch unfreiwillig, Lovells in allen Lebensstationen sich durchhaltende Individualität anerkennt, aber angesichts der hochgespannten Erwartungen des Helden die trostlos ernüchternde Wirkung des 'Lehrbriefs' nicht aufzuheben vermag.
Nicht zuletzt ist für "William Lovell" der für den Bildungsroman charakteristische autobiographische Anteil des Autors belegt. Tieck hat bekannt, sich mit diesem Roman eine Lebenskrise von der Seele geschrieben zu haben[77], was die Psychologisierung des Müßiggangs im "Lovell" zusätzlich motiviert.
Die Aufgabe des distanzschaffenden Erzählers der "Lehrjahre" wird bei Tieck Lovells Kontrahenten übertragen, die seine Ansichten und Überzeugungen direkt oder indirekt kritisieren bzw. relativieren.
Trotz dieser Ähnlichkeiten mit Goethes "Meister" fällt es schwer, "William Lovell" als genuinen Bildungsroman anzuerkennen. Ein Problem, das er mit den sogenannten romantischen Bildungsromanen teilt, deren Gattungszugehörigkeit ebenfalls zweifelhaft ist[78].

Die These aber, daß an Tiecks Roman der Zusammenhang zwischen der traditionellen Typologie des Müßiggangs und der Bildungsthematik greifbar wird, kann der Vergleich Lovells mit Jean Pauls Roquairol unterstützen; denn dieser wurde nach dem Vorbild der Tieckschen Figur angelegt und gehört als alter ego und Gegenspieler des positiven Helden Albano zum Personal des Bildungsromans "Titan" (1800-1803)[79].

Roquairol tritt wie Lovell als "Libertin" (264),[80] Verführer, Spieler und Verschwender auf, als "innerlich-bodenlose[r] Phantast(.)" (542), der jene inneren und äußeren Gefährdungen auslebt, die Albano erspart bleiben. Als Anlaß und Bedingung seines Lasterlebens wird natürlich der Müßiggang namhaft gemacht, dem er bei seinem 'Scheinberuf', nämlich seinem "müßige[n] Offiziersleben" (264) ungestört nachgehen kann. Der Erzähler selbst empfiehlt ihm Arbeit als Remedium gegen sein schändliches Tun und Treiben: "ein Arbeitshaus (wäre) ihm ein Purgatorium geworden" (264). Dagegen attestiert er Albano "eine(.) lange(.) Gewohnheit täglicher Anstrengungen" (266); sie scheint in ihm ein Arbeitsethos verankert zu haben, dem der Rang eines religiösen Gebots zukommt; "sträubte" er sich doch "gegen die kurze Meerstille, worin er keine Schiffe trieb, wie gegen eine Sünde " (266), d.h. gegen einen müßig verbrachten Tag, zu dem Roquairol ihn überredet.

Letzterer reagiert wie Lovell ideosynkratisch auf ein Leben, das in den geordneten Bahnen des Alltags verlaufen soll, und macht deshalb aus seiner Existenz eine einzige große theatralische Inszenierung [81]. Sie verlangt nach der Manipulation von Raum und Zeit im Sinne ästhetischer Effekte:

> "Der Hauptmann (Roquairol, d.V.) führte um die warmen Quellen seiner Liebe und Freude gern die Brunnenfassung ganz auserlesener Tage und Umstände; konnt'ers machen, so erklärte er z.B. seine Liebe etwan an einem Geburtstage - unter einer totalen Sonnenfinsternis - an einem Schalttag - in einem blühenden Treibhaus im Winter" (360f.).

Die Ironie des Erzählers, die Roquairols exzentrischen Umgang mit Zeit und Raum ins Lächerliche zieht, kann nicht davon ablenken, daß er ähnlich wie Lovell willens ist, sein Leben in eine Kette von Ausnahmezuständen zu verwandeln. Die äußerst plastisch und ausführlich geschilderte Unordnung seines Zimmers veranschaulicht quasi en miniature sein Lebenschaos; denn er ist nicht der planende Regisseur, sondern der virtuose Improvisator seines Lebenstheaters.

Die "Festtage", die er erzwingen will, fallen allerdings Albano gleichsam naturwüchsig in den Schoß, da "(g)enialische Menschen (...) so viele Festtage (haben) als andere Werkeltage, und daher ertragen jene so schwer einen Trivial - und Schlendrians-Schalttag" (266).

Albanos Genialität läßt jede Tätigkeit oder Arbeit zum Fest werden und schützt den positiven Helden vor dem Müßiggang! Mit dieser argumentativen Volte versucht der Erzähler das Problem zu lösen, daß sein positiver Held so wenig wie der negative für ein alltägliches Leben geschaffen ist und dennoch den Versuchungen und Gefährdungen des Müßiggangs entgehen soll.

Abschließend soll noch auf zwei weitere Romane Tiecks eingegangen werden, die dem Bildungsroman nahestehen und von Goethes "Wilhelm Meister" beeinflußt wurden: "Franz Sternbalds Wanderungen" von 1798 und "Der junge Tischlermeister", der 1795, im Erscheinungsjahr "Lovells", geplant, ab 1811 ausgearbeitet, schließlich 1836 erschienen ist. Wenn "William Lovell" gerade aufgrund seines müßigen Helden als verkappter Bildungsroman gelesen werden kann, dann müßte sich die Problematik des Müßiggangs, die er entfaltet, auch in den beiden obengenannten Romanen aufspüren und weiterverfolgen lassen.
Tatsächlich thematisieren beide den Müßiggang; sie verbinden ihn jedoch nach dem Vorbild des "Meisterromans" mit dem Thema Kunst, die sie wie jener zum Medium der Bildung ihrer Protagonisten machen.
Im "Sternbald", der die Geschichte des jungen titelgebenden Malers Franz erzählt, übernimmt die Kunst die Rolle der Opposition zur bürgerlichen Lebenswelt, die im "Lovell" der Müßiggang innehatte. Kunst wird als "müßiges, zeitverderbendes Spielwerk" (897) [82] bzw. als "unnütze Spielerei"(809) und "schädlicher Zeitverderb" (809), der "die bessern Kräfte im Menschen (...) erlahmen" läßt, um sie "nach und nach abzutöten" (810), desavouiert; sie kann mit dem "allgemeinen Nutzen"(809), der sich der ökonomischen Anstrengung der Gesellschaft verdankt, nicht konkurrieren. In den kunstverachtenden Bürgern des "Sternbald", die in der Poesie nur die "Dichtung und Lüge eines Müßiggängers" (800) sehen, begegnet dem Leser das lebenstüchtige Personal des "Lovell"-Romans wieder. Entschiedener als dieser identifiziert der "Sternbald" das herrschende Realitätsprinzip, dem der Held sich zu entziehen sucht, mit der bürgerlichen Ökonomie [83]. Meist tritt daher der Kaufmann als Widerpart des Künstlers auf.[84] Als Sternbald einen Vertreter dieses Berufsstandes kennenlernt, heißt es:

"Sternbald erfuhr alle die Armseligkeiten des gewöhnlichen Lebens, wie jener ein Kaufmann von mittelmäßigen Glücksumständen sei, wie er darnach trachte, mehr zu gewinnen (...). Franz, dem die Empfindung drückend war, aus seinem *leichten poetischen Leben* so in das *wirkliche* zurückgeführt zu werden, (...) gab sich Mühe, gar nicht darnach hinzuhören." (940 ; Hervorh. v. d. V.)

Ökonomie und Kunst lassen sich so wenig miteinander in Einklang bringen wie Müßiggang und Arbeitseifer. Angesichts der "große[n] Handelstätigkeit in Antwerpen"(807)

> "(...) fiel ihm (Franz, d. V.) kein Kunstgedanke ein, ja wenn er die Menge der großen Schiffe sah, die Betriebsamkeit Geld zu gewinnen, die Spannungen aller Gemüter auf den Handel, die Versammlungen auf der Börse, so kam es ihm als etwas Unmögliches vor, daß irgendein Mensch aus diesem verwirrten Haufen sich der stillen Kunst ergeben könne." (807f.)

Sternbalds Abneigung gegen "die Armseligkeiten des gewöhnlichen Lebens" (940) wiederholt nahezu wortwörtlich Lovells Ekel vor "den Armseligkeiten der gewöhnlichen Welt" (379); zugleich verdeutlicht der Gegensatz von geldheckender "Betriebsamkeit" und "stiller Kunst" die gegenzeitliche Funktion des Müßiggangs: während Lovell in den Modi beschleunigten Zeiterlebens das eintönige Einerlei bürgerlichen Alltagslebens negiert, setzt Sternbald der Hektik des Geschäftslebens die bewußte Langsamkeit und Retardation der Kunst entgegen, die andern Gesetzen als denen des Kapitalumlaufs zu gehorchen scheint.

> "(...) wenn alle Menschen Künstler wären, (...) wenn sie das reine Gemüt nicht beflecken und im Gewühl des Lebens zerquälen dürften, so wären doch gewiß alle um vieles glücklicher. Dann hätten sie die Freiheit und die *Ruhe*, die wahrhaftig die größte Seligkeit sind." (746; Hervorh. v. d. V.)

Der Künstler hat aber nicht nur zur Arbeitsethik ein gebrochenes Verhältnis, sondern auch zu Ehe und Familie, den anderen Grundpfeilern der Bürgerlichkeit. So löst die Aussicht auf eine gesicherte Zukunft als Ehemann einer wohlhabenden Kaufmannstochter (!) bei Franz höchst zwiespältige Gefühle wach:

> "Das Wort Ehe erweckte (...) mancherlei Vorstellungen bei ihm. Er sah alle die Szenen einer ruhigen Häuslichkeit vor sich, Kinder, die ihn umgaben, er hörte die Gespräche seines Schwiegervaters (...), er fühlte seine

frische Jugend verschwunden und sich eingelernt in die ernsteren Verhältnisse des Lebens" (824).

Wie im "Lovell" repräsentieren auch im "Sternbald" Ehe und Familie die ernsthafte 'Prosa der Verhältnisse', vor der die spielerisch-unernste Poesie des Müßiggangs und der Kunst kapitulieren muß; anläßlich seiner Heiratsaussichten muß Franz feststellen, daß

"(s)o nahe auf ihn zu (...) das wirkliche Leben noch nie getreten (war), um sein inneres poetisches zu verdrängen" (823).

Aber nicht nur in ihrer Ehescheu kommen der Müßiggänger Lovell und der Künstler Sternbald überein, sie teilen sich auch in das Privileg moralischer Lizenzen. Franz geht verschiedene Liebesverhältnisse ein, wobei ihn allerdings zunächst moralische Skrupel wegen dieses "Leichtsinn[s]" (903) plagen:

"'Aber die Sinnlichkeit,' sagte Franz, 'hörst du nicht jeden rechtlichen Menschen schlecht davon sprechen?'"(903)

Solche Bedenken werden von seinen Freunden und Bekannten mit Nachdruck ausgeräumt; ihrer Ansicht nach halten die Liebschaften des Künstlers seine "Lebensgeister in Tätigkeit" (903). Die Liebe aber ist

"die halbe Malerei", da "sie (...) mit zu den Lehrmeistern in der Kunst (gehört)". (969)

Sinnenfreude ohne Rücksicht auf Moralvorschriften wird zum Konstituens der Kunst erklärt:

" 'Du willst ein Maler sein, und sprichst so?' rief Rudolph aus, 'oh, laß ja die Kunst fahren, wenn dir deine Sinnen nicht lieber sind (...). Die *Dezenz* unsers gemeinen prosaischen Lebens ist in der Kunst unerlaubt (...). Der Künstler darf seine Bekanntschaft mit ihr nicht verraten, oder er gibt zu erkennen, daß ihm die Kunst nicht das Liebste und Beste ist (...)'" (906).

Die Theodizee des Immoralismus im Dienste der Kunst sichert freilich dem Müßiggang des Künstlers einen uneinholbaren ideologischen Vorsprung vor dem Hedonismus Lovells. Konnte dieser sich zur Rechtfertigung seines Lasterlebens nur auf

die menschliche Triebnatur und seine individuellen Wünsche und Bedürfnisse berufen, so legitimiert der Künstler seinen Müßiggang mit der "glänzenden Tätigkeit"(812) der Kunst, dem "Unterpfand der Unsterblichkeit" (ibid.). Indem Kunst als 'höhere' Tätigkeit figuriert, wird nicht nur der Vorwurf der Unmoral entkräftet, sondern auch der der Faulheit bzw. Zeitverschwendung des Künstlers. "L'artiste est une exception: son oisiveté est un travail",[85] wird Balzac später mit ironischem Unterton formulieren und mit der paradoxen Verschränkung von Müßiggang und Arbeit das Geheimnis der romantischen Nobilitierung des Müßiggehens im Namen der Kunst verraten.
Die Wurzeln dieser Konzeption reichen in die Genieästhetik zurück, nach der sich das Kunstwerk nicht länger der planvollen Bemühung des Regelpoeten oder des Handwerker-Künstlers[86] verdankt, sondern der Inspiration und Imagination, die sich nicht erzwingen lassen; der Künstler muß sie im Netz seines Müßiggangs einzufangen versuchen, weshalb dieser zu seiner eigentlichen Arbeit wird. Individuelle Lebenspraxis und ästhetische Produktivität verschmelzen auf diese Weise untrennbar miteinander - der Künstler ist immer auch Lebenskünstler[87].
Die Akzeptanz des künstlerischen Müßiggangs fußt außerdem auf dem Theorem von der Kunst als 'höherer' Tätigkeit, das unterstellt, in der Produktion des Kunstwerks realisiere sich ein Ideal von Tätigkeit bzw. Arbeit schlechthin. Denn, was den letzteren trotz aller Anstrengung immer nur partiell und unvollkommen gelingt - die Selbstvergegenständlichung schöpferischer Subjektivität - das leistet scheinbar mühelos und spielerisch die kreative Aktivität des Künstlers. Beneidenswert frei und sicher scheint das Genie in seiner Tätigkeit ganz bei sich selbst zu sein. Es dürfte kein Zufall sein, daß zu jenem historischen Zeitpunkt, an dem die gesellschaftliche Naturauseinandersetzung zunehmend unter die Vorherrschaft bürgerlicher Ökonomie und Arbeitsethik gerät, die romantische Kunstphilosophie, die im "Sternbald" einen ihrer Ursprünge hat, Arbeit im Mythos künstlerischer Produktivität verklärt.
Anders als im "Lovell" untersteht daher im "Sternbald" der Müßiggang des Helden den Forderungen einer freien künstlerischen Entwicklung:

> "Jeder Künstlergeist muß sich ohne Druck und äußern Zwang, wie ein edler Baum mit seinen mancherlei Zweigen und Ästen ausbreiten; (...) So will ich mich denn der Zeit und mir selber überlassen" (836), verkündet Franz.

Das organische Wachstum, das Sternbald mit dem Bild des Baumes für die Entwicklung des Künstlers reklamiert, verdrängt den triebhaften Orgiasmus Lovells und entschärft zugleich die Problematik des Müßiggangs, indem sie ihn ins Überschaubare lenkt. Der Wachstumsgedanke schließt kraft seiner Allmählichkeit jede unberechenbare Eruptivität aus. Im Prozeß stetigen Reifens vollzieht sich die Wechselwirkung von Leben und Kunst:

> "Im reinen Sinne spiegeln sich alle Empfindungen, und lassen nachher eine Spur zurück, und selbst das, was das Gemüt nicht aufbewahrt, nährt heimlicherweise den *Sinn der Kunst* und ist *nicht verloren.*" (836; Hervorh. v.d.V.)

Im Unterschied zu Lovell kompromittiert sich deshalb Sternbald auch nicht, wenn er eine Geliebte verläßt, geschieht es doch seiner wahren Geliebten, der Kunst, wegen:

> "(...) er nahm sich vor, sich inniger der Kunst zu widmen. Er brach den Umgang mit der schönen Lenore ab, er fühlte es innig, daß er sie nicht liebe. (...) Eine neue Liebe zur Kunst erwachte in ihm" (981).[88)]

Wird der Müßiggang unter den Fittichen der Kunst sakrosankt, so verliert er seine spannungsvoll-dynamische Beziehung zur Welt des Bürgers; der Künstler darf sich ungestraft deren Gesetzmäßigkeiten versagen und als Ausnahmefigur von ihr abkapseln. Eine Konstellation, die eine überzeugende Behandlung des Bildungsthemas erschwert, da dem Künstler-Helden viele Reibungsverluste mit seiner Umwelt erspart bleiben. So legen die wiederkehrenden Zweifel Sternbalds an seiner Bestimmung zum Künstler zwar die Vermutung nahe, die Kunst erweise sich wie im "Meister" als "falsche Tendenz"[89)], und Franz müsse doch noch ins bürgerliche Leben zurück; aber nicht nur das offene Ende des Romans, sondern auch der wachsende Kunstenthusiasmus des Helden konterkarieren das Desillusionsschema des Bildungsromans. Auf diese Weise steht "William Lovell" diesem näher als "Sternbald".

Akzeptiert man beide Romane als Bildungsromane, so bleibt festzuhalten, daß sie Extremvarianten verwirklichen, da ihre Helden sich ihrer Individualität nur in einem Müßiggang versichern können, der sie in eine gesellschaftliche Außenseiterposition drängt, aus der sie nicht mehr in die sogenannte Normalität zurückfinden können.[90)]

Anders verhält es sich mit dem "Jungen Tischlermeister"[91)], dessen großer zeitlicher Abstand zu "Lovell" und "Sternbald" bereits einige konzeptionelle Änderungen hinsichtlich der Bildungsthematik erwarten läßt.

In der Tat handelt es sich bei Leonhard, dem Titelhelden, um einen gestandenen Bürger, der, schon zu Beginn des Romans verheiratet, seinen Lebensunterhalt als

Handwerker verdient und gegen alle sinnlichen oder genialischen Anfechtungen des Müßiggangs gefeit zu sein scheint. Verurteilt er doch ganz im Sinne des 'Muster'-Handwerkers Hans Sachs die 'müßigen' Laster der Trunksucht und der Spielleidenschaft, weil sie nur in Armut und Verbrechen führen (213); außerdem polemisiert er gegen die Künstler als jene phantastischen "Bacchanten" (300), die

> "nicht sehen, oder nicht sehen wollen, daß in der Mäßigkeit, Ruhe, in dem stillen Haushalt unserer einsamen Seele, in den Schranken der Ordnung und Notwendigkeit, kurz in der *scheinbaren Prosa*, die man so oft *voreilig* der *Poesie* entgegenstellt, ebenfalls (...)jene Himmelsblumen emporwachsen" (300, Hervorh. v. d. V.).

Damit revidiert der "Tischlermeister" das gängige romantische Verhältnis von Poesie und Prosa; die letztere wird nicht mehr in Bausch und Bogen verworfen, sondern bekommt einen eigenen Wert zugesprochen, der auf der Gediegenheit sinnvoller und sinnerfüllter Arbeit beruht. Im Unterschied zu den Kaufleuten des "Sternbald" oder den Mortimer und Karl des "Lovell" erschöpft sich die bürgerliche Existenz des Handwerkers Leonhard nicht in einem Räderwerk sinnleerer Zwänge. Der Aufwertung prosaischer Arbeit korrespondiert die kritische Abwertung der haltlos-freischwebenden Poesie. Das Dionysische, das ihr zugesprochen wird, und das zugleich für sinnlich-sexuelle Entgrenzung, die Amoralität schlechthin, steht, wird von Leonhard in geradezu kleinbürgerlicher Manier als pathogen bzw. pathologisch verdächtigt[92].
Er selbst glaubt jedenfalls guten Gewissens beteuern zu können, daß ihm

> "(z)um Künstler (...) ganz jener Enthusiasmus, jener strebende, fliegende Geist, der alles neben sich vernachlässigen und vergessen kann und darf, der in fremden Welten, aber nicht in der hiesigen einheimisch ist (fehlt)", daß sein "Gemüt im Gegenteil (...) beschränkt und wahrhaft bürgerlich" sei, sein "Eifer für Arbeit, Nützlichkeit" (244)

ihn schon früh zum Handwerker bestimmt habe.
Aber der Eindruck solch nicht zu erschütternder Solidität trügt; Leonhards alter Freund, der adlige Elsheim, sieht sich bei einem Wiedersehen zu der Frage veranlaßt, wie der Tischlermeister

> "denn (...) so manchen phantastischen Hang, wie z.B. den, der [ihn] einmal fast überwältigte, Schauspieler zu werden, mit diesem soliden

> Streben, mit [s]einer Bürgerlichkeit, mit [s]einer Gründlichkeit und Ruhe" (249) in Einklang bringe.

Und wirklich läßt eine unbestimmte Sehnsucht, die eben jenem "phantastischen Hang" entspringt, Leonhard nicht glücklich werden. Darum beurlaubt er sich kurzerhand von Beruf und Familie und folgt einer Einladung Elsheims, um auf dessen Gut im Kreise adliger Müßiggänger[93] noch einmal dem Theaterspielen nachzugehen. Natürlich werden auch hier die erotischen Potenzen des Müßiggangs wirksam, und Leonhard verstrickt sich in eine Affäre mit der verführerischen Charlotte. Aber er bricht nicht ernsthaft aus seinem bisherigen Lebenszusammenhang aus, um ungeahnte Seiten und Möglichkeiten seines Ichs kennenzulernen. Sein Bildungsmüßiggang bleibt harmlos und unschädlich; er behauptet zwar:

> "Ich mache Erfahrungen, auf die ich nicht vorbereitet sein konnte, ich werde irre an meinen nächsten Überzeugungen" (323).

Dennoch verfällt Leonhard weder der Theaterleidenschaft noch der begehrten Frau. Standhaft verzichtet er auf beide und widersteht gerade noch rechtzeitig den Verführungen des Müßiggangs:

> "Für einen schlichten Bürger, dächt ich, hätte ich der Abenteuer genug bestanden. So weit mag es sich vielleicht entschuldigen lassen, wollte ich aber irgend einem Gelüste länger nachgeben, so müßte ich mich vor mir selber schämen. Und welche Rechenschaft könnte ich meinem Haushalt, meiner Frau, meinen Handwerksfreunden und Genossen ablegen? Ich muß nach Haus, und *um kein Taugenichts* zu werden, in meine *alte Ordnung* zurückkehren." (452f.; Hervorh. v. d. V.)

Wie wenig der Tischlermeister seinen bewährten Prinzipien untreu geworden ist, offenbart seine Erwartung, Elsheim werde ihn für die "bedeutende Zeit"(471) finanziell entschädigen, die er "seinem Freunde und dessen Liebhaberei, sosehr er selbst dabei ergötzt war, (...) geopfert" (ibid.) hatte.
Der Grundsatz "Zeit ist Geld", von dem Leonhard sich nicht zu lösen vermag, verwehrt ihm, seinen Aufenthalt bei Elsheim im Sinne selbstzweckhafter Muße als Gelegenheit des Sich-Auslebens oder der Selbstbesinnung zu würdigen[94]. Die einzige Freiheit, die er sich herausnimmt, ist ein kurzes Liebesverhältnis mit der ehemaligen Jugendgeliebten, der er auf seiner Rückreise wiederbegegnet. Dieser Ehebruch verursacht nicht nur, weil die Geliebte bald stirbt, keine weiteren Irritationen für den Helden, ähnlich dem Theaterspielen löst er ein unabgegoltenes Glücksverspre-

chen der Vergangenheit ein, ohne für die Zukunft Leonhards von weiterem Belang zu sein. Der Bildungsmüßiggang eröffnet dem Helden keine unvorhergesehenen Lebensperspektiven mehr[95]), sondern dient eher den Nachholbedürfnissen[96]), die eine unbefriedigend verlaufene Vergangenheit verschuldet hat. Indem er Entlastung vom Alltagstrott, eine Art 'Ferien vom Ich' gewährt, hat er nur mehr kompensatorische Funktion - Bildung wird zu einer Freizeitangelegenheit.
Deswegen begehrt Leonhard nicht gegen die resignative Einsicht auf, die sich schon Mortimer zu eigen gemacht hatte:

> "(I)n gewissem Sinn ist unser ganzes Leben eine Aufopferung. Wie wenige unserer wahren Wünsche können sich erfüllen!" (470)

Was den Tischlermeister mit seiner bürgerlichen Existenz versöhnen kann, seine unentfremdete, in sich sinnvolle Arbeit, ist - nicht erst im Erscheinungsjahr des Romans[97]) - ein Anachronismus. Die Rollentypik zünftig-handwerklicher Arbeit fällt hinter den geschichtlich erreichten Standard gesellschaftlicher Arbeit zurück[98]). So kann Tieck die Subversion des Bildungsmüßiggangs nur mit einem unzeitgemäßen Ideal abwehren, und selbst dies gelingt nicht völlig:

> für Leonhard, "sosehr er mit Leib und Seele Handwerker war (...), gab (es) Stunden, in denen ihm das Geräusch seiner Arbeitssäle nicht wohlgefiel." (524)[99])

Anmerkungen

1) Karl Haßler, Ludwig Tiecks Jugendroman "William Lovell" und der "Paysan perverti" des Restif de la Bretonne, Greifswald 1902 (Diss.), S. 155.
2) Ibid., S. 156.
3) André Gottrau, Die Zeit im Werk des jungen Tieck, Zürich 1947 (Diss.), S. 12. Unschwer läßt sich erraten, daß solche Äußerungen wie die von Haßler und Gottrau älteren Arbeiten über Tieck entstammen, deren Verfasser umstandslos äußere Wertmaßstäbe an den Roman herantragen, ohne sich auf seine eigene ästhetische Sinnfälligkeit einzulassen.
4) Ludwig Tieck, William Lovell. In: Ludwig Tieck, Werke in vier Bänden, herausgegeben und mit einem Nachwort versehen von Marianne Thalmann, Darmstadt 1963ff., Bd. I. Die Zahlenangaben in Klammern beziehen sich auf die Seitenzahlen in Band I.
5) In Williams Nachname 'Lovell' klingt der des Verführers Lovelace aus Richardsons "Clarissa Harlowe" an, wenn er auch im Unterschied zu diesem nicht auf den ersten Blick die Lieb- und Treulosigkeit (Lovelace-Loveless) des Helden verrät; auf Richardson selbst und seinen Moralismus weist der Roman zweimal expressis verbis hin (S. 287 u. S. 544). Im übrigen mußte Tieck sich 1813 in der Vorrede zur zweiten Auflage seiner Schriften noch einmal gegen die Unterstellung "einige[r] Rezensenten" verwahren, "William Lovell" sei eine "Uebersetzung (...) aus dem Englischen". (Tieck, Schriften [Werke], Berlin 1828, 6. Bd., S. 6).
Restifs "Paysan perverti" nennt Tieck selbst die wichtigste französische Vorlage seines Romans.
6) Gotthold Klee, Tiecks Werke, Bibl. Inst., Leipzig 1892, Vorwort des 1. Bdes., S. 16.
7) In einem Brief an Wilhelmine Hallwachs (5. August 1838) nimmt Tieck die Unmoral in "William Lovell" ausdrücklich in Schutz: "Nur keine Maximen, keine Conventionen, kein dürres Criminal-Gesetz, wo von Schönheit, Launen, Freuden, Verirrungen des Herzens (...) die Rede ist." In: Uwe Schweikert, Dichter über ihre Dichtungen. Ludwig Tieck, 3 Bde., München 1971, Bd. I, S. 279.
8) Etwa im Sinne von Georg Chr. Erhard Westphals "Wilhelm Edelwald, die Geschichte eines verlohrnen Sohnes", ein normativ-moralisch ausgerichteter Roman, den Eva Becker in ihrer Abhandlung über den deutschen Roman um 1780 vorstellt. Das Handlungsschema ähnelt, sieht man vom Ende ab, dem des "William Lovell": der vorbildlich erzogene, aber charakterlich weiche Held wird von einer Dirne verführt und flieht in ein Abenteuerleben. Siehe Eva D. Becker, Der deutsche Roman um 1780, Stuttgart 1964 (Germanistische Abhandlungen 5), S. 57.
9) Dieser Umstand wird verschiedentlich in der Sekundärliteratur betont, wobei meist nicht näher auf die konkreten Strukturen und Modalitäten der Bürgerlichkeit im "William Lovell" eingegangen wird.
10) In seiner Beziehung zum Sohn ist Geld ein entscheidender Faktor; so behauptet er einerseits: "(I)ch habe mein Vermögen von je als ein Mittel angesehn, Dich glücklich zu machen" (421) und klagt zugleich: "Ich habe Dir bis jetzt unausgesetzt das verlangte Geld geschickt, (...) ob Du gleich in jedem Vierteljahre mehr als im vorigen gebraucht hast." (420).
11) Unter diesen Aspekten ist Ingrid Kreuzers Behauptung, der Umgang der Romanfigur mit Geld sei ein Indiz für die "Präsenz des Märchens" im "Lovell" entschieden zu widersprechen. Ingrid Kreuzer, Märchenform und individuelle Geschichte. Zu Text- und Handlungsstrukturen in Werken Ludwig Tiecks zwischen 1790 und 1811, Göttingen 1983, S. 52.

12) Ernst Ribbat, Ludwig Tieck. Studien. Kronberg/Ts. 1978, S. 50.
13) Ibid.
14) Siehe Heinz Schlaffer, Der Bürger als Held, a. a. O., S. 51, wo darauf hingewiesen wird, daß den meisten Interpreten "die Überschrift 'Der Witwer' angemessener dünkte".
15) Goethe, Der Bräutigam. In: Goethe, Gedenkausgabe der Werke, Briefe und Gespräche, Hrsg. Ernst Beutler, Zürich 1948ff. (Artemis-Ausgabe), Bd. 2, S. 50. Alle Goethe-Belegstellen werden im folgenden zitiert unter Goethe mit Band- und Seitenzahl in Klammern.
16) "O ich Tor! daß ich in London saß und mit dem Fleiße einer Ameise arbeitete! - Dies ist mein Lohn. -" (572), schreibt Karl verbittert, nachdem der müßige Lovell seine Braut Emilie verführt hat.
17) Schon Werther prophezeite, daß die Einteilung der Zeit in "Stunden (...) zur Arbeit" und "Erholungsstunden", die man seinem "Mädchen" "widmet" (4,277) das Ende der Liebe bedeute.
18) Einmal mehr bestätigt sich auch in Mortimers Sprachgebrauch die synonyme Gleichsetzung von Tätigkeit und Arbeit.
19) Auch bei Mortimers Erziehungsratschlägen verlarvt Tieck ein genuin bürgerliches, in diesem Falle sogar autobiographisches Problem, mit der Maske seines landadeligen Romanpersonals. Denn vor Verwöhnung und Verweichlichung warnen zwar auch die Erziehungsanweisungen für den Adel, man denke an Montaigne, Locke oder Lord Chesterfield; aber das Problem, die Zöglinge davor zu bewahren, sich für "*Genies* und *außerordentliche* Menschen" (662; Hervorh. v. d. V.) zu halten, d.h. für Künstlernaturen, die aus der Mittelmäßigkeit ihrer bürgerlichen Verhältnisse ausbrechen wollen, ist ihnen fremd. Im Gegenteil, der junge Aristokrat soll sich so früh wie möglich der besonderen Anforderungen, die mit seinem gesellschaftlichen Rang verbunden sind, bewußt werden.
20) Ribbat greift u. E. zu kurz, wenn er die Diener als Repräsentanten eines "vormoderne[n] Systems" (Ribbat, a. a. O., S. 50) bezeichnet, die noch ganz in der Welt bibelfester Frömmigkeit lebten. Gerade die Diener als arbeitende Figuren liefern die einschlägigen Sentenzen bürgerlicher Arbeitsethik. Von Thomas, dem Gärtner, stammt die Erkenntnis: "ohne *Geld* (Hervorh., v. d. V.), und ohne die nötigen Arbeiten läßt sich in dieser Welt nur wenig ausrichten" (536); d.h., er bewegt sich durchaus auf dem Niveau moderner Geldwirtschaft.
21) Auch hier liefert der Roman die ernüchternde Korrektur dieses Ideals nach, wenn von der schweißtreibenden Feldarbeit "unter dem Joche der Dürftigkeit" (455) die Rede ist. Kreuzer fällt auf, daß Lovell gar nicht auf die "Idee (kommt), Rosaline, bei der er täglich <Mittags und abends> ißt, bei ihrer Arbeit zu helfen." Kreuzer, a. a. O., S. 56.
22) Vgl. dazu Karlheinz Weigand: "Im Gegensatz zu dem gesetzten Mortimer fühlt (...) Karl die Kehrseite der angeblich so glückbringenden Einschränkung. Beruf, Ehe, Besitz, kurz: Seßhaftigkeit, sind Fesseln der Langeweile (...)." Karlheinz Weigand, Tiecks 'William Lovell'. Studie zur frühromantischen Antithese, Heidelberg 1975, (Beiträge zur neueren Literaturgeschichte, Folge 3, 23), S. 109.
23) Hat Karl sich zuvor über den langweiligen Müßiggang auf dem Lande beschwert, muß er jetzt entdecken, daß es die Langeweile, wie Lothar Pikulik hervorhebt, "sehr wohl auch in der Berufs- und Arbeitswelt geben (kann), wie gerade Arbeit, sofern sie auf sinnentleerte Mechanik hinausläuft, den fruchtbarsten Nährboden für dieses Ungenügen schafft." Lothar Pikulik, Romantik als Ungenügen an der Normalität. Am Beispiel Tiecks, Hoffmanns, Eichendorffs, Frankfurt a. M. 1979, S. 225.
24) Insofern ist Werner Brans Ansicht, Mortimers Landleben sei ein "reines Idyll" einzuschränken. Werner Brans, Der Einzelne und die Gesellschaft in Tiecks ersten selbständigen Schriften. Studien zur Entstehung des frühromantischen Individualismus, o. O. 1957 (Diss.), S. 144;

dasselbe gilt für seine Behauptung, dieses Landleben entspreche mit seiner "Tendenz zur Weltflucht", der "soziologischen Ortlosigkeit" der Figuren. Ibid, S. 145. Siehe dagegen Ingrid Kreuzer, die ebenfalls von Mortimers und Edwards "unrealen und außersozialen Enklaven" spricht, die Existenz dieser Figuren allerdings nicht als idyllisch, sondern als "wehmütig-reduziert(.)" und "statisch" bezeichnet. Kreuzer, a. a. O., S. 64, Anm. 54.

25) Man vergleiche dagegen die Bedeutung ländlicher Vergnügungen und Feste in andern englischen Romanen des 18. Jahrhunderts, in Goldsmiths "Vicar of Wakefield" oder den Romanen der Austen. Karl Wilmont selbst hatte als bestes Mittel gegen die Langeweile auf dem Lande u.a. "Mitteilung und Freunde" (282) empfohlen und erklärt: "Diese sind der Konduktor, welche einen Funken nach dem andern in die Flasche leiten, bis dann endlich ein großer leuchtender Funken schreiend herausspringt" (282). Die Metaphorik des Magnetismus und der Elektrizität, die Karl ins Spiel bringt, steht durch die Assoziationen von Plötzlichkeit und Sprunghaftigkeit im genauen Gegensatz zur "schönen Einförmigkeit" des Lebens auf dem Lande.

26) Siehe S. 637.

27) In diesem Sinne betont auch Lothar Pikulik, daß sich Mortimer und Eduard "nach ausgesprochen bürgerlichen Maximen richten: Heirate und gründe eine Familie. Überlasse dich nicht dem Müßiggang, sondern sei tätig und fleißig." Eine Lösung, "die doch sehr nach Philister schmeckt." Pikulik, Die Frühromantik in Deutschland als Ende und Anfang. Über Tiecks "William Lovell" und Schlegels Fragmente. In: Die literarische Frühromantik, Hrsg. Silvio Vietta, Göttingen 1983, S. 112 - 128, S. 122f. Karlheinz Weigand tituliert Mortimer kurzerhand als "kalte[n] und selbstgewisse[n] Philister." Weigand, a. a. O., S. 27. Im übrigen ist es keine Seltenheit, daß im bürgerlichen Roman der Landadel die Ideologie des Bürgertums verficht, man denke nur an "Wilhelm Meister". Vgl. dazu auch Walter Münz, Individuum und Symbol in Tiecks "William Lovell". Materialien zum frühromantischen Subjektivismus, Bern u. Frankfurt a. M. 1975 (Regensburger Beiträge zur dt. Sprach- und Litwiss. Reihe B: Untersuchungen Bd. 2), S. 26ff.

28) Siehe Kapitel I. Vgl. auch Pikulik, der in Tiecks "Lovell" einen Vorgriff auf das romantische "Zeitempfinden" sieht, da das "romantische Normalitätserlebnis mit dem Problem der Zeit zusammenhängt." Pikulik, Romantik als Ungenügen, a. a. O., S. 37.

29) Als "ein Duell der Poesie und der Prosa" apostrophiert Friedrich Schlegel kurz und treffend den "Lovell". Friedrich Schlegel, Fragmente zur Literatur und Poesie (531). In: Kritische Friedrich-Schlegel-Ausgabe, a. a. O., Bd. 16 (1981), S. 129.

30) So spricht auch Armin Giese vom "Fluchtcharakter", der in Lovells Enthusiasmus zu entdekken sei. Armin Giese, Die Phantasie bei Ludwig Tieck - ihre Bedeutung für den Menschen und sein Werk, Hamburg 1973 (Diss.), S. 95.

31) Auch nach Friedrich Carl Scheibe sieht Lovell in der "Alltäglichkeit des bürgerlichen Daseins" lediglich eine Quelle der Langeweile. Friedrich Carl Scheibe, Aspekte des Zeitproblems in Tiecks frühromantischer Dichtung, GRM XLVI (1965), S. 50 - 63, S. 51. Lovells Problem dürfte daher weniger, wie Brans meint, die "Ordnungslosigkeit in der Gesellschaft" sein, als ein Zuviel an Vorschriften und Regeln. Brans, a. a. O., S. 153.

32) Auch Gottrau bringt Lovells Ausschweifungen mit seiner "Unlust am Alltäglichen", das vor allem als gedehnte und "schleichend[e]" Zeit erfahren wird, in Verbindung. Gottrau, a. a. O., S. 13. "Lovell sucht nach Mitteln, diese träge Zeit schneller von der Stelle zu bewegen. Er sieht im berauschenden Erleben des Augenblicks eine Möglichkeit dazu". Ibid., S. 30.

33) Das Bild des Zeit- und Lebensstroms, das Lovells Freund Rosa entwirft, ist der Stimmung und Philosophie des Horazischen Carpe-diem, auf das kurz zuvor angespielt wird ("Ja, Lovell, lassen Sie uns das Leben so genießen, wie man die letzten schönen Tage des Herbstes genießt;

keiner kömmt zurück, *man darf keinem folgenden vertrauen*"(352)), diametral entgegengesetzt. Das resignative Memento mori wird hier von titanischer Lebensgewißheit überboten. Im übrigen ist das Bild des Lebensstroms jenem "Strom des Genies" (4,278) verwandt, vor dem schon Werther die braven Bürger sich fürchten läßt.
Rosemarie Hellge erläutert den Gegensatz der beiden unterschiedlichen Beziehungen zur Zeit als Diskrepanz zwischen äußerer und innerer Zeit: "Der mechanistisch abgemessene Takt wird als starres und äußerliches Maß der inneren Zeit nicht gerecht." Rosemarie Hellge, Motive und Motivstrukturen bei Ludwig Tieck, Göppingen 1974 (Diss.), S. 46.
Siehe auch Walter Münz' Hinweis auf Lockes Unterscheidung zwischen "erlebter Zeit" und Uhrzeit. Walter Münz, a. a. O., S. 34.

34) Die Diskontinuität seiner Lebenspraxis prägt auch Lovells Briefstil; einige seiner Briefe werden mitten in einer melancholischen Reflexion abgebrochen, um später in völlig veränderter Stimmung und Tonlage fortgesetzt zu werden (381), oder sie werden geradezu im Zustand der Trunkenheit verfaßt (401 u. 611f.).

35) Die Vorliebe für den Zufall ist ein Signum aller Müßiggänger. Kierkegaard wird später im "Tagebuch des Verführers" seinen müßigen Helden und Don Juan den Zufall als "unbegreifliches Wesen", als "einzige[n] Überrest aus jener Zeit, da die Notwendigkeit die Freiheit gebar", als seinen "Mitwisser" und "Verbündete[n]" preisen lassen. Sören Kierkegaard, Das Tagebuch des Verführers. In: Sören Kierkegaard, Entweder - Oder. Unter Mitwirkung von Niels Thulstrup u. der Kopenhagener Kierkegaard-Gesellschaft herausgegeben von Hermann Diem und Walter Rest, München 1978 (2. Aufl.), S. 379f.

36) Auch Kant sieht im Spiel ein unverkennbares Symptom infantiler Unreife:
"Es ist wirklich besonders, wenn man sieht, wie vernünftige Männer oft stundenlang zu sitzen und Karten zu mischen im Stande sind. Da ergiebt es sich, daß die Menschen nicht so leicht aufhören Kinder zu sein". Kant, Pädagogik, S. 470f.

37) Gustav Beckers wendet gegen Lovell ein, daß er "nur sehr äußerlich von allen proteischen Verwandlungen betroffen" sei. Gustav Beckers, Versuche zur dichterischen Schaffensweise deutscher Romantiker. <Ludwig Tieck, Friedrich Schlegel, Clemens Brentano>, Kopenhagen 1961, S. 10. Er zieht nicht in Betracht, daß Williams proteische Agilität nichts als ein Spiel mit Rollen und Posen sein möchte und keineswegs auf tiefgreifende Wandlungen abzweckt.

38) Diese Mobilität ist literarisch ein Erbe des Pikaroromans, das im "Lovell" im Unterschied zum Schelmenroman jedoch rein subjektiv-individuelle Bedeutung gewinnt.

39) Am Beispiel der Straßenmädchen zeigt sich zugleich ein wichtiger Unterschied zum "Paysan perverti", in dem der Kontakt des Helden mit den Pariser Dirnen nichts weiter als seinen moralischen Niedergang bezeugt, wobei er sich selbst von ihnen abgestoßen fühlt und zudem ausgerechnet von seinem Verführer und 'Verderber' Gaudet wegen dieses Umgangs getadelt wird: "un beau garçon, comme toi, a-t-il donc besoin de la vile ressource des prostituées, pour trouver les plaisirs de son âge?" Restif de la Bretonne, Le paysan perverti. Texte et dossier établis et présentés par Daniel Baruch, 2 tomes, Paris 1978, tom. 1, p. 414. Gaudet teilt durchaus den Abscheu der Gesellschaft vor der öffentlichen Prostitution.

40) Siehe James Trainer, der "tight-rope walking across the open chasm" als Lovells "favourite sport" bezeichnet. James Trainer, *William Lovell*: Tieck's World of Chaos. In: Études Germaniques 23 (1968) S. 191 - 201, S. 200.

41) Daß Lovell die ästhetisch interessanteste Figur des Romans ist, wurde vor allem in älteren Forschungsarbeiten oft übersehen. Neben Haßler und Gottrau beispielhaft bei Ferdinand Joseph Schneider, der Lovells "berufsloses Leben" dafür verantwortlich macht, daß er "nicht

zum harten Dienst an der Gemeinschaft" erzogen wird. Ferdinand Joseph Schneider, Tiecks "William Lovell" und Jean Pauls "Titan". In: ZfdPh 61 (1936), S. 58 - 75, S. 65.

42) Siehe auch Pikulik: "Im Raume des frühromantischen Denkens und Dichtens spielt das Interessante (...) nicht nur als poetologische, sondern auch als existentielle Kategorie eine Rolle. Es prägt die Existenz eines Lovell (...)." Pikulik, Romantik als Ungenügen, a. a. O., S. 258.

43) Die Aufbruch und Bewegung suggerierende Metaphorik, derer sich der Held bedient (hier der Segel- und Flaggen-Vergleich), zieht sich wie ein roter Faden durch seine Briefe und wird zum Leitmotiv seiner Lebensweise.

44) Der Müßiggang hat hier eine gegenkulturelle, depotenzierende Funktion.

45) Es dürfte kein Zufall sein, daß das archaische Laster des Schlemmens nicht von Lovell selbst, sondern von einer Nebenfigur (Francesco, 512) repräsentiert wird.

46) Gottrau, a. a. O., S. 18. Siehe auch Gundolf, der betont, daß Lovells "seelische(.) Reizbarkeit" ihn von seinen Vorbildern bei Richardson und Restif unterscheide. Friedrich Gundolf, Ludwig Tieck. In: Jahrbuch des Freien Deutschen Hochstifts (1929) S. 99 - 195, S. 123; siehe auch ibid., S. 119f. Vgl. auch François Jost, Tiegel Tieck: 'William Lovell' et le 'Paysan Perverti'. In: Études Germaniques 28 (1973) S. 29 - 48, S. 36ff.

47) "Liebe und genießen sind zweierlei Dinge. Der Beweis: Man liebt alle Tage, ohne zu genießen, und man genießt noch viel öfter, ohne zu lieben." Donatien Alphonse François Marquis de Sade, Ausgewählte Werke, herausgegeben von Marion Luckow, Frankfurt a. M. 1972, Bd. 4, S. 21.

48) Restif de la Bretonne, Paysan, a. a. O., tom.1, p. 356.

49) Ibid., p. 268.

50) Restif, a. a. O., tom. 2, p. 79.

51) Auf das Wahrheitsmoment in aller Langeweile und ihre daraus entspringende Berechtigung hat Gert Mattenklott aufmerksam gemacht. Mattenklott, Tödliche Langeweile. In: Merkur 41. Jahrgang 1987, Nr. 455, S. 91 - 103. Die Überreaktion, mit der die Langeweile verdammt wird, läßt sich auf diese Weise als Abwehr der "tödlichen" Einsichten begreifen, die sie vermittelt. Seine Langeweile wird denn auch von einigen Bearbeitern als Hauptargument gegen Lovell und seinen Lebensentwurf vorgebracht, so als sei dieser damit erledigt. So etwa bei Haßler, a. a. O., S. 155f., Gottrau, a. a. O., S. 12 u. S. 133, Schneider a. a. O., S. 65 und Scheibe, a. a. O., S. 53 u. S. 55.

52) Auch hier findet sich eine Parallele im "Werther": "Ach ihr vernünftigen Leute! (...) Leidenschaft! Trunkenheit! Wahnsinn! Ihr steht so gelassen, so ohne Theilnehmung da, ihr sittlichen Menschen, scheltet den Trinker, verabscheut den Unsinnigen, (...) und dankt Gott wie der Pharisäer, daß er euch nicht gemacht hat wie einen von diesen." (4,309)

53) Lovell geht keineswegs in der Rolle des finstern Bösewichts auf; schließlich rettet er Amalie das Leben, kümmert sich um das kranke Mädchen 'Ferdinand' und um Balder und zeigt sich immer wieder freigebig und großzügig.

54) Gegen die überindividuellen Prinzipien ethisch-moralischen Handelns muß Lovell, der kein verantwortlich handelndes Subjekt, sondern nichts als Individuum sein möchte, notwendigerweise verstoßen. Die Individualität des Tieckschen Protagonisten hat nicht die Bestimmtheit und den Umriß eines ein für allemal geprägten Charakters, sondern zeichnet sich gerade durch ihr diffuses Oszillieren aus.

55) "La marquise va t'ouvrir la porte du grand monde: profites-en: voilà enfin une passion digne de toi", stellt Gaudet zufrieden fest, als Edmond ein ehebrecherisches Verhältnis mit der Frau des Verführers seiner Schwester eingeht. Restif, a. a. O., tom. 1, p. 426.

56) Ein komisches Gegenstück zu William Lovell verkörpert die Figur des Peter Lebrecht, dessen Geschichte Tieck, allerdings anonym, fast zeitgleich mit der Lovells erscheinen läßt. Mit ihr

verspottet er gängige Trivial- und Schauerromane. Gleich zu Beginn gesteht der Icherzähler ironisch, daß er sich noch "in keine geheime Gesellschaft habe einweihen lassen" (76) - im Unterschied zu William! Lebrecht entspricht dem Typus des Biedermanns, dessen Gefühle und Verhaltensweisen denen Lovells diamentral entgegengesetzt sind. Anders als dieser müßige, ziellose Held steuert Peter Lebrecht nach einem fleißigen und strebsamen Studium ein Amt und den Hafen der Ehe an. (Eine Italienreise übersteht er ohne größere Anfechtungen und Gefährdungen.) Sein Lebensglück findet er - wie Mortimer und Eduard - auf einem Landgut, wo er an der Seite seiner Frau "täglich im Felde oder im Garten" (142) arbeitet. Typisch für seine im Alltäglichen und Gewohnten eingebundene Lebensart ist seine Klage über die Unannehmlichkeit der "Feiertage des Lebens, wo alle Geschäfte stillstehen, der Gang der gewöhnlichen Lebensweise unterbrochen wird" (103). Lovell möchte dagegen das ganze Leben in ein rauschendes Fest, ein großes Bacchanal verwandeln. Ludwig Tieck, Peter Lebrecht. Eine Geschichte ohne Abenteuerlichkeiten. In: L. Tieck, Werke in vier Bänden, a. a. O., Bd. I. Die Angaben in Klammern beziehen sich auf die Seitenzahlen in Bd. I.

57) Kreuzer spricht von "Individualaristokratismus", "elitäre[m] Herrenstolz" und "überlegene[r] Massenverachtung" in diesem Zusammenhang. Kreuzer, a. a. O., S. 46.

58) Ribbat führt u.a. "Ortlosigkeit" und "Einsamkeit" als "Charakterbestimmungen" des Helden an. Ribbat, a. a. O., S. 50. Der Roman selbst veranschaulicht das Außenseitertum seines Helden immer wieder mit dem Bild der Felsklippe, auf der Lovell sich befinde, oder im Bild des einsam in den Lüften kreisenden Adlers (381, 375 u. 369, 632).

59) Siehe Georg Lukács, Theorie des Romans, Neuwied u. Berlin 1971, S. 67ff.

60) Ribbat betont, daß im "William Lovell" die "Selbstdarstellung fühlender und reflektierender Subjektivität (...) kontinuierlich eingefügt ist in einen weiteren Kreis gesellschaftlichen Lebens" und weist darauf hin, daß der Gegensatz von Ich und Welt im "Lovell" als "Widerspruchsstruktur der sozialen Wirklichkeit selbst (gefaßt)" sei. Ribbat, a. a. O., S. 48.

61) Dies zeigt vor allem der Vergleich mit Goethes "Wilhelm Meister". Tiecks Roman selbst wurde verschiedentlich als Entwicklungsroman bezeichnet. Siehe z.B. Fritz Martini, Deutsche Literaturgeschichte, Stuttgart 1968 (15. Auflage), S. 328. Weigand definiert "William Lovell" implizit als Bildungsroman, wenn er seinen Inhalt folgendermaßen umreißt: "Ein junger unerfahrener Mensch sollte im Laufe seiner Entwicklung die verschiedensten Ansichten, Meinungen, Weltanschauungen kennenlernen. Nicht um Handlung sollte es dabei gehen, sondern um Reflexion, nicht um einen Wüstling und Verbrecher, sondern um einen Suchenden (...)." Weigand, a. a. O., S. 18. Das letale Ende des "Lovell" disqualifiziert ihn keineswegs von vornherein als Bildungsroman; die erste Fassung von Kellers "Grünem Heinrich" endet ebenfalls mit dem Tod des Helden. Siehe Selbmann, a. a. O., S. 40. Roger Paulins Ansicht, Tiecks Roman werde den "traditionellen Vorstellungen des Bildungs- und Entwicklungsromans nicht gerecht", geht eben von den inzwischen problematisch gewordenen "traditionellen Vorstellungen" aus und bedürfte einer Differenzierung. Roger Paulin, Ludwig Tieck. Realien zur Literatur, Stuttgart 1987 (SM 185), S. 30.

62) Um ein Beispiel herauszugreifen - Lord Chesterfield empfiehlt seinem Sohn, sich mit fremden Hofsitten vertraut zu machen: "A man of sense (...) carefully attends to the local manners of the respective places where he is, and takes for his models those persons whom he observes to be at the head of the fashion and good breeding". Philipp Dormer Stanhope Chesterfield, Lord Chesterfield's Advice to his Son on Men and Manners, Chiswick, London and Glasgow 1826, p. 33. Siehe auch ibid., p. 31: "A man of good breeding should be acquainted with the forms and particular customs of courts".

63) Eduard bewundert und "beneidet" William um die "Lebhaftigkeit [s]einer Phantasie" und um die "Reizbarkeit [s]eines Gemütes" (248).

64) Im "Meisterroman" wendet Werner gegen Wilhelms Apotheose des Dichterlebens und seinen 'blumigen' Vergleich des Poeten mit einem Vogel ein: "Wenn nur auch die Menschen (...) wie die Vögel gemacht wären, und, ohne daß sie spinnen und weben, holdselige Tage in beständigem Genuß zubringen könnten!" (7,89)

65) Da er alles 'psychologisiert', d.h. auf seinen emotionalen Gehalt hin ausdeutet, muß er auch Kants Erkenntniskritik psychologisch mißverstehen: "Freilich kann alles, was ich außer mir wahrzunehmen glaube, nur in mir selber existieren. Meine äußern Sinne modifizieren die Erscheinungen, und mein innerer Sinn ordnet sie, und gibt ihnen Zusammenhang." (353f.)

66) Siehe Kap. I.

67) Carl August Böttiger, Ueber den Misbrauch der Deutschen Lectüre auf Schulen und einigen Mitteln dagegen. Leipzig 1787, S. 16f. Zitiert nach Gerhard Sauder, Empfindsamkeit und Frühromantik. In: Die literarische Frühromantik, Hrsg. Silvio Vietta, Göttingen 1983, S. 85 - 111, S. 87.

68) Im Unterschied zu Lovell ist der Held des "Paysan" vom Pariser Theaterleben so angetan, daß er unbedingt Schauspieler werden möchte. Solche Differenzen mögen auf den ersten Blick belanglos sein, sie geben aber doch Auskunft über den Grad der Abhängigkeit Tiecks von seiner Vorlage, die von Haßler zweifellos überbetont wird.

69) Siehe Heinz Schlaffer, Der Bürger als Held, a. a. O., S. 34ff., wo dieser Zusammenhang ausführlich dargelegt wird.

70) Auf die Affinität von Tiecks Roman zu Mortiz' "Anton Reiser" macht u.a. Robert Minder aufmerksam; Robert Minder, Glaube, Skepsis und Rationalismus, Frankfurt a. M. 1974, S. 21: "Die Seelenzerfaserung des 'William Lovell' (...) ist dem 'Anton Reiser' (...) verpflichtet".

71) Karl Philipp Moritz, Anton Reiser. In: Karl Philipp Moritz, Werke, Hrsg. Horst Günther, Frankfurt a. M. 1981, Bd. 1, S. 287.

72) Dieses Einfühlen in die gewählte Rolle bis zur Ununterscheidbarkeit von Spiel und Wahrheit trennt Lovell vom bloßen Don Juan-Typus, der ebenfalls zum Zwecke der Verführung in verschiedene Verkleidungen schlüpft, ihnen aber nicht 'zum Opfer fällt'. Wieder markiert die emotionale Disposition des Tieckschen Helden die ausschlaggebende Differenz.

73) Um Mißverständnissen vorzubeugen: es wird nicht unterstellt, Tieck habe die Geheimgesellschaft von Goethe übernommen, was rein zeitlich gar nicht möglich war. Beide greifen vielmehr auf den sogenannten Bundesroman zurück, in dem Geheimgesellschaften ein zentrale Rolle spielen. Beide Male wird deren Funktion jedoch in spezifischer Weise abgewandelt. So sprengt Tiecks Roman das Motiv der Geheimgesellschaft auf, indem er Andreas Geheimbund als Schwindelunternehmen, das der Bereicherung seines Initiators dient, entlarvt.

74) Sie sind noch rigider als die Vertreter der Turmgesellschaft, die wenigstens das Recht auf individuelle Ausbildung anerkennen, wogegen Mortimer die Ansicht vertritt: "Was ist es überhaupt für ein armseliges Ding um das, was man gewöhnlich *Ausbildung* nennt. In den meisten Fällen ist es nur *Veränderung*" (392), d.h. Veränderung zum Schlechteren hin. Hier wird nicht ein individueller Maßstab von Entwicklung akzeptiert, sondern der Maßstab normativer Moralvorstellungen vorausgesetzt. Und wenn der "Turm" meist in Sentenzen sich verlautbart, so gesteht auch Mortimer, daß er, seit er "Vater geworden" sei, "unaufhörlich in Sentenzen spreche" (663).

75) Goethe, "Wilhelm Meisters Lehrjahre" (7, 530).

76) Ribbat spricht von der "Parodie eines Lehrbriefes" (Ribbat, a. a. O., S. 58), ohne freilich auf die damit gegebene Beziehung zu "Wilhelm Meister" weiter einzugehen.

77) In einem Brief an Solger (31. März 1815) bekennt Tieck rückblickend, daß "Lovell" "das Denkmal, das Mausoleum vieler gehegten und geliebten Leiden und Irrthümer" sei. In: Uwe Schweikert, Dichter über ihre Dichtungen, a. a. O., Bd. I, S. 60. Das läßt auf eine Identifika-

tion des Erzählers mit seinem Helden schließen, der in die Tat umsetzen darf, was jenem versagt bleibt. So gehen keine realen autobiographischen Fakten in den Roman ein, wohl aber etwas von der inneren Befindlichkeit des Verfassers.

78) Jürgen Jacobs etwa ist der Auffassung, daß weder Schlegels "Lucinde", noch Novalis' "Heinrich von Ofterdingen" oder Brentanos "Godwi" den Gattungsimplikaten des Bildungsromans gerecht werden. Jürgen Jacobs, Wilhelm Meister und seine Brüder. Untersuchungen zum deutschen Bildungsroman, München 1972.

79) Siehe Walter Höllerer, Nachwort zum "Titan". In: Jean Paul, Werke in zwölf Bänden, Hrsg. Norbert Miller, München und Wien 1975, Bd. 6., S. 1139 - 1165, S. 1142. Ferdinand Joseph Schneider bezeichnet "William Lovell" als "missing link" in der "Entwicklungsreihe der typologischen Gruppencharaktere Lovelace-Allwill-Roquairol". Ferdinand Joseph Schneider, Tiecks "William Lovell" und Jean Pauls "Titan", a. a. O., S. 61.

80) Jean Paul, Titan. In: Jean Paul, Werke in zwölf Bänden, Hrsg. Norbert Miller, München u. Wien 1975, Bd. 5 u. 6. Die Angaben in Klammern beziehen sich auf die fortlaufenden Seitenzahlen in Bd. 5 u. 6.

81) In Roquairols Theatromanie karikiert Jean Paul Wilhelm Meisters Theaterleidenschaft.

82) Ludwig Tieck, Franz Sternbalds Wanderungen. Eine altdeutsche Geschichte (1798). In: L. Tieck, Werke in vier Bänden, a. a. O., Bd. I. Die Angaben in Klammern beziehen sich auf die Seitenzahlen in Bd. I.

83) Die Dürerzeit, in der der Roman spielt, ist Kulisse und Projektionsfläche für durchaus 'moderne' Probleme des ausgehenden 18. Jahrhunderts.

84) Auch diese Konstellation nimmt der "Meisterroman" vorweg.

85) Honoré de Balzac, Traité de la vie élégante. In: H. d. Balzac, La Comédie humaine. Tomes I - XII. Édition publiée sous la direction de Pierre-Georges Castex, Paris 1976 - 1981 (Bibliothèque de la Pléiade), tom. XII, p. 211 - 257, p. 215.

86) "Sternbald", der, wie weiter oben bereits erwähnt, in der Dürerzeit spielt, konfrontiert noch einmal den alten und den neuen Künstlertypus. Albrecht Dürer und Lukas van Leyden werden als äußerst fleißige und arbeitsame Künstler vorgeführt, die ihre Kunst wie ein Handwerk betreiben; dagegen verkörpern Sternbald und seine Freunde den neuen, romantischen Künstlertypus, der, von Stimmungen und psychischen Schwankungen abhängig, seine Tätigkeit weder rational planen noch schematisch ausführen kann. Zum Ideal des Handwerker-Künstlers siehe Berhard Schubert, Der Künstler als Handwerker. Zur Literaturgeschichte einer romantischen Utopie, Königstein/Ts. 1986.

87) Ein Romantizismus, der bis in Henri Murgers "Bohème" hineinwirkt, wo sich die Künstler freilich in erster Linie als Überlebenskünstler hervortun.

88) In Schlegels "Lehrjahren der Männlichkeit" ("Lucinde") treten die einzelnen Geliebten des Helden als Personifikationen verschiedener Kunstepochen und -stile auf, so daß er im Zuge seiner künstlerischen Weiterentwicklung sozusagen naturnotwendig immer wieder die eine um der nächsten willen aufgeben muß.

89) So mutmaßte Caroline Schlegel in einem Brief an F. Schlegel vom 14. 10. 1798. In: Caroline. Briefe an ihre Geschwister, ihre Tochter Auguste u.a. nebst Briefen von A. W. u. F. Schlegel, Hrsg. G. Waitz, Leipzig 1871, 2 Bde., Bd. I, S. 219.

90) Lovells Verbrechen verwehren ihm die Rückkehr in eine geruhsame bürgerliche Existenz; sein Tod ist letztlich die zwingende Konsequenz seiner radikalen Lebenshaltung. Im "Sternbald" tritt der wahrhaft begnadete Künstler oft als Eremit auf.

91) Ludwig Tieck, Der junge Tischlermeister. Novelle in sieben Abschnitten (1836). In: L. Tieck, Werke in vier Bänden, Bd. IV. Die Zahlenangaben in Klammern beziehen sich auf die Seitenzahlen in Bd. IV.

92) Siehe "Tischlermeister" S. 300; demgegenüber kann im "Sternbald" ein alter Maler behaupten, die Zeit seines "wildesten Wahnsinns" sei die "glücklichste [s]eines Lebens" (897) gewesen. Wahnsinn gilt hier nicht als krankhaftes Stigma, sondern als Zugewinn neuer Erlebnismöglichkeiten.

93) Ausdrücklich wird betont, daß "diese Sommergesellschaft (...) aus Menschen (bestand), die mit der Zeit etwas großmütig umgehen konnten, weil sie, Leonhard abgerechnet, alle ohne Beruf und Beschäftigung waren." (330)

94) Da er vorhatte, Elsheims Geldangebot großmütig abzulehnen, steht nicht etwa materielle Not hinter dem Entschädigungswunsch, sondern eben jene "Zeit-ist-Geld-Gesinnung".

95) Nicht umsonst ist der Held schon zu Anfang des Romans 'fertig', d.h. Meister in seinem Handwerk; der Radius seines Bildungsmüßiggangs wird durch diesen Umstand von vornherein limitiert.

96) Siehe Tiecks Brief an Wilhelmine Hallwachs vom 5. 8. 1838: "Ich wollte (...) andeuten, (...), daß nach dieser Abschweifung von der konventionellen Moral (der Ehebruch mit Kunigunde, d. V.) seine Ehe nun erst eine wirkliche wird, daß die Eheleute sich nun viel inniger lieben können als vormals." In: Uwe Schweikert, a. a. O., Bd. 1, S. 279.

97) Tieck selbst nennt den "Jungen Tischlermeister" eine Novelle; aber sowohl der Umfang des Ganzen als auch der ausgreifende Duktus der Handlung erlauben es, von einem Roman zu sprechen.

98) Siehe auch Ribbat, a. a. O., S. 226, wo darauf hingewiesen wird, daß Leonhards Stand und Rolle "der Epoche nicht mehr entspreche(.)."

99) Ribbat stellt abschließend in seinen Ausführungen zum "Tischlermeister" fest, daß "das wirkliche Dasein" nur durch das "Postulat" einer "'Wahrheit' der Kunst oder Liebe", d.h. durch "die Möglichkeit solcher enthusiastischer Erweiterung (...) noch eine humane Perspektive (hat)." Ribbat, a. a. O., S. 228.

Wie man Zeit und Geld vertan,
zeigt das Büchlein lustig an.
(Motto zu den Venezianischen
Epigrammen)

Goethes "Wilhelm Meisters Lehrjahre": spielerischer Müßiggang

Die in den "Lehrjahren" formulierte Frage, ob

> "nicht Deutschland von einem Ende zum andern durchreist, durchkreuzt, durchzogen, durchkrochen und durchflogen (ist)" (7,287)[1],

läßt sich metaphorisch abgewandelt auf den Roman selbst und die zahllosen, ihn durchreisenden, durchkreuzenden, durchkriechenden und durchfliegenden Interpretationen beziehen. Jede neue setzt sich naturgemäß dem Verdacht aus, Altbekanntes variierend zu wiederholen.
Nachdem "Wilhelm Meister" ideen-, motiv- und sozialgeschichtlich, lebensphilosophisch, idealistisch und materialistisch, morphologisch, mythologisch, stilgeschichtlich, semiologisch, diskurs- und psychoanalytisch durchleuchtet worden ist, scheint es fast aussichtslos, dem Roman einen bisher noch unentdeckten Aspekt abzugewinnen - selbst wenn man das Klischee von der Unerschöpflichkeit klassischer Werke bemüht. Die vorliegende Interpretation ist deshalb bescheiden und vermessen in einem - bescheiden, weil sie jenen Analysen, die den Motiven bürgerlicher Ökonomie in den "Lehrjahren" nachgegangen sind, nichts Neues hinzufügen kann, sondern von ihnen ausgeht[2]; vermessen, weil sie beansprucht, im sprachlichen Detail des Romantextes noch einmal fündig geworden zu sein und in der immer wiederkehrenden Formel "Zeit und Geld" die prägnanteste Vergegenwärtigung bürgerlichen Weltbezugs im "Wilhelm Meister" entdeckt zu haben, der andere Charakteristika von Bürgerlichkeit, wie beispielsweise die Moral, nachgeordnet werden.[3]
Indem die "Lehrjahre" den Müßiggang ihres Helden in den Koordinaten von Zeit und Geld inszenieren, tragen sie der Realitätsmächtigkeit beider Rechnung, ohne deshalb auf ihre ästhetische Relativierung durch eben diesen Müßiggang zu verzichten.[4] Er nimmt im Meisterroman die unscheinbare, im Vergleich zu den Exzessen in Tiecks "Lovell" harmlose Form des Spiels an, das die hedonistischen Impulse des Müßiggangs überlagert, zugleich jedoch eine eigene Subversivkraft entwickelt. Denn spielend verschwendet Wilhelm Zeit und Geld und verwirklicht nicht nur sein eigenes Tätigkeitsideal, sondern erobert sich auch jene Möglichkeiten subjektiver Zeiterfahrung zurück, die sich der Logik von Zeit und Geld wirkungsvoll widersetzen.

Da sich der müßige Lebensstil des Helden ständig gegen diese Logik behaupten muß, konzentrieren wir uns zunächst auf deren Rekonstruktion.

Im achten und letzten Buch der "Lehrjahre" kommentiert Werner, der Jugendfreund des Protagonisten, dessen Bildungsgeschichte mit den Worten:

> "Wahrhaftig! (...), wenn du deine Zeit schlecht angewendet, und, wie ich vermute, nichts gewonnen hast, so bist du doch indessen ein Persönchen geworden, das sein Glück machen kann und muß"(7,536).

Wenig später entlockt ihm Wilhelms ansprechende äußere Erscheinung den Ausruf:

> "Wie doch das Faulenzen gedeihet! Ich armer Teufel dagegen (...), wenn ich diese Zeit her nicht recht viel Geld gewonnen hätte, so wäre doch auch gar nichts an mir."(7,536)

Beidemale bezieht Werner in seinen Äußerungen zwei Faktoren aufeinander, deren Verknüpfung man getrost als genuine Leistung bürgerlicher Ökonomie bezeichnen darf: Zeit und Geld.[5] Schon 1748 formuliert Benjamin Franklin in seinem "Advice to a young tradesman, written by an old one" ihren quasi gesetzmäßigen Zusammenhang:

> "Remember that TIME is Money. He that can earn Ten Shillings a Day by his Labour, and goes abroad, or sits idle one half of that Day, tho'he spends but Sixpence during his Diversion or Idleness, ought not to reckon That the only Expence; he has really spent or rather thrown away Five Shillings besides."[6]

Wer zehn Schillinge am Tag verdienen könnte, statt dessen aber lieber einen halben Tag müßiggeht, der hat, selbst wenn er in dieser Zeit nahezu nichts ausgibt, in Wirklichkeit fünf Schillinge weggeworfen. Verlust und Gewinn berechnen sich nicht nach subjektiven Bedürfnissen, nicht einmal nach tatsächlich vorhandenen Geldbeträgen, sondern nach einem rein rechnerisch zu ermittelnden, abstrakten Optimum der Zeitnutzung durch Arbeit. Ein halber Tag entspricht fünf Schillingen, ein Viertelstag zweieinhalb - Stundenzahl und Geldbetrag korrelieren miteinander, jeder Zeitabschnitt kann in Geld, jeder Geldbetrag in Zeit ausgedrückt werden: Zeit ist Geld.[7]

Als moderner Kaufmann hat Werner die feudale Schatzbildnerei hinter sich gelassen und das Geheimnis der Geldvermehrung im produktiven Wechsel von Akkumulation und Investition ausgemacht:

> "Wenn man mir den kostbarsten Edelstein schenken wollte, mit der Bedingung ihn täglich am Finger zu tragen, ich würde ihn nicht annehmen; denn wie läßt sich bei einem toten Kapital nur irgend eine Freude denken?"(7,309)

Das Unbehagen am toten Kapital wiegt schwerer als die Trauer über den Verlust eines Menschen; in einem Brief, in dem er den Tod von Wilhelms Vater meldet, entwickelt Werner ohne den geringsten Anflug von Pietät seine ökonomischen Vorstellungen: der Erlös von Wilhelms Vaterhaus soll "hundertfältige Zinsen"(7,308) tragen, wenn er für den Kauf eines heruntergewirtschafteten Gutes verwendet wird, das nach seiner Instandsetzung gewinnbringend weiterverkauft wird. Das dabei erzielte Geldkapital kann auf erweiterter Basis erneut angelegt werden:

> "man verkauft es (das Gut, d. V.) wieder, sucht ein größeres, verbessert und handelt wieder"(7,310).

Zeit und Geld vermitteln sich auf diese Weise in einer endlosen Spirale, die sich in die familiale Generationenfolge hineinverlängert. So sieht Werner seine Kinder

> "im Geiste schon sitzen und schreiben, und rechnen, laufen, handeln und trödeln; einem jeden soll sobald als möglich ein eignes Gewerbe eingerichtet werden"(7,538).

Wo es um den zügigen Umlauf des Kapitals geht, zählt der einzelne nicht; mit fast hämischer Zustimmung berichtet Werner, daß "in der nächsten Viertelstunde"(7,307) nach dem Tod von Wilhelms Vater "schon nichts mehr nach seinem Sinne im Hause geschah"(ibid.), weil eben "jeder bei jeder Gelegenheit seinem Gewerbe nachgeht"(ibid.), weshalb auch er seinen "Vorteil"(7,308) sucht und die Schwester des Freundes drängt, ihre beiderseitige "Verbindung zu beschleunigen"(ibid.), damit, so kann der Leser ergänzen, zwei bisher getrennte Kapitalien zueinander finden - die Ökonomie und ihre Gesetze sind omnipräsent.[8] Selbst das Glücksversprechen des 'carpe diem' läßt sich unter dem Aspekt von Zeit und Geld ins Ökonomische travestieren; schwärmt Werner doch von der Annehmlichkeit, "den Vorteil *jedes Augenblickes* [der] großen Zirkulation zu *genießen*" und "alle Tage die Summe seines wachsenden Glückes zu ziehen"(7,40; Hervorh. v. d. V.).

Die Ironie solcher Geldmetaphorik liegt in ihrem Pseudos, da Wilhelms Freund die Summe seines Glücks jederzeit exakt beziffern kann. "Schlecht angewendet" ist daher nach Ansicht des tüchtigen Tradesman Werner diejenige Zeit, in der nichts, d.h. kein Geld, gewonnen wurde. Bildung, so seine Bilanz, bedeutet die Vergeudung von Zeit und Geld, sie ist ein Verlustgeschäft. Den immateriellen Zugewinn, der den Freund zum "Persönchen" gemacht hat, kann Werner, wie sein süffisanter Diminutiv verrät, nur gezwungenermaßen und nur unter der Bedingung anerkennen, daß Wilhelm nun sein "Glück macht", d.h. sein beneidenswertes Äußeres in eine lohnende Heirat investiert: "du sollst mir mit dieser Figur eine reiche und schöne Erbin erkaufen"(7,536). Ein Vorschlag, der den Helden, wie er selbst "lächelnd" bemerkt, als Ware behandelt und zum "Gegenstand" einer "Spekulation" herabsetzt(7,536).[9] Der Zeitaufwand, den die ästhetische Vervollkommnung der Person 'gekostet' hat, ist nachträglich nur durch die Umwandlung in klingende Münze zu rechtfertigen. Bis in seinen Sprachgebrauch hinein ist Werner der Logik von Zeit und Geld verfallen und muß ihr alles subsumieren: er solle sein "Glück" nicht wieder "verschlender[n]"(Zeit) und "verschleuder[n]"(Geld) (7,536), warnt er den Freund. Der Preis aber, den Werner für die effiziente Verschränkung von Zeit und Geld zu entrichten hat, ist der Verlust seines früheren Aussehens und seiner Gesundheit:

> "Der gute Mann schien eher zurück als vorwärts gegangen zu sein. Er war viel magerer, als ehemals, (...) seine eingedrückte Brust, seine vorfallenden Schultern, seine farblosen Wangen ließen keinen Zweifel übrig, daß ein arbeitsamer Hypochondrist gegenwärtig sei."(7,535f.)

Während das prosperierende Kapital vorankommt, geht es mit dem in seinen Diensten stehenden Individuum bergab - der Rastlosigkeit des Geldheckens ausgeliefert, altert und verfällt es vorschnell. Der élan vital des Kapitals hat Werner das Leben ausgesogen und ist zum eigentlich Lebendigen an ihm geworden, denn das Bewußtsein, "viel Geld gewonnen" zu haben, versöhnt den "armen Teufel" mit seinem unansehnlichen Äußeren. Bis zur Karikatur widerlegt der Roman mit dieser Figur die These von der gesundheitsfördernden Wirkung der Arbeit[10] und bekräftigt mit Wilhelms vorteilhafter Veränderung die ästhetisierende Funktion des Müßiggangs. Krank und häßlich, aber reich geworden, tut Werner die Theateraktivitäten seines Freundes als bloßes "Faulenzen" (7,536) ab, obwohl Wilhelm "durch Mühe, Fleiß und Anstrengung" - bürgerlichen Tugenden par excellence - "sich mit allen Erfordernissen des Metiers bekannt gemacht"(7,371) hat. Er hat sich bei Serlo vielleicht seinen unmittelbaren Lebensunterhalt verdient[11], aber seine Zeit nicht im Sinne der Franklinschen Empfehlungen genutzt und somit Zeit und Geld vertan. Über die Prädikate faul bzw. müßig entscheidet der finanzielle Ertrag einer Tätigkeit, nicht die gutgemeinte subjektive Bemühung, die sich am falschen Objekt verausgabt. "Geschäftig im Müßiggange"(7,63) nennt der Erzähler einmal die Schauspieler und liefert damit das entscheidende Stichwort für den fehlgeleiteten Eifer seines Helden.

Deshalb wirkt dessen Müßiggang auch weniger moralisch als ökonomisch anstößig - nicht nur auf Werner, die Verkörperung utilitaristischer Ratio, sondern auch auf die Gesellschaft vom Turm, die sich im Roman selbst als zentrale sittliche Instanz begreift.[12] Quält jenen, noch bevor Wilhelm dem Kaufmannsberuf abtrünnig wird, vor allem der Gedanke, die "verführerische(.)"(7,65) Schauspielerin Mariane "(bringe) seinen Freund wahrscheinlich ums Geld"(ibid.), weniger um seine intakte Moral[13], so pariert der erste Abgesandte des Turms Wilhelms Bekenntnis zu Schicksal und Vorsehung mit dem Argument:

> "Mit diesen Gesinnungen könnte kein Mädchen ihre Tugend, niemand sein Geld im Beutel behalten"(7,76).

Mag die Tugend eine spezifisch weibliche Angelegenheit sein, das Geld ist eine allgemein-menschliche - im Schicksal sieht daher auch der zweite Agent des Turms einen "teure[n] Hofmeister"(7,129). Denn wer sich ihm überläßt, handelt den Geboten entschlossenen Erwerbsstrebens zuwider. Gegen den aller Schicksalsbereitschaft inhärenten Hang zur Passivität und zum Sich-Treiben-Lassen hatte der erste Vertreter des Turms mit Nachdruck erklärt:

> "Ich kann mich nur über den Menschen freuen, der weiß, was ihm und andern nütze ist, und seine Willkür zu beschränken arbeitet"(7,76),

d.h. sich in die Pflicht bestimmter Zwecksetzungen nimmt.

Um das "Schicksal seines (...) Vermögens"(7,544) soll Wilhelm sich kümmern, nicht um sein eigenes! Deshalb muß er sich genau in dem Augenblick, in dem er sich vom Theater ab- und dem Turm zuwendet, "nach seinem Vermögen" erkundigen:

> "Er erkundigte sich nach seinem Vermögen, und es schien ihm nunmehr sonderbar, daß er so lange sich nicht darum bekümmert hatte. (...) er schien nunmehr zum erstenmal zu merken, daß er äußerer Hülfsmittel bedürfe, um nachhaltig zu wirken."(7,528)

In der Anerkennung der ökonomischen Bedeutung von Zeit und Geld stimmt die Turmgesellschaft mit den Kaufleuten der "Lehrjahre" überein[14]), so daß Ausgangs- und Endpunkt der Bildungsgeschichte des Helden einander berühren; nicht ohne Grund taucht ausgerechnet Werner im letzten Buch, in dem Wilhelm nach Schillers Ansicht zum "Realism (...) zurück[ge]führ[t]"[15]) wird, noch einmal auf - damit schließt sich ein Kreis, aus dem der Held nur für begrenzte Zeit entkommen konnte. Denn auch Lothario, für Wilhelm der faszinierendste Repräsentant des Turms, versteht sich auf die nutzbringende Verquickung von Geld und Zeit; seine Gespräche mit Therese, der Inkarnation zweckmäßigen Wirtschaftens und Handelns, werden "zuletzt immer ökonomisch"(7,490) und laufen auf die Frage hinaus:

> "Was der Mensch durch konsequente Anwendung seiner *Kräfte*, seiner *Zeit*, seines *Geldes*, (...) für ungeheure Wirkungen hervorbringen könne"(7,490; Hervorh. v. d. V.).

Kraft, Zeit und Geld aber bilden die wesentlichen Grundlagen kapitalistischen Wirtschaftens - das Produkt von Zeit und Kraft ergibt nichts anderes als ein jeweiliges Quantum Arbeit.[16])
Daß die "ungeheuren Wirkungen", die Lothario ins Auge faßt, materieller und nützlicher Natur sein sollen, läßt sich aus seiner Hoffnung, die eigenen "Einkünfte (...) noch höher [zu] treiben"(7,463), ebenso schließen wie aus seinem Räsonnement über Kapital und Zinsen.[17])
Mag Lothario sich durch seinen Weitblick und seine über ein borniertes Privatinteresse hinausgehenden globalen Pläne vor Werner auszeichnen, in ihren ökonomischen Grundsätzen gehen sie konform. Denn nicht von ungefähr interessiert er sich für dieselben zum Verkauf stehenden Güter wie Wilhelms Jugendfreund und kooperiert mit ihm bei ihrem Erwerb.[18]) Die scheinbar äußerliche Parallele, daß beide von einem Todesfall profitieren, unterstreicht diese Gemeinsamkeit; für Werner setzt der Tod von Wilhelms Vater jenes Kapital frei, mit dem er seine Gutsprojekte verwirklichen kann, und für den gleichen Zweck verschafft der Tod seines Oheims Lothario "Geld und Kredit eben zur rechten Stunde"(7,529), wodurch auch dieser Tod sich als ökonomischer Glücksfall herausstellt, der Geld und Zeit ("zur rechten Stunde") kairologisch vereinigt. Derselbe Oheim hatte, wie Werner dem Helden, seinem Neffen eine reiche Heirat vorgeschlagen, mit der er seine Schulden sanieren sollte. Lothario entscheidet sich jedoch für Therese, wohl wissend, daß "einem wohldenkenden Manne (...) nur mit einer haushälterischen (Frau, d.V.) gedient sei"(7,491), zumal die Frau seiner Wahl über die Beziehung von Zeit und Geld bestens Bescheid weiß; so stellt Therese etwa fachkundig fest, daß "Zeit und Um-

stände" den Wert der "köstlichen Besitzungen" ihrer Wohltäterin "immer vermehren"(7,488).[19]
Da die Turmgesellschaft mit Werner in der Wertschätzung von Zeit und Geld einig ist, verwundert es nicht, daß sie auch seine Abneigung gegen Wilhelms Theaterenthusiasmus teilt. Während für Werner das Theater ohnehin das "Unreellste von der Welt"(7,41) ist, da die Kronen, mit denen es hantiert, nicht "von echtem (...) Golde und von Perlen glänzen"(7,41f.), befiehlt jene mit einer Bestimmtheit, die ihrer angeblichen Liberalität widerspricht, dem gerade als Hamlet reüssierenden Helden: "Zum ersten und letztenmal! Flieh! Jüngling, flieh!"(7,352)[20]; im "Lehrbrief" rechnet sie ihm dann den "Verlust von Zeit und Kräften"(7,591) vor, dessen er sich mit seiner Liebhaberei schuldig gemacht habe.

> "Es ist sündlich, daß Sie Ihre Stunden verderben, diese Affen menschlicher auszuputzen, und diese Hunde tanzen zu lehren"(7,192),

hatte Jarno ihn wissen lassen.
Die rigide Zeitökonomie des Turms tritt in den "Wanderjahren" im Zeitdiktat, das den künftigen Kolonisten auferlegt werden soll, mit schonungsloser Deutlichkeit zutage:

> "Der größte Respekt wird allen eingeprägt für die Zeit als für die höchste Gabe Gottes und der Natur und die aufmerksamste Begleiterin des Daseins. Die Uhren sind bei uns vervielfältigt und deuten sämtlich mit Zeiger und Schlag die Viertelstunden an, und um solche Zeichen möglichst zu vervielfältigen geben die in unserm Lande errichteten Telegraphen (...) den Lauf der Stunden bei Tag und bei Nacht an (...). Unsre Sittenlehre, die also ganz praktisch ist, dringt nun hauptsächlich auf Besonnenheit, und diese wird durch Einteilung der Zeit, durch Aufmerksamkeit auf jede Stunde höchlichst gefördert. Etwas muß getan sein in jedem Moment, und wie wollt' es geschehen, achtete man nicht auf das Werk wie auf die Stunde?"(8,434f.)

Nicht aus sakralen Gründen wird die Zeit als "höchste Gabe Gottes und der Natur" dem einzelnen mit großem technischen Aufwand ohne Unterlaß ins Bewußtsein gerufen, sondern um der "in jedem Moment" zu erbringenden Arbeitsleistung willen. Zeitakribie und Arbeitsmanie verschränken sich in diesem Fetischismus der Zeitmessung und -einteilung auf unvergleichliche Weise. Das Dasein wird in Viertelstunden zerstückelt, über die man stets Rechenschaft zu geben hat, ob sie auch

nutzbringend und zweckmäßig angewandt wurden - dies ist der Sinn der geforderten "Besonnenheit".[21)]
Natürlich gibt sich die Turmgesellschaft bereits in den "Lehrjahren" als Vertreterin eines umfassenden Tätigkeitsethos zu erkennen; der Arzt, einer ihrer Anhänger, handelt daher ganz in ihrem Sinne, wenn er "(j)edem, an dem er eine nützliche Beschäftigung kannte, (...) auf alle Weise beizustehen (suchte)" (7,373); damit nicht genug:

> "andern, die noch unbestimmt waren, suchte er eine Liebhaberei einzureden; (...) Für den Menschen, sagte er, sei nur das eine ein Unglück, wenn sich irgend eine Idee bei ihm festsetze, die keinen Einfluß ins tätige Leben habe oder ihn wohl gar vom tätigen Leben abziehe."(7,373)

Er habe, so bescheinigt ihm der Erzähler, "die wahrste Aufklärung befördert"(7,373); auch dieser war es ja darum zu tun, jede Art von Müßiggang zu verhindern.[22)]
Wie ein roter Faden durchzieht die Formel 'Zeit und Geld' die "Lehrjahre"[23)] und schließt das letzte Buch des Romans mit dem ersten zusammen, in dem Wilhelm nach einer glücklichen, mit Mariane verbrachten Liebesnacht Vorwürfe wegen seiner Theaterleidenschaft gemacht werden. Die Mutter berichtet ihm, daß der Vater "immer (wiederhol[e]), wozu es nur nütze sei? Wie man seine Zeit nur so verderben könne?"(7,12) Mit seiner ungeduldigen Replik, "ums Himmels willen, (...)! ist denn alles unnütz, was uns nicht unmittelbar Geld in den Beutel bringt (...)?"(7,12), ergänzt Wilhelm den Faktor Zeit um sein zwangsläufiges Korrelat: Geld.[24)]
Wie sein Protagonist macht sich auch der Verfasser der "Lehrjahre" zum Anwalt des Überflüssigen, des aus utilitaristischer Sicht Unwirklichen, des schönen Scheins, wenn er in "Dichtung und Wahrheit" fragt:

> "Ist denn das bürgerliche Leben so viel wert, oder verschlingen die Bedürfnisse des Tags den Menschen so ganz, daß er jede schöne Forderung von sich ablehnen soll?"(10,508)

Wilhelms Theaterenthusiasmus ist nicht nur an sich finanziell unergiebig, er beeinträchtigt auch die für den Gelderwerb nötige Konzentration ("und dann glaubt er (der Vater, d.V.), es zerstreue dich"(7,12)); denn anders als William Lovell, dem die Wahl eines Berufs erspart bleibt, wurde Wilhelm dem "Handelsstand gewidmet" und zu einem "Nachbar auf das Comptoir getan"(7,33). Zwischen diesem und dem elterlichen Haushalt, der "einen gelassenen und einförmigen Schritt (ging)" und in dem "alles, was sich darin bewegte und erneuerte (...) niemanden einigen Genuß gab"(7,43),

spielt sich zunächst sein Leben ab.
Im Räderwerk solchen Alltags bringen selbst Veränderungen keine rechte Abwechslung mit sich. Um "sich aus dem stockenden, schleppenden, bürgerlichen Leben heraus zu reißen"(7,37), möchte der Held daher den Kaufmannsberuf aufgeben und Schauspieler werden.[25)]
Dem Autor des Meisterromans war in jungen Jahren der Wunsch, das bürgerliche Berufs- und Alltagsleben hinter sich zu lassen, ebenfalls vertraut. Dessen deprimierende Wirkung drastisch zuspitzend, beteuert er, daß ihn und seine gleichaltrigen Wetzlarer Kollegen, die "Aussicht, uns in einem schleppenden, geistlosen bürgerlichen Leben hinhalten zu müssen"(10,637), mit dem Gedanken des Suizids vertraut machte.[26)] Mit ihm "half" man sich "über die Unbilden und Langeweile der Tage notdürftig genug hin."(ibid.)
Im Eindruck, der Blutkreislauf des Lebens sei verlangsamt ("stockend"), sein Gang gehemmt ("schleppend"), schlägt sich ein bestimmtes subjektives Zeitempfinden nieder, wie der Vergleich mit einer entsprechenden Textstelle aus der "Theatralischen Sendung" zeigt, wo es von dem "in eine Stadt gesperrt[en], ins bürgerliche Leben gefangen[en], im Häuslichen gedrückt[en](8,549) Helden heißt:

"Wie die gemeinen Tage der Woche *hinschlichen*, mußte er mit unter hingehen, die alberne Langeweile der Sonn- und Festtage machte ihn nur unruhiger"(8,549; Hervorh. v. d. V.)

Auf den im wörtlichen wie übertragenen Sinne engen Lebensumständen lastet das lähmende Einerlei der Zeit, bei dem sich die Sonn- und Feiertage durch Langeweile den Wochen-, d.h. Arbeitstagen angleichen. Deren Farblosigkeit illustriert in den "Lehrjahren" das Doppelleben, zu dem sich Wilhelm unter dem Eindruck der väterlichen Kritik entschließt:

"Er verrichtete des Tags seine Geschäfte pünktlich, entsagte gewöhnlich dem Schauspiel, war abends bei Tische unterhaltend, und schlich, wenn alles zu Bette war, in seinen Mantel gehüllt, sachte zu dem Garten hinaus und eilte, alle Lindors und Leanders im Busen, unaufhaltsam zu seiner Geliebten."(7,15)

Die qualitative Asymmetrie der beiden Zeitabschnitte, in die sich Wilhelms Leben aufspaltet, bildet sich in der Sprache des Erzählers ab: über die Geschäfte des Tages weiß er nicht mehr zu sagen, als daß sie "pünktlich", d.h. sorgfältig und termingerecht, erledigt werden. Der Arbeit folgt die Entsagung, der Verzicht auf den Besuch des Theaters und die Verpflichtung, den Vater zu unterhalten ("der Vater will auch abends unterhalten sein"(7,12)), wobei der Inhalt dieser Abendunterhaltung nicht weiter mitteilenswert zu sein scheint. Erst mit Wilhelms Nachtleben kommt Bewegung ins rhythmische und syntaktische Gefüge des Satzes, eine hypotaktische Konstruktion löst die eintönige Parataxe des Anfangs ab, die attributiellen und adverbialen Bestimmungen ergänzen einander zum anschaulichen Bild. Der Tagmensch Wilhelm verschwindet hinter seinen Geschäften, die auch ein anderer übernehmen könnte, der Nachtmensch gewinnt für den Leser physische ("in seinen Mantel gehüllt") und psychische ("alle Lindors und Leanders im Busen") Präsenz. Nur im Verborgenen, unter dem Deckmantel heimlich-nächtlichen Müßiggangs[27], darf der Held seine individuellen Bedürfnisse ausleben, indem er sein Liebesverlangen und seine Lust, sich ästhetisch zu stilisieren, ein zweiter Lindor bzw. Leander zu werden, befriedigt.[28]

Den emotionalen Anteil, den Wilhelm an den beiden ungleichen Hälften seines Doppellebens nimmt, spiegelt sein subjektives Zeitempfinden wider:

"Wie lang ward ihm die Zeit bis zur Nacht, bis zur Stunde, in der er seine Geliebte wieder sehen sollte!"(7,45)

Während seines Beisammenseins mit Mariane dagegen "vergingen ihnen die Stunden sehr schnell"(7,67). Nicht die mechanische Uhr, sondern das Gefühl mißt hier die Zeit.[29]

Über das spezifische "Zeitmaß" der Liebe gibt auch Goethes gleichnamiges Epigramm Auskunft:

> "Eros, wie seh ich dich hier! in jeglichem Händchen die Sanduhr!/ Wie? Leichtsinniger Gott, missest du doppelt die Zeit?/ 'Langsam rinnen aus einer die Stunden entfernter Geliebten;/ Gegenwärtigen fließt eilig die zweite herab.'"
> (Vermischte Epigramme, "Zeitmaß", 1,350)[30]

Der Gegensatz zwischen dem Nacht- und Tagleben des Helden nimmt strukturell jenen zwischen seinem späteren Müßiggang und einer braven bürgerlichen Existenz vorweg. Er ist bereits im Verhältnis der beiden Eingangskapitel des Buches präsent, die wie Nacht und Tag aufeinander folgen und das für den Bürger übliche Nacheinander von Arbeit und Genuß auf den Kopf stellen[31]: das erste setzt nachts ein und

endet mit dem Zusammensein der beiden Liebenden, das zweite beginnt mit der Aussprache zwischen Mutter und Sohn am nächsten Morgen.
Die Nacht vor den Tag zu setzen, ist gewöhnlich ein Privileg des Müßiggängers oder des Künstlers; denn auch die "empfängliche, leichtbewegliche Seele des Dichters (schreitet) wie die wandelnde Sonne von Nacht zu Tag fort"(7,88), so Wilhelm in seiner leidenschaftlichen, wortreichen Verteidigung des Dichters; Werner aber bekundet mit seiner Rede vom "Faulenzen", daß er den Künstler eo ipso für einen Müßiggänger hält[32)], dessen Tun und Treiben er auf die Freizeit eingeschränkt wissen will:

> "Es finde sich ja so manche leere Zeit, die man dadurch ausfüllen, und nach und nach etwas hervorbringen könne, wodurch wir uns und andern ein Vergnügen bereiten."(7,87)

Den Helden, der seinen späteren Müßiggang mit seinen künstlerischen Ambitionen legitimiert, empört die Vorstellung, Kunst solle eine Angelegenheit "unterbrochene[r], zusammen gegeizte[r] Stunden"(7,87) sein, ein kompensatorischer Zeitvertreib in den Pausen des Geschäftslebens.[33)]
Die Schlüsselbedeutung der Zeit für seine Bildungsgeschichte deutet der Held selbst an, wenn er sie zur Schaltstelle macht, an der die Zukunftsvorstellungen des Vaters und seine eigenen auseinandergehen:

> "(...) eben zu selbiger Zeit (als man ihn zum Kaufmann bestimmte, d.V.) entfernte sich mein Geist nur gewaltsamer von allem, was ich für ein niedriges Geschäft halten mußte."(7,33)

Während der Vater meint, man könne

> "einem jungen Menschen keine größere Wohltat erweisen, als wenn man ihn *zeitig* in die Bestimmung seines Lebens einweiht"(7,44; Hervorh. v. d. V.),

gönnt sich der Sohn auf der Suche nach eben dieser Bestimmung ungebührlich viel Zeit. Er führt "planlos ein schlenderndes Leben"(7,255), dessen lässige Gangart - es ist dem Wortsinne nach die des Müßiggangs, aber auch die der Muße - die "schleppende" des bürgerlichen Lebens abgelöst hat.[34)]
Dem alten Meister wie der Turmgesellschaft gilt die Zeit als ein Faktor, der planvoll in die eigenen Zwecke und Ziele zu integrieren ist. Der Strategie des Vaters, Zeitverluste zu vermeiden und Wilhelm möglichst früh ins Berufsleben einzugliedern, kor-

respondiert der zeitsparende Dezisionismus Jarnos und Lotharios: "(...) eilen Sie, die guten Jahre, die Ihnen gegönnt sind, wacker zu nutzen"(7,206), rät jener dem Helden, und dieser verspricht: "Wir wollen damit bald fertig sein"(7,504), als es um Mignons Schicksal geht.[35)]

In den weitreichenden Plänen des Turms potenziert sich die Zukunftsvorsorge des alten Meister, der seinen Kindern "Güter zu hinterlassen"(7,43) gedenkt. Die Zukunftsvorsorge aber weist auf Arbeit als ihre materiale Voraussetzung zurück, denn die "vorgreifende(.) Sorge für die Zukunft"[36)] gehört u.a. zu dem "ganz bestimmte[n], das menschliche Dasein durchherrschende[n] und seine Praxis führende[n] *Verhältnis zur Zeit*", das mit der Arbeit gesetzt ist.[37)] Während die Gegenwart der Arbeit darin besteht, ständig Vergangenes um der Zukunft willen aufzuheben[38)], so daß jene zum bloßen Durchgangspunkt einer Transformation der Vergangenheit in Zukunft wird[39)], schwellen Plan- und Zwecklosigkeit Gegenwart zu reiner Dauer auf. Hier, gleichsam in einer Lücke zwischen Kausalität und Finalität, deren ständige Vermittlung die Arbeit leistet, entspringt die Möglichkeit des Müßiggangs in den "Lehrjahren". Seine Zeitverschwendung ist richtungslos und wird im absichtslosen Zaudern und Zögern des Helden einbekannt. Die Frage nach Zeit und Geld aber, die, vom alten Meister zuerst gestellt, durch den ganzen Roman nachhallt, macht dem Leser wie dem Protagonisten dessen Müßiggang immer wieder bewußt.

Diese Frage wird zu jener Instanz des Romans, die in ihm selbst das Faktum des Müßiggehens greif- und sichtbar werden läßt, indem sie verhindert, daß die ökonomisch unergiebigen Aktivitäten des Helden fraglos und ohne entsprechende Kommentierung in den Erzählfluß des Ganzen eingehen. So wird Wilhelm, der auf einer Geschäftsreise seinem ursprünglichen Auftrag durch die Bekanntschaft mit einigen Schauspielern untreu geworden ist, von Melina, dem präsumptiven Direktor der Truppe und einem wahrhaft zweiten Werner, gebeten, "Geld herzuschießen"(7,116), um einen verpfändeten Theaterfundus auszulösen. Reflexhaft zieht die Frage nach Geld die andere nach der Zeit hinter sich her, denn ihm "fiel (...) auf, daß er hier so lange nicht hätte verweilen sollen"(7,116). Ausdrücklich vermerkt der Erzähler, daß sich dem Helden "erst bei dieser Gelegenheit (Melinas Bitte um Geld, d.V.)"(7,116) der Gedanke an seine Zeitverschwendung und d.h. an seinen Müßiggang aufdrängt; zuvor hat er einfach das Leben in der kleinen Stadt genossen. Auf seine Verfehlung aufmerksam geworden, will er "Anstalten machen, seine Reise fortzusetzen."(7,117) Die unergründliche Anziehungskraft Mignons, in der sich die im Zeitalter bürgerlicher Ratio heimatlos gewordene Poesie verkörpert, hält ihn jedoch fest und läßt ihn durch erneutes Müßiggehen seinem Vorhaben untreu werden.

Das Prinzip der Verzögerung, das die Geschichte seines Müßiggangs organisiert, ist auch in scheinbaren Nebensächlichkeiten wirksam, wie dem aufgeschobenen Vorsatz, seinen Angehörigen endlich Nachricht von sich zu geben:

> "Er wollte den Seinigen, die lange nichts von ihm gehört hatten, noch mit dem heutigen Posttage schreiben; er fing auch wirklich einen Brief (...) an, und war (...) schon ziemlich weit gekommen, als er, zu seinem Verdruß auf der hintern Seite des Briefblatts schon einige Verse geschrieben fand (...). Unwillig zerriß er das Blatt und verschob die Wiederholung seines Bekenntnisses auf den nächsten Posttag."(7,117f.)[40)]

Wieder ist es die Poesie ("einige Verse"), die ihn von seinem Vorhaben abbringt und dazu verleitet, das Ganze zu vertagen. Kurz zuvor hatte es geheißen:

> "Neues Andringen Melinas um eine Summe Geldes (...) bestimmte Wilhelmen noch mehr, an seine Abreise zu denken."(7,117)

Das Hin und Her zwischen lustvollem Verweilen und betroffenem Innehalten über die Vergeudung von Zeit und Geld verleiht Wilhelms Müßiggang einen eigenen Rhythmus. Er prägt sich bis ins einzelne der Struktur des Textes ein: zwischen die wiederholten Geldforderungen Melinas schiebt sich eine Passage, die Mignons Wirkung auf den Helden schildert; ebenso wird der erste Auftritt des Harfners, der als leiblicher Vater Mignons wie sie selbst eine Konfiguration der Poesie ist und Wilhelm nachhaltig beeindruckt, umrahmt von der Absicht, weiterzureisen[41)], und Melinas dreistem Vorwurf:

> "Es scheint so angenehm zu sein, das Geld zu verschleudern, womit man sich und andern eine Existenz verschaffen könnte. (7,140f.) "Ihre Absicht zu verreisen haben Sie auch noch nicht ausgeführt, und *Geld* scheinen Sie mir diese *Zeit* über auch nicht gespart zu haben"(7,141; Hervorh. v. d. V.).

Auf diese Weise nistet der Müßiggang sozusagen in den Zwischenräumen des Zeit-Geld-Systems. Die Mahnungen seines schlechten Gewissens, das den Helden veranlaßt, die Vergangenheit zu überdenken und die Zukunft ins Auge zu fassen, verstummen immer wieder unter dem Eindruck des Hier und Jetzt unmittelbarer Gegenwart. Gerade der Verzicht auf zukunftsträchtige Pläne bereitet Wilhelms Éducation sentimentale den Boden, denn die Gefühle der "Freundschaft", "Neigung" und des "Anteil[s]"(7,151), die er für seine neuen Bekannten empfindet, halten ihn "länger als billig"(7,151) am Ort fest und vermögen mehr über ihn als die abstrakte Logik von Zeit und Geld.

> "(D)a ich ohne Zweck und Plan leicht, ja leichtfertig lebte, kamen mir Freundschaft, Liebe, Neigung, Zutrauen mit offenen Armen entgegen"(7,573),

wird er später über diesen Abschnitt seines Lebens sagen. Das Leben "ohne Zweck und Plan" weicht die Normen des Realitätsprinzips auf und begünstigt neben dem Luxus ausgelebter Emotionen auch geheime Wünsche und Träume, allerdings unter Vorbehalt. Nur "gleichsam verstohlen"(7,152), wie während seines Doppellebens mit Mariane, kann Wilhelm in der Gesellschaft der Schauspieler, Mignons und des Harfners "seine Wünsche befriedigen, und, ohne sich einen Zweck vorzusetzen, seinen alten Träumen nachschleichen"(7,152).
Wo er diese als Autor, Regisseur und Schauspieler in die Tat umsetzt, auf dem Schloß des Grafen, holt ihn am Ende unweigerlich der Hinweis auf Zeit und Geld ein. Im Auftrag des Grafen bietet ihm nämlich der Baron, der ihn mit Mignon zusammen antrifft, einen Beutel voller Goldstücke mit der Bitte an:

> "Sehen Sie (...) diese Gabe als einen *Ersatz* für Ihre *Zeit*, als eine Erkenntlichkeit für Ihre *Mühe*, nicht als eine *Belohnung* Ihres Talents an."(7,218; Hervorh. v. d. V.)

Nach Wilhelms spontaner Weigerung insistiert der Baron:

> "Ihm (dem Grafen, d.V.) ist nicht entgangen, (...) wie Sie seinen Absichten ganz Ihre *Zeit* gewidmet haben, ja er weiß, daß Sie, um gewisse Anstalten zu beschleunigen, Ihr eignes *Geld* nicht schonten."(7,219; Hervorh. v. d. V.)

Nicht für sein 'unbezahlbares' Talent, wohl aber für seine Investition von Zeit, Geld und Mühe soll der bürgerliche Wilhelm im Unterschied zu den unbürgerlichen Schauspielern, die vom Grafen kleine Geschenke erhalten, entschädigt werden. Unvermittelt bricht so in seine Zweisamkeit mit Mignon die Realität von Zeit und Geld ein.
Die kurze Ansprache des Barons weckt sofort Wilhelms bürgerliches Gewissen:

"Ich habe sowohl mit dem *Gelde* als mit der *Zeit*, von denen ich Rechenschaft zu geben habe, nicht zum besten hausgehalten"(7,219; Hervorh. v. d. V.).

Wo der aristokratische Baron die Zeit-Geld-Bilanz umschreibend ("Zeit widmen", "Geld nicht schonen") verhüllt, da entschleiert Wilhelm ihren ökonomischen Kern ("haushalten", "Rechenschaft geben"). Die Rechenschaftspflicht über Zeit und Geld, hinter der die Autorität des Vaters steht ("um meinem Vater mutig unter die Augen treten zu können"(7,220)), muß er als "höher[e] Pflicht"(7,219f.) über jene die Selbstachtung schützende "Delikatesse"(7,219) stellen, die es verbietet, eine finanzielle Entschädigung vom Grafen anzunehmen. Kaum hat sich der Baron entfernt, als Wilhelm auch schon "eifrig die Barschaft zählte"(7,220), seine "Rechnung (machte)"(ibid.) und zufrieden feststellt, daß seine Kasse wieder in Ordnung ist. Indem er bekennt, mit Geld und Zeit leichtsinnig umgegangen zu sein, gesteht er zugleich den eigenen Müßiggang ein und holt sich selbst auf den Boden der Tatsachen zurück, wo die Postulate effektiven Wirtschaftens gelten.
Das Sich-Zeit-Lassen des Helden ist allerdings mehr als nur eine inhaltliche Besonderheit der "Lehrjahre"; diese erfüllen mit dem Müßiggang ihres Protagonisten vielmehr eine in ihnen selbst aufgestellte formale Gattungsvorschrift des Romans: dieser soll nämlich "langsam gehen", und "die Gesinnungen der Hauptfigur müssen (...) das Vordringen des Ganzen zur Entwickelung aufhalten"(7,330).
Die Langsamkeit des Romans gehört zu seinem epischen Erbteil, denn auch das Epos zeichnet sich im Unterschied zum Drama durch die Gemächlichkeit eines langen Atems aus, der dramatischer Spannung abträglich ist.[42]. Die spezifische Langsamkeit des modernen Romans aber verdankt sich nach Ian Watt gerade seiner "Verfügungskraft über die Dimension der Zeit", die ihn u.a. dazu befähigt, das zu literarisieren, was sich zuvor der "literarischen Vergegenwärtigung (...) entzog, weil es etwas zu Langsames war".[43] Die "Lehrjahre" individualisieren nun die Funktion der Handlungsverlangsamung, indem sie sie ihrem Titelhelden übertragen, wodurch dessen Müßiggang als retardierendes Medium eine romanimmanente Rechtfertigung erfährt.[44] Eine Figur wie Werner schließt sich daher auch aufgrund seiner Zielstrebigkeit und Hektik von einer zentralen Rolle aus.[45]
Den freigebigen Umgang seines Helden mit der Zeit vollzieht auch der Erzähler selbst nach: er verzichtet im Laufe des Romans zunehmend auf bestimmte Zeitangaben zugunsten unbestimmter, die lediglich auf den Umstand, daß Zeit vergeht, aufmerksam machen. Während der Leser sich im ersten Buch der "Lehrjahre" ohne Schwierigkeiten einen Überblick über Zeitabstände, etwa den 12 Jahre zurückliegenden Verkauf der Kunstsammlung des Großvaters, verschaffen und auch Wilhelms genaues Alter problemlos ermitteln kann, ist er später auf bloße Mutmaßun-

gen angewiesen; im 4. Buch läßt sich noch rekonstruieren, daß der Held nun ungefähr 25 Jahre alt sein muß, da das Alter seines Sohnes erwähnt wird. Danach verunklärt sich das Verhältnis von Erzählzeit und erzählter Zeit, da z.B. vage von "einigen Tagen"(7,269), "wenigen Tage[n]"(7,495), "einige[r] Zeit"(7,619) die Rede ist. Das rein quantitative Fortschreiten der Zeit findet keine Beachtung mehr; Wendungen wie "eines Tages"(7,305) oder "einst"(7,603) suggerieren vielmehr den Einbruch bedeutsamer Ereignisse in einen quasi zeitlosen Zustand.46) Auf diese Weise verläßt der Rezipient selbst - im Müßiggang des Lesens - das Gehäuse festgefügter Zeitabschnitte, je weiter er in der Geschichte des müßigen Helden vordringt.
Nicht umsonst machte Schiller in einer unveröffentlichen Fassung des Romans "einen wichtigen chronologischen Verstoß"(20,193)47) aus. Die inkriminierte Stelle besagt, daß Werner, als er Wilhelm am Ende wiedersieht, Kinder hat, die "schreiben und rechnen, handeln und trödeln"(ibid.); nun rechnet Schiller vor, daß "(...) von Wilhelms Engagement bei Serlo bis zu seiner Zurückkunft auf Lotharios Schloß (...) wenigstens sechs Jahre verflossen"(ibid.) sein müssen, da Werner , "der im fünften Buche noch unverheuratet war, (...) am Anfang des achten schon mehrere Jungens, die 'schreiben und rechnen (...)' hat"(ibid.) und "sich doch auch nicht gleich nach des Vaters Tode hat trauen lassen"(ibid.); dann aber sei Mignon, "wenn sie stirbt einundzwanzig Jahre und Felix zu derselben Zeit zehn oder elf Jahre alt"(ibid.), was nicht Goethes Meinung sein könne.
Bezeichnenderweise korrigiert Goethe die entsprechende Textpassage nur unzureichend, da Werner nun seine Kinder zwar erst "*im Geiste* (...) schreiben, und rechnen, (...) handeln und trödeln"(7,538; Hervorh. v. d. V.) sieht, aber doch bereits mehrere Kinder hat: "Meine Kinder lassen sich zu gescheiten Jungen an."(7,538)48) Dies steht überdies in einer gewissen Spannung zu der Tatsache, daß Felix, der schon zwei oder drei Jahre vor Werners Heirat geboren wurde, immer noch wie ein kleines, ungezogenes Kind dargestellt wird.49)
Schiller, der sich auf den Maßstab einer empirisch-wahrscheinlichen Zeitdauer berufen kann, berührt mit seinem Einwand nur die Oberfläche des Zeitproblems in den "Lehrjahren". Sie weichen nicht ohne Grund von jener exakten Chronologie ab, die zum Signum des authentische Wirklichkeitsnähe postulierenden Romans geworden ist.50) Denn mit der Behandlung der Zeit, die er im Meisterroman unter den verschiedensten Aspekten thematisiert, stellt Goethe ein Realitätsprinzip zur Disposition, das seine Gültigkeit u.a. aus der objektivierenden Messung der Zeitsukzession bezieht.51) Deshalb reicht die ästhetische Theodizee des Müßiggangs über seine bloß retardierende Funktion hinaus; läßt sich doch in ihm die Zeit als eines der wesentlichen Formkonstituentien des Romans im Modus subjektiven Zeiterlebens reflektieren. Indem die "Lehrjahre" die lineare, unaufhaltsam verrinnende Zeit, die der moderne Roman anders als das Epos in seinen Erzählgestus integriert52), durch das

Quidproquo mit dem Geld auf den Begriff bringen, müssen beide erst wieder auseinanderdividiert werden, um subjektiven Formen der Zeiterfahrung Raum zu geben.

Die von der ökonomischen Abstraktion unterschlagene Wesensverschiedenheit von Zeit und Geld restituieren jene Figuren, in deren Gesellschaft der Held zum Müßiggänger wird und die selbst allesamt Müßiggänger sind: Philine, Laertes, Madame Melina, Mignon und der Harfner. Die beiden letzteren entmächtigen die quantitativ-lineare Zeit, indem sie sie ignorieren. So weigert sich der Harfner, überhaupt eine Sukzession der Zeit anzuerkennen:

> "Wenn sich ihm etwas aufdringt, das ihn nötigt, einen Augenblick zu gestehen, eine Zeit sei vergangen (...), verwirft er wieder die Veränderung an den Dingen als eine Erscheinung der Erscheinungen."(7,470)

Von einem dem Turm nahestehenden Geistlichen wird er deshalb zu verschiedenen Arbeiten angehalten, bei denen er sich an einen genauen Zeitplan halten muß: "Ich habe des alten Mannes *Stunden eingeteilt*"(7,372; Hervorh. v. d. V.), erklärt sein Therapeut, der ihn von seinem im wahrsten Sinne des Wortes unzeitgemäßen Wahn heilen will. Der Harfner ist, wie Hannelore Schlaffer erläutert, "die Verkörperung des Theorems, daß der Stoff der Poesie erinnertes Leben sei."[53] Er lebt in seiner schicksalsschweren Vergangenheit als in einer beständigen Gegenwart; deshalb kann er die Zeitsukzession verneinen, und daher "versagt das Erinnerungsvermögen des Harfners, sobald er seine Vergangenheit bis in konkrete Details wiedergeben soll", und zwar "(g)anz im Sinne Herders, der die Erinnerung einer wesentlichen Geschichte der Poesie zuordnet, die der faktischen aber einer leeren Chronologie".[54] Auch Mignon, die auf die Frage "Wie viel Jahre hast du?"(7,105) erwidert "Es hat sie niemand gezählt."(ibid.)[55], spottet der Uhr-Zeit, indem sie die Uhr selbst zum Tanzen bringt; bei der Darbietung ihres Fandango läuft sie

> "(u)naufhaltsam, wie ein Uhrwerk, (...) ihren Weg, und die sonderbare Musik gab dem immer wieder von vorne anfangenden und losrauschenden Tanze bei jeder Wiederholung einen neuen Stoß."(7,123)

Anders als bei der mechanischen, stets dasselbe qualitätslose Stundenmaß repetierenden Uhr pulsiert in den rhythmischen Wiederholungen des Tanzes eine ekstatische Spannung ("losrauschend"), so daß Wilhelm "von dem sonderbaren Schauspiele ganz hingerissen"(7,123) war.

Bei Mignon und dem Harfner wird die chronologisch-fortschreitende Zeit des Romans in die qualitativ-statische des Epos zurückübersetzt, in dem Zeit den Figuren im Sinne von Eigenschaften wie Jugend oder Alter anhaftet.[56] Während der in die Verwertungsmaschinerie seines Kapitals eingespannte Werner unter dem Druck gegenwartsloser, nur auf künftigen Gewinn ausgerichteter Geschäftigkeit vor der Zeit altert, ist Mignon am Ende so alt wie zu Beginn der Handlung, da sie als ewig junge Poesie gar nicht altern kann und aller quantitativen Zeitmessung enthoben ist. Deshalb stören wir uns an der Vorstellung einer 21jährigen Mignon, nicht aus Gründen empirisch-psychologischer Stimmigkeit, die auf sie nicht angewandt werden können.

Auch das hohe Alter des Harfners leitet sich aus seiner ästhetischen Funktion her, die besagt, daß alle Poesie aus erinnerter Vergangenheit schöpft. Der Harfner ist seinem Wesen nach alt, Mignon ihrem Wesen nach jung. Wie sie entzieht er sich der Logik wirklichkeitsnaher Plausibilität, denn ihr zufolge dürfte er gar so alt nicht sein, da seine Tochter Mignon von Wilhelm auf dreizehn Jahre geschätzt wird und es unwahrscheinlich ist - immer gemäß jener Logik -, daß die junge Sperata sich in einen Greis verliebt hat. Mignon und der Harfner fallen aus dem Geflecht solcher Überlegungen heraus.

Die Distanz beider Figuren zur empirischen Normalzeit bestätigt sich bei Wilhelms Shakespeare-Lektüre: der Held

> "lebte und webte (...) in der Shakespearischen Welt, so daß er außer sich nichts kannte noch empfand"(7,198); er "vergaß und verlor" sich im "Strom jenes großen Genius"(7,193).

Während des Lesens befindet er sich gleichsam außer aller Zeit und gestattet daher nur Mignon und dem Harfner den Zutritt zu jenem Zimmer (einem der "hintersten"(7,198)), in das er sich zurückgezogen hat. Bei Wilhelms poetischem Bildungserlebnis zitiert der Roman die kontemplative Muße in ihrer Verbindung mit dem träumerisch-phantasievollen Müßiggang und ordnet ihnen folgerichtig die beiden zeitfernen Gestalten Mignons und des Harfners zu.[57]

Es versteht sich von selbst, daß Mignon mit Geld und Geldwerten nichts anzufangen weiß; als Laertes ihr erklärt, man habe sie für hundert Dukaten gekauft (7,113), lautet ihre Replik: "Das ist wohl viel?"(7,113), und der Harfner gibt in seiner Ballade vom 'Sänger am Königshof' zu verstehen, daß jede materielle Entschädigung seiner Kunst unangemessen sei.(7,139)[58]

Philine dagegen, eine Figur, die der erotischen Poesie entstammt, zeigt sich ungleich lebensnäher und -kräftiger als Mignon und der Harfner: sie unterläuft ganz einfach die Logik von Zeit und Geld, indem sie mit beiden nach Lust und Laune verfährt. Von ihrem Begleiter Laertes, den er in einem "heitere[n] Landstädtchen"(7,96) kennen lernt, erfährt Wilhelm:

"Die Anmut des Orts hat uns bewogen, einige *Zeit* hier zu bleiben, und unsre *wenige gesammelte Barschaft* in Ruhe zu verzehren"(7,99; Hervorh. v. d. V.).

Über die Beziehung von Zeit und Geld entscheiden nicht ökonomische, sondern hedonistische Gesichtspunkte, denn beide stehen im Verhältnis der Konsumtion zueinander: die Barschaft wird in einer bestimmten Zeit verzehrt - Zeit und Geld einfach aufgebraucht. Deshalb wird auch das "heitere Landstädtchen" wegen seiner gefälligen Schönheit, nicht wegen seiner eventuellen wirtschaftlichen Bedeutung zum Aufenthalt gewählt.[59)] Werners "Lust zu sparen und zu erwerben"(7,40) verkehrt Philine, "drollig bis zur Ausgelassenheit"(7,102), ins Gegenteil, wenn sie aufgrund ihrer Freigebigkeit, als "ihr und ihren Reisegefährten das Geld ausging"(7,102), zuletzt auf ihre eigenen Habseligkeiten zurückgreifen muß. Über Berechnungen, die auf bloß materiellen Nutzen ausgehen, ist sie erhaben; im Schloß des Grafen

"(würde) sie gar leicht ihr Glück (...) gemacht haben. Allein auch hier bediente sie sich ihres Vorteils nur, um sich zu belustigen"(7,185).

Philines Freigebigkeit wirkt auf Wilhelm ansteckend, sein Rivale Friedrich verrät: "Es verging kein Tag, daß Ihr (Wilhelm, d.V.) dem Mädchen nicht etwas schenktet"(7,597), und als die Schauspieler vom Schloß aus weiterziehen, erwirbt er sich "durch seine Freigebigkeit (...) das Recht (...), auf Prinz Harry's Manier mit den übrigen umzugehen"(7,225). Ebenso wie das Geld unterwirft Philine auch die Zeit ihren Wünschen und Einfällen. Wenn sie befiehlt: "Man muß ja keine Zeit versäumen"(7,100), dann ermahnt sie keineswegs zu Tätigkeit und Arbeit wie die Turmgesellschaft, sondern ermuntert zur Geselligkeit - "man weiß nicht, wie lange man beisammen bleibt"(7,100), begründet sie ihr Diktum[60)]; so läßt sie sich auch gemächlich Zeit, als sie Wilhelm wenig später zu frisieren beginnt, damit ihre Reize umso nachhaltiger auf ihn wirken können. Ihre Aufforderung an Laertes: "wir müssen unserm neuen Bekannten eine kleine Veränderung machen"(7,100), sagt Wilhelms "stockende[m], schleppende[m], bürgerliche[m] Leben"(7,37) den Kampf an und gibt das Signal für verschiedene vergnügliche Unternehmungen, die durch ihren Abwechslungsreichtum die starre Zeit in Fluß bringen. Denn Wilhelm ist mit Philine und Laertes "kaum auf der Mühle angekommen", wo sie zu Mittag essen wollen, "als eine Musik vor dem Hause sich hören ließ."(7,101) *"Nach einer Pause* trat ein Bergmann (...) hervor", um eine Pantomime aufzuführen, "(e)s *währte nicht lange*"(7,101; Hervorh. v. d. V.), da kam ein Bauer hinzu. Nach dieser Darbietung "trieb" Philine ihre Begleiter "zu einer *schnellen* Rückfahrt, damit man die Künste

der Seiltänzer am Abende zu sehen nicht versäumen möchte"(7,102; Hervorh. v. d. V.). Am nächsten Tag freilich kommt man zur Vorstellung der Gaukler in aller Ruhe zu spät, da Philine auf dem Jägerhaus, wohin man diesmal gefahren war, unbedingt noch eine Stunde tanzen mußte.
Die Seiltänzer selbst unterhalten ihr Publikum mit rasch wechselnden Auftritten:

> "Doch bald erregten die lustigen Springer ein lebhaftes Vergnügen (...). Nun aber ward die Aufmerksamkeit auf einen ganz andern Gegenstand gewendet."(7,103)

Die keineswegs spektakulären, durch ihre Bewegtheit aber kurzweiligen Eindrücke, die Wilhelm auf diese Weise empfängt, unterscheiden die Zeit des Müßiggangs im "Landstädtchen" von der eintönigen Alltagsroutine in seiner Vaterstadt. Dabei ahmt der Text mit seinem Sprachduktus ("kaum", "währte nicht lange", "doch bald", "nun") den belebenden Rhythmus der Szenenwechsel nach.[61)]
Die Zeit, die Wilhelm mit Philine und den anderen Schauspielern verbringt, wird von deren 'carpe diem' geprägt.[62)] Wegen des gattungsimmanenten Fortschreitens der Zeit kann der Roman die Lebenshaltung dieses 'carpe diem' nicht an den zeitlosen Formen der Idyllik oder Anakreontik illustrieren[63)]; stattdessen führt er am Beispiel des Müßiggangs der Boheme und seines Helden die Möglichkeit einer subjektiven Beziehung zur Zeit vor, die deren Verrinnen anerkennt, zugleich jedoch ein geradezu sinnliches Verhältnis zu ihr entwickelt.
Bei der Schilderung einer Wasserpartie, die Wilhelm mit den anderen Schauspielern unternimmt, äußert sich der Erzähler gleich zweimal darüber, wie der Verlauf der Zeit während dieser Fahrt empfunden wurde. "Die Zeit war indes auf das *angenehmste* vergangen"(7,127; Hervorh. v. d. V.), lautet sein Resümee am Ende eines Rollenspiels, das man auf dem Schiff improvisiert hatte. Der ganze Ausflug aber klingt, da der Fluß selbst die Bewegung der Zeit veranschaulicht, mit der Metapher des Zeitflußes aus:

> "so flossen die Stunden des Tages unter Scherzen, Singen, Küssen und allerlei Neckereien auf das *angenehmste* vorbei."(7,131; Hervorh. v. d. V.)

Wie alle andern Vorgänge im Roman dem Verlauf der Zeit unterworfen, können auch die Inhalte anakreontischen Müßiggangs ihn nicht aufhalten, wohl aber 'versüßen'. Anläßlich der Gründung einer kleinen Theaterrepublik, zu deren erstem Direktor Wilhelm ernannt wurde, heißt es später:

"Die Zeit ging unvermerkt unter diesem Spiele vorüber, und weil man sie *angenehm* zubrachte, glaubte man auch wirklich etwas Nützliches getan (...) zu haben"(7,231; Hervorh. v. d. V.).[64]

Angenehm ist nach Kant, "*was den Sinnen in der Empfindung gefällt*"[65], das "Angenehme(.) (...) vergnügt"[66], und "Annehmlichkeit ist Genuß"[67]. Im Vergleich zum Schönen und Guten rangiert das Angenehme wegen der Involvierung des Sinnlichen auf der untersten Stufe der Wertskala, da die "Annehmlichkeit (...) auch für vernunftlose Thiere (gilt)".[68] Wer seine Zeit auf angenehme Weise zubringt, der arbeitet nicht, verfolgt keine ernsthaften Ziele und Zwecke, der Gedanke der Pflicht scheint ihm so gleichgültig zu sein wie der ans Geld - er vergnügt sich. Ein Urteil, dem das Kriterium des Angenehmen zugrunde liegt, kann weder objektive, noch, wie im Falle des ästhetischen Urteils, subjektive Allgemeinheit beanspruchen, es beschränkt sich auf ein bloßes "Privatgefühl"[69] des Individuums. Deshalb ist der sich Vergnügende im Grunde gar nicht urteilsfähig. In Ermangelung objektiver Maßstäbe kann er das Angenehme selbstherrlich zum Nützlichen erklären. Die ironische Einschränkung des Erzählers ("weil man" die Zeit "angenehm zubrachte, glaubte man") entlarvt den Schluß vom Angenehmen aufs Nützliche als bereitwillige Selbsttäuschung. Um die Abhängigkeit der angenehmen Zeit vom rein subjektiven Erleben zu verdeutlichen, greift er mehrmals zur indirekten Rede: "man schwur, man habe nie so glückliche Stunden gehabt"(7,134), oder: "man (...) bekannte wiederholt, niemals schönere Augenblicke erlebt zu haben."(7,239)[70] Die glücklichen Augenblicke liegen jenseits der mit der Uhr gemessenen Zeit. Das Vergnügen, das sie gewähren, darf sich der Bürger allerdings nur heimlich oder höchstens ausnahmsweise leisten: "nur ein seltenes Vergnügen könne bei den Menschen einen Wert haben"(7,18), befindet Wilhelms Vater.[71] Der Sohn kann daher nur seine "verstohlenen einsamen Stunden"(7,22) auf die Lektüre des geliebten Schauspiels von David und Goliath verwenden. Die angenehm verbrachte Zeit unterliegt, da sie nützlichen Vorhaben entwendet wird, der Zensur - das Arbeitsethos bürgerlicher Lebensordnung zwingt den müßigen Vergnügen die Maske der Heimlichkeit auf: von Philines "frevelhaften Reize[n]" und der "geheimnisvolle[n] Gegenwart des Kindes"(Mignons, d.V.) ist Wilhelm "mehr als er sich selbst gestehen durfte, unterhalten"(7,114). Die verstohlenen Wünsche können nur in einer ge/ verstohlenen Zeit Erfüllung finden.

Daß die subjektive Aneignung der Zeit das eigentliche Geheimnis des Müßiggangs ausmacht, bringt das 4. Buch in einer nachgerade emblematischen Konstellation ans Licht. Im leeren Saal des Grafenschlosses, aus dem die Herrschaften bereits abgereist sind, treffen Laertes, Philine und Madame Melina aufeinander. Zunächst beginnt

Laertes, der "nachdenklich am Fenster"(7,217) steht und, "auf seinen Arm gestützt"(ibid.), hinaussieht, darüber zu klagen, "wie die Zeit vergeht, wie alles sich verändert und ein Ende nimmt!"(7,217) Jetzt, nachdem der Prinz mit seinen Truppen weitergezogen ist, wird "die Gegenwart so vieler tausend rüstiger Menschen in dieser Gegend (...) nur noch in den Köpfen einiger alten Leute spuken."(7,217)
Die Zeit, von der Laertes spricht, ist die geschichtliche Zeit, die Vergehen und Enden voraussetzt, damit Vergangenes erinnert werden kann. Am Geschichtlichen interessiert ihn jedoch vor allem das Bewußtsein der Vergänglichkeit selbst, der Verlust lebendiger Gegenwart, den keine Erinnerung je aufzuwiegen vermag. Daher beharrt der junge Melancholiker[72] auf der Trauer über die Unwiederbringlichkeit des Augenblicks. Sein 'memento mori' wandelt die singend und tanzend hinzutretende Philine, dem Horazschen Vorbild entsprechend, in ein 'carpe diem' ab:

> "Laß uns, (...) da wir der Zeit nicht nachlaufen können, wenn sie vorüber ist, sie wenigstens als eine schöne Göttin, indem sie bei uns vorbeizieht, fröhlich und zierlich verehren"(7,217).

Philine stimmt mit Laertes, was die Flüchtigkeit der Zeit anbelangt, überein; sie zieht nur eine der seinen entgegengesetzten Konsequenz: weil man den Augenblick nicht festhalten oder wieder=holen kann, soll man ihn so intensiv wie möglich auskosten und der fliehenden Zeit mit Lebensfreude huldigen.[73]
Zu Laertes und Philine, den beredten, im Dialog aufeinander bezogenen Figuren, gesellt sich eine dritte, stumme, die hochschwangere Madame Melina. Philine verspottet sie wegen ihrer "Mißgestalt"(7,217) und möchte am liebsten "keine Frau mehr guter Hoffnung sehen"(7,217), worauf Laertes ihr entgegnet: "die Zeit wird ihr schon zu Hülfe kommen"(7,218). Philines Aversion richtet sich gegen das Prinzip des Folgenreichen, das an Madame Melina leibhaft sichtbar wird. Wer den Augenblick voll und ganz genießen möchte, den dürfen weder die Folgen früherer Genüsse einholen noch die Aussicht auf künftige Folgen beschweren. Deshalb kann nur Laertes die fruchtbringende Zeit, die stumm bleibt, weil sie gänzlich in den Prozeß des Wachsens und Reifens eingebunden ist, an Madame Melina erahnen; denn die natürliche Zeit der "guten Hoffnung", die sich erst in der Zukunft erfüllt, hält der dem Tod verfallenen Zeit der Geschichte die Waage.
Auf diese Weise versammeln sich mit Laertes, Philine und Madame Melina in der Reihenfolge ihres Auftretens Vergangenheit, Gegenwart und Zukunft im Saal des Schlosses. Aber nicht die abstrakten Dimensionen der Zeit führt die kleine Szene dem Leser vor Augen, sondern deren subjektive Korrelate: Erinnerung bzw. Melancholie, Daseinsgenuß und Hoffnung. Sie sind, wie das räumliche Bei- und Neben-

einander der drei Figuren anschaulich zeigt, Modi des Gegenwärtigen. Denn "die Gegenwart der Vergangenheit" heißt Erinnerung, und "die Gegenwart der Zukunft" Hoffnung.[74] Erinnerung und Hoffnung sind, wie Lukács in der "Theorie des Romans" erläutert, "ein Zusammensehen des Lebens als geronnene Einheit *ante rem* und sein zusammensehendes Erfassen *post rem*"[75], und daher zugleich "Überwindungen der Zeit"[76], der bloß chronologisch-quantitativen, müssen wir ergänzen, da ihnen ja die temporale Differenz des post und ante rem innewohnt. Beide wertet er als "episch echtgeborene(.)"[77] Leistungen des Romans. Folgt man dieser These, dann versichern sich die "Lehrjahre" ihrer eigenen Poetizität, indem sie Erinnerung und Hoffnung als Ausdrucksformen jener Subjektivität konfigurieren, zu deren Medium sich der moderne Roman macht.
Wer völlig in seiner Arbeit aufgeht, dem kann Vergangenheit höchstens in Form von Erfahrungen und Zukunft in Form von Plänen präsent sein[78] - die Gegenwart mit Erinnerung und Hoffnung anzureichern, vermag nur der Müßige. Daher gibt sich Wilhelm immer dann Erinnerungen und Hoffnungen hin, wenn er untätig den Augenblick genießt:

> "Er durchstrich langsam Täler und Berge mit der Empfindung des größten Vergnügens."(7,92) Dabei "belebte (er) die Welt, die vor ihm lag, mit allen Gestalten der Vergangenheit, und jeder Schritt in die Zukunft war ihm voll Ahnung wichtiger Handlungen und merkwürdiger Begebenheiten."(7,93)[79]

Phantasierend und divinatorisch, nicht kalkulierend und rational bezieht sich der Held auf die Dimensionen der Zeit. Deren Synopsis im Saal des Schlosses nimmt eine Szene mit Mariane vorweg, der Wilhelm überschwenglich versichert:

> "(...) unaussprechlich glücklich fühl' ich mich *jetzt*, da ich in diesem Augenblicke mit dir (Mariane, d.V.) von dem *Vergangnen* rede, weil ich zugleich *vorwärts* in das reizende Land schaue, das wir zusammen (...) durchwandern können"(7,17; Hervorh. v. d. V.).

Unauflöslich durchdringen sich in dieser Situation müßiger Lebenslust Erinnerung, Hoffnung und momentanes, gegenwärtiges Glück.[80] An ihnen bemißt sich der Lebensreichtum des Individuums, der an Fülle verliert, wenn sich jenem der Genuß der Gegenwart versagt und die je eigenen Erinnerungen und Hoffnungen ihm genommen werden. Erinnerungs-, hoffnungs- und gegenwartslos büßt es seine Unverwechselbarkeit ein und löst sich ins Schattenhafte auf. Ein solcher Vorgang vollzieht sich im "Saal der Vergangenheit", in den Natalie den Helden in einer Art Parallel-Initiation zu derjenigen des Turms einführt. In diesem Saal, einem Ort symbolischer Zeitdarstellung, sagt sich Wilhelm von der Zeit seines Müßiggangs und damit vom 'carpe diem', von Erinnerungen und Hoffnungen los.[81] Absichtsvoll eliminiert die Ästhetik des "Saales der Vergangenheit" zunächst die Erinnerung: obwohl er als Grabstätte dient, "(hoben) Kunst und Leben jede Erinnerung an Tod und Grab auf"(7,579). Der "Saal der Vergangenheit" bildet den genauen Gegenpol zum Saal im Schloß des Grafen; während dort Laertes' unausgesprochenes 'memento mori' den Eingangsakzent setzte, fällt dem Besucher hier als erstes das Motto "Gedenke zu leben"(7,580) ins Auge, das ihm die Statue des an dieser Stelle beigesetzten Oheims entgegenhält. An den Wänden stellen Gemälde die verschiedenen, naturgegebenen Stufen menschlicher Generationenfolge dar, die den Helden zu dem Ausruf stimulieren:

> "Welch ein Leben (...) in diesem Saale der Vergangenheit! Man könnte ihn eben so gut den Saal der Gegenwart und der Zukunft nennen."(7,580)

Das Leben, das Wilhelm hier entdeckt haben will, ist weder unmittelbar noch individuell, es tritt ihm vielmehr in der typisierenden Darstellung von Bildern - Kunstprodukten also - entgegen. Sie bringen Zeit auf eine ganz andere Weise zur Anschauung als dies im Schloßsaal geschieht. Über dessen Innenarchitektur erfahren wir nichts, alles konzentriert sich auf die Figuren, die durch Rede, Geste, Bewegung und Körperlichkeit die drei Dimensionen der Zeit vergegenwärtigen, so wie sie im subjektiven Horizont des einzelnen bedeutsam werden. Die Wandmalereien im "Saal der Vergangenheit" repräsentieren dagegen die Dimensionen der Zeit als eine sich immer wiederholende Abfolge, bei der dem Helden, wie Berger richtig feststellt, Vergangenheit, Gegenwart und Zukunft "austauschbar (scheinen), bloße Namen gegenüber der Zeit als Dauer".[82] Denn was für die eine Generation Zukunft heißt, Hochzeit und Elternschaft etwa, gehört für die andere längst der Vergangenheit an. Im "Saal der Vergangenheit" wird Zeit nicht auf das Individuum, sondern auf die Menschheit bezogen, weshalb sich ihre existentiellen Unterschiede im endlosen, eindimensionalen Nacheinander, der "biologischen Ewigkeit der Gattung"[83], einebnen. Deshalb stellt der "Saal der Vergangenheit" nicht "die Überwindung der Zeit" dar, wie Berger meint, sondern deren Gleichgültigkeit gegenüber der individuellen Existenz.[84] Regt er doch Wilhelm zu der merkwürdig zwiespältigen Betrachtung an:

> "So war alles und so wird alles sein! Nichts ist vergänglich, als der eine, der genießt und zuschaut"(7,580).

Bei seiner Anspielung auf die Inschrift des Isisschleiers ('ich bin, was war, ist und sein wird') spart er die Stelle des 'ist', der Gegenwart aus, um sie im nächsten Atemzug mit untertreibender Selbstverleugnung ("nichts als der eine", der gegenwärtig ist) dem Verschwinden zu überantworten. Der Held selbst holt damit das 'memento mori' nach, das, paradox genug, das Standbild eines Toten mit seinem in Stein gemeißelten "Gedenke zu leben" vergessen machen will. Seinen anderslautenden Beteuerungen zum Trotz spürt Wilhelm, daß er - ein zweiter Odysseus[85] - im Totenreich gelandet ist! Wenn er von der Vergänglichkeit des Genießenden und Betrachtenden spricht, bezieht sich dies natürlich zunächst auf seine konkrete Situation als desjenigen, der sich an den Bildern des Saals ergötzt. Nicht zufällig bezeichnen aber Genießen und Betrachten die traditionellen Inhalte der Muße und des Müßiggangs, die der Turm in seinem Einflußbereich nicht duldet.[86] Philine, die Fürsprecherin des 'carpe diem', ist zu diesem Zeitpunkt der Romanhandlung aus dem Gesichtskreis des Helden verschwunden, und daß das 'memento vivere' des Oheims nicht als Aufforderung zum Lebensgenuß, sondern als ein "Gedenke zu arbeiten" verstanden werden soll, legt der Gesang der Knaben bei Mignons Exequien[87] nahe:

> "Auf, wir kehren ins Leben zurück. Gebe der Tag uns Arbeit und Lust, bis der Abend uns Ruhe bringt, und der nächtliche Schlaf uns erquickt."(7,617)

Die Tätigkeitsemphase des Turms macht es unwahrscheinlich, daß mit "Lust" etwas anderes als Lust zur Arbeit gemeint sein könnte.[88] Auf diese Weise wird im "Saal der Vergangenheit" nach der Erinnerung auch der Genuß der Gegenwart negiert, und zuletzt erteilt Natalie, ein Gleichnis des Oheims referierend, der Hoffnung eine symbolische Absage. Von

> "Früchte[n], die am Zweige hängend, uns noch lange die schönste Hoffnung geben, indes ein heimlicher Wurm ihre frühere Reife und ihre Zerstörung vorbereitet"(7,582),

hat der Oheim gesprochen und damit der Hoffnung das Grab prophezeit.
Nur konsequent ersetzt der Turm Erinnerung und Hoffnung als subjektive Zugangsweisen zu Vergangenheit und Zukunft durch seine objektivierende Archivierungs- und Planungstätigkeit.[89] Die Gegenwart aber soll nur im Sinne unermüdlichen Tätigseins zur Geltung kommen[90]: "Das Sicherste bleibt immer, nur das Nächste zu tun was vor uns liegt"(7,454). Um die Tragweite von Wilhelms Verzicht auf die subjektiv-individuelle Aneignung der Zeit zu unterstreichen, beschwört der

Roman - kurz vor dem Eintritt des Helden in den Turm - noch einmal das Glück qualitativer Zeiterfahrung. Lothario, der trotz seiner Zugehörigkeit zur Turmgesellschaft an einem freizügig-libertinären Lebensstil festhält, berichtet, wie er beim Anblick der ehemaligen Geliebten, der ihr ähnlichen Muhme und Tochter in Erinnerung, Gegenwart und Verheißung bzw. Hoffnung geschwelgt habe:

> "(S)o stand ich in der sonderbarsten Gegenwart zwischen der Vergangenheit und Zukunft, wie in einem Orangenwalde, wo in einem kleinen Bezirk Blüten und Früchte stufenweis nebeneinander leben"(7,506).

Als lebendige Symbole der Zeit lassen die drei Frauen bei Lothario das Bild eines paradiesischen Südens aufgehen[91]), wo die Gleichzeitigkeit von Blüten und Früchten ununterbrochenen Genuß verspricht. Wilhelm vermag dagegen bei der Zusammenschau der Zeiten im "Saal der Vergangenheit" nur an die eigene Vergänglichkeit zu denken[92]). Den genauen Sinn des Bildprogramms in diesem Saal, das dem Helden den Abschied vom Betrachten und Genießen nahelegt, gibt Hannelore Schlaffer an, wenn sie es als "symbolische Darstellung der verschiedenen Stadien eines wohlgeordneten bürgerlichen Lebens"[93]) charakterisiert. Sie weist damit der scheinbar übergeschichtlichen Vergegenwärtigung menschlicher Beziehungen ihren historischen Ort zu. Mit Vorliebe beruft sich nämlich gerade das Bürgertum immer dann auf Natur, wenn es ihm in Wirklichkeit um die Durchsetzung oder Absicherung bestimmter gesellschaftlicher Verhältnisse zu tun ist; diese Gleichsetzung von erster und zweiter Natur liegt auch dem Bilderzyklus im "Saal der Vergangenheit" zugrunde[94]). Daß Wilhelm nach seinem Eintritt in die Turmgesellschaft, bei dem ihn angeblich "die Natur (...) losgesprochen (hat)"(7,534), diese Gemälde als Aufforderung zu einer bürgerlichen Lebensführung interpretieren muß, deutet sich in "dem Gefühl des Vaters"(7,539), das er für Felix hegt, schon an, bevor er den "Saal der Vergangenheit" überhaupt betreten hat. Seiner Verantwortung für das Kind bewußt, nimmt er sich vor, seinen ehemals sorglosen Umgang mit der Zeit aufzugeben und sich den Standpunkt seiner Kritiker zu eigen zu machen:

> "Es ist *nicht mehr Zeit*, daß du deine eigenen Jahre und die Jahre anderer vergeudest; nimm dich zusammen" (7,541; Hervorh. v. d. V.).

Väterliche Fürsorge für andere muß jedoch keinesfalls naturwüchsig solche Vorsätze zeitigen: das beweist Wilhelms früherer Lebensstil, dessen Müßiggang sich sehr wohl mit der Versorgung einer "wunderbaren Familie"(7,200), die er "seit einiger Zeit als seine eigene ansah"(7,200), vereinbaren ließ. Erst als sich diese "wunderbare Familie"[95]) auflöst und der leibliche Sohn und Erbe an ihre Stelle tritt, "sollte alles, was er herstellte, eine Dauer auf einige Geschlechter haben"(7,539). Erst jetzt geht die "vielfache Pflicht des Vaters"(7,539) mit dem Verzicht auf einen ungebundenen, lustvollen Weltbezug einher, auf dessen erotische Möglichkeiten der Erzähler mit der Liebes-Laube anspielt:

> "Er sah die Welt nicht mehr wie ein Zugvogel an, ein Gebäude nicht mehr für eine geschwind zusammengestellte Laube, die vertrocknet, ehe man sie verläßt"(7,539).[96)]

Die vom Helden geplante Vernunftehe mit Therese, die nie in ihrem Leben "Zeit verloren"(7,480) hat, spricht dafür, daß er tatsächlich "mit dem Gefühl des Vaters (...) auch alle Tugenden eines Bürgers erworben"(7,539) hat. Zuletzt will er nicht einmal mehr an die Zeiten des Müßiggangs erinnert werden, für die Friedrich, der Amor der Venus-Philine, ein gutes Wort einlegen muß: "Die Zeiten waren gut" (7,653), beteuert er und fordert Wilhelm auf, sich ihrer "nicht [zu] schämen"(ibid.). Bei Therese hatte Wilhelm bezeichnenderweise gleich den ersten "Nachmittag nicht ganz ohne Langeweile zugebracht"(7,479).[97)]
Wenn der Held mit seiner Aufnahme in die Turmgesellschaft der Zeitverschwendung des Müßiggangs abschwört, dann entsagt er zugleich dessen Inhalt - dem Spiel. Denn die Zeit des 'carpe diem', der Erinnerungen und Hoffnungen unterscheidet sich durch dieselben subjektiven Mechanismen von der Zeit ökonomischer Verrechnungseinheiten wie das Spiel von der Welt des Geschäfts- und Erwerbslebens. Deshalb heißt müßiggehen in den "Lehrjahren" spielen: die Teilnehmer der Wasserpartie führen eine Stegreifkomödie auf, die mit einem Pfänderspiel ausklingt; die Aktionen der kleinen Theaterrepublik apostrophiert der Erzähler ausdrücklich als Spiel, und während Wilhelm mit den Schauspielern zur nächsten Stadt reitet, schlüpft er in die Rolle des Prinzen aus Shakespeares "Heinrich IV.". Der lockere Lebenswandel der Schauspieler - ihre wechselnden Liebesbeziehungen, wie ihre Vorliebe für Kaffee- und Wirtshäuser - verrät deutlich genug, daß das Lustprinzip des Spiels auch die hedonistischen Energien des Müßiggangs aktiviert. Deren Wirksamkeit wird im Falle unseres Helden jedoch durch den doppelten Einspruch der Ökonomie und der Moral, die er selbst verinnerlicht hat, gedämpft. Darüber geben die entsprechenden hedonistischen Motive seines Müßiggangs Auskunft. In seiner Prinz-Harry-Phase etwa vertauscht er seine seitherige Kleidung mit einer phantasievollen "Tracht"(7,225) und befreit nicht nur "seinen Hals von der Knechtschaft einer Binde"(7,225), sondern auch sich selbst von äußeren und inneren Zwängen. Denn er

"kam bald selbst in den Geschmack, einige tolle Streiche anzugeben und zu befördern. Man focht, man tanzte, man erfand allerlei Spiele, und in der Fröhlichkeit des Herzens genoß man des leidlichen Weins (...) in starkem Maße, und Philine lauerte in der Unordnung dieser Lebensart dem spröden Helden auf"(7,225).

Für den Bürger ist Unordnung ein Synonym des Müßiggangs, der auf unberechenbare und anarchische Weise vorgegebene Ordnungen untergräbt, seien sie moralischer, politischer , ökonomischer oder selbst hygienischer Art.[98] Wilhelm, der "in einem feinen Bürgerhause erzogen"(7,61) wurde und für den "Ordnung und Reinlichkeit das Element (war), worin er atmete"(7,61)[99], konnte der "wilde[n] Unordnung"(7,62) und mangelnden Sauberkeit, die in Marianes Wohnung herrschten, erst allmählich einen eigenen Reiz abgewinnen. Zuletzt fühlt er sich freilich in ihrer "verworrenen Wirtschaft"(7,63) unendlich viel wohler als bei sich zu Hause in seiner "stattlichen Prunkordnung"(7,63).[100] Der Lust, die er aus seiner unbürgerlich-regellosen Existenz zieht, ist er sich durchaus bewußt, sonst müßte er sich später nicht selbstkritisch fragen, ob sein Wunsch, zur Bühne zu gehen,

"bloß einem unordentlichen unruhigen Menschen willkommen (war), der ein Leben fortzusetzen wünschte, das ihm die Verhältnisse der bürgerlichen Welt nicht gestatteten"(7,297).

Mit dem Schlüsselwort Unordnung scheint über Wilhelms Müßiggang in seiner Prinz-Harry-Periode, in der er sich am entschiedensten von den Lebensgewohnheiten des Elternhauses entfernt, freilich schon alles gesagt zu sein. Genaueres wird dem Leser nämlich vorenthalten; was der Held bei seinen "tollen Streichen" anstellt, bleibt ungesagt und damit nebensächlich. In wenigen Zeilen drängt der Erzähler die Motive anakreontischen Müßiggangs zusammen: Tanz, Spiel, Weingenuß und erotische Versuchung - aber der Wein ist nur "leidlich" und der Held "spröde". Philines erste Annäherungsversuche, die sie ungeniert vor dem Gasthof unternimmt, wehrt er aus Schamgefühl und Schicklichkeitsgründen ab.[101] Unter anderen Umständen, so beteuert der sich einschaltende Erzähler, hätte er anders reagiert; "mit ihr in einer einsamen Laube", hätte er "ihre Liebkosungen wahrscheinlich nicht unerwidert gelassen"(7,143). Die Laube als intimer und heimlicher Lustort hätte seine moralischen Vorbehalte "wahrscheinlich" entkräftet und außerdem ein poetisch angemessenes Ambiente geboten.[102] So aber muß er sich von Philine als "rechter Stock" (7,142) und "steinerne[r] Mann"(7,143) verspotten lassen. Aber nicht nur die Moral, auch die Ökonomie verstellt dem Helden den Weg zur Sinnlichkeit: als Wilhelm Philine, "ohne selbst recht zu wissen warum"(7,143), nachgehen möchte, hält ihn

Melina mit der gewohnten Bitte um Geld auf; "mit einer überraschten Zerstreuung und eilfertigen Gutmütigkeit"(7,143), also unüberlegt und überstürzt, sagt er Melina den Kredit zu und muß mit ansehen, daß ihm nun der junge Friedrich, Philines späterer Ehemann, zuvorkommt. Die Szene darf als typisch für Wilhelms erotische Geschicke gelten; wo andere Müßiggänger von einem Liebesabenteuer zum nächsten eilen, da verdammen Hindernisse und Zufälle den Helden der "Lehrjahre" zu ewiger Vorlust. Denn auch bei der schönen Gräfin, in die sich Wilhelm verliebt hat, verhindert der Zufall die entscheidende erotische Annäherung. Der als Ehemann verkleidete Held muß fliehen, noch bevor er die Gräfin zu Gesicht bekommt, weil der Graf unvorhergesehen und zufällig zu früh zurückkehrt. Den "geduldigen Ehemann(.)"(7,142) spielte Wilhelm, wenn auch gezwungenermaßen, "um kein Skandal zu geben"(7,142), schon in der Szene mit Philine. Beidemale kleidet der Roman den Eros in ein Rollenspiel, an dessen falschem Schein der Held scheitert, denn beidemale vereitelt der echte Ehemann (im Falle Philines der in spe) Wilhelms Erfolg.[103) Dessen erotischem Verlangen haftet ein Moment des Unwirklich-Chimärischen bzw. Halbbewußten an. So folgt er Philine, "ohne selbst recht zu wissen warum"(7,143) und hält später die Gräfin "ohne zu wissen wie es geschah"(7,215), plötzlich in den Armen: "wie im Traum das Seltsamste aus dem Seltsamsten sich entwickelnd uns überrascht"(7,215), so daß die Kuß-Szene ebenfalls ins Als-Ob des Spiels hinübergleitet. Und wieder trennt der Ehemann die beiden Verliebten, denn sein Bild befindet sich in jenem Medaillon, an dem sich die Gräfin bei der stürmischen Umarmung verletzt und Wilhelm deshalb zu gehen bittet. Während Tiecks "Lovell" die Topoi hedonistischen Müßiggangs ihrer inneren Dynamik gemäß entfaltet und den Helden seine zahllosen Sinnengenüsse mit fortschreitender moralischer Korrumption entgelten läßt, treten in den "Lehrjahren" zwischen die Wünsche des Helden und deren Erfüllung Zufälle, die die Willkür und Kontingenz ausserliterarischer Wirklichkeit imitieren und durch diesen Einbruch der Realität den schwebenden Schein des Spiels zerstören: die echten Ehemänner vertreiben den falschen!

Bei näherem Hinsehen zeigt sich jedoch, daß diese Zufälle keineswegs nur äußere Faktoren sind, sondern vom Helden - ihm selbst unbewußt - im Grunde begrüßt werden. Melinas hinderndes Dazwischentreten kommt Wilhelms Schwanken zwischen Anziehung und Abstoßung in seinem Verhältnis zu Philine entgegen; kurz bevor er ihr folgt, "hatte ihr Betragen einen neuen Widerwillen in ihm erregt"(7,143). Auch die zweideutige Maskierung bei der Gräfin widerspricht Wilhelms Überzeugungen: man rät ihm für den Fall, daß jene seine wahre Identität entdeckt, "hübsch artig und galant"(7,202) zu sein, dabei ist er "seiner Natur nach von aller leeren Galanterie weit entfernt"(7,203).[104) Wenn der Erzähler nach dem abrupten Ende der Kuß-Szene mit der Gräfin fragt, "(w)elche sonderbare Warnung

des Zufalls oder der Schickung (...) sie auseinander(riß)"(7,216), dann schließt sein "oder" Zufall und Schickung adjunktiv zusammen; denn die Zufälle, mit denen es der Held zu tun bekommt, entspringen dem Geschick, das ihm der Erzähler als Spielleiter des Romans zugedacht hat: der bürgerliche Wilhelm wird durch Zufälle vor moralisch bedenklichen Verwicklungen bewahrt, weil er zum Lebemann nicht taugt bzw. nicht taugen soll und weil die "Lehrjahre" kein galanter Roman sind. Auf diesen spielen die Figuren der libertinären Baronesse, einer wahren Circe (7,190), und des unwiderstehlichen Liebhabers Lothario an, der das erfolgreiche Gegenbild zum skrupulösen Helden abgibt. Mit beiden macht Wilhelm Bekanntschaft, ohne sich von ihrer erotischen Leichtlebigkeit anstecken zu lassen. Während die Baronesse ganz im Typus der verderbten, müßigen Aristokratin aufgeht, vereinigt Lothario die Züge des adligen Helden - man denke an seine Kriegstaten in Amerika - und des progressiven Wirtschaftsbürgers. Es gehört zu den Ironien der "Lehrjahre", daß sie mehr von seinen Liebesverhältnissen als von seinen nützlichen Tätigkeiten im Rahmen des Turms sprechen.
Die Handlungshemmung des Helden in den Szenen mit der Gräfin und Philine parodiert auf der Ebene mißlingender Liebesabenteuer die Handlungshemmung Hamlets, mit dem Wilhelm sich identifiziert, und wirkt daher komisch. Wie das erotische wandelt der Roman auch andere Motive hedonistischen Müßiggangs, wie das Zechen und Schlemmen, ins Komische ab.[105] Das letztere kommt überhaupt nur im Horizont des Geldes zur Sprache. Während der Leser über besondere Gaumenfreuden Wilhelms nichts erfährt, berichtet Philine diesem, sie habe einige knauserige Bekannte - "karge(.) Näscher(.)"(7,107) - mit der Bestellung eines "unsinnige[n] Mittagsmahl[s]"(7,107) auf die Probe gestellt. In Gestalt des rechenhaften Melina bricht das Geldproblem sogar über die bescheidenen Mahlzeiten herein, die Wilhelm und die anderen im Gasthof zu sich nehmen:

> Melina "wollte für weniges Geld (...) reichlichere Mahlzeit und promptere Bedienung haben. (...) und wenn die andern, um froh zu leben, sich alles gefallen ließen, und nur geschwind bezahlten, um nicht länger an das zu denken, was schon verzehrt war, so mußte die Mahlzeit, die Melina regelmäßig sogleich berichtigte, jederzeit von vorn wieder durchgenommen werden"(7,115).

"Froh leben" kann man nur, wenn man "geschwind bezahlt" und nicht noch lange und ausführlich den Warenäquivalenten des Geldes nachforscht. Die kleinliche Geldpolitik Melinas, den Philine "ohne Umstände ein wiederkäuendes Tier (nannte)"(7,115), paart sich auf diese Weise mit jener "stockenden, schleppenden"(7,37) Zeit, der Wilhelm glücklich entronnen ist, und droht die harmlosen

Oralgenüsse der munteren Gesellschaft zu vergällen. Auch das Motiv des Zechens zitiert der Roman nur in ironischer Brechung. Während der Lesung eines Ritterstücks betrinken sich die um den Helden gescharten Zuhörer dermaßen, daß die "Mädchen nicht in den anständigsten Stellungen auf dem Kanapee lagen"(7,134) und die Männer mit Gläsern und der Punschterrine um sich werfen, bis schließlich die Polizei dem lautstarken Chaos ein Ende macht. Wilhelm selbst, der "nur wenig getrunken"(7,134) hat, weil er mit Vorlesen beschäftigt war, bleibt vom Zechen nur die Zeche, die er begleichen muß. Der komische Exzeß, bei dem das Dionysische zum Radau verkommt, richtet materiellen wie moralischen Schaden an und endet für den Helden echt bürgerlich mit einer Rechnung und einem schlechten Gewissen[106]:

> "(N)ichts glich der unangenehmen Empfindung, als er (Wilhelm, d.V.) des andern Morgens die Augen aufschlug, und mit düsterm Blick auf die Verwüstungen des vergangenen Tages (...) hinsah"(7,134f.).

Der Wechsel zwischen rauschhafter Nacht und ernüchterndem Morgen[107] wiederholt sich anläßlich der Hamletfeier, bei der Wilhelm sich wirklich einmal betrinkt und anschließend verführt wird:

> "Wilhelm fuhr des andern Morgens mit einer unbehaglichen Empfindung in die Höhe, und fand sein Bett leer. Von dem nicht völlig ausgeschlafenen Rausche war ihm der Kopf düster, und die Erinnerung an den unbekannten nächtlichen Besuch machte ihn unruhig"(7,352).[108]

Auf die Exaltationen der Zechgelage, die stets mit erotischen Freizügigkeiten einhergehen, reagiert er als wohlerzogener Bürgersohn mit instinktiver Abwehr.
Einzig die Außenseiterin Mignon aktualisiert den Rausch noch einmal als das ganz Andere und Alte, das in die Welt der bürgerlichen Ordnungen hineinragt, indem sie auf dem Fest zur Bacchantin wird:

> "Ihre Haare flogen, und indem sie den Kopf zurück und alle ihre Glieder gleichsam in die Luft warf, schien sie einer Mänade ähnlich, deren wilde und beinah unmögliche Stellungen uns auf alten Monumenten noch oft in Erstaunen setzen."(7,350f.)

Solch bedingungslose Entgrenzung bleibt Wilhelm versagt. Er streift die hedonistischen Elemente des Müßiggangs lediglich, ohne in sie einzutauchen, so daß er im Genußleben gleichsam nur dilettiert.

Das schwierige Verhältnis des Bürgers zum Sinnengenuß demonstriert der Roman an Wilhelms und Werners Vätern. So hat der alte Meister sein Haus zwar mit kostbarem Inventar ausgestattet, kann aber nur selten Gäste empfangen, "sowohl wegen der Kosten als wegen der Unbequemlichkeit"(7,43), die eine Einladung verursachen würde, wodurch er nie in den vollen Genuß seiner wertvollen Anschaffungen kommt.[109] Der alte Werner lebt dagegen "in einem dunkeln und finstern Hause" (7,43), ißt und trinkt jedoch gut und gerne und stets in Gesellschaft möglichst vieler Gäste; seinen Tafelfreuden fehlt nur der ästhetische Rahmen - die "guten Speisen"(ibid.) können nur "in gemeinem Geschirr aufgetragen"(7,43) werden. Der Erzähler macht keinen Hehl daraus, daß der alte Werner das bessere Teil erwählt hat, aber in beiden Fällen verhindert der Faktor Geld den sinnlich wie ästhetisch vollkommenen Genuß.[110] Die traurige Erscheinung des jungen Werner am Ende des Romans stellt der Genußfähigkeit des Bürgers ein denkbar ungünstiges Zeugnis aus. Schon bei seinem Lob des Handels rückt Werner vom unmittelbaren Sinnengenuß ab, wenn er behauptet, man müsse

> "leben und Menschen *sehen*, die sich recht lebendig bemühen und recht sinnlich genießen", wolle man die Gunst des Handels "wahrhaft (...) empfinden"(7,42; Hervorh. v. d. V.).

Nur zu sehen braucht man die Genießenden, denen man die Mittel zum Genuß verschafft, nicht etwa selbst genießen. Werners konkrete Vorstellungen, wie er sich mit "den Seinigen lustig"(7,309) zu machen gedenkt, fallen denn auch sehr dürftig aus. Recht besehen, kann er sich mit seiner Familie nur außerhalb des Hauses an "den schönen Lustörter[n] auf dem Lande"(7,308) vergnügen, ansonsten müssen Mann und Frau in "Kaffeehäuser[n] und Klubs" bzw. auf "Spaziergänge[n] und Spazierfahrten"(7,308) getrennte Wege gehen. Denn das Haus des alten Werner, in dem der Sohn mit Frau, Kindern und Schwiegermutter wohnt, ist für die Freizeitvergnügungen zu eng; Werner selbst behält in ihm "keinen Platz als den an [s]einem Schreibepulte"(7,308), so daß es ihm in erster Linie als Arbeitsstätte dient. Seine ökonomisch bedingte Genußfeindlichkeit gibt er in seiner Befriedigung über den "Vorteil"(7,308) zu erkennen, daß nämlich

> "unser runder Tisch ganz besetzt ist, und es dem Vater unmöglich wird, Freunde zu sehen, die sich nur desto leichtfertiger über ihn aufhalten, je mehr er sich Mühe gegeben hat, sie zu bewirten"(7,308f.).

Zwischen Werners Genußunfähigkeit und dem Hedonismus der unbürgerlichen Figuren hält Wilhelm in seinem Müßiggang die Mitte. Im Vergleich zu den letzteren verhält er sich moralisch, im Unterschied zu dem auf Zweckrationalität eingeschworenen Werner oder der Turmgesellschaft human. Wilhelm verführt nicht wie Lothario "aus langer Weile"(7,495); und im Unterschied zum Turm kümmert er sich ohne Nebenabsichten und ohne in ihr Wesen eingreifen zu wollen um Mignon und den Harfner, die sein menschliches Interesse wecken. Nicht in ausschweifendem Sinnengenuß, sondern in den ästhetischen Möglichkeiten des Spiels liegen für den Helden der Lustgewinn des Müßiggangs. Das Spiel fingiert eine eigene Wirklichkeit und erzeugt eine Welt des Scheins, die bestimmte Elemente des Realitätsprinzips ausblendet. "*In der Sphäre eines Spiels haben die Gesetze und Gebräuche des gewöhnlichen Lebens keine Geltung.*"[111] Da es sich um die "'objektive' Sachhaltigkeit und Gesetzmäßigkeit der Gegenstände"[112] nicht zu kümmern braucht, kann es sich vom Lustgewinn leiten lassen - im Unterschied zur Arbeit, die sich "in Behandlung, Verwendung, Formung ihres Gegenstandes nach seiner Sachhaltigkeit richten muß".[113] Das Spiel kann daher nur eine Form des Müßiggangs sein.[114] Wie beide sich wechselseitig bedingen und ineinandergreifen, zeigt eine Szene, bei der Wilhelm mit der kleinen Theatertruppe auf einer Waldlichtung rastet:

> "Man beneidete die Jäger, Köhler und Holzhauer, Leute, die ihr Beruf in diesen glücklichen Wohnplätzen fest hält; über alles aber pries man die reizende Wirtschaft eines Zigeunerhaufens. Man beneidete die wunderlichen Gesellen, die in *seligem Müßiggange* alle abenteuerlichen Reize der Natur zu genießen berechtigt sind; man freute sich, ihnen einigermaßen ähnlich zu sein."(7,238; Hervorh. v. d. V.)

Nur solange man es spielt, ist das Leben der Jäger, Köhler, Holzhauer und Zigeuner beneidenswert. Deren "seliger Müßiggang" entspringt der Phantasie der Schauspieler und wird in einer theatralischen Situation nachgestellt: ohne die Kutschen, die als bequeme Fortbewegungsmittel den falschen Schein urwüchsiger Naturnähe widerlegen, "wäre der Anblick dieser kleinen Horde bis zur Illusion romantisch gewesen"(7,239). Die wahren Müßiggänger sind die Schauspieler, die Jarno einmal als Zigeuner schmäht (7,466); selbst müßig, spielen sie den sentimentalisch beschworenen "seligen Müßiggang" der Zigeuner, zu dem die Fiktion des Spiels ihren eigenen verklärt. Wilhelm selbst steigert sich in folgende Phantasie hinein:

> "Er konnte hier eine wandernde Kolonie und sich als Anführer derselben denken. (...) und bildete den *Wahn des Moments* so poetisch als möglich aus."(7,239; Hervorh. v. d. V.)

Ein Unterfangen, das unter die Kategorie des Angenehmen fällt, denn er "genoß ein nie gefühltes Vergnügen"(7,239). Daß sich diese Lust dem Müßiggang und der in ihm möglichen Einschränkung des Realitätsprinzips verdankt, beweist Wilhelms verdrossene Reaktion auf Jarnos späteres Anerbieten, sich nun allen Ernstes mit ihm in der amerikanischen Kolonie der Turmgesellschaft nützlich zu machen. Nur in der Phantasie des müßigen Spiels kann sich der Held für Tätigkeit und Arbeit erwärmen, nicht in der nüchternen Wirklichkeit unter der Anleitung des Turms. Tatsächlich hatte er das Waldwiesen-Idyll samt dem Überfall der Marodeure und dem Erscheinen der Amazone bereits in seinem beim Grafen verfaßten Theatervorspiel antizipiert, so daß die ganze Episode - Vergangenheit und Zukunft providentiell verbindend - eine poetische Phantasie einlöst. Sie entspricht damit jenem Zufallsprinzip, das die "Lehrjahre" dem Roman im Unterschied zum Drama zugestehen:

> "So vereinigte man sich (...) darüber, daß man dem Zufall im Roman gar wohl sein *Spiel* erlauben könne; daß er aber immer durch die Gesinnungen der Personen gelenkt und geleitet werden müsse"(7,331; Hervorh. v. d. V.).

Dem Spiel mit der Zeit, das sich die "Lehrjahre" im Müßiggang ihres Helden und mit der Mißachtung einer empirisch-stimmigen Chronologie erlauben, entspricht das Spiel mit dem Zufall. In beiden Fällen entfernt sich der Roman von jener Wirklichkeitsnähe, auf die er im 18. Jahrhundert verpflichtet wurde. Denn Zufälle, die von den "Gesinnungen der Personen gelenkt und geleitet werden"(7,331), widersprechen den "Forderungen des poetologischen Programms der 'wahren Geschichte'".[115)] Diese müßte sich an der "kontingenten Realität" des "Weltganzen"[116)] orientieren. Der Zufall, der die Szene auf der Waldlichtung zustande kommen läßt, ist aber in der "nicht mehr auflösbaren höheren Logik einer poetischen Fügung begründet"[117)] und tut den Wünschen des müßigen Helden Genüge.[118)] Gerade dessen Müßiggang, der sich selbst nicht an das gesellschaftlich verbindliche Realitätsprinzip hält, begünstigt die fiktionale Abweichung des Romans vom "Programm der 'wahren Geschichte'".[119)] Wie eng der Zufall auf der Waldwiese mit den Gesinnungen des Helden zusammenhängt, beweist die List, derer Wilhelm sich bedient, um eben jenem Zufall nachzuhelfen. Mit dem sonst der 'Gegenseite' vorbehaltenen Argument, man solle nicht unnötig "Zeit und Geld (...) versplittern"(7,236), überredet er Melina und die andern, an der ursprünglich geplanten, inzwischen gefährlich gewordenen Reiseroute festzuhalten, und lockt die Gesellschaft so an den Ort des Überfalls. Unter dem Vorwand, Zeit und Geld zu sparen, frönt Wilhelm seiner Spiellust und verliert prompt Zeit und Geld. Denn Melinas Habe fällt mitsamt den Geldern, die er Wilhelm schuldet, den Wegelagerern in die Hände, und den Helden verurteilt seine Verwundung "nur zu lange" zu völliger "Untätigkeit"(7,260). So wenig kann dieser seine "ritterlichen Abenteuer(.)"(7,285) mit seiner bürgerlichen Existenz in Einklang bringen, daß er "den Besuch bei seinen Handelsfreunden"(7,285) immer wieder hinauszögert. Es ist die Fiktionalisierung der Wirklichkeit im Spiel, die den Müßiggang des Helden von der bürgerlichen Alltagswelt trennt und dem Turm als Realitätsverkennung mißfällt. Bewußt versucht die Turmgesellschaft daher, die verführerische Wirkung des Theaters zu entschärfen und gleichsam stumpf werden zu lassen, indem sie es für ihre didaktischen und lebenspraktischen Zwecke einsetzt. Mit einer künstlerisch wenig ansprechenden, durch ihre Begleitumstände aber effektvollen Inszenierung stellt sie einige Situationen aus der Bildungsgeschichte des Helden nach, wobei sie alles Wunderbar-Schicksalhafte aus Wilhelms Biographie tilgt und vor allem an seine rationale Einsichtsfähigkeit appelliert. Ähnlich wie Andrea in Tiecks "Lovell" desillusioniert auch der Turm den Schicksalsglauben des Helden, indem er sich als Arrangeur entscheidender Situationen in Wilhelms Leben zu erkennen gibt:[120)]

> "Sonderbar! sagte er (Wilhelm, d.V.) bei sich selbst, sollten zufällige Ereignisse einen Zusammenhang haben?"(7,531)

Zugleich bagatellisiert der Turm das, was der Held für die ominösen Winke seines Schicksals hielt, als "bloß[en] Zufall"(7,531), d.h. als kontingent und bedeutungslos. Wo Wilhelm noch das Walten übersinnlicher Mächte vermutet, ist diesen die Turmgesellschaft als profane Schicksalsinstanz mit ihrem Überwachungssystem[121)] und ihrer zielgerichteten Regie der Ereignisse zuvorgekommen.[122)] Auf diese Weise fungiert der Turm, in dem nicht wenige Interpreten eine positive humane Utopie der "Lehrjahre" sehen, als Statthalter jenes Realitätsprizips[123)], das der Held wie der Roman selbst immer wieder unterlaufen. Denn der letztere schlägt sich mit den Mitteln der Ästhetik auf die Seite seines Helden: die Schilderung von Wilhelms Traum, der seiner Initiation vorangeht und ihm auf bildhaft eindringliche Weise Vergangenheit und Zukunft erschließt, offenbart die Unzulänglichkeit der nachfolgenden theatralischen Bemühungen des Turms.[124)] Die Gründe für dessen Abneigung gegen das Theaterspiel bringen die "Wanderjahre" ausführlich zur Sprache. In ihnen wird das Theater aus der Pädagogischen Provinz, einer Filiale des Turms, konsequent verbannt, weil es stets "eine müßige Menge, vielleicht gar einen Pöbel voraus(setzt)"(8,278).[125)]

Nur in der abfälligsten Weise äußert sich der Aufseher, der Wilhelm durch die Provinz führt, über die "dramatische Poesie"(8,278), deren "Gaukeleien"(8,278f.), d.h. die Art ihrer ästhetischen Fiktion, mit den "ernsten Zwecken"(8,279) dieser Institution nicht zu "vereinen"(ibid.) sind. Die Verbindung des Theaters mit dem Müßiggang ist keine bloß äußerliche, wie der Hinweis auf die müßigen Zuschauer zunächst vermuten läßt. Hannelore Schlaffer hat nachgewiesen, daß mit dem "zweideutigen Ursprung"(8,279), den der Aufseher dem Theater anlastet, seine Geburt aus dem "bacchantischen Rausch"[126)] gemeint ist. Ihm entspringt als eigentliches Skandalon die Aufhebung des Realitätsprinzips, die in den Fiktionen des Theaters weiterwirkt:

> "Wer unter unsern Zöglingen", fragt der Pädagoge, "sollte sich leicht entschließen, mit *erlogener* Heiterkeit, oder *geheucheltem* Schmerz, ein *unwahres*, dem Augenblick nicht angehöriges Gefühl (...) zu erregen, um dadurch ein immer mißliches Gefallen abwechselnd hervorzubringen?"(8,278; Hervorh. v. d. V.)

In der Suspension des Realitätsprinzips finden Theaterspiel und Müßiggang ihr gemeinsames Drittes[127)]: die "müßige Menge"(8,278) will verzaubert sein und der Schauspieler verwischt die Grenzen zwischen Kunst und Leben "zu seinen flüchtigen Zwecken"(8,279), d.h. für den ästhetischen Augenblick.[128)] Auf die Beziehung zwischen Theater und hedonistischem Müßiggang spielen aber auch schon die "Lehrjahre" an: wenn Wilhelm sich als zweiter Herkules am Scheideweg zwischen der Muse des Gewerbes und der anderen der dramatischen Dichtkunst sieht, dann steht - in Analogie zum topischen Urbild - die erstere für die Tugend und die letztere für das Laster, d.h. den verderbten Müßiggang.[129)] Dessen unmittelbar sinnlichen Gehalte treten im Meisterroman zugunsten der Lust theatralischer Selbstdarstellung zurück; sie zieht dafür wegen des Lasters der Zeitverschwendung die Kritik auf sich, die sonst der sinnlichen Ausschweifung gegolten hätte.[130)] Um dem Helden eben jene müßige Lust des Theaterspielens auszutreiben, versucht Jarno, ihm mit unnachsichtiger Schärfe den Unterschied zwischen professioneller Schauspielkunst und dilettierender Selbstverwirklichung auf der Bühne klarzumachen":

> (...) bei mir (...) ist es (...) rein entschieden, daß wer sich nur selbst spielen kann, kein Schauspieler ist. (...) So haben Sie, zum Beispiel, den Hamlet und einige andere Rollen recht gut gespielt, bei denen Ihr Charakter, Ihre Gestalt und die *Stimmung des Augenblicks* Ihnen zugute kamen. Das wäre nun für ein Liebhabertheater und für einen jeden gut genug, der keinen andern Weg vor sich sähe."(7,591; Hervorh. v. d. V.)

Daß er nicht virtuos in jede Rolle schlüpfen und alle nur als wechselnde Masken begreifen kann, sondern in ihnen leben und bei sich selbst sein möchte, disqualifiziert den Helden als ernstzunehmenden Schauspieler. Wenn aber nach Schillers berühmten Diktum der

"Mensch (...) nur (spielt), wo er in voller Bedeutung des Worts Mensch ist, und (...) *nur da ganz Mensch (ist), wo er spielt*"[131],

dann löst gerade Wilhelm mit seinem unprofessionellen, spielerischen Müßiggang ein humanes Utopikon ein und nicht etwa die Turmgesellschaft, die Arbeitsteilung und Spezialisierung bejaht. Zumal die Briefe "Ueber die ästhetische Erziehung" dieses Utopikon im Bild der olympischen Götter bewahrt sehen, die in ihrem Müßiggang "von den Fesseln jedes Zweckes, jeder Pflicht, jeder Sorge"[132] befreit sind. Im Theaterspiel glaubt Wilhelm dem Identitätszwang einer bloß ökonomisch ausgerichteten Existenz entkommen und sich zur Persönlichkeit entfalten zu können: "mich selbst, ganz wie ich da bin, auszubilden"(7,311), d.h. Mensch und nicht Bürger zu sein.[133] Als Schauspieler fühlt er sich dem Adligen gleich, der, anders als der Bürger, "(scheinen) darf und soll"(7,313), weil ihm Zeit und Geld den Luxus dieses Scheinens erlauben. Als eine Art individuellen theatralischen Rollenspiels mißversteht Wilhelm die aristokratische Repräsentationskultur, deren machtpolitsches Kalkül ihm entgeht; im doppeldeutigen Terminus 'Schein' vermischen sich für ihn Glanz und Verstellungskunst des Adels. Dessen Umgangsformen sieht er als freies und leichtes Spiel an, als einen poetischen Überschuß, den er der plumpen Direktheit des unablässig seine Interessen verfolgenden Bürgers vorzieht.[134] Daher stimmt er Philines Vorschlag, eine Stegreifkomödie aufzuführen, mit den Worten zu:

> "(...) in einer Gesellschaft, in der man sich nicht verstellt, in welcher jedes nur seinem Sinne folgt, kann Anmut und Zufriedenheit nicht lange wohnen"(7,125).

Das schließt weder Fleiß noch Anstrengung aus; aber nicht Geld, sondern Genuß, eigener wie fremder, ist das Telos solchen Tätigseins, das auf diese Weise die erotischen Energien des hedonistischen Müßiggangs bindet.[135] So weist Wilhelm Philines Kritik an der allzu großen Sorgfalt und Mühe bei den Hamlet-Proben zurück, indem er ihren Vergleich der Zuschauer mit Gästen, die rasch wieder vergessen, was sie genossen haben, aufgreift, um daran eine kleine Genuß- und Tätigkeitsphilosophie in nuce zu entwickeln. Diese aber will von der Flüchtigkeit des Genusses nichts wissen, sondern plädiert für dessen untergründig-geheimes Weiterwirken:

> "(S)ollte der Hausherr das alles (die Speisen des Gastmahls, d.V.) nicht sorgfältig zusammen bringen und zusammen halten, weil am Ende der Genuß nur vorübergehend ist? Aber kein Genuß ist vorübergehend: denn der Eindruck, den er zurückläßt, ist bleibend, und was man mit

> Fleiß und Anstrengung tut, teilt dem Zuschauer selbst eine verborgene Kraft mit"(7,339f.).

Diese Art des Wirkens könnte am Ende produktiver sein als die "pflichtmäßige(.) Tätigkeit"(7,530), die der Turm befiehlt. Was man aber so ausschließlich aus Lust und Liebe tut, fällt aus der Skala nützlicher Tätigkeiten heraus und firmiert beim Bürger unter dem Titel geschäftiger Müßiggang oder Dilettantismus, die beide wegen der Wertschätzung der Professionalität in Mißkredit geraten sind.[136] In diesem Sinne äußert sich die Turmgesellschaft über Wilhelms Leistungen als Schauspieler:

> "Man soll sich (...) vor einem Talente hüten, das man in Vollkommenheit auszuüben nicht Hoffnung hat. Man mag es darin so weit bringen, als man will, so wird man doch immer zuletzt, wenn uns einmal das Verdienst des Meisters klar wird, den Verlust von Zeit und Kräften, die man auf eine solche Pfuscherei gewendet hat, schmerzlich bedauern"(7,591).

Der Verlust von "Zeit und Kräften" kann aber nur dort negativ ins Gewicht fallen, wo die effiziente Nutzung von Fähigkeiten und Anlagen höher veranschlagt wird als die Lust, die ihre dilettierende Anwendung bereitet.[137] Gerade in dem Umstand aber, daß Wilhelm kein 'echter' Künstler ist, sondern in seiner Theaterbegeisterung nur sich selbst auslebt, liegt die eigentliche Qualität seines Müßiggangs - in ihm verschränken sich der Wunsch und das Recht, fraglos, so wie man ist, dazusein.
Dem Verdacht geschäftigen Müßiggangs setzt sich auch der Verfasser der "Lehrjahre" aus, wenn er in "Dichtung und Wahrheit" bekennt, daß er in Straßburg, anstatt zu promovieren, "ein solches Hauptgeschäft als eine Nebensache betrachtete"(10,516), und dies zu den "Unregelmäßigkeiten [s]eines Lebens"(10,516) zählt. Während seines Aufenthalts in Italien beschäftigt er sich mit der Bildhauerei und Malerei, um eine "eingeborne Leidenschaft befriedigen zu können" (11,436) und wie später sein Held "von einem anhaltenden Vergnügen einen dauernden Nutzen sich versprechen zu dürfen"(11,436). Dabei macht er aus dem dilettantischen Charakter dieser Unternehmung keinen Hehl; führt er doch den folgenden als einen seiner "Kapitalfehler"(11,407) an:

> "(...) ich (mochte) nie das Handwerk einer Sache, die ich treiben wollte oder sollte, lernen (...).(...) Entweder es war durch die Kraft des Geistes gezwungen, gelang oder mißlang, wie Glück und Zufall es wollten, oder wenn ich eine Sache gut und mit Überlegung machen wollte, war ich furchtsam und konnte nicht fertig werden."(11,407)[138]

Beides, der Wunsch nach dem Erfolg im Handstreich wie das ängstliche Nicht-Fertig-Werden-Wollen, ist gleich weit von routinierter Professionalität entfernt, auch von der Langeweile, die sich bei ihr einstellen kann. Der fast manische Zwang des Reisenden, den Daheimgebliebenen Rechenschaft über seine Beschäftigungen abzulegen, die Versicherung: "Ich bin immer fleißig"(11,439), und die andere, jede Stunde der gegönnten Muße werde eifrig genutzt, entlarven vollends den geschäftigen Müßiggänger.[139] Von seiner "kontemplativ tätigen, geschäftigen Ruhe"(11,432) spricht Goethe selbst. Daß auch der Held der "Lehrjahre" nicht faul, sondern in seinem Müßiggang äußerst geschäftig ist, macht der Roman an verschiedenen Stellen deutlich. So packt Wilhelm beim Aufbau des Theatergerüsts im Schloß

> "selbst mit an, half die Perspektive bestimmen, (...) und war *höchst beschäftigt*, daß es nicht unschicklich werden sollte"(7,175; Hervorh. v. d. V.).

Anders als die übrigen Schauspieler, deren geschäftiger Müßiggang darin besteht, Wirtshäuser aufzusuchen, Kollegen durchzuhecheln und sich über den ökonomischen Erfolg eines Stückes Gedanken zu machen (7,63), nutzt der Held die "leeren Stunden, deren ein Schauspieler leider so viele hat"(7,367), um Theaterstücke zu lesen und "mit großer Sorgfalt"(7,175) ein Stück durchzunehmen oder seine Rollen zu memorieren (7,188). Mit einem, dem Dilettanten eigenen Überschwang "komponierte"(7,132) er, sich über alle mühselige Kleinarbeit hinwegsetzend,

> "aus dem Reichtum seines lebendigen Bildervorrats sogleich ein ganzes Schauspiel mit allen seinen Akten, Szenen, Charakteren und Verwicklungen"(7,132),

für das gleichfalls gelten dürfte, daß es "durch die Kraft des Geistes gezwungen gelang oder mißlang, wie Glück und Zufall es wollten"(11,407). Beispielhaft für Wilhelms geschäftigen Müßiggang aber sind die Gründe, die er sich für seinen allzu langen Aufenthalt im "heiteren Landstädtchen" zurechtlegt: er

> "rechtfertigte sich bei sich selbst durch eine *fleißige* Übung in der Fecht- und Tanzkunst, wozu er so leicht nicht wieder Gelegenheit zu finden glaubte."(7,114; Hervorh. v. d. V.)

Solche Selbstbeschwichtigung parodiert ungewollt das Berufs- und Arbeitsethos des Kaufmanns: der Vorwurf der Faulheit kann ihn nicht treffen, da er ja fleißig übt,

außerdem darf sich der Kaufmann die günstige Gelegenheit, etwas zu erwerben, nicht entgehen lassen; die Form des Tätigseins ist gewahrt, nur ihre Inhalte, die Tanz- und Fechtkunst, die Wilhelm 'erwirbt', passen nicht ins ökonomische Kalkül. Die Distanz des geschäftigen Müßiggängers Wilhelm zur Realität von Arbeit und Gewerbe zeigt sich bei seiner "wunderlichen und gleichsam nur zum Scherz unternommenen Arbeit jener fingierten Reisebeschreibung, die er mit Laertes zusammensetzte"(7,296).
Durch die spielerische ("zum Scherz") Beschäftigung mit dem Reisejournalismus, zu dem Laertes die einschlägigen Sachkenntnisse samt auflockernden fiktionalen Einlagen (eingeflochtene Liebesgeschichte) beisteuert, wird Wilhelm

> "auf die Zustände und das tägliche Leben der wirklichen Welt aufmerksamer (...). Er fühlte zum ersten Male, wie angenehm und nützlich es sein könne, sich zur Mittelsperson so vieler Gewerbe und Bedürfnisse zu machen, (...). (...) und es war das erste Mal, daß sein Geist im Anschauen dieser Art von Tätigkeit sich wirklich ergötzte."(7,296)

Da sich Geist und Anschauung nur in der Kontemplation verbinden, bezieht sich Wilhelm lediglich theoretisch, nicht praktisch auf die Welt nützlicher Tätigkeiten, wobei sich eben diesem Umstand sein Ergötzen verdankt.[140] Nicht zufällig findet er es an erster Stelle angenehm und dann erst nützlich, sich zur "Mittelsperson so vieler Gewerbe zu machen". Die Phantasie beflügelt seine Vorstellungen, die in ihrer Leuchtkraft nicht durch die Mühen tagtäglicher Arbeit geschmälert werden.[141] Was es mit dieser "Mittelsperson"(7,296) auf sich hat, führt der "arbeitsame(.) Hypochondrist"(7,536) Werner dem Helden wie dem Leser vor Augen. Unumwunden gesteht Wilhelm sich selbst, daß es "nur äußere Umstände (sind), die [ihm] eine Neigung zu Gewerb, Erwerb und Besitz einflößen"(7,296f.), und kann sich dem Gedanken, er versuche seinen seitherigen, unordentlichen Müßiggang am Theater fortzusetzen, nicht ganz verschließen. Da er bei Werner einen ähnlichen Verdacht vermutet, beeilt er sich zu versichern, daß es bei Serlo "mechanische Quälereien genug" (7,314) gebe, mit denen er seiner "Geduld tägliche Übung verschaffen" könne(7,314); im Sinne jener bürgerlichen Maximen, die ununterbrochenes Tätigsein postulieren. Den Unterschied zwischen dem Spiel des geschäftigen Müßiggangs und kontinuierlicher, planmäßiger Arbeit muß Wilhelm im Laufe seines Theaterengagements - dem unbürgerlichen Milieu zum Trotz - am eigenen Leibe erfahren. Weil er seine Herkunft nicht verleugnen kann, verleidet ihm schließlich ausgerechnet sein Wunsch nach "Ordnung und Genauigkeit"(7,371) das Theaterspiel.

> Denn er hat kaum "die Beschäftigung eines Regisseurs übernommen (...), so fingen die meisten Schauspieler um desto mehr an unartig zu werden, als er nach seiner Weise etwas mehr Ordnung und Genauigkeit in das Ganze zu bringen wünschte"(7,370f.).

Solcher Ärger und die sich einstellende Routine, in der sich die dem Roman eigentümliche, die Ideale der Subjektivität verschleißende Zeit[142]) bemerkbar macht, ernüchtern den Helden so gründlich, daß er zuletzt bei der bisher verpönten Frage nach Zeit und Geld seine Zuflucht sucht:

> es "schien (...) ihm endlich in trüben Stunden, daß dieses Handwerk weniger als irgend ein andres den nötigen Aufwand *von Zeit und Kräften* verdiene. Das Geschäft war lästig und die *Belohnung gering.*"(7,371; Hervorh. v. d. V.)

Plötzlich vermißt der enttäuschte Wilhelm das angemessene Entgelt für seine Mühen und sehnt sich - beinahe philiströs - nach einem, dem Schauspieler naturgemäß vorenthaltenen Feierabend:

> "Er hätte jedes andere (Geschäft, d.V.) lieber übernommen, bei dem man doch, wenn es vorbei ist, der Ruhe des Geistes genießen kann" (7,371).[143])

Er ist nun selbst davon überzeugt, "länger als billig"(7,454) bei den Schauspielern ausgeharrt zu haben, und die mit ihnen verbrachte Zeit erscheint ihm als ein "unendliches Leere[s]"(7,454), ganz wie zu Anfang die Arbeit im Kontor. Die desillusionierenden Erfahrungen, die ihm das Theater als pars pro toto der Welt beschert, machen den Helden 'reif' für den Eintritt in die Turmgesellschaft. Damit ist die Zeit des Spiels für ihn zu Ende. Nur "zeitweilig" hebt das Spiel die "Gesetze und Gebräuche des gewöhnlichen Lebens"auf[144]), nur "eine Zeitlang" darf nach Jarnos Ansicht die "Jugend (...) sorglos" sein (7,604), danach beginnt der Ernst des Lebens, jener "Realism", zu dem Schiller den Helden "zurück[ge]führ[t]"(20,193) sieht. Der Ernst des Lebens, vor dem der Müßiggang nur ein Aufschub war, beruht für die Turmgesellschaft auf Tätigkeit und Pflicht, denn in die Imperative sittlicher Pflichterfüllung und unablässigen Tätigseins kleidet sie ihr profanes Zweckdenken:

> "Es ist gut, daß der Mensch, der erst in die Welt tritt, viel von sich halte, daß er sich viele Vorzüge zu erwerben denke, daß er alles möglich zu machen suche; aber wenn seine Bildung auf einem gewissen Grade steht,

> dann ist es vorteilhaft, wenn er sich in einer größeren Masse *verlieren* lernt, wenn er lernt um anderer willen zu leben, und seiner selbst in einer pflichtmäßigen Tätigkeit zu *vergessen*."(7,529f.; Hervorh. v. d. V.)

Das Individuum, das sich "zum Gliede eines der Momente der bürgerlichen Gesellschaft"[145] macht, zu einem Akzidenz des substantiellen Gesellschaftsganzen, "gibt sich" nach Hegel, "Wirklichkeit"[146], d.h., es erkennt das herrschende Realitätsprinzip an. Mit dem Selbstverlust, den solche Realitätsmächtigkeit fordert, soll eine neue Art der Selbsterkenntnis aussöhnen:
"Da lernt er (der Mensch, d. V.) erst sich selbst kennen", verheißt Jarno dem Helden, "denn das Handeln eigentlich vergleicht uns mit andern."(7,530)
Über die Individualität des einzelnen kann dieser Vergleich mit anderen nur wenig aussagen, weil die entsprechenden Handlungen sich lediglich nach den verschiedenen Graden der Pflichterfüllung, die mit ihnen realisiert werden, unterscheiden.[147] Daher rührt die individuelle Blässe Natalies, die nichts anderes als die reine "pflichtmäßige(.) Tätigkeit"(7,530) verkörpert; sie, die "keinen Augenblick ihres Lebens unbeschäftigt"(7,449) bleibt, geht allem, was sie tut, "ohne Bedürfnis einer Beschäftigung"(7,449 f.) nach, d.h. ohne die geringste Neigung, die einen Schatten auf die Sittlichkeit reiner Pflicht werfen könnte. Eben weil sie

> "keine Art von Liebe und (...) kein Bedürfnis einer Anhänglichkeit an ein sichtbares oder unsichtbares Wesen (...) merken"(7,450f.)

läßt, ist sie der ins Leben getretene kategorische Imperativ: jede ihrer Maximen, jede ihrer Handlungen könnte zum 'Prinzip einer allgemeinen Gesetzgebung' werden.[148] Glaubt sie selbst doch auch, daß es notwendig sei, "gewisse Gesetze auszusprechen,(...) die dem Leben einen gewissen Halt geben"(7,566) und sie bereits "den Kindern einzuschärfen"(ibid.).[149] Gegen die "Reize der leblosen Natur"(7,565) wie gegen die der Kunst ist sie unempfindlich, und "was (...) so manches Buch, was (...) die Welt als Liebe nennt und zeigt [ist ihr] immer nur als ein Märchen erschienen"(7,578).[150]
Gerade in der Beziehung zu Liebe, Kunst und Natur kann der Mensch seine Individualität entfalten, da er an ihnen auf eine im strikten Sinne einmalige und unverwechselbare Weise teilzuhaben vermag - alle drei müssen Natalie aufgrund ihrer überindividuellen Funktion gleichgültig sein. Wenn sie von sich selbst behauptet, nur geboren zu sein, um "Mangel" und "Bedürfnis"(7,565) in der Welt zu entdecken und "sogleich im Geiste einen Ersatz, ein Mittel, eine Hülfe aufzufinden"(7,565), dann gleicht sie aufgrund dieser "Mittelbarkeit"[151], die ihr Wesen ausmacht, dem alle Bedürfnisse vermittelnden Kaufmann:

> "Welch eine angenehme geistreiche Sorgfalt ist es, alles, was in dem Augenblicke am meisten gesucht wird und doch bald fehlt (...) zu kennen, jedem, was er verlangt, leicht und schnell zu verschaffen"(7,40),

so Werner in seiner Apologie des Handels. In Natalie tritt Wilhelm die bürgerliche Ökonomie in verklärter Gestalt entgegen, sie ist gleichsam die zur Person gewordene Turmgesellschaft selbst; denn auch der Turm hüllt seine prosaischen Absichten in die anspruchsvolle unprosaische Rhetorik seiner Sentenzen.[152] Wenn sich Wilhelm am Ende mit Natalie vermählt, dann anerkennt er mit den Geboten der Pflicht zugleich die Verbindlichkeiten der Ökonomie[153] und gibt damit sein früheres Tätigkeitsideal auf. Der nur aus Pflicht Tätige kann seine Tätigkeiten ohne inneren emotionalen Anteil verrichten, da ihm ihr Inhalt gleichgültig sein muß; was zählt, ist ausschließlich das Faktum des Tuns selbst. Deshalb schlägt die Turmgesellschaft dem "vernünftig" gewordenen Helden[154] anscheinend beliebig völlig unterschiedliche Aktivitäten vor, allerdings nur solche, die sie für sinnvoll hält; er soll entweder die von Werner erworbenen Güter bewirtschaften, mit Jarno nach Übersee gehen oder dem Marchese als Dolmetscher zur Seite stehen - Hauptsache, er geht nicht länger müßig und führt kein "planlos (...) schlenderndes Leben"(7,255). Was es bedeutet, sein Leben der Pflicht zu unterwerfen, konnte Wilhelm bereits nach seiner Enttäuschung mit Mariane erfahren:

> "So hatte sich denn unser Freund völlig resigniert, und sich zugleich mit großem Eifer den Handelsgeschäften gewidmet. (...) niemand (war) auf dem Comptoir und der Börse, im Laden und Gewölbe tätiger, als er; (...) was ihm aufgetragen wurde besorgte und verrichtete er mit größtem Fleiß und Eifer. Freilich (...) mit dem stillen Fleiße der *Pflicht*, der den besten Vorsatz zum Grunde hat, der durch Überzeugung genährt und durch ein innres Selbstgefühl belohnt wird; der aber doch oft, selbst dann, wenn ihm *das schönste Bewußtsein die Krone* reicht, einen *vordringenden Seufzer* kaum zu ersticken vermag."(7,84f.; Hervorh. v. d. V.)

Vorsatz, Überzeugung, Selbstgefühl, Bewußtsein gehören in die Bezirke des Intellekts und des Willens, der sogenannten oberen Seelenvermögen, wie Trieb und Lust zu den unteren. Wieviel die Bekehrung zur Pflicht dem Glücksverlangen des Individuums schuldig bleibt, offenbart der nicht zu unterdrückende Seufzer, den die "pflichtmäßige Tätigkeit" dem Helden entlockt, ebenso wie sein Mitleid mit der "junge[n] schöne[n] Gräfin" (7,494), von der er glaubt, sie sei

> "(...) genötigt (...), durch Wohltätigkeit den Mangel an eignem Glück zu ersetzen (...); (...) und an die Stelle eines frohen Lebensgenusses die Hoffnung fremder Glückseligkeit zu setzen"(7,494).

Unverblümt wird hier ausgesprochen, was den Menschen zur Pflichterfüllung motiviert - "Mangel an eigenem Glück und Lebensgenuß". Deshalb fällt auch ein Schatten auf Wilhelms Glück am Ende des Romans, denn so wie ihm einst "das schönste Bewußtsein" der getanen Pflicht "die Krone reicht[e]"(7,85), so reicht ihm zuletzt die wahre "schöne Seele", Natalie, die Krone jenes Königreichs, das er gewonnen zu haben wähnt.[155)]
An Wilhelms Brauchbarkeit für den Turm bleiben dem Leser freilich berechtigte Zweifel.[156)] Wenn Jarno behauptet, daß nur diejenigen in die Gesellschaft aufgenommen würden, "die lebhaft fühlten und deutlich bekannten, wozu sie geboren seien"(7,590), hält Wilhelm dagegen:

> "So haben Sie sich mit mir sehr übereilt, (...) denn was ich kann, will oder soll, weiß ich gerade seit jenem Augenblick (seiner Aufnahme in den Turm, d. V.), am allerwenigsten"(7,590).

Diesem Einwand kann Jarno nur mit einer neuen Sentenz begegnen: "(...) derjenige, an dem viel zu entwickeln ist, wird später über sich und die Welt aufgeklärt"(7,590). Was aber wurde an Wilhelm entwickelt, außer seiner natürlichen Hilfsbereitschaft und Hingabefähigkeit? An objektiven Fähigkeiten, an Sachkenntnis sehr wenig, wenn man vom Theatermetier einmal absieht, das aber bei den Überlegungen des Turms nicht ins Gewicht fällt, sondern der Schule des Irrtums zugeschlagen wird. Außerdem hört der Held bis zuletzt mehr auf die Stimme seines Herzens als auf die seiner Vernunft; wegen seines heimlichen Antrags an Therese

> "waren die Bewegungen seines Herzens beinahe fieberhaft." Deshalb konnte er "(n)ur wenig Aufmerksamkeit (...) auf das wichtige Geschäft (den Erwerb der Güter, die er verwalten soll, d. V.) wenden, woran gewissermaßen das Schicksal seines ganzen Vermögens hing."(7,544)

Deshalb steht er auch nicht an, als er an seiner scheinbar hoffnungslosen Liebe zu Natalie verzweifelt, alle guten Vorsätze zu einem arbeitsamen Leben fahren zu lassen, um "in der Welt zwecklos hin[zu]spielen"(7,610) und als lebensüberdrüssiger und melancholischer Müßiggänger sein Vermögen zu verschwenden:

> "Sein Entschluß sich zu entfernen, (...) und sich an den Gegenständen der Welt zu zerstreuen, war nun sein fester Vorsatz. Er schrieb an Wernern, ersuchte ihn um Geld und Kreditbriefe"(7,610).

Sein bisheriger Müßiggang scheint den Helden für eine rationale Lebensplanung, bei der man es sich nicht leisten kann, seinen Gefühlen nachzugeben, verdorben zu haben. Bezeichnenderweise entschließt er sich erst in den "Wanderjahren" zu einer sozial nützlichen Tätigkeit und ergreift einen Beruf. Daß er in dieser Fortsetzung der "Lehrjahre" durch verschiedene Maßnahmen für die Ziele der Turmgesellschaft gefügig gemacht werden muß, zeigt, wie wenig er am Ende des ersten Meisterromans in sie integriert ist.[157)]
Die immanente Kritik der "Lehrjahre" an der Turmgesellschaft rechtfertigt jedoch zugleich den Müßiggang ihres Protagonisten. Denn schon Serlos Seitenhieb auf die "Freimäurer"(7,332), denen der Turm aufgrund seines Logencharakters gleicht, läßt den Verdacht aufkommen, daß bei seinen Mitgliedern Theorie und Praxis auseinanderklaffen könnten: "gewöhnlich (...) ist nichts lustiger", meint der Theaterdirektor, "als wenn die Freimäurer von Arbeiten reden."(7,332)[158)] Wie um Serlo zu bestätigen, klagt denn auch Werner, als seine sämtlichen Verhandlungspartner Hals über Kopf zu Natalie abgereist sind, ohne sich weiter um den Kauf der Güter zu kümmern:

> "Wo schweift ihr nun alle zusammen herum? (...) dem Gerichtshalter und mir ist das ganze Geschäft aufgewälzt. Ein Glück, (...) daß wir beide etwas zu schleppen gewohnt sind."(7,611)

Die Turmgesellschaft als geschworene Feindin des Müßiggangs wird zuletzt selbst des Nichtstuns überführt, da bei Natalie alle müßiggehen:

> "Man hatte Mittel genug (...), die Gesellschaft, wenn sie beisammen war, zu beschäftigen, auch bot die Gegend so manche Reize dar, daß man sich gern darin teils einzeln, teils zusammen, zu Pferde, zu Wagen oder zu Fuße umsah."(7,602)

Der neu hinzukommende Graf schlägt gemeinsame Lektüre und "kleine Spiele"(7,643) vor, so daß am Ende von Wilhelms Bildungsgeschichte noch einmal verschiedene Elemente seines Müßiggangs (Spiel, Lektüre, Ausflüge) zusammentreten, allerdings ohne ihre früheren Stimmungswerte. Denn über den Unterhaltungen bei Natalie liegt wegen der prekären zwischenmenschlichen Beziehungen eine unangenehme Spannung:

"Man frühstückte, man speiste zusammen, und hätte sich gern beredet, man lebe in einer vergnüglichen Übereinstimmung, wenn schon in der Stille die Gemüter sich gewissermaßen auseinander sehnten."(7,640)

Die Musik, die bei Serlo krönender Höhepunkt geselligen Beisammenseins war, wird nun zur Lückenbüßerin, zu der man "geschwind seine Zuflucht (nahm)" (7,640), wenn sich das Zusammentreffen aller nicht vermeiden ließ. Diesem Müßiggang fehlt das Moment unbekümmerter Freiheit, das Wilhelms Bohemeleben auszeichnete; während ihm damals die Zeit angenehm und wie im Fluge verging, wird sie ihm jetzt quälend lang. Auf subtile Weise rächt sich der Turm für das frühere "Zaudern(.)"(7,603) und Zögern des Helden, indem er dessen Bitte nach einer raschen Entscheidung über seine Zukunft mit Therese nicht nachkommt:

"Ungeachtet dieser Bitte vergingen einige Tage, in denen er nichts von dieser Sache hörte, noch auch eine weitere Veränderung an seinen Freunden bemerkte; die Unterhaltung war vielmehr bloß allgemein und gleichgültig."(7,603)

Nun wird Wilhelm sein verschwenderischer Umgang mit der Zeit in gleicher Münze heimgezahlt! Wie weit sich aber die Vertreter des Turms selbst von ihrem Ideal tatkräftiger Entschlossenheit entfernen, offenbart das Motiv des Zechens:

indem sie "durch geistige Getränkn ihre gute Laune wieder herzustellen (suchten), und, indem sie sich eine künstliche Stimmung gaben, entfernten sie die natürliche, die allein uns wahre Heiterkeit und *Tätigkeit* gewährt."(7,647; Hervorh. v. d. V.)

Da der Turm den 'empirischen' Beweis seiner Postulate schuldig bleibt, gibt er sich vor allem als ideologische Instanz zu erkennen.[159] Eben deshalb treibt er mit seinen Initiationsritualen, seinen sentenzengespickten Lehrbriefen und dem "Saal der Vergangenheit" einen solchen ästhetischen Aufwand. Dieser soll das Programm der Arbeitsteilung und Leistungsethik schmackhaft machen. Gerade durch den überlegten und geschickten Einsatz ästhetischer Mittel gelingt dem Turm, was Werner nicht gelingen konnte: den Helden zu den Prinzipien bürgerlicher Ökonomie zu bekehren.[160]
Mit deren Arbeitsethos setzt sich Goethe während seiner Italienreise, die unverkennbar die Züge der Flucht vor den Weimarer Amtsgeschäften trägt, auseinander. So nimmt er etwa die Neapolitaner vor dem Vorwurf des Müßiggangs mit dem

Hinweis in Schutz, daß eine solche Kritik nur einer "nordische(n) Ansicht" entspringen könne,
"wo man jeden für einen Müßiggänger hält, der sich nicht den ganzen Tag ängstlich abmüht."(11,363)
Im Süden ist dagegen auch

> "der sogenannte *Lazzarone* nicht um ein Haar untätiger (...) als alle übrigen Klassen", da "alle in ihrer Art nicht arbeiten um bloß zu *leben*, sondern um zu *genießen*", ja, sie "(wollen) sogar bei der Arbeit ihres Lebens froh werden"(11,368; Hervorh. v. d. V.).[161)]

In Mignons Heimat würde der lustvoll geschäftige Held der "Lehrjahre" - anders als im Norden, wo man bei der Arbeit seines Lebens nicht froh wird - wohl kaum als Müßiggänger gescholten werden. Die Lebensart seines Protagonisten vorwegnehmend und deren lebensgeschichtliche Berechtigung bekräftigend, schreibt Goethe an die Daheimgebliebenen:

> "Ich mag von meinem Leben keine Beschreibung machen, es sieht gar zu lustig aus. (...) Lebt wohl und vergnügt, (...) indes ich durch eignen Willen exiliert, mit Vorsatz irrend, zweckmäßig unklug, (...), mein Leben mehr laufen lasse als führe und auf alle Fälle nicht weiß, wo es hinauswill."(11,456f.)

Das lebensphilosophische Geheimnis solchen Müßiggangs aber lautet:

> "(...) daß alle wirklich klugen Menschen, mehr oder weniger, zärter oder gröber, darauf kommen und bestehen: daß der Moment alles ist, und daß nur der Vorzug eines vernünftigen Menschen darin bestehe: sich so zu betragen, daß sein Leben (...) die möglichste Masse von vernünftigen glücklichen Momenten enthalte."(11,462)

Anmerkungen

1) "Wilhelm Meisters Lehrjahre" werden zitiert nach: Goethe, Gedenkausgabe der Werke, Briefe und Gespräche, Hrsg. Ernst Beutler, 24 Bde., Zürich 1948ff., Bd. 7. Auch alle anderen Goethe-Texte werden, falls nicht anders vermerkt, nach der Gedenkausgabe (Artemisausgabe) zitiert. Dabei beziehen sich die Angaben in Klammern jeweils auf die entsprechende Band- und Seitenzahl der Gedenkausgabe. "Wilhelm Meisters Wanderjahre" = Bd. 8, "Dichtung und Wahrheit" = Bd. 10, "Italienische Reise" = Bd. 11 usw.
2) Siehe z.B. Rolf Peter Janz, Zum sozialen Gehalt der "Lehrjahre". In: Literaturwissenschaft und Geschichtsphilosophie. Festschrift für Wilhelm Emrich, Hrsg. H. Arntzen, B. Balzer u.a., Berlin, New York 1975, S. 320 - 340.
Stefan Blessin, Die radikal-liberale Konzeption von "Wilhelm Meisters Lehrjahren". In: Am Beispiel *Wilhelm Meister*. Einführung in die Wissenschaftsgeschichte der Germanistik, Hrsg. Klaus L. Berghahn, Beate Pinkerneil, Königstein/Ts. 1980, Bd. 2: Dokumente, S. 236 - 257.
Gonthier-Louis Fink, Die Bildung des Bürgers zum "Bürger". Individuum und Gesellschaft in >Wilhelm Meisters Lehrjahren< in: Recherches Germaniques 2 (1972), S. 3 - 37.
Walter H. Bruford, Goethes *Wilhelm Meister* als Bild und Kritik der Gesellschaft; wieder abgedruckt in: Am Beispiel *Wilhelm Meister*. Einführung in die Wissenschaftsgeschichte der Germanistik, Hrsg. Klaus L. Berghahn, Beate Pinkerneil, Königstein/Ts. 1980, Bd. 2: Dokumente, S. 211 - 233.
3) Von der ">heiligen Ökonomie< von Zeit und Geld", die in der Kaufmannssphäre der "Lehrjahre" herrsche, spricht auch Walter H. Bruford, ohne das Motiv freilich im einzelnen im Text selbst weiterzuverfolgen Bruford, a. a. O., S. 217.
Die Illusionslosigkeit, mit der die "Lehrjahre" in der Verknüpfung von Zeit und Geld die Zeichen der Moderne entziffern, sichert ihnen einen Vorsprung vor späteren Romanen, die sich zu Fürsprechern eines überlebten Handwerkerideals machen, um dieses gegen die entfremdete Zeit-Geld-Ökonomie auszuspielen, wie etwa Tiecks "Junger Tischlermeister" und Kellers "Grüner Heinrich".
4) Die Häufigkeit und Stereotypie, mit der der Roman auf die Zeit-Geld-Formel rekurriert, erzeugt auf der Ebene der Buchstäblichkeit ein eigenes Muster, eine aufgrund ihrer Variationslosigkeit gleichsam einfarbige Textur, von der sich der Müßiggang bunt und abwechslungsreich abhebt. Gerade die Ebene der Buchstäblichkeit im strikten Sinne wird bei der Untersuchung der sozialen und ökonomischen Implikate der "Lehrjahre" oft vernachlässigt zugunsten der resultativen Bestandsaufnahme identifizierbarer außerliterarischer Fakten, wie der beginnenden Kapitalisierung der Gesellschaft etc.
5) Siehe Kapitel I, S. 23.
6) Benjamin Franklin, Advice to a young tradesman, written by an old one. To my Friend A. B., July 21, 1748. In: The papers of Benjamin Franklin, vol. 3, ed. Leonard W. Labaree a. o., Yale University Press, New Haven 1961, p. 306.
7) Daß Werner auch anderen Grundsätzen Franklins nahesteht, hebt Bruford hervor: "Er (Werner, d. V.) lobt Ordnung, Ausdauer, Bescheidenheit und Sparsamkeit wie ein Benjamin Franklin." Bruford, a. a. O., S. 214.
8) "Das ist also mein lustiges Glaubensbekenntnis: seine Geschäfte verrichtet, Geld geschafft"(7,309), schreibt Werner einmal an Wilhelm.

Für ihn zählt auch in seiner Freizeit nur das Geld; er ist nach dem L'hombre, einem Spiel um Geld, geradezu süchtig. Als "spielerischen Abglanz von Erwerben und Genießen", dem reduzierten Genießen des Bürgers, bezeichnet Schlechta das Kartenspiel. Karl Schlechta, Goethes Wilhelm Meister, Frankfurt a. M. 1985, S. 29.

9) Vgl. Janz, a. a. O., S. 335.

10) Diese These bezog sich schon in den Lehrgedichten des Hans Sachs auf alle Erwerbsarbeit, nicht etwa nur auf körperliche Arbeit. Siehe Sachs, Ein gesprech, a. a. O., S. 490.

11) Wilhelms Hoffnung, daß seine "Kunst [ihn] auch nähren soll"(7,314), wird nirgends widerlegt, wenn er auch später über die geringe Entlohnung am Theater klagt.
Insofern trifft Janz' Behauptung, Wilhelm sei Rentier, für seine Zeit bei Serlo nicht zu. Siehe Janz, a. a. O., S. 329. Gerade dort aber, wo er selbst Geld verdient, erfährt der Held die gründlichste Desillusionierung.

12) Mit der Entzauberung des Turms hat Schlechta begonnen, sie wurde von Heinz Schlaffer und Jochen Hörisch weiterverfolgt, die die kritischen Einwände gegen die Turmgesellschaft unter verschiedenen Aspekten präzisieren. Das vorliegende Kapitel setzt die Ergebnisse der obengenannten Autoren voraus und baut auf ihnen auf.
Heinz Schlaffer, Exoterik und Esoterik in Goethes Romanen. In: Goethe Jahrbuch 95 (1978) S. 212 - 226.
Jochen Hörisch, Gott, Geld und Glück. Zur Logik der Liebe in den Bildungsromanen Goethes, Kellers und Thomas Manns, Frankfurt a. M. 1983.

13) Natürlich läßt sich aus bürgerlicher Sicht von einer laxen Geldmoral auf eine bedenkliche Sexualmoral schließen; so kolportiert Werner ein über Wilhelm umlaufendes Gerücht, wonach dieser "mit einem liederlichen jungen Edelmann [lebe], ihm Schauspielerinnen [zuführe]" und "[hälfe] ihm sein Geld durchbringen"(7,537).
Selbst hier wird jedoch beim Adligen die Unmoral betont, während man dem bürgerlichen Helden neben den Kupplerdiensten vor allem sein unseriöses Finanzgebaren ankreidet.

14) Der Einwand, die Turmgesellschaft sei und bleibe im Unterschied zum bloß Kapital akkumulierenden Werner agrarisch ausgerichtet, sie erwerbe Güter dauerhaft und nicht, um sie gewinnbringend weiterzuverkaufen, wird durch die Bedeutung, die das Geld für sie hat, eingeschränkt. Denn wie Werner sieht auch der Turm im Grund und Boden ein Anlageobjekt für seine Gelder; sonst könnte Jarno nicht die Überlegung anstellen, es sei "gegenwärtig nichts weniger als rätlich (...) nur einem Platze sein Geld anzuvertrauen"(7,604). Außerdem erbringen auch die von Werner aufgekauften Güter landwirtschaftliche Erträge in der Zeit, in der sie mit Hilfe seines Kapitals wieder instandgesetzt werden. Auch das Projekt einer wechselseitigen Assekuranz der verschiedenen Turmsektionen basiert auf der Geld- und Kapitalwirtschaft.
Das Interesse der Turmgesellschaft am Geld bestätigt überdies der ihr verbundene Medikus, wenn er bedauert, daß der Graf, der mit seiner Frau zu den Herrenhutern möchte, "den größten Teil seines Vermögens, (...) seinen Verwandten (Lothario, Natalie, Friedrich; d. V.) (...) entzieh[t]"(7,374).
Nicht zustimmen können wir daher Brufords Behauptung, "eine gewisse Verachtung des Geldes" (Bruford, a. a. O., S. 230) sei ein letztes adliges Relikt bei der Turmgesellschaft.
Gonthier-Louis Fink weist außerdem darauf hin, daß in den "Lehrjahren" "nur in finanzieller Hinsicht vom Staat die Rede" sei (Fink, a. a. O., S. 32); über den Staat unterhalten sich nur Werner und Lothario; der erstere bezahlt seine Abgaben, "weil es einmal hergebracht ist"(7,545), der letztere sieht in den Steuern ein Mittel, seinen Besitz von Staats wegen absichern zu können (7,544 f.).

15) Brief an Goethe vom 3. Juli 1796 (20,193); Schillers Briefe an Goethe werden zitiert nach der Gedenkausgabe Bd. 20.
Schiller deutet freilich Werners Auftritt im Sinne einer Kontrastwirkung: vor der kümmerlichen Figur des Materialisten soll sich die Turmgesellschaft um so vorteilhafter abheben, durch Werner soll der "Realism", dem Wilhelm sich beugen muß, "erklärt und veredelt"(20,193) werden. Daß Werners Anwesenheit auch völlig anders, nämlich im Sinne einer Konvergenz von Anfang und Ende des Romans interpretiert werden kann, sollen die folgenden Ausführungen erhärten.

16) Von der "Aufhebung des Feudal-Systems"(20,210), die Lothario diskutiere, spricht Goethe explizit in einem Brief an Schiller vom 9. Juli 1796.
Daß Lotharios Reformpläne darauf hinauslaufen, den Frondienst der Bauern in Lohnarbeit zu verwandeln und "das Prinzip der Beteiligung am Gewinn, das bisher nur für den Handel galt," auch "auf die Landwirtschaft [zu] übertrag[en]", bemerkt Fink (Fink, a. a. O., S.26).
Übereinstimmend kommen Korff, Bruford und Fink zu dem Ergebnis, daß der Turm - nach Korffs Worten - die Prinzipien der "arbeitsteilige[n] *bürgerliche[n] Gesellschaft*", als deren ökonomischer Prototyp Werner gelten darf, gutheißt und durchzusetzen sich bemüht.
Hermann August Korff, Der Geist der Goethezeit. Versuch einer ideellen Entwicklung der klassisch-romantischen Literaturgeschichte, Darmstadt 1974, 9. Aufl., Bd. II, S. 333. Siehe Bruford, a. a. O., S. 229 und Fink, a. a. O., S. 32.

17) "(...) wir könnten manches vom Kapital entbehren, wenn wir mit den Interessen weniger willkürlich umgingen."(7,464)
Der überlegte Umgang mit den Zinsen unterscheidet den produktiven Kapitaleigner vom bloß konsumptiven, seine Grundrente verzehrenden Aristokraten.
Als eine "männliche Therese" wird Lothario von Novalis bezeichnet.
Novalis, Allgemeiner Brouillon 1798/99. In: Ders., Schriften, Hrsg. Richard Samuel, H.- J. Mähl, G. Schulz, Darmstadt 1977ff., Bd. 3 (1983), S. 312 (390).

18) Daß Geld die Verständigungsbasis zwischen Werner und dem Turm bildet, wird im L'hombre-Spiel sinnfällig, zu dem Jarno und der Abbé sich mit ihm zusammensetzen. Mit seiner Ansicht, der Turm mache bei diesem Spiel nur mit, weil er Werners Spielsucht für irreparabel hält, übersieht Schlechta (a. a. O., S. 29) Jarnos enge Beziehung zum Spiel, das er den abendlichen Theateraufführungen im Schloß vorzieht (7,188).

19) Therese fällt auch, als Wilhelm das Erbe Mignons zugesichert wird, der zweideutige Vergleich vom Wohltun, das Zinsen bringt, ein:
"Wir erleben abermals hier so einen schönen Fall, daß uneigennütziges Wohltun die höchsten und schönsten Zinsen bringt."(7,636) Da Wilhelm Geldwerte in Aussicht gestellt werden, könnte Therese die Höhe der Zinsen so genau angeben wie Werner die "Summe" seines "wachsenden Glücks"!(7,40)
Auf Natalies wohlbedachten Umgang mit Geld hat Hannelore Schlaffer aufmerksam gemacht. Sie weist darauf hin, daß Natalie einem Armen noch nie Geld gegeben hat, wie die "schöne Seele" zu berichten weiß (7,450), wohl aber Wilhelm nach dem Überfall der Marodeure einen Beutel mit Goldstücken hinterläßt. Natalie nehme wohl an, so Hannelore Schlaffer, der wohlhabende Kaufmannssohn könne besser mit Geld umgehen als der notleidende Arme, der es wahrscheinlich verschwendet.
Hannelore Schlaffer, Wilhelm Meister. Das Ende der Kunst und die Wiederkehr des Mythos, Stuttgart 1980, S. 45.

20) Der apodiktische Ton dieser Aufforderung läßt Günther Müller auf "ein Nachlassen der Überzeugung" des Abbés schließen, der forderte, "daß die Erziehung sich nur an die Neigung

anschließen müsse"(7,558). Günther Müller, Gestaltung-Umgestaltung in Wilhelm Meisters Lehrjahren, Halle 1948, S. 26.

21) Die Vorschriften der Turmgesellschaft erinnern lebhaft an Campes "Rat für meine Tochter", in dem in ganz ähnlicher Weise die Zeit als Ordnungsfaktor eingesetzt wird. Siehe Kap. I, S. 25. Die Art dieser Zeiteinteilung, die am ehesten mechanischen Arbeitsabläufen angemessen ist, bekräftigt, daß die Agrarwirtschaft der Turmgesellschaft nichts mehr mit herkömmlicher bäuerlich-ländlicher Arbeit zu tun hat; denn bei dieser ist eine Einteilung der Zeit nach Viertelstunden sinnlos. In den "Wanderjahren" ist jede Art von Müßiggang aus der Haupthandlung des Romans ausgetrieben. Arbeit ist sein Thema. Siehe Heinz Schlaffer, Exoterik und Esoterik in Goethes Romanen, a. a. O., S. 223f. u. ibid., Anm. 34.

In einem Brief an Knebel vom 24. 12. 1824 (21,619f.) weist Goethe darauf hin, daß seit 1806 die alte "Weise sich zu bilden" zerstört sei, d.h., eine müßige Existenz wie die Wilhelms in den "Lehrjahren" nicht mehr glaubwürdig in einem Roman zu schildern sei.(21,619 f.) So sagt denn auch eine der zentralen Figuren der "Wanderjahre", Leonardo, von sich selbst, er "erinnere [s]ich kaum, daß [er] je gespielt habe, denn alle freien Stunden wurden verwendet etwas zu wirken und zu schaffen."(8,362) Und für den Aufseher der Pädagogischen Provinz fallen "müßig-einsame" Stunden mit "langweilige[n]"(8,268) zusammen.

22) Siehe Kap. I, 22f.

23) Die dem bürgerlichen Bewußtsein eingeschriebene Affinität von Zeit und Geld enthüllt der Roman gerade auch dort, wo er beide nicht im strikt ökonomischen Sinn miteinander verbindet, sondern sie in einer bloßen Kontiguitätsbeziehung präsentiert, ganz so, als könnten sie in der Perspektive dieses Bewußtseins nicht ohne einander sein.

Da versichert etwa der Kaufmann, der Wilhelms Vater "noch *Geld* schuldig" (7,94) ist, der Held "komm(e) eben zur rechten *Zeit*" (ibid., Hervorh. v. d. V.), und Lotharios Reflexion über Kapital und Zinsen (7,464) präludiert seine Betrachtung, "wie töricht der Mensch seine Zeit verstreichen läßt"(7,463).

24) Die Einwände des Vaters gegen das Theater sind nicht moralischer Natur, sondern verdanken sich Nützlichkeitserwägungen.

Der Unmut der Väter über die Zeit und Geld verderbenden Söhne bildet den Kristallisationspunkt des bürgerlichen Generationenkonflikts. So ist auch der Titelheld von Johann Jakob Engels Roman "Herr Lorenz Stark", der wie "Wilhelm Meister" 1796 zuerst erschienen ist, mit seinem Sohn unzufrieden: "er (war) ihm zu verschwenderisch, weil er ihm zu viel Geld verkleidete, verritt und verfuhr; insbesondere aber, weil er zu viel auf Caffeehäuser und in Spielgesellschaften ging", d.h. Zeit vertat. Johann Jakob Engel, Herr Lorenz Stark. Ein Charaktergemälde (1796), Berlin 1801, S. 8. Die Zeit ist aber nach den Worten des Vaters "(d)as Kostbarste, was wir haben". Ibid., S. 18.

Da Starks Sohn als braver Kaufmann endet, sieht Gerhard Schulz in Engels Roman ein Gegenbild zum "Wilhelm Meister"; aus unserer Sicht ist allerdings weniger der jeweilige Ausgang der Romane entscheidend als vielmehr der Umstand, daß Stark jun. nie zum völligen Müßiggänger wird, sondern die Verschwendung von Zeit und Geld auf seine Freizeit beschränkt. Gerhard Schulz, Bürgerliche Epopöen? Fragen zu einigen deutschen Romanen zwischen 1790 und 1800. In: Deutsche Literatur zur Zeit der Klassik, Hrsg. Karl Otto Conrady, Stuttgart 1977, S. 189 - 210, S. 193.

25) Ähnlich wie in Wilhelms Vaterhaus geht es auch bei Anton Reisers Lehrherrn, dem Hutmacher Lobenstein, zu: "Der Hutmacher L. hielt wirklich sehr auf Ordnung in seinem Hause, und alles ging hier auf den Glockenschlag: Arbeiten, Essen und Schlafen."

Karl Philipp Moritz, Anton Reiser. Ein psychologischer Roman. In: K. Ph. Moritz, Werke, Hrsg. Horst Günther, Frankfurt a. M. 1981, Bd. I, S. 73. Nicht zufällig fühlt Anton sich als

"ein Rad in dieser Maschine" (ibid.), was er freilich im Unterschied zu Goethes Helden zunächst als angenehm empfindet, da er aus ungeordneten Verhältnissen stammt. Wenig später stellt der Erzähler allerdings fest, daß "Antons Seele (...) durch seine romanhaften Ideen " zum "Takt" dieses arbeitsintensiven Handwerkerlebens "verstimmt (war)". Ibid., S. 75.
Daß auch die Geschäftigkeit im Kontor der Eintönigkeit des Lebens der dort Arbeitenden nicht widerspricht, sondern sie im Gegenteil erst erzeugt, gesteht ein Roman ein, der sonst mit fast philiströser Entschiedenheit die Apologie des Kaufmannslebens vertritt: Gustav Freytags "Soll und Haben". Der Erzähler muß dort einräumen, daß der Held "nach einiger Zeit mitten in dem Rauschen des Geschäftslebens die ewige Gleichförmigkeit der Stunden und Tage (empfand)".
Gustav Freytag, Gesammelte Werke, Leipzig 1909, 3. Aufl., Bd. 4, S. 68; siehe auch ibid., Bd. 4, S. 65.

26) Staiger spricht vom "unheimlich treffenden Ausspruch" Goethes, "Selbstmord sei im Leiden an dem, was immer wiederkehrt, begründet". Emil Staiger, Die Zeit als Einbildungskraft des Dichters. Untersuchungen zu Gedichten von Brentano, Goethe und Keller, München 1976, S. 147.
Diese wie andere Entsprechungen zwischen der autobiographischen Retrospektive von "Dichtung und Wahrheit" und den "Lehrjahren" belegen mehr als die innere Beziehung des Dichters zu der von ihm geschaffenen Figur - zumal "Dichtung und Wahrheit" selbst ein Produkt dichterischer Stilisierung ist - Goethes kritische Haltung gegenüber den Segnungen sogenannter bürgerlicher Normalität.

27) Der Mantel, den Wilhelm sich überwirft, wird zum Symbol der 'Bemäntelung' jener Gelüste, die nicht offen artikuliert werden dürfen, weil sie den Geboten der Ökonomie abträglich sind. Von der "lieben Hülle der Nacht"(7,68) spricht Wilhelm selbst in einem Brief an Mariane.

28) Daß er am Ende zu einem "Persönchen" geworden ist, verdankt er eben seinem Entschluß, die "Geschäfte" des Kaufmanns hinter sich zu lassen. Die Liebe ist diesen sowenig förderlich wie das Theater, da sie zuviel Zeit 'kostet'. In "Dichtung und Wahrheit" spricht Goethe von "manche[n] Tage[n] und Stunden (...), welche von frauenhaft Gesinnten (d.h. Liebenden, d. V.) glücklich vergeudet werden"(10,522).

29) Auch für Mariane ist die objektiv gemessene Zeit ohne Belang; über die Länge bzw. Kürze eines Zeitabschnitts entscheiden Stimmungen und Gefühle: "Vierzehn Tage! Welche Ewigkeit! In vierzehn Tagen, was kann da nicht vorfallen, was kann sich da nicht verändern!"(7,11)
Fast beiläufig deutet der Roman die Relativität der Zeit an anderer Stelle noch einmal an: während den müßigen Helden sein Gewissen quält, weil er den Seinen so lange keine Nachricht von sich gegeben hat, wundert sich Werner nach der Lektüre von Wilhelms zu guter Letzt mit fremder Hilfe verfaßten Reisejournals, daß dieser "in so wenigen Wochen" sich so viele Kenntnisse aneignete und lobt ihn wegen der "vortrefflich angewendete[n] Zeit"(7,309).

30) Wie sein Held erfährt auch Goethe als Bräutigam Lili Schönemanns Amors 'doppelte Zeit'. Zu seinen häufigen Besuchen in der ländlichen Idylle Offenbachs bemerkt er in einer Leseranrede: "Sollte jedoch einem ernsten Leser eine solche Lebensweise gar zu lose, zu leichtfertig erscheinen, so möge er bedenken, daß zwischen dasjenige was hier des Vortrags halben wie im Zusammenhange geschildert ist, sich Tage und Wochen des Entbehrens, andere Bestimmungen und Tätigkeiten, sogar unerträgliche Langeweile widerwärtig einstellten."(10,756)

31) "Tages Arbeit! Abends Gäste!/ Saure Wochen! Frohe Feste!"(1,126) heißt es im "Schatzgräber", der diese Zeiteinteilung als das Erfolgsgeheimnis bürgerlichen Wohlstands preist.

32) Nicht nur in bürgerlichen Kreisen gerät der Künstler in den Verdacht des Müßiggangs. Im "Tasso" polemisiert der Staatsdiener Antonio gegen den Dichter: "(...) wenn ein wackrer Mann/ Mit heißer Stirn von saurer Arbeit kommt/ Und spät am Abend in ersehntem Schatten/ Zu neuer Mühe auszuruhen denkt,/ Und findet dann von einem Müßiggänger/ Den Schatten breit besessen, soll er nicht/ Auch etwas Menschlichs in dem Busen fühlen?"(v. 1998-2004; 6,271) Nicht auf die Höherwertigkeit politischer Tätigkeit gegenüber der Poesie, sondern auf die schweißtreibenden Mühen des politischen Geschäfts beruft sich Antonio, wenn er Tasso als Nichtstuer tadelt, und argumentiert damit ganz im Sinne bürgerlicher Arbeitsethik, die ebenfalls die Verausgabung geistiger und körperlicher Kräfte über die einzelnen Inhalte der Arbeit stellt.

33) Die Erwartungen, die Wilhelm an die Existenz des Künstlers knüpft, können, wie Janz feststellt, nur vom Müßiggänger erfüllt werden; was jener für "ein exklusives Vorrecht des Künstlers" hält, ist "in Wahrheit (...) das Vorrecht des Rentiers". Janz, a. a. O., S. 329.
Daß die Produktion eines Kunstwerks unvergleichlich viel Zeit beansprucht und der Gesichtspunkt der Zeitökonomie bei ihr gar nicht erst in Anschlag gebracht werden darf, betont auch die Prinzessin im "Tasso": "(...) es ist die Zeit/ Von einem guten Werke nicht das Maß"(v. 279-280; 6,221), hält sie ihrem über Tassos Zeitaufwand ungehaltenen Bruder entgegen.

34) Das "unbestimmte Schlendern"(7,151), in das Wilhelm gerät, kennzeichnet nach Janz "eben jene Unentschiedenheit zwischen bürgerlichem Beruf und Theater, die Wilhelm sich wünscht." Janz, a. a. O., S. 324.
Und wieder überschneidet sich aus der Sicht des alten Goethe die eigene Lebensgeschichte mit der seines Helden, denn auch er widersetzte sich in jungen Jahren mit seinem "völlig zweck- und planlosen Leben"(10,687) dem "mäßige[n] Lebensplan, den sich mein Vater für mich ausgedacht hatte"(10,720).
An anderer Stelle gesteht Goethe, daß er seine "Tage absichtslos vergeudet(.)"(10,687) habe, spricht von seinem "planlose[n] Wesen"(10,850) und berichtet, daß Merck ihn wegen seiner "besondere[n] Liebhaberei, die Zeit zu verderben"(10,606), gescholten habe.

35) Der Oheim fragt, "(w)enn [er] einen Menschen kennen lern[t](...) *sogleich*, womit beschäftigt er sich? und wie? (...)und mit der Beantwortung der Frage ist auch [s]ein Interesse an ihm auf *zeitlebens* entschieden". (7,438; Hervorh. v. d. V.)

36) Herbert Marcuse, Über die philosophischen Grundlagen des wirtschaftswissenschaftlichen Arbeitsbegriffs. In: Ders., Schrift, Frankfurt a. M. 1978, Bd. I, S. 556 - 594, S. 582.

37) Marcuse, a. a. O., S. 582.

38) Siehe ibid., S. 582

39) Den Verlust der Gegenwart zugunsten der Zukunft hat Goethe am eigenen Leib während seiner Verlobung mit Lili Schönemann erfahren, als er inmitten eines "wachsenden Geschäftskreises", den er "zu erweitern und zu beherrschen trachtete", sich bewußt wurde, "daß man eigentlich um der Zukunft willen das Gegenwärtige hintansetze und verliere."(10,765)

40) Später schiebt er "den Besuch bei seinen Handelsfreunden"(7,285) so lange wie irgend möglich hinaus.

41) Er hat sich vom Wirt bereits die Rechnung geben lassen (7,135).

42) Siehe dazu u.a. Erich Auerbach, Die Narbe des Odysseus. In: Erich Auerbach: Mimesis. Dargestellte Wirklichkeit in der abendländischen Literatur, Bern u. Stuttgart 1988, 8. Aufl., S. 5 - 27.

43) Ian Watt, Der bürgerliche Roman. Aufstieg einer Gattung. Defoe - Richardson - Fielding, Frankfurt a. M. 1974, S. 23.

44) Im antiken Abenteuerroman zögerte dagegen eine schier endlose Kette unerwarteter, den Protagonisten äußerlich bleibender Zwischenfälle das glückliche Ende hinaus. Daher ist auch "innerhalb jedes dieser Abenteuer (...) die Zeit äußerlich-technisch organisiert", d.h., sie ist im Grunde für die Helden bedeutungslos. Michael M. Bachtin, Formen der Zeit im Roman. Untersuchungen zur historischen Poetik, Frankfurt a. M. 1989, S. 15 , siehe auch ibid., S. 26.
Indem der Roman im 18. Jahrhundert zum Forum des individuell einzelnen wird, ändern sich auch Funktion und Bedeutung der Zeit, etwa im Hinblick auf Reife- und Alterungsprozesse des Romanpersonals. Siehe dazu Watt, a. a. O. und Bachtin, a. a. O.

45) Dieser Umstand käme ergänzend zu Hannelore Schlaffers Vermutung hinzu, daß der Roman des "schönen Scheins" doch nicht völlig "entrate(.)" und die "Phantasie des Lesers mit solch verkrüppelten Gestalten wie Werner beschäftige(.)".
Hannelore Schlaffer, a. a. O., S. 90.

46) Vgl. Günther Müller, a. a. O., S. 79, der von der "genaue[n] uhrzeitliche[n] Begrenzung des ersten Buches, [der] minder scharfe[n] des zweiten, [der] höchst ungefähre[n] des dritten und [der] kaum noch greifende[n] der weiteren Bücher" spricht. Wenig überzeugend ist freilich Müllers Deutung der Zeitgestaltung im Meisterroman, da er Goethes Metamorphosenlehre in ihn hineinprojeziert bzw. aus ihm herausliest und überall nur stetige und allmähliche Entwicklung und Reife sieht, selbst dort, wo der Text ein abruptes oder gewaltsames Ende (Mignon und der Harfner) deutlich genug vor Augen stellt. Müllers These, die "erzählte Zeit der 'LJ'" sei "biologische Zeit"(ibid., S. 66) kann am Text nicht überzeugend verifiziert werden.
Daß der "Dichter selbst von der Gesamtdauer des Geschehens eine unbekümmert-undeutliche Vorstellung" hatte, stellt auch Hermann Meyer fest. H. Meyer, Zarte Empirie, Stuttgart 1963, S. 15.
Eine ganze Reihe temporaler Unstimmigkeiten und Widersprüche hat Detlev W. Schumann aufgespürt. Detlev W. Schumann, Die Zeit in 'Wilhelm Meisters Lehrjahren'. In: Jahrbuch des Freien Deutschen Hochstifts (1968), S. 130 - 165; siehe vor allem S. 136f. u. S. 153f. Schumann spricht wie Meyer von der "Unbekümmertheit", mit der die "epische (Zeit)" in den "Lehrjahren" behandelt wird. Ibid., S. 161.
Die Vernachlässigung chronologisch-quantitativer Zeitverhältnisse hat m. E. auch nichts mit jener 'Entzeitlichung' zu tun, an der Margret Schneider die Hinwendung zum Typischen als Überwindung des Individuellen ablesen möchte. Denn nicht nur die erzählten Inhalte, sondern vor allem die Ironie des Erzählers lassen die Rede von der Verbindlichkeit und Vorbildlichkeit des Typischen fragwürdig werden.
Margret Schneider, Etüden zum Lesen sprachlicher Formen in Goethes "Wilhelm Meister", Zürich u. Freiburg im Br. 1970.

47) Brief an Goethe vom 3. 7. 1796.

48) Auf diese, Schillers Hinweis nur zum Teil beherzigende Korrektur hat Schumann - meines Wissens als erster - hingewiesen. Er macht auch darauf aufmerksam, daß Günther Müller Schillers Zeitrechnung für den Roman als gültig zugrundelegt und die Gesamtdauer der "Lehrjahre" auf 10 Jahre ansetzt. Dagegen gehen Hans Eichner und Schumann selbst von 5 Jahren aus.
Hans Eichner, Zur Deutung von 'Wilhelm Meisters Lehrjahren'. In: Jahrbuch des Freien Deutschen Hochstifts (1966), S. 165 - 196, S. 167.

49) Auch diese Unstimmigkeit hat Schumann entdeckt. Siehe Schumann, a. a. O., S. 153.

50) Siehe dazu Ian Watt, a. a. O., S. 27, wo er über Fieldings "Tom Jones" folgendes feststellt: "Fielding scheint mit einem Almanach, jenem Symbol der Verbreitung eines objektiven Zeitgefühls durch die Druckerpresse, gearbeitet zu haben: mit geringfügigen Ausnahmen sind alle

Geschehnisse seines Romans chronologisch stimmig, und zwar nicht nur in ihrem Verhältnis zueinander und zu der Zeit, die jede Etappe der Reise der verschiedenen Charaktere vom Westen Englands bis nach London tatsächlich gedauert haben würde, sondern auch in ihrem Verhältnis zu so äußeren Momenten wie den genauen Mondphasen und der Chronologie der Jakobitischen Rebellion von 1745, dem gedachten Jahr der Handlung." Und von Richardson heißt es: "Er achtete sehr sorgfältig darauf, alle erzählerischen Geschehnisse innerhalb eines bis dahin unbekannten detaillierten Zeitplanes zu lokalisieren". Watt, a. a. O., S. 26.
Der Vermutung, chronologische Genauigkeit sei eben Goethes Sache nicht gewesen, die Zeitfehler der "Lehrjahre" seien seiner Unfähigkeit oder Nachlässigkeit zuzuschreiben, widerspricht die penible Chronologie des "Werther".

51) Auf den Zusammenhang zwischen der Negation dieses neuzeitlichen Realitätsprinzips und dem Verstoß gegen das physikalisch-quantitative Zeitmaß macht Günther Müller am Beispiel des "Heinrich von Ofterdingen" von Novalis aufmerksam; dessen "Gleichgültigkeit gegen die physikalische Bestimmung der erzählten Zeit" leitet sich aus seinem "magischen Idealismus" her. G. Müller, a. a. O., S. 66.

52) Siehe dazu die nachgerade klassisch gewordenen, einschlägigen Stellen aus Lukács' "Theorie des Romans": "(...) nur die Form der transzendentalen Heimatlosigkeit der Idee, der Roman, (nimmt) die wirkliche Zeit (...) in die Reihe seiner konstitutiven Prinzipien auf (...). Die Epopöe kennt allerdings scheinbar die Dauer der Zeit (...). Doch diese Zeit hat ebensowenig eine Realität, eine wirkliche Dauer; die Menschen und die Schicksale bleiben von ihr unberührt". Georg Lukács, Die Theorie des Romans, Neuwied und Berlin 1971 (SL 36), S. 107.

53) Hannelore Schlaffer, a. a. O., S. 42

54) Ibid.

55) Nicht zu Unrecht nennt Friedrich Kittler Mignon "ein Kind der alten Zeit", der die moderne Zeitarithmetik fremd war. F. A. Kittler, Über die Sozialisation Wilhelm Meisters. In: Gerhard Kaiser, Friedrich A. Kittler, Dichtung als Sozialisationsspiel. Studien zu Goethe und Gottfried Keller, Göttingen 1978, S. 13 - 124, S. 38. "Keine Kernfamilie hat seine (des Kindes, d. V.) Kindheit archiviert, keine Elternliebe seine Jahre gezählt. Im Mythos der ihren Eltern gestohlenen Mignon erscheint die historische Erinnerung an ein Weltalter, wo Eltern das Alter (...) ihrer Kinder vergessen durften." Ibid.

56) Siehe dazu Lukàcs, a. a. O., S. 108: für die Epopöe gilt, daß die Helden "die Zeit innerhalb der Dichtung nicht (erleben)(...); ihr Alter haben sie in ihren Charakter aufgenommen, und Nestor ist alt, so wie Helena schön und Agamemnon mächtig ist".

57) Siehe Kapitel I, S. 27.

58) Siehe Hannelore Schlaffer, a. a. O., S. 43:
"Sein Lohn; 'der reichlich lohnet', ist: Genügen an sich selbst, die Freude der Zuhörer und die symbolische Ehrung durch 'einen Trunk des besten Weins/ In reinem Glase'".

59) Melina hegt dagegen später die "Hoffnung, in einer kleinen aber wohlhabenden Stadt mit seiner Gesellschaft unterzukommen."(7,224) Und Wilhelm wurde von seinem Vater mit einem "tabellarische[n] Schema"(7,285) ausgestattet, mit dem er die ökonomische Topographie der durchreisten Gegenden erfassen sollte.

60) Als eine "Art Travestie der entsprechenden Maxime des Turms" bezeichnet Schlechta Philines Ausspruch: "'Keine Zeit versäumen' heißt aus dem Munde des lockeren Mädchens, jede Gelegenheit wahrnehmen (...): erkennen und nutzen. Gelegenheit in diesem besonderen Verstande, d.h. lebendigen, glückhaften Augenblick kennt der Turm nicht." Schlechta, a. a. O., S. 189.

61) Die problematische Seite einer dem bürgerlichen Gleich- und Regelmaß entrückten Lebensweise verschweigt der Roman freilich nicht, sondern bringt sie mit Marianes unsicherer, For-

tuna, der Göttin des Zufalls, ausgelieferter Existenz zur Sprache: "Vergnügen und Verdruß lösten sich ab, Demütigung wurde durch Eitelkeit, und Mangel oft durch augenblicklichen Überfluß vergütet"(7,36). Langeweile kann sich bei einem solchen Leben, das in seiner Struktur dem Müßiggang des Helden ähnelt, schwerlich einstellen; da es aber ausreichender materieller Grundlagen entbehrt, lauert hinter seinen Abwechslungen allzu oft die schiere Lebensnot.

62) Als die Tage der Schauspieler im Schloß des Grafen gezählt sind, ergreift nur "der einzige Melina (...) seine Maßregeln darnach, die andern suchten nur noch von dem Augenblicke so viel als möglich das Vergnüglichste zu erhaschen"(7,212).
Bruford vermutet, daß Schlegel jenen Kapiteln, die Wilhelms Zusammenleben mit den Schauspielern schildern, "manche Hinweise für seine Apologie des Müßiggangs (in der *Lucinde*) (entnahm)", zumal der Held bei diesem Umgang eine "'Umwertung aller Werte'" vollzieht. Bruford, a. a. O., S. 219.

63) Dem Roman ist nach Lukács Worten das "naiv-selige Erlebnis des in re (...) versagt". Lukács, a. a. O., S. 110.

64) Auch als Wilhelm sich bei Serlo aufhält, ist die Rede von "einigen Tagen, die auf eine angenehme Weise zugebracht wurden"(7,269) oder von den "sehr angenehme(n) Stunden", die der Held dort "zubrachte"(7,294); siehe auch 7,305.

65) Kant, Kritik der Urtheilskraft. Analytik des Schönen. Qualität. In: Kants Werke. Akademie Textausgabe Bd. V, Berlin 1968, S. 205.

66) Ibid., S. 207.

67) Ibid., S. 208.

68) Ibid., S. 210.

69) Ibid., S. 212.

70) Völlig subjektiv ist auch die Behauptung des Helden, einer "der schönsten Augenblicke [s]eines Lebens"(7,586) sei ausgerechnet der gewesen, als er "verwundet auf der Erde lag"(!)(ibid.) und Natalie sich ihm helfend nahte. Daß er in diesem Augenblick über die unerwartete Hilfe froh war, ließe sich leicht nachvollziehen; daß dieser Augenblick aber nicht nur schön, sondern der schönste seines Lebens war, wohl kaum.

71) "Das Vergnügen (...) sei nur Würze, (...) wer es zur Nahrung missbrauche, zerstöre seine Gesundheit, und nehme dem Vergnügen selbst allen Reiz", meint die brave Witwe Lyk in Engels "Herr Lorenz Stark" und findet dadurch die Billigung des Titelhelden. Engel, a. a. O., S. 390.

72) Die Angabe, daß Laertes "nachdenklich" am Fenster steht und sich auf nur einen Arm stützt, also nicht etwa mit beiden Unterarmen und angewinkelten Ellbogen auf der Fensterbank ausruht, verleitet zu der - zugegebenermaßen - spekulativen Annahme, er stütze wie die Dürersche Melancholie den Kopf in die Hand. Der gleichnamige Stich Dürers war im 18. Jahrhundert sehr verbreitet.

73) Mit der "autonome[n] Gewalt von Gegenwart und Gelegenheit" bringt Schlechta Philine in Verbindung: "(d)er Augenblick ist ihr Gott; die Gelegenheit das Element, für welches sie geschaffen." Schlechta, a. a. O., S. 183. Der Turm verschließt sich dagegen bewußt dieser Gewalt. "Seinem Planen und Tun sind alle Augenblicke gleich wert; sehr wert allerdings" (ibid., S. 189), d.h. im Sinne jener weiter oben angeführten Nützlichkeitsstrategie.

74) Jorge Luis Borges, Essays 1952 - 1979, übersetzt von K. A. Horst, C. Meyer-Clason, G. Haefs. In: J. L. Borges, Gesammelte Werke, Bd. 5, II, München o. J., S. 277f.

75) Lukács, a. a. O., S. 110.

76) Ibid.

77) Ibid.

78) Dies trifft allerdings nur auf den angespannt und konzentriert Arbeitenden zu. Stumpfsinnige oder mechanisierte Arbeit, die sich bis zu einem gewissen Grade mit geistiger Abwesenheit vereinbaren läßt, kann durch die Hoffnung auf die ersehnte Pause oder durch bunte Phantasien erträglicher gemacht werden. So heißt es etwa im "Anton Reiser": "(...) (er) rechnete (...) bei seiner Arbeit aufs Frühstück, das er immer schon in der *Vorstellung* schmeckte (...). Dann ging es wieder frisch an die Arbeit, und die *Hoffnung* aufs Mittagessen brachte wiederum neues Interesse in die Morgenstunden, wenn die Einförmigkeit der Arbeit zu ermüdend wurde." Karl Philipp Moritz, a. a. O., S. 74 (Hervorh. v. d. V.).

79) Auch während seines Aufenthalts im Pfarrhaus, zu dem ihn eine Verwundung zwingt, überläßt sich Wilhelm Erinnerungen und Hoffnungen (siehe 7,257 und 7,258); er "verfiel in eine träumende Sehnsucht"(7,257), berichtet der Erzähler über den Helden.
Sehnsucht aber ist "gegen die eindimensionale physikalische Zeit gerichtet, sie umfaßt Erinnerungen und Erwartung, Vergangenheit und Zukunft". Albert Berger, Ästhetik und Bildungsroman. Goethes "Wilhelm Meisters Lehrjahre", Wien 1977 (Wiener Arbeiten zur deutschen Literatur 7), S. 54.

80) Als "'ekstatische[n] Augenblick'", in dem "die drei Ekstasen der Zeit, Vergangenheit, Gegenwart und Zukunft, voll wirksam (...) sind", charakterisiert Berger diese Situation im Leben des Helden. Berger, a. a. O., S. 40.

81) Auch Fink stellt fest, daß sich für Wilhelm nach seinem Eintritt in die Turmgesellschaft "ein neues Verhältnis zur Zeit (ergibt); nachdem er bisher nur dem Augenblick gelebt oder zumindest nie weit nach vorne geschaut hat, blickt er erneut voll Vertrauen und Zuversicht in die Zukunft", obwohl "es ihm noch nicht gelungen (ist), die Vergangenheit positiv zu bewerten". Fink, a. a. O., S. 32. Finks Diagnose, daß Wilhelm aufhört, den Augenblick zu genießen und daß er von seiner Vergangenheit nichts mehr wissen möchte, schließen wir uns an; seine Ansicht, der Held sehe vertrauensvoll und zuversichtlich in die Zukunft, können wir nicht teilen.

82) Berger, a. a. O., S. 70.

83) Hannelore Schlaffer, a. a. O., S. 64.

84) Berger, a. a. O., S. 69. Siehe dazu auch Hannelore Schlaffer, a. a. O., S. 64 ff.

85) Einen deutlichen Hinweis auf Odysseus, von dessen Urbildlichkeit auch auf Wilhelm Meister ein Abglanz fällt, gibt die Inschrift "Gedenke mein"(7,100) auf jenem Pudermesser, das Nausikaa-Philine dem Helden schenkt.

86) "Sie sehen, daß ich in der Welt doch noch zu *etwas nütze* bin"(7,372; Hervorh. v. d. V.), lauten die Begrüßungsworte des Harfners, als Wilhelm ihn nach ihrer Trennung wiedersieht. Der Harfner muß Gartenarbeiten verrichten und Musikunterricht erteilen.

87) Bei Mignons Bestattung zeigen sich die Defizite der profanen Diesseitigkeit des Turms: so wie die Wirkung des "Saals der Vergangenheit" seinem Zweck als Grabstätte widerspricht, der Tod vergessen und verdrängt wird (siehe Hannelore Schlaffer, a. a. O., S. 66), so verfehlt der Totenkult der Turmgesellschaft Mignons Rätselwesen, indem er sie zum Objekt wissenschaftlicher Neugier und Experimentierfreude macht, um die Poesie zuletzt zu mumifizieren. Daß der Turm mit dem Tod, der aller Aktivität und allem Tätigkeitsdrang eine absolute Grenze setzt, nichts anzufangen weiß, rückt ihn wieder in die Nähe Werners, der sich vom Tod keinen Augenblick am Verfolg seiner Interessen stören läßt.

88) In ähnlicher Weise besingen z.B. Hallers "Alpen" den Wechsel von arbeitsamem Tag und erholsamem Feierabend. Haller, Die Alpen, a. a. O., v. 74.

89) So betont Berger ausdrücklich, daß Wilhelms Geschichte, so wie sie der Turm aufgeschrieben hat, "nicht identisch mit der (ist), die er als Erinnerungsspur in sich trägt."
Berger, a. a. O., S. 154.

In den "Wanderjahren" "(dürfen) die Entsagenden (...) weder von Vergangenem noch vom Zukünftigen sprechen. Nur die Gegenwart soll sie beschäftigen. Freiheit also nicht nur vom Ort, sondern auch Freiheit von der Zeit. *Kein Traum der Erinnerung, kein Träumen in die Zukunft* soll den Nutzwert des Augenblicks beeinträchtigen." Schlechta, a. a. O., S. 84. (Hervorh. v. d. V.)

90) Siehe dazu Schlechta, a. a. O., S. 84 u. S. 189 .

91) Der Orangenwald schlägt die Brücke zu Mignons Italienlied, das den Süden durch Erinnerungen und Hoffnungen zum Land der Sehnsucht macht.

92) Deshalb können wir weder Berger zustimmen, der meint, Wilhelm überwinde im "Saal der Vergangenheit" die Zeit im "ästhetische[n] Augenblick"(Berger, a. a. O, S. 40, siehe auch ders., a. a. O., S. 70), noch Hörisch, der die Ansicht vertritt, Wilhelm "lern[e], Zeit nicht länger zu perhorreszieren". Hörisch, a. a. O., S. 99, Anm. 238.

93) Hannelore Schlaffer, a. a. O., S. 68.
Die Bildinhalte geben Hannelore Schlaffer recht; dargestellt werden in erster Linie solche Lebensstationen, die für den familiengründenden Bürger wesentlich sind: Brautstand, Vater- bzw. Mutterschaft. Selbst jene "Könige und Völker", von denen die Rede ist, sind nur im Kontext der Hochzeit ins Bild gebracht, wenn sie nämlich "zu Zeugen ihrer Verbindungen die Götter am Altare anrufen"(7,581).

94) Dem widerspricht nicht, daß sich die größtenteils aus Adeligen bestehende Turmgesellschaft ihrer bedient, ist sie doch die Anwältin bürgerlicher Ökonomie und Lebensordnung.

95) Zu den Unterschieden zwischen dieser "wunderbaren Familie" und der bürgerlich-kleinbürgerlichen Kern-bzw. Kleinfamilie siehe Hörisch, a. a. O., S. 57f.

96) Die erotische Bedeutung der Laube macht der Erzähler im Zusammenhang mit Philines Anschlägen auf den Helden deutlich. Siehe 7,143.

97) Nicht zufällig stirbt Mignon, in deren Gegenwart Wilhelm sich niemals langweilte, deren Zauber ihn stets in Bann schlug, genau in dem Augenblick, in dem Therese den Helden als ihren künftigen Ehemann im "Saal der Vergangenheit" "unter den lebhaftesten Küssen"(7,583) in die Arme schließt.

98) Siehe Kap. I.

99) Für Wilhelm zählt vor allem der ästhetische Aspekt von Ordnung, was sich aus der künstlich-künstlerischen Ausstattung seines Zimmers ersehen läßt.
Auch für Goethe macht erst die Ästhetik von "Ordnung und Reinlichkeit" den Anblick des "Nützlichen" erträglich: "Die betriebsame Gegend gab einen beruhigenden Anblick, weil das Nützliche hier aus Ordnung und Reinlichkeit hervortrat."(10,686,f.)

100) Der Gegensatz zwischen bürgerlichem Sauberkeitsstreben und bohemehafter Nachlässigkeit wiederholt sich im Verhältnis der peinlich auf "Ordnung und Reinlichkeit" bedachten Therese, die von sich sagt, beides sei "selbst da [sie] noch spielte, [ihr] einziger Instinkt"(7,481) gewesen, und Philine, der es nichts ausmacht, den Helden in einem nicht ganz sauberen Négligé zu begrüßen.
In Gustav Freytags "Soll und Haben" wird der ordentlichen und tadellosen Kaufmannsschwester Sabine die adlige Lenore gegenübergestellt, die "einen kleinen Riß im Hauskleide (...) lange nicht beachtete." Freytag, Soll und Haben, Bd. I. In : Freytag, a. a. O., Bd.5, S. 59. Boheme und Adel erfüllen auch hier die Funktion unbürgerlicher Gegenbildlichkeit.
Daß der Bürger mit seinen Ritualen häuslicher Ordnung und Sauberkeit nicht nur 'schmutzige' Triebwünsche, sondern auch die moralische Unsauberkeit der Ökonomie kompensiert, legt Wilhelms Redewendung vom "schmutzige[n] Gewerb"(8,554), derer er sich in der "Theatralischen Sendung" bedient, nahe, ebenso wie Hegels Metapher vom "Schmutz des Gewinnes".

Hegel, Vorlesungen über die Ästhetik I. In: Hegel, Werke, a. a. O., Bd. 13, S. 337.

101) Als wüßte er überdies, daß der erotische Müßiggang Teufelswerk ist; kündet doch Mephisto dem sich verjüngenden Faust an: "Den edlen Müßiggang lehr ich hernach dich schätzen,/ Und bald empfindest du mit innigem Ergetzen,/ Wie sich Cupido regt und hin und wider springt."(v. 2596-2598, 5,222f.)

102) Von solchen Liebeslauben nimmt Wilhelm mit seinem Eintritt in die Turmgesellschaft endgültig Abschied.

103) Das Dazwischentreten eines Dritten arbeitet Hörisch als konstitutiv für die erotischen Beziehungen Wilhelms in den "Lehrjahren" heraus; die Einübung in diese Art der "Logik von Liebe" (Hörisch, a. a. O., S. 31) hält er für den eigentlichen Lern- bzw. Bildungsprozeß des Helden. Siehe Hörisch, a. a. O., S. 30 ff.

104) Vgl. Berger, a. a. O., S. 86, der vom "begriff- und wortlose[n] Widerstand in Wilhelms Innern gegen den Schein" spricht.

105) Das Glücksspiel als Spiel um Geld, das gewöhnlich auch zu dieser Art des Müßiggangs gehört (siehe Tiecks "Lovell"), ist in den "Lehrjahren" an die Verstandesmenschen delegiert, für die der Umgang mit Geld auch sonst wesentlich ist, an Werner und an Jarno.

106) Das Gewissen fungiert auf diese Weise als eine Art 'innere Polizei'! Folgenloser Genuß ist dem Bürger versagt, der stets planend und sorgend über den Augenblick hinausdenken muß.

107) Einen ähnlichen Wechsel deutet schon das erste Buch an, wenn auf Wilhelms Liebesnacht mit Mariane am andern Morgen das Gespräch mit der Mutter folgt, die ihm die Vorwürfe des Vaters mitteilt.

108) Angesichts dieser Reaktion des Helden bleibt unverständlich, warum Blessin vom "reuelosen Genuß" beim Philine-Abenteuer spricht und behauptet, "(d)iese Art folgenlos ausgelebter Sinnlichkeit" stimme damit überein, daß "in der Marktgesellschaft der Konsum durchweg bejaht wird". Blessin, a. a. O., S. 255, Anm. 62.
Wilhelm verhält sich ja gerade moralischer als die Vertreter bürgerlicher Ökonomie!

109) "(D)aß er (...) wenig genossen habe"(7,305), heißt es von Wilhelms Vater.

110) Neben dem Geld spielt natürlich auch die fehlende Zeit eine entscheidende Rolle; so macht Christian Garve "Wohlhabenheit und Muße" zu den unerläßlichen Bedingungen eines kultivierten geselligen Umgangs. Christian Garve, Über die Maxime Rochefoucaults: das bürgerliche Air verliert sich zuweilen bey der Armee, niemahls am Hofe. In: Christian Garve, Popularphilosophische Schriften über literarische, ästhetische und gesellschaftliche Gegenstände (1792). Im Faksimiledruck herausgegeben von Kurt Wölfel, Stuttgart 1974, Bd. 1, S. 599 (335); "(es) ist (...) in Absicht der Muße (...) entschieden, daß sie der Adel im höhern Grade besitzt. Die Reichen andrer Stände haben entweder mehr Geschäfte, weil sie das Gewerbe, dem sie ihre Reichthümer verdanken, noch forttreiben; oder sie sind wenigstens zum Arbeiten mehr gewöhnt, und in der Gewohnheit des Arbeitens erzogen". Garve, a. a. O., S. 601 (337).

111) Johan Huizinga, Homo ludens. Vom Ursprung der Kultur im Spiel, Hamburg 1987, S. 21.

112) Marcuse, a. a. O., S. 563.

113) Ibid.

114) Daß für den Helden auch bei den Fiktionen des Spiels bestimmte moralische Grenzen nicht überschritten werden dürfen, zeigte sich in den verfänglichen Situationen mit Philine und der Gräfin. Nicht zufällig entscheidet er sich für das Theaterspiel, die gesellschaftlich erlaubte Form der Täuschung und des Scheinens.

115) Klaus-Detlef Müller, Der Zufall im Roman. Anmerkungen zur erzähltechnischen Bedeutung der Kontingenz. In: GRM 8 (1978), S. 265 - 290, S. 268.

116) Ibid., S. 272.

117) Ibid., S. 274.

118) In ähnlicher Weise waren dem Helden auch die Zufälle bei Philine und der Gräfin willkommen. Dennoch bleibt in all diesen Zufällen auch ein Rest, in dem sich die widerständige Realität bekundet. Daß Melina, Friedrich und der Graf ihn an der Verwirklichung seiner erotischen Absichten hindern, löst bei Wilhelm auch massive Unlust aus (siehe 7,144). Und aus der Begegnung mit den Marodeuren geht er nicht als strahlender Sieger hervor, sondern wird ernsthaft verletzt - die auf ihn eindringende Realität schlägt ihm Wunden.

119) Daß dort, wo Arbeit und Arbeitsethos zu zentralen Themen werden, die poetische Fiktion ihr Recht verliert, führt Goethe in den "Wanderjahren" mit überraschender Konsequenz vor Augen: er übernimmt fast wortwörtlich den Sachtext seines Freundes Meyer über die Schweizer Hausindustrie (8,367ff.) (Siehe dazu auch den Kommentar zu dieser Textpassage in der Hamburger-Ausgabe, HA 8, S. 692).
Wenn es um die sachgerechte Beschreibung von Arbeitsvorgängen geht, wird der individuelle Autor überflüssig.

120) William Lovells nur scheinbar zufällige Begegnungen mit Rosa, der Blainville, Laura und Bianca sind von Andrea, dem führenden Kopf des Geheimbundes, in die Wege geleitet worden. Siehe dazu Kap. II.

121) Siehe Friedrich Kittler, der, sich auf Foucaults "Überwachen und Strafen" berufend, das Neue in Wilhelms Sozialisation u.a. auch am Vorgehen der Turmgesellschaft festmacht. Kittler, a. a. O., S. 108.

122) Siehe auch K.-D. Müller, der, auf Schlegels Meisterrezension rekurrierend, darauf hinweist, daß der Abbé in den "Lehrjahren" "die Rolle der Providenz (...) übernimmt". K.-D. Müller, a. a. O., S. 273.
U. E. unterscheidet Müller nicht genau genug zwischen der Aufhebung der Kontingenz durch die profane Schicksalsinstitution des Turms (der Abbé "(spielt) gern ein wenig das Schicksal"(7,594)), und jenen poetisch bedingten Zufällen, die ebenfalls nicht wirklich kontingent sind, sondern den Gesinnungen des Helden entsprechen.

123) Mit ihren Imperativen der Pflicht und des Tätigseins macht sich die Turmgesellschaft zur Anwältin der 'innerweltlichen Askese der Berufsarbeit', wie Max Weber sie später u.a. in seiner Abhandlung "Die protestantische Ethik und der Geist des Kapitalismus" beschreiben wird. Weber, a. a. O.

124) Siehe dazu auch Heinz Schlaffer, Exoterik und Esoterik, a. a. O, S. 222, Anm. 30.
Daß dem Turm der Sinn für die ästhetischen Dimensionen der "dramatischen Poesie" (8,278) abgeht, wird an Jarno deutlich. Mit einer bei dem sonst so nüchternen Verstandesmenschen überraschenden Wärme empfielt er dem Helden Shakespeares Werke: "Sie können Ihre Zeit nicht besser anwenden, als wenn Sie (...) in die Zauberlaterne dieser unbekannten Welt sehen"(7,192). Jarnos Bild von der "Zauberlaterne" scheint zunächst die obige Behauptung zu widerlegen und dem Turmagenten poetisches Verständnis und überdies eine tolerante Haltung gegenüber der Muße zu attestieren; die Erwartungen, die er an Wilhelms Lektüre knüpft, belehren den Leser freilich eines Besseren; erhofft sich Jarno doch vom Helden die Hinwendung zur vita activa des Kriegsdienstes, weil er den Abstand zwischen den kriegerischen Auseinandersetzungen, wie Shakespeares Dramen sie schildern, und der eigenen Gegenwart anscheinend gering veranschlagt: "Lassen Sie den Vorsatz nicht fahren, in ein tätiges Leben überzugehen, und eilen Sie, die guten Jahre, die Ihnen gegönnt sind, wacker zu nutzen"(7,206), rät er dem Helden, als dieser ihm von Shakespeare schwärmt.
Jarno assimiliert die Kunst der Wirklichkeit, will sie ihr angleichen und dienstbar machen, Wilhelm verfährt umgekehrt, er schließt von der Kunst aufs Leben. Dem eilfertigen Jarno muß zwangsläufig entgehen, daß der Held durch sein Leseerlebnis nur noch tiefer in die fiktive Welt der Theaters hineingetrieben wurde. Er hört nur Wilhelms Ankündigung, "in der

wirklichen Welt schnellere Fortschritte vorwärts (...) tun"(7,206) zu wollen, und überhört, daß diese Fortschritte darin bestehen sollen,

"aus dem großen Meere der wahren Natur wenige Becher zu schöpfen, und sie von der Schaubühne dem lechzenden Publikum meines Vaterlandes auszuspenden"(7,206).

125) In den "Lehrjahren" wurde das Puppenspiel, das den Helden zu seinem - vom Standpunkt der Turmgesellschaft aus gesehen - zeitraubenden Irrweg verleitet, "in müßigen Stunden zusammen gebaut"(7,19).

126) Hannelore Schlaffer, a. a. O., S. 143. Zur Aversion der Pädagogen der Pädagogischen Provinz gegen den "dionysischen Wahnsinn" (ibid., S. 144) vgl. ibid., S. 143 ff.

127) Es ist daher nur konsequent, wenn die Turmgesellschaft in ihren amerikanischen Siedlungen "Branntweinschenken und Lesebibliotheken"(8,437) verbieten möchte; bieten beide Lokalitäten mit ihren jeweiligen Rauschmitteln doch die Möglichkeit, das Realitätsprinzip zu vergessen, sich von ihm loszusagen.

128) Goethes Empfehlung, "auf jene griesgrämigen Pädagogen (der Pädagogischen Provinz, d. V.)" sei "keineswegs zu achten" (Brief an Pius Alexander Wolff vom 23. 9. 1821. In: Goethes Werke, hrsg. im Auftrage der Großherzogin Sophie von Sachsen (Sophienausgabe), Weimar 1887 - 1919, IV, 35, S. 95) und seine Zwischenbemerkung als "Redakteur"(8,280) der "Wanderjahre", "daß er mit einigem Unwillen diese wunderliche Stelle durchgehen"(8,280) lasse, relativieren die Invektiven gegen Theater und Schauspiel als standpunktgebundene Urteile, die nicht mit seinen eigenen Überzeugungen verwechselt werden dürfen - den Enttäuschungen, die er in seiner eigenen Theaterpraxis erlebt hat, zum Trotz. Seiner Ansicht nach ist es das Leben selbst, das der ästhetisch-illusionären Verklärung bedarf: "Das wirkliche Leben verliert oft dergestalt seinen Glanz, daß man es manchmal mit dem Firnis der Fiktion wieder auffrischen muß"(10,402). Sich ab und zu vom Realitätsprinzip zu beurlauben und theatralisch zu stilisieren, hält er "für höchst unschuldig und (...) höchst unschädlich"(10,508), da es "uns in Zeiten, wo wir vor Langerweile umkommen (...) müßten, (unterhält)"(10,508).
Goethes Aussagen und Klagen über Langeweile harren noch einer eigenen Untersuchung. Sie stehen bezeichnenderweise meist im Zusammenhang mit der Routine des Alltagslebens und werden nicht etwa dem beschäftigungslosen Müßiggang, sondern dessen Gegenteil - der Arbeit angelastet.

129) Siehe Hannelore Schlaffer, a. a. O., S. 136f.

130) "Das Schauspiel dauerte sehr lange"(7,9), lautet der erste Satz des Romans, der in diesem Sinne als Leitmotiv der Zeitverschwendung, die das Spiel verursacht, gelesen werden kann.
Wie bei J. E. Schlegels Fortunat taucht auch bei Wilhelm Meister hinter dem geschäftigen Müßiggang des Theaterspiels die sinnliche Lust des lasterhaften Müßiggangs auf.

131) Schiller, Ueber die ästhetische Erziehung, a. a. O., 15. Brief, S. 359.

132) Ibid.

133) Bezeichnenderweise sieht Schiller die Selbstverwirklichung im Spiel an ein zeitliches Paradoxon gebunden, da der Spieltrieb "dahin gerichtet " ist, "*die Zeit in der Zeit* aufzuheben, Werden mit absolutem Seyn, Veränderung mit Identität zu vereinbaren."(Schiller, Ueber die ästhetische Erziehung, a. a. O., 14. Brief, S. 353) Die Selbstfindung des Menschen setzt ein besonderes Verhältnis zur Zeit voraus, sie läßt sich nicht mit einer Unterwerfung unter die eingeteilte Zeit der Arbeit vereinbaren.

134) Seine Erfahrungen im Schloß, wo er den reglementierten Tagesablauf der Gräfin und ihre Repräsentationspflichten aus der Nähe sieht, irritieren ihn zwar, können sein Adelsideal aber nicht nachhaltig zerstören, wie der spätere Brief an Werner zeigt.

135) "(H)immlische Genüsse"(7,70) möchte Wilhelm dem Publikum bereiten.

136) Siehe Kap. I, S. 26f.

137) Die Dilettanten "treiben die Kunst um des Vergnügens (...) willen", heißt es in den "Maximen und Reflexionen"(9,533, Nr. 326).

138) Als typischen Fehler des Dilettanten bezeichnet Goethe den Versuch, "Phantasie und Technik unmittelbar verbinden zu wollen."(9,640, Nr. 1127)

139) "Wie sehr danck ich Ihnen, daß Sie mir diese Muße geben und gönnen. (...) es soll kein Tag ja keine Stunde versäumt werden", schreibt Goethe an den Herzog Karl August.
Brief an Herzog Karl August vom 28. 9. 1787. In: Goethes Werke, Sophienausgabe, a. a. O., IV, 8, S. 262.

140) Das Ergötzen gehört wieder in den Umkreis des Angenehmen und steht schon von daher der Arbeitsanstrengung fern. Siehe Kant, Kritik der Urtheilskraft, S. 206.
In "Dichtung und Wahrheit" berichtet Goethe von einem Ausflug ins Ruhrgebiet: "Die Tätigkeit und Wohlhabenheit benachbarter Städte und Ortschaften trug nicht wenig bei, das Gefühl einer inneren Zufriedenheit zu erhöhen. Wir besuchten Elberfeld und erfreuten uns an der Rührigkeit so mancher wohlbestellten Fabriken. (...) Die betriebsame Gegend gab einen beruhigenden Anblick (...). *Wir verlebten in diesen Betrachtungen glückliche Tage.*"(10,686f.; Hervorh. v. d. V.)
Diejenigen, die hier den Anblick von Fleiß und "Rührigkeit" genießen, brauchen selbst gerade weder fleißig noch rührig zu sein; wenig später ist vom "völlig zweck- und planlosen Leben" des Verfassers die Rede (10,687).

141) Selbmanns Behauptung, Wilhelm "gleite(.)" durch die Arbeit am Reisejournal "unmerklich in ernste, sinnvolle und zugleich untheatralische Tätigkeit hinüber", muß daher bezweifelt werden; zudem ist die Beziehung des Helden zur Welt des Handels nur literarisch vermittelt. Selbmann, a. a. O., S. 73.
Unverständlich bleibt auch Selbmanns Anmerkung, der "Begriff 'Tätigkeit' (...), der jetzt auftaucht, bezeichnet freilich nicht bürgerliche Geschäfte, sondern meint eine von Standesrücksichten und ökonomischer Vorsorge freie Beschäftigung, wie sie für den Lebensumkreis Lotharios, Natalies oder Thereses kennzeichnend ist." Ibid. Nicht der "Lebensumkreis" der letzteren, sondern die Handelsstadt liefert das Anschauungsmaterial für Wilhelms Ergötzen an der Vermittlung der Gewerbe und Bedürfnisse.

142) Siehe Lukács, a. a. O., S. 107:
"Die größte Diskrepanz zwischen Idee und Wirklichkeit ist die Zeit: der Ablauf der Zeit als Dauer. Das tiefste und erniedrigendste Sich-nicht-bewähren-Können der Subjektivität besteht weniger in dem vergeblichen Kampfe gegen ideenlose Gebilde und deren menschliche Vertreter, als darin, daß sie dem träg-stetigen Ablauf nicht standhalten kann, daß sie von mühsam errungenen Gipfeln langsam aber unaufhaltsam herabgleiten muß".
Auch diesen Sachverhalt reflektieren die "Lehrjahre" explizit: "Überhaupt ist es leider der Fall, daß alles, was durch mehrere zusammentreffende Menschen und Umstände hervorgebracht werden soll, keine *lange Zeit* sich *vollkommen* erhalten kann. (...) So konnte man sagen, daß Serlos Gesellschaft *eine Zeitlang* so *vollkommen* war, als irgend eine deutsche sich hätte rühmen können."(7,368; Hervorh. v. d. V.)

143) Schon nach seiner Trennung von Mariane hatte Wilhelm Zuflucht bei bürgerlichen Maximen gesucht, denn "(e)r war froh, auf dem Wege des Lebens sich *beizeiten* (...) gewarnt zu sehen"(7,85; Hervorh. v. d. V.), also noch rechtzeitig auf den Pfad bürgerlicher Tugend, d.h. zur Arbeit im Kontor, zurückgekehrt zu sein.

144) Huizinga, a. a. O., S. 21.

145) Hegel, Werke, a. a. O., Bd. 7, Grundlinien der Philosophie des Rechts, § 207, S. 359.

146) Ibid.

147) Fink spricht davon, daß "die Beschränkung, die Wilhelm in seinem ersten Brief an Werner dem Bürger vorwarf, nunmehr als allgemeines Ziel gilt." Fink, a. a. O., S. 32.
Den Selbstverlust, der damit einhergeht, spielt Korffs optimistische Interpretation in unzulässiger Weise herunter.
Korff, a. a. O., S.333:"(...) die arbeitsteilige *bürgerliche Gesellschaft* (bekommt) einen *neuen positiven Sinn*. Sie bekommt ihn dann, wenn der Mensch sich so vollkommen mit ihr identifiziert, daß ihm jedes isolierte individuelle Leben unmöglich geworden ist."
Bis zuletzt kann sich der Held weder völlig mit der Turmgesellschaft noch mit ihren bürgerlichen Idealen identifizieren.

148) Die von Lukács in "Faust und Faustus" vertretene Ansicht, die "Lehrjahre" seien "eine große - freilich unausgesprochene - Polemik gegen die Moraltheorie Kants", läßt sich gerade nicht an Natalie, die er zu den vorbildlichen Figuren zählt, verifizieren. Gegen die Kantischen Imperative lehnt sich eher der regellose Müßiggang des Helden selbst auf.
Georg Lukács, Faust und Faustus, Vom Drama der Menschengattung zur Tragödie der modernen Kunst. Ausgewählte Schriften II, (11. - 18. Tsd.), (= rde 285/87) Reinbek 1968, S. 37.

149) Siehe dazu auch Hörisch, a. a. O., S. 66.

150) Natalie unterstellt der Liebe, daß sie lediglich Fiktion sei, und, was sich als fiktiv verdächtig macht, das lehnt sie ab; ähnlich wie die Turmgesellschaft und die Repräsentanten der Pädagogischen Provinz dies tun.

151) Heinz Schlaffer, Exoterik und Esoterik, a. a. O., S. 221.

152) Siehe Hannelore Schlaffer, a. a. O., S. 61.

153) "Den zweiten Markstein auf seiner (Wilhelms, d. V.) Rückkehr aus der poetischen Traumwelt in die seiner ökonomischen Herkunft setzt Natalie". Hannelore Schlaffer, a. a. O., S. 45.

154) "(...) es sieht doch aus, als wenn du mit einiger Vernunft, in die menschlichen Unternehmungen eingreifen könntest. Deine neuen Freunde sollen gepriesen sein, da sie dich auf den rechten Weg gebracht haben"(7,538), meint Werner bei seiner ersten Unterredung mit dem Helden, als er ihn im Kreise Lotharios und Jarnos antrifft.

155) Zum herabgestimmten Glück, das Wilhelm beschieden ist, siehe Gerda Röder, Glück und glückliches Ende im deutschen Bildungsroman. Eine Studie zu Goethes 'Wilhelm Meister', München 1968 (Münchner Germanistische Beiträge 2) und Hörisch, a. a. O., S. 83.

156) Nach Bielschowsky gibt der Leser am Ende die Hoffnung, daß der Held "jemals zu irgend welcher dauernden, fruchtbringenden Arbeit zurückkehren werde" auf.
Albert Bielschowsky, Goethe. Sein Leben und seine Werke, München 1902 - 1904, 2 Bde. (25. Aufl.), Bd. 2, S. 174.
Siehe auch Eichner, a. a. O., S. 179f., der gegen Kurt May recht behält. May war zu dem Ergebnis gekommen, Wilhelm werde am Ende zu einer sozial nützlichen Tätigkeit gebracht. Der Held ist aber nur willens, sich nützlich zu machen, tut es im Roman selbst jedoch nicht.
Kurt May, "Wilhelm Meisters Lehrjahre", ein Bildungsroman? In: DVjs 31, H. 1. (1957), S. 1 - 37.

157) Zu diesen Maßnahmen gehört bezeichnenderweise eine Vorschrift, die sich auf die Zeit bezieht. Wilhelm darf "(n)icht über drei Tage"(8,16) an einem Ort bleiben, weil er, wie Jarno-Montan ihm mitteilt, "(...) von der Menschenart [sei], (...) die sich leicht an einen Ort, nicht leicht an eine Bestimmung gewöhnen. Allen solchen wird die unstete Lebensart vorgeschrieben, damit sie vielleicht zu einer sichern Lebensweise gelangen."(8,305f.)
Die erzwungene Abwechslung und Unstetigkeit soll dem Helden Lust auf Gleichförmigkeit und Regelmaß in seiner Lebensführung machen; auf solche Weise gedenkt der Turm, ihm seine Jugendsünden auszutreiben.

158) Zu Goethes kritischem Verhältnis zu den Freimaurern siehe Rosemarie Haas, Die Turmgesellschaft in "Wilhelm Meisters Lehrjahren". Zur Geschichte des Geheimbundromans und der Romantheorie im 18. Jahrhundert, Bern und Frankfurt a. M. 1975.

159) So weist z.B. Eichner darauf hin, daß wir von Lotharios "praktischer Tätigkeit längst nicht so ausführlich unterrichtet werden wie von den Angelegenheiten seines Herzens". Eichner, a. a. O., S. 184.

160) Werner, der sich anders als die Mitglieder der Turmgesellschaft bei seiner Arbeit aufreibt, findet auf diese Weise beim Turm die ideologische Rechtfertigung und Überhöhung seines Wirtschaftens.

161) Vom fortschrittsorientierten Norden aus gesehen, ist der Preis einer solchen Arbeitshaltung natürlich ökonomische Rückständigkeit: "Es erklärt sich hiedurch (...), daß die Handwerker beinahe durchaus gegen die nordischen Länder sehr zurück sind; daß Fabriken nicht zustande kommen."(11,368)
Diese Rückständigkeit wird aber nur dann zum Problem, wenn Produktionssteigerung und Innovation sich als verbindliche Standards durchgesetzt haben.
Büchner wird später seinen Prinzen Leonce verkünden lassen, daß für ihn "(e)in Lazzaroni" in Italien zu sein das begehrenswerteste Lebensziel sei, das er der Gelehrsamkeit, dem Heldentum und der von Valerio vorgeschlagenen Möglichkeit, "nützliche Mitglieder der menschlichen Gesellschaft [zu] werden", bei weitem vorziehe.
Georg Büchner, Leonce und Lena, Kritische Studienausgabe, Hrsg. Burghard Dedner, Büchner-Studien Bd. 3, Frankfurt a. M. 1987, S. 48.
Zu Büchners Kritik an der mechanischen Zeitmessung und dem Zeitdiktat des Nordens sowie Goethes Lob der qualitativen Zeit des Südens siehe E. Theodor Voß, Arkadien in Büchners *Leonce und Lena.* In: Büchner-Studien Bd. 3, Hrsg. Burghard Dedner, Frankfurt a. M. 1987, S. 275 - 436, S. 352ff.

"Wegen des 'Grünen Heinrich' brauchen Sie nicht besorgt zu sein; da ich das Geld nötig habe, das der faule Kerl noch erwerben soll trotz seines trübseligen Absterbens, so wird die Sache nicht zu lange anstehen." (Keller an Wilhelm Petersen 18. 7. 1877)

Gottfried Kellers "Grüner Heinrich" (1. Fassung): träumerischer Müßiggang

Der Nachdruck, mit dem in Kellers "Grünem Heinrich" von den Prinzipien bürgerlicher Lebensordnung, von Arbeitseifer und Berufsethos, Tüchtigkeit und Unternehmungslust die Rede ist, verbürgt die Realitätsnähe dieses Romans und begründet seine epochen- und stilgeschichtliche Zuordnung zum sogenannten 'bürgerlichen Realismus'. Allzu leicht wird dabei übersehen, daß der "Grüne Heinrich" mehr vom Müßiggang als von der Arbeit handelt und im Grunde die Geschichte eines konsequenten Müßiggängers erzählt.[1] Nicht von ungefähr sitzt neben dem ausfahrenden Helden in Gestalt des Fuhrmanns der personifizierte Müßiggang auf dem Kutschbock:

> "Ein Fuhrmann mit einer leer dastehenden alten Reisekutsche trug Heinrich für wenig Geld die Weiterbeförderung an, und bald kutschierte dieser tief in das 'Land der Zukunft' hinein. (...) er saß hoch auf dem Bock (...), während der Fuhrmann neben ihm sich einem süßen Müßiggange überließ"(I,43).[2]

Heinrich wähnt noch, seine Lebensfahrt fest im Griff zu haben, da ist die Entscheidung über sie längst gefallen: anstatt zu arbeiten, wird er im 'Land der Zukunft' Schulden machen und sich samt seiner Mutter zugrunderichten. Mit tödlicher Konsequenz vollstreckt der Roman an seinem Protagonisten den paulinischen Grundsatz: "wer nicht arbeitet, soll auch nicht essen", indem er ihn nicht nur der Gewalt gesellschaftlicher Verhältnisse, sondern auch deren verinnerlichtem Pendant, dem mit Schuldgefühlen strafenden Über-Ich, aussetzt. Zugleich unterstellt er eine so unauflösliche Durchdringung von Arbeit und sinnlicher Wirklichkeit, daß der Müßiggänger seine Arbeitsscheu sowohl mit einem weitgehenden Realitätsverlust als auch mit der Hemmung seiner vitalen Impulse und der Einschränkung seiner Genußfähigkeit bezahlt - der Müßiggang wird im "Grünen Heinrich" zum pathologischen Befund. Zugunsten dieser Diagnose des Romans darf jedoch die ästhetische Valenz der Bildungsgeschichte des Helden nicht vernachlässigt werden. Denn die Schilderung seines "mißratenen Lebenswegs"[3] erweist sich aufgrund ihrer sprachlichen Plastizität und Faszinationskraft der biederen Rhetorik von Arbeitsethos und Nützlichkeit überlegen; sie hält überdies auch eine geheime Wahrheit bereit: die

Stigmen des Müßiggangs legen Zeugnis von der pathogenen Entstellung sogenannter Normalität ab. So verbirgt sich hinter der häufig übergangenen Spannung zwischen der Ideologie des Romans und seiner Ästhetik die bekannte Opposition von Arbeit und Müßiggang. Ihre Eigenart erschließt sich über das Motiv der Verschwendung, auf das der Leser gleich zu Beginn des "Grünen Heinrich" stößt:

> "Wäre er ein König dieser Welt gewesen", heißt es da von Heinrich, "so hätte er vermutlich viele Millionen 'verschleudert', so aber konnte er nichts vergeuden als das Wenige, was er besaß: seines und seiner Mutter Leben." (I,28)

Die unbedachte Freigebigkeit des Helden gegen einige bettelnde Arme reizt den Erzähler zu dieser düsteren Überlegung.[4)]
Mit Reichtümern gesegnet, würde Heinrich die Mittellosen in feudaler Manier beglücken, ohne den "faulen und haltlosen Teil (.)" (I,26) von ihnen zu tätiger Selbsthilfe durch Arbeit und Erwerb anzustacheln. Nur wer das verschenkte Geld nicht selbst erarbeiten muß, kann sich so unbekümmert verhalten; schließlich "gab" dem verträumten Helden seither immer die Mutter "den Löffel in die Hand" (I,26).
Bei diesem Tadel läßt es der Erzähler jedoch nicht bewenden, er bezichtigt Heinrich vielmehr einer Verschwendungslust, die auch ohne unmittelbaren äußeren Anlaß ausgelebt sein will. Vom Ende her gelesen besagt seine Reflexion, daß Heinrich überhaupt zur Verschwendung neigt und, da er über keine Millionen verfügt, sich an das halten muß, was er von Natur aus hat und was eben deshalb auch weniger zählt als Geld, ans eigene Leben und das seiner Mutter. Die bestürzende Rangordnung zwischen Geld und Leben, die der Erzähler mit seiner sarkastischen Untertreibung aufdeckt ("das wenige, was er besaß"), ist zuerst "dieser Welt", d.h. einer aufs Geld fixierten Gesellschaft, anzulasten und erst in zweiter Linie dem Helden, der ihre Hierarchien notgedrungen verinnerlicht. Die in ihr gültige Formel 'Zeit ist Geld' wörtlich nehmend, verschwendet dieser - aus der Sicht des betriebsamen Bürgers - stellvertretend für das ihm fehlende Geld seine Lebenszeit. Ein König kann er nicht sein, wohl aber "vollständig Herr [s]einer Zeit" (II,230).[5)]
Daß er von jeher recht großzügig mit dem für den Bürger so kostbaren Gut der Zeit umging, verraten die Abschiedsworte der Mutter, die ihm vorhält, immer "Stunden lang in die Berge hinein(ge)starr(.)t" (I,17) zu haben. Im selben Motiv der Zeitverschwendung wurzelt auch Heinrichs Vorliebe für die Malerei: "Stundenlang" (I,232) steht er vor einem Landschaftsbild, das den ersten Anstoß für seinen Entschluß, Maler zu werden, liefert.
Wie wenig er den Geboten einer ordentlichen Zeiteinteilung willfährt, offenbart seine Lesesucht, die ihn dazu verleitet,

"lange im Bette zu liegen und am hellen Tage, die Wange auf dem geliebten Buche, den Schlaf des Gerechten zu schlafen" (II,119).

Seine Goethe-Lektüre hält ihn sogar "dreißig Tage lang" auf einem "Lotterbettchen" (III,4) fest, so daß sich die Mutter, durch sein "dreißigtägiges Liegen und Lesen (...) unentschlossen" (III,5) und besorgt, nicht zum Kauf der nur auf Zeit überlassenen Bände entschließen kann. Instinktiv wittert sie hinter dem Zeitaufwand des Sohnes, für den sie finanziell aufkommen muß, jene Lebensvergeudung, an der auch sie zugrunde gehen wird. Heinrich gesteht selbst, daß seine Lesebesessenheit anstehenden Arbeiten die Zeit entzieht:

"Jeden Abend nahm ich mir vor, den nächsten Morgen, und jeden Morgen, den nächsten Mittag die Bücher beiseite zu werfen und an meine Arbeit zu gehen; selbst von Stunde zu Stunde setzte ich den Termin; aber die Stunden stahlen sich fort, indem ich die Buchseiten umschlug, ich vergaß sie buchstäblich; die Tage, Wochen und Monate vergingen so sachte und heimtückisch, als ob sie (...) sich selbst entwendeten" (III,112f.).

Voll und ganz bestätigen sich hier die Befürchtungen jener bürgerlichen Pädagogen, die nicht nachdrücklich genug vor den Gefahren zeitverderbender Lektüre warnen konnten[6]. Die fiktionale Welt der Bücher verdrängt die äußere Wirklichkeit so erfolgreich, daß sich die Zeit, das Maß der Arbeit, aus dem Bewußtsein davonstiehlt. Später werden die Tage, Wochen und Monate plötzlich zu Jahren, und Heinrich gerät in die Lage

"sich nun mit allem Ernste in seinem erwählten Berufe an ein Ziel [zu] bring[en] (...) oder (...) mit raschem Entschlusse ein anderes Bestimmtes [zu]ergreife[n], ehe noch mehr Jahre ins Land gingen." (IV,55f.)

Die endgültige Entscheidung für den Beruf des Malers, die sich später als verhängnisvoller Irrtum herausstellt, hat Heinrich bezeichnenderweise unter dem Druck einer Umwelt gefällt, die ihn "nicht länger halb müßig und planlos sehen konnte" (II,101)[7]. Den Verlauf seiner Bildungsgeschichte präfigurieren jedoch gerade die Umwege und Zeitverluste einer Wanderung, die er zu seinen Verwandten aufs Land unternimmt. Sich "oft verirrend, aber die verlorne Zeit nicht bereuend" (I,271), stellt er ausgerechnet bei dieser Gelegenheit eine "ernste (.) Betrachtung des Schicksals und der Zukunft" (I,271) an.

Der Umweg der Zeitverschwendung, den seine Geschichte mit denen anderer schicksalsgläubiger Bildungshelden gemein hat, nimmt unvermittelt bedrohliche Züge an, als die Verschränkung von Zeit und Geld, mit der er souverän spielen zu können glaubte, sich an ihm mit schierer materieller Not rächt: während er noch

> "rücksichtslos und gänzlich die Zeit verwendete, sich Zeug und Stoff für seinen freien Willen zu verschaffen, nämlich Einsicht, wußte er bereits nicht mehr, wovon er leben sollte" (IV,69).

Ohne Umschweife führt der Erzähler die Bildungsproblematik seines Helden auf ihren ökonomischen Kern zurück, wenn er Heinrich am Schnittpunkt zweier Entdeckungsreisen sieht, der einen "nach seiner menschlichen Bestimmung" und der andern "nach dem zwischenweiligen Auskommen" (IV,94). Wie für Wilhelm Meister, der sich als ein Herakles am Scheidewege zwischen der Muse der Kunst und der des Handels stilisiert, öffnet sich auch für Heinrich eine Zeitschere, bei der die äußere, in Tagen, Wochen, Monaten und Jahren bemessene, unverfügbare Zeit und die innere, prozessuale der Selbstfindung sich immer stärker dissoziieren.
Da man innerhalb moderner Lebensverhältnisse, sofern man nicht das Privileg des Reichtums genießt, nur mittels Arbeit sein Auskommen sichern kann, gesteht der Roman einen möglichen Zwiespalt zwischen der Selbstverwirklichung des Individuums und dem Arbeitsleben ein; zugleich legt er die Vermutung nahe, das zeitintensive Bildungsbedürfnis des Helden könne auch eine Form der Arbeitsverweigerung sein. Tatsächlich klärt dieser den Leser deutlich genug über sein gebrochenes Verhältnis zu Arbeit und Erwerb auf:

> "(ich) fühlte (...) mich nicht nach dem Geschäftsleben hingezogen, fühlte vielmehr eine Art von Grauen vor demselben" (II,10).

Auch von unselbständiger Arbeit will Heinrich nichts wissen:

> "Ich verabscheute jeden Gedanken an Tagelohn und kleine Industrie" (II,134).

Sein Wunsch, Künstler zu werden, verdankt sich nicht zuletzt solchen Abneigungen[8]. Denn der Künstler soll sich seiner Ansicht nach wie Gott, der ruhige und unbewegte Weltmittelpunkt,

> "eher leidend und zusehend verhalten und die Dinge an sich vorüberziehen lassen als ihnen nachjagen" (III,6):

er soll dem Festzug des Lebens zusehen, ohne sich unter die Teilnehmer zu mischen, also die klassische Haltung distanzierter Muße einnehmen. Die Einwände des arbeitsamen Bürgers gegen eine solche Künstlerexistenz ahnend, versichert Heinrich, der Künstler sei deswegen keinesfalls "überflüssig oder müßig" (III,6), da er das "ganze Leben des Gesehenen" (III,6) spiegele, während die andern, so muß man ergänzen, aufgrund arbeitsteiliger Vereinseitigung der Lebensganzheit verlustig gehen. Außerdem sei das "Sehen des ruhig Leidenden" (III,7) nicht ohne "*äußere* Tat und Mühe" (III,6), da der Künstler die "Freiheit und Unbescholtenheit" (III,7) seiner Augen erhalten müsse. Auch dies freilich ein prohibitiver, kein produktiver Akt.
In seiner künstlerischen Praxis wird Heinrich seiner eigenen Kunsttheorie nicht gerecht; anstatt zum unbestechlichen Spiegel seiner Sujets zu werden, bedient er sich lieber seiner "so lebendige[n] Erfindungsgabe", mit der er "aus dem Nichts heraus fort und fort schaffen, zusammensetzen, binden und lösen konnte" (III,137). Diese spielerische Einbildungskraft erlaubt es ihm, in der Rolle eines Weltenschöpfers qua creatio ex nihilo mühelos die widerständige Realität zu überbieten und phantasiegeborene eigene Welten zu schaffen.[9)]
Nun erst läßt sich die anfangs zitierte Äußerung des Erzählers über die Verschwendungslust des Helden als Travestie dechiffrieren und die Hypothese - "wäre er ein König dieser Welt" - durch die Assertion, daß Heinrich ein 'König jener Welt' ist, vervollständigen: der Menschensohn, dessen 'Reich nicht von dieser Welt ist' tritt als Phantast und Schmerzensmann mit seinem weltfremden, träumerisch-jenseitigen Müßiggang den Weg seiner Lebensvergeudung an.[10)]
Mit der Gottähnlichkeit des Künstlers aber, in der sich seine Kunsttheorie und -praxis überschneiden, umgeht Heinrich die anstrengende Auseinandersetzung mit einem fremden Stoff, an dem es sich abzuarbeiten gilt. Denn seine Arbeitsunlust ist prinzipieller Natur; sie speist sich aus der Sehnsucht nach einem paradiesischen Urzustand jenseits der Arbeit.[11)] Bei seinem ersten ernsthaften Malversuch, der sich durch "Mühsal" (II,31) vom bloßen "Spielwerke" (ibid.) früherer Unternehmungen unterscheiden soll, muß er gestehen, daß für ihn "Mühseligkeit und saurer Fleiß bisher spanische Dörfer gewesen und keineswegs sehr verlockend" (II,31f.) sind, da sie "der Arbeit die Seele und die freudige Lust zu nehmen schienen" (II,32)[12)]. Deshalb streift er lieber "vom Morgen bis zum Abend in der Wildnis umher, ohne etwas zu tun" (II,122), und ergeht sich in einem "träumerischen Müßiggange" (II,123). In den Phantasien dieses Müßiggangs, in der Verneinung der Realität, findet er jene "Seele und freudige Lust" (II,32), ohne die ihm die Arbeit nicht schmecken will.
Die Diskrepanz zwischen Arbeit und Lust zeigt sich beispielhaft bei der bacchantischen Totenfeier zu Ehren von Heinrichs Großmutter:

> "Es wurde Wein gebracht und in allerhand Dachwinkeln kleine Trinkstätten hergestellt, und bald verschmolz alles in Einen rauschenden und tobenden Wirbel der Lust, welche sich in ihrem Lärm umso sonderbarer ausnahm als es Werktag war und das Dorf ringsherum in gewöhnlicher stiller Arbeit begriffen." (II,95)

Die Totenfeier ragt als ekstatischer Ausnahmezustand ("rauschend, tobend") aus der Alltagsrealität des Dorfes ("still, gewöhnlich") heraus, wobei die Attribute der Arbeit und der Lust zugleich auf den Dualismus von Askese und Verschwendung anspielen. Der Rauschcharakter der Lust legt den Schluß auf den dionysischen Urgrund nahe, in dem noch Heinrichs verinnerlichter, bloß träumerischer Müßiggang wurzelt.
Vorsicht ist daher gegenüber der Behauptung des Helden geboten, er habe durch seinen Lehrer Römer

> "endlich die wahre Arbeit und Mühe kennen[ge](lernt), ohne daß [ihm] dieselbe lästig wurde, da sie in sich selbst den Lohn der immer neuen Erholung und Verjüngung trägt" (III,22).

Diese Definition, die Arbeit der sich stets erneuernden und verjüngenden Natur analogisiert, möchte man eher dem Erzähler als dem Helden zuschreiben, da jener explizit die These vertritt, Naturprozesse seien nichts anderes als Formen der Arbeit.
Heinrich selbst, der die "wahre Arbeit" beim Kopieren von Römers Vorlagen schätzen gelernt haben will, klagt, als er 'nach der Natur' malen soll, über die unmäßige "Beharrlichkeit und Mühe" (III,26), die ihn dies koste, und schreibt seine Fortschritte lediglich einem "äußere[n] Ehrgeiz", keiner "innere[n] Treue" (III,27) zu.
Ähnlich verhält es sich bei seiner späteren Beschäftigung mit Anthropologie, Geschichte, Philosophie etc.; sie verschafft ihm zwar die "unmittelbare Kenntnis der Faser und der Textur der Wirklichkeit" (IV,60), aber daraus folgt nicht, daß er seinen neu gewonnenen Einsichten entsprechend handelt, "d.h. für Gegenwart und Zukunft tätlich ein(.)steh[t]" (IV,102). Seine Studien bleiben reine Theorie und Kinder der Muße.
Um sich eben diese "Muße", die er "brauchte" (IV,94), gönnen zu können, überspringt er auch die tätige Vermittlung von Zeit und Geld, indem er beide mit dem Geniestreich des Schuldenmachens kurzschließt:

> "als ein unbescholtener junger Mensch (besann er sich), gar nicht, Schulden zu machen, und fand es ganz in der Ordnung, auf diese Weise bequem und ohne weiteres Kopfzerbrechen (...) zu leben" (IV,91f.).

Schon im zweiten Jahr seines Münchner Aufenthalts lebt er ebenso wie im dritten ausschließlich von Schulden, ohne daß ihn diese prekäre Situation dazu bringt, sich auf sein "armes Muttergut und den Mutterwitz der ökonomischen Bescheidenheit und Sparsamkeit" (IV,97) zu besinnen.
Sein Hang zur Verschwendung setzt sich unbewußt selbst in extremen Notlagen durch; gezwungen, seine "Studienblätter, Skizzen und Zeichnungen" (IV,119) weit unter ihrem Wert an einen Trödler zu verschleudern, ist Heinrich

> "froh, (...) das kärgliche Brot, welches die Welt ihm gewährte, *verschwenderisch* zu bezahlen, was nun freilich (...) nicht sehr demütig war" (IV,119, Hervorh. v. d. V.).[13]

Die "Ausbildung und gemächliche Selbstbestimmung" (IV,322) des Helden zwingt schließlich auch die Mutter, Schulden zu machen, und bringt sie um ihr Haus, ihre einzige Einnahmequelle. Bildung erscheint auf diese Weise als ruinöser Luxus, als Störfaktor bürgerlicher Lebenssicherung - als Zeitverschwendung!
Deshalb raten die gestandenen Bürger, die von der Mutter wegen Heinrichs Berufswahl konsultiert werden, allesamt von einer Künstlerlaufbahn ab, in der sich im Grunde nur das Verlangen nach ungestörter Selbstverwirklichung artikuliert[14]; denn sie "setze(.)" den Jungen nur "einer liederlichen und ungewissen Zukunft aus" (II,54f.). Als abschreckendes Exempel wird ein Künstler angeführt, der ein "Habenichts und Branntweinsäufer gewesen (war), (...) immer Schulden hinterlassen (hatte) (...) und endlich auf der Landstraße erfroren (war)" (II,55). Künstlerische Tätigkeit gilt als Vorwand egoistischen Müßiggangs, weshalb der verschuldete Römer verdächtigt wird, "Andere ums Geld zu bringen und ein müßiges, abenteuerliches Leben zu führen" (III,62). Daß die Mutter die "gemächliche Selbstbestimmung" (IV,322) ihres Sohnes überhaupt so lange finanziert, hätten die rechtschaffenen Bürger

> "weder begriffen noch gebilligt (...); denn alle verlangten von ihren eigenen Söhnen (...), daß sie sich *zeitig* selbst ernährten" (IV,75; Hervorh. v. d. V.).

Wie um ihre unheilvollen Prophezeiungen zu bestätigen, holt seine Zeitverschwendung den Helden am Ende mit selbstzerstörerischem Schuldbewußtsein ein. Sein

unbeschränktes Sich-Zeit-Lassen hat nicht nur Verarmung und Verelendung der Mutter verursacht; der nur scheinbar "mäßige(.) Umweg" (IV,307), den er sich bei seiner Heimreise zubilligt, läßt ihn unwiderruflich zu spät kommen: er trifft die Mutter nicht mehr lebend an und muß sich die Schuld an ihrem Tod geben.
Der "Grüne Heinrich" erspart seinem Helden nicht die bittere Einsicht, die ursprünglich die bürgerlich-demokratische Kritik am Müßiggang motivierte, daß der Müßiggänger nämlich immer auf Kosten anderer lebt, ein Schmarotzer ist[15] - auch wenn sich dieses Schmarotzertum bei Heinrich auf die eigene Familie beschränkt. Belastet der Roman den Helden mit dem Tod der Mutter, so entlastet er ihn wieder, indem er seine Verschwendungslust als Verschwendungszwang transparent macht, dessen Wurzeln er in der Kindheitsgeschichte des Helden freilegt. Schon früh nämlich lernt dieser die lust- und lebensfeindliche Kehrseite bürgerlicher Tugenden kennen.
Da ist zunächst der Vater, den die Erzählungen der Mutter zu einem Ausbund an Tüchtigkeit und Fleiß machen. Hat er sich doch aus ärmlichen Anfängen zum gesuchten Baumeister emporgearbeitet, indem er seine Lebenszeit so vollständig in Arbeitszeit verwandelte, daß er weder Feierabende noch Feiertage kannte:

> "Er lernte zeichnen mit eisernem Fleiße, brachte ganze Nächte und Feiertage damit zu, Werke und Muster aller Art durchzupausen" (I,77f.).

Auch als er dank seines unablässigen Eifers zum Zeichner und Planer aufgestiegen ist, gönnt er sich keine Erholung:

> daß er nun "nicht feierte, sondern manche Mittagsstunde damit zubrachte, alles Mögliche durchzuzeichnen und alle Berechnungen zu kopieren, welche er erhaschen konnte, versteht sich von selbst." (I,78)

Nachdem er sich als Baumeister etabliert hat, nutzt er außerdem seine knapp bemessene Freizeit für kulturelle Aktivitäten im Kreise gleichgesinnter, ebenso tüchtiger Mitbürger.
Das Geheimnis dieser schier übermenschlichen Anstrengung glaubt Heinrich, in nichts anderem als der konsequenten Anwendung bürgerlicher Zeitökonomie zu entdecken:

> "Würde man heutzutage fragen, wo sie denn die Zeit zu alledem hergenommen haben, ohne ihre Arbeit und ihr Haus zu vernachlässigen: so wäre zu antworten, daß es erstens noch gesunde und naive Männer und keine Grübler waren, welche zu jeder Tat und jeder außerordentlichen

Arbeit einen Schatz von Zeit verschwenden mußten, (...), und daß zweitens die täglichen Stunden von sieben bis zehn Uhr abends, gleichmäßig benutzt, eine viel ansehnlichere Masse von Zeit ausmachen als der Bürger heute glaubt, welcher dieselben hinter dem Weinglase im Tabaksqualm verbrütet." (I,84f.)

Die Invektive gegen die heutigen Bürger, die ihre Zeit müßig im Wirtshaus vertun, und das Lob der Arbeitsmoral und Zeitökonomie, der Heinrich selbst keineswegs gerecht wird, läßt den Verdacht aufkommen, daß hier der Erzähler den Helden verdrängt, um seine eigene Ansicht zu äußern; zumal dann, wenn er die Zeitverschwendung der Grübler als pathologisches Phänomen bezeichnet, was er auch in Heinrichs Fall tun wird. Daß dieser die vom Vater geerbte "goldene Uhr (...), nie recht in Ordnung zu halten verstand" (II,38),[16] zeigt, wie wenig er mit der bürgerlichen Zeiteinteilung zurecht kommt bzw. sich ihr unterwerfen will.
Die negativen Wirkungen einer bedingungslosen Arbeitsethik und rigiden Zeitökonomie, die sich in der Uhr materialisiert, offenbart der unvorhergesehene Tod des Vaters:

"Doch sollte dies aufgeregte Leben (...) Unheil bringen. Lee (der Vater, d. V.) hatte sich, bei seinen gehäuften Arbeiten in steter Anstrengung, eines Tages stark erhitzt und achtlos nachher erkältet, was den Keim gefährlicher Krankheit in ihn legte." (I,85) "Das Ende war, daß er plötzlich dahinstarb, als ein junger, blühender Mann" (I,86).[17]

Ohne selbst gegen das Ideologem von der gesundheitsfördernden Wirkung der Arbeit zu polemisieren, entkräftet Heinrich es mit dem Hinweis auf die letalen Folgen der nur scheinbar positiv besetzten "gehäuften Arbeiten" und "steten Anstrengungen". Aber nicht nur gegen sich selbst scheint der Vater rücksichtslos gewesen zu sein, sondern auch gegen seine Angehörigen. Denn vom Tod überrascht, muß er alles in einem "Zustande des vollen Umschwunges" (I,90) zurücklassen, so daß es

"zweifelhaft (war), ob (...) auch nur ein Pfennig übrig bleiben würde, wovon die bekümmerte Frau leben sollte" (I,90).[18]

In der perfekten Zeitplanung des Vaters ist der Tod ebensowenig wie die unmittelbare Vorsorge für Frau und Kind vorgesehen, denn nur auf künftige Investitionen und wachsende ökonomische Prosperität berechnet, löst sich ihm jede Gegenwart in ein verschwindendes Moment der unaufhaltsam fortschreitenden Zeit auf.

So wenig wie für den Vater zählt auch für Heinrichs Mutter die unmittelbare Gegenwart. Beherrschte jener die Kunst, die Zeit effektiv zu nutzen, so versteht sie sich auf das Genie des Sparens.

> "(M)it wahrem Fanatismus" (I,80) führte sie zu Lebzeiten ihres Mannes "das Hauswesen" (I,80) und "(gab) keinen Pfennig unnütz aus", so daß der Vater "nach Verfluß von zwei oder drei Jahren schon solche Ersparnisse vorfand, welche seinem unternehmenden Geiste (...) eine reichlichere Nahrung darboten." (I,80)

Diese Sparsamkeit dient zunächst den zukunftsorientierten Geschäftsinteressen ihres Mannes, danach der künftigen Ausbildung des Sohnes:

> "Meine Mutter kaufte mir nur äußerst wenig Spielzeug, immer und einzig darauf bedacht, jeden Heller für meine Zukunft zu sparen, und erachtete in ihrem Sinne jede Ausgabe für überflüssig, welche nicht unmittelbar für das Notwendigste geopfert wurde." (I,169f.)

Streng und unnachgiebig verficht die Mutter die Gebote des Sparens und unterwirft ihr eigenes wie Heinrichs Leben dem Prinzip des Notwendigen:

> "(...) für alles (...), was im geringsten des Überflusses verdächtig schien, beharrte sie unerbittlich auf dem Grundsatze, daß kein Pfennig unnütz dürfe ausgegeben werden und daß ich dies frühzeitig lernen müsse." (I,210)[19)]

Die lebensfeindlichen Zwänge der mütterlichen Sparsamkeit faßt Heinrich daher ins Bild des "Prokrustesbette[s]", mit dem er das am Anfang und Ende jedes ihrer Briefe stehende Motto der Mutter, das "'sich nach der Decke strecken'" lautet (IV,70), vergleicht.[20)]
Fast allegorisch verkörpern die Eltern des Helden Zeit und Geld - die Dreh- und Angelpunkte bürgerlicher Ökonomie. Gegen die von ihr erzwungenen Versagungen begehrt Heinrich mit dem Verlangen nach einer von den Fesseln des Zwecks befreiten Verschwendung auf.
So vergreift er sich an seinem "Schatzkästchen" (I,212), da sich sein Bedürfnis nach erfüllter Gegenwart mit dem Anblick der gesparten Münzen als der bloßen Anweisung auf die Zukunft nicht befriedigen läßt. Allein schon das Bewußtsein, jederzeit Geld ausgeben zu können, verschafft ihm den Genuß des Augenblicks. Fühlt er sich zunächst noch wie der

> "verlorne(.) Sohn(.) (...), als er eines schönen Morgens mit seinem väterlichen Erbteil auszog, es zu verschwenden" (I,213), so "vergaß" er bald "alles und lebte nur dem Augenblicke, welcher, Perle für Perle, von der glänzenden Schnur der nächsten Erwartung fiel." (I,215)

Der Vergleich der Augenblicke mit kostbaren Perlen korrigiert die abstrakte Zeit-Geld-Beziehung bürgerlicher Ökonomie, bei der allein die numerischen Größen von Belang sind, indem er Zeit nicht in einem zeichenhaften Geldausdruck vergegenwärtigt, sondern im sinnlich faßbaren Bild des Kleinods; zugleich läßt der rhetorische Überschuß der Metapher das Verschwendungsmotiv sprachlich sinnfällig werden.

Den Zusammenhang von Versagung und Verschwendung, sei es von Geld oder von Zeit, durchschaut Heinrich selbst, wenn er feststellt, daß nur "unbefriedigte(.) Wünsche" ihn zu "träumerischem Müßiggange verleiteten" (I,223)[21] oder daß sich die "Leidenschaft (...) der Verschwendung an sich" nur deshalb seiner bemächtigte, weil es ihn "reizte (...), *jeden Augenblick* (Hervorh. v. d. V.) die kleinen Herrlichkeiten, (...), kaufen zu können", nach denen "jenes Alter gelüstet" (I,222).

Die Warnungen bürgerlicher Pädagogik widerlegend, verschulden im "Grünen Heinrich" nicht Überfluß und Verweichlichung, sondern Kargheit und Strenge den Müßiggang. Die Gewalt des "ernsten kalten Weltleben[s]" (II,62) provoziert den Rückzug des Helden ins Außenseitertum seines Müßiggangs.

Wo er die Mangelwirtschaft des Lebens mit Geld nicht ausgleichen kann, da hält sich Heinrich an der Zeit schadlos.

Nach dem Vorbild kontemplativer Muße versucht er, den Zeitfluß in "stundenlangem" versunkenem Betrachten zu stauen oder einzelne Augenblicke zu Jahren zu dehnen. So sitzt er mit Judith "oft stundenlang am offenen Fenster" (III,82), und vom Anblick der schönen Agnes gebannt,

> "hätte (er) gewünscht, ein Jahr in dieser Ruhe zu verharren und keinen andern Anblick zu haben als diesen." (III, 213)

Fast wörtlich zitiert diese Szene eine Situation, die Heinrich mit Anna, dem Urbild der Agnes-Figur, erlebt hat:

> von "einer tiefen und von Grund aus glücklichen Ruhe" durchdrungen, "hätten (wir) Jahre lang so verharren mögen" (II,281).

Kraft solch reiner Rezeptivität löst Heinrich die Zuschauer- und Spiegelfunktion des Künstlers, die er als Maler nicht erfüllt, in seiner Lebenspraxis ein. In der

Ästhetisierung des Lebens gelangen seine künstlerischen Impulse ans Ziel[22]; darin ähnelt er anderen Bildungshelden, nicht aber in der Art des Ästhetisierens selbst. Anders als William Lovell oder Wilhelm Meister, die ihr Leben theatralisch inszenieren möchten, verweigert sich Heinrich der Rolle des Akteurs schlechthin. Der Wunsch, "Jahre lang zu verharren", negiert die hektische expansive Geschäftigkeit des Vaters, die dem Gesetz tödlicher Beschleunigung unterlag. Mit den Modi der Dauer und der Wiederholung möchte der Held die Zeit selbst zum Verschwinden bringen, indem er Veränderungen, an denen der Zeitverlauf ablesbar wird, ausschaltet.[23] "Die Zeit geht nicht" überschreibt Keller eines seiner Gedichte, in dem er die Zeit zum "form- und farbenlos[en] Etwas" erklärt, das nur durch ein in ihm sich vollziehendes Geschehen "Gestalt gewinnt"[24].
Wie der Held des "Grünen Heinrich" greift auch der Lyriker Keller zum Bild der Perle, um die Subjektabhängigkeit der Zeit zu veranschaulichen: "Ein Tag kann eine Perle sein/Und ein Jahrhundert nichts"[25]. Die Ewigkeit des Augenblicks wiegt alle vergeudeten Lebensjahre auf, denn nur in ihr ist - jenseits der chronologisch sich abspulenden Zeit - Glück erfahrbar:

> "(...) so jagten wir wohl fünf Minuten lang über die einsame Höhe dahin. Aber diese fünf Minuten, kurz wie ein Augenblick, schienen doch eine Ewigkeit von Glück zu sein, es war ein Stück Dasein, an welchem die Zeit ihr Maß verlor, welches einer Blume vollkommen glich, einer Blume, von der man keine Frucht zu verlangen braucht, weil die bloße Erinnerung ihrer Blütezeit ein volles Genügen und ein Schutzbrief ist für alle Zukunft." (II,273)

Daß die Zeit zunächst ihr Maß behauptet und Heinrich diesem unterliegt, verrät die Angabe der fünf Minuten, zu der sich ein Held romantischer Literatur in einer ähnlichen Situation wohl kaum veranlaßt gefühlt hätte. Hier aber muß die messende und gemessene Zeit ausdrücklich entmächtigt werden.
Heinrichs Imagination glücklichen Daseins als sich selbst genügende Blütezeit wehrt die Forderung, jeder Augenblick müsse ein zweckdienliches Resultat, eine "Frucht", erbringen, zugunsten der Vorstellung seiner ästhetischen Autonomie ab.[26]
Wenn Glück autark und dysfunktional sein soll, dann kann nur der Eros das Netzwerk eingeteilter und verplanter Zeit, bei der jeder Moment vom Kalkül des Nutzens vereinnahmt wird, durchbrechen; er erzwingt den Ausstand der Zeit und restituiert das Recht des Augenblicks[27]:

> "Es dünkt mich, die Ruhe an der Brust einer schönen Frau sei der einzige und wahre irdische Lohn für die Mühe des Helden jeder Art (...)

und mehr wert als Gold, Lorbeer und Wein zusammen. (...) ich (fühlte) mich ganz außer der Zeit, wir waren gleich alt oder gleich jung in diesem Augenblicke, und mir ging es durch das Herz, als ob ich jetzt jene schöne Ruhe vorausnähme für alles Leid und alle Mühe, die noch kommen sollten. Ja dieser Augenblick schien so sehr seine Rechtfertigung in sich selbst zu tragen" (II,300).

Erscheint Zukunft in der Perspektive des väterlichen Arbeitseifers und der mütterlichen Sparpolitik als verheißungsvolles Neuland, so schließt sich für den Helden alle Zukunft zirkulär mit der Vergangenheit zusammen als deren Wiederholung oder als Erinnerung an vergangenes Glück. Heinrichs Münchner Zeit steht fast gänzlich im Banne solcher Wiederkehr des Vergangenen:

"Es wiederholte sich jener Vorgang aus seiner Kinderzeit, als er (...) plötzlich ein lauter und beredter Tonangeber geworden war" (IV,98),

erklärt der Erzähler und sieht auch Heinrichs Stammtischreden über Frauen

"schon in jener Knabenzeit vorgezeichnet, wo die jungen Zecher und Prahler zugleich die Mädchenfeinde spielten." (IV,101)

Ständig geht seine "Sehnsucht (...) mit ihren Bildern und Träumen (...) in die Vergangenheit zurück" (III,139), und die ausführlich mitgeteilten Traumbilder zehren tatsächlich bis in Einzelheiten hinein von den Jugenderlebnissen des Helden. Aber nicht nur subjektiv in Heinrichs Verhaltensweisen und Bewußtseinsinhalten überlagert die Vergangenheit seine Gegenwart, auch das Romangeschehen selbst folgt dem Muster der Wiederholung und revoziert mit dem Münchner Festzug das Tellfest, mit Agnes und Rosalie Anna und Judith, mit dem Trödler die Frau Margret der "Jugendgeschichte" etc.
Indem Heinrich sich in einer Welt des Immergleichen verkapselt, ohne darin glücklich zu werden, leistet er der bürgerlichen Lebensordnung mit seinem Müßiggang keinen vitalen Widerstand, sondern kapituliert vor ihr.
In welchem Maße er ihre Moral verinnerlicht hat, bezeugt die Aufspaltung seines erotischen Begehrens in eine triebhaft-sinnliche und eine platonisch-seelische Komponente, die in den beiden zentralen weiblichen Figuren der "Jugendgeschichte", in Anna und Judith, konkrete Gestalt annehmen.
Die Wechselbeziehung von Moral und Ökonomie bestätigend, wiederholt sich auch im gespaltenen Eros des Helden der Widerstreit zwischen Arbeitsethik und Müßiggang. Von Judith heißt es ausdrücklich, daß sie "im kühlen Haus und Garten ge-

mächlich und halb müßig waltete" (II,64). Als "reizende Pomona" (II,11), d.h. als mythologische Figur[28], in eine bürgerliche Romanwelt verpflanzt, ist sie höchstens mit dem Ernten und Sammeln reifer Früchte beschäftigt, nie mit der mühseligen Arbeit ihres Anbaus oder ihrer Pflege.
Ansonsten begegnet sie dem Leser als ganze Müßiggängerin: am Abend des Tellfestes, bei der gemeinsamen Lektüre mit dem Helden und bei den gemeinsamen nächtlichen Streifzügen mit ihm. Auf die isolierte, von der Dorfgemeinschaft ausgeschlossene Existenz [29] Judiths hat Heinz Schlaffer hingewiesen und sie mit ihrer Abkunft aus der erotischen Tradition begründet; dem fügt sich das Faktum ihres Müßiggangs ein, da alle andern im Dorf meist "in gewöhnlicher stiller Arbeit begriffen" (II,95) sind. Der Müßiggang bildet auch die Voraussetzung für Heinrichs erstes Zusammentreffen mit ihr; denn die Einladung seiner Großmutter, die ihn ins Dorf und damit zu Judith lockt, durchkreuzt die Aufforderung seines Vetters,

> "mit ihm hinauszustreifen und etwa mit zu *arbeiten*, wo es uns am besten gefiele" (II,3; Hervorh. v. d. V.).

Steht Judith für die Versuchungen erotischen Müßiggangs, so geht von Anna die Anregung zu Fleiß und Arbeitseifer aus:

> "Die Neigung für das Mädchen lehrte mich [das] gewissenhafte Fertigmachen und Durchgehen der Arbeit, welches ich bis dahin nicht gekannt" (II,76),

berichtet Heinrich und fährt fort:

> "Ich setzte mich auf die Stufen vor dem Hause, (...), wie ein Arbeiter, der seines Lohnes wert ist." (II,76)

Diese für den Helden untypische Bereitschaft zu arbeiten, erklärt sich aus seiner Hoffnung auf eine spätere Ehe mit Anna:

> "(ich) dachte (...) an Anna, wenn ich arbeitete (...)" und "hoffte einigen wirklichen Wert (...) erhalten zu haben, der in ihren Augen für mich spräche und in ihrem Hause die Hoffnung begründe, die ich selbst für mich zu hegen mir erlaubte." (III,28f.)

Der geschraubte Stil ("zu hegen mir erlaubte"), in den Heinrich seinen Heiratswunsch kleidet, läßt den Rückschluß vom Zwang, der der Sprache angetan wird, auf den andern zu, dem der Held sich freiwillig unterwerfen will.
Da Annas Liebe seiner Ansicht nach mit der Bewährung im Berufsleben oder ökonomischer Prosperität verdient sein will, empfindet er die Konkurrenz beruflich oder finanziell besser gestellter Verehrer Annas als besonders schmerzlich:

> "(...) Alle waren stattliche blühende Bursche mit einer behaglichen Zukunft; ich war arm und hatte einen Beruf gewählt, der nicht nur mit ewiger Armut verbunden war (...), sondern überhaupt bei allen diesen Leuten nichts gelten konnte"(II,250).

Solche Minderwertigkeitsgefühle können in seinem Verhältnis zu Judith erst gar nicht aufkommen; beteuert Heinrich doch selbst, er könne weder ihr "ernsthafter Liebhaber" noch ihr Mann sein (II,304). Anders als Judith, die sich außerhalb der bürgerlichen Lebens- und Zeitordnung bewegt und unbehelligt die Nacht zum Tage machen kann, sind Anna verschiedene Beschäftigungen aufgegeben. Ganz im Sinne jenes bei den Verfechtern der Arbeitsethik so beliebten Gleichnisses von den Arbeitern im Weinberg muß sie mit dem Vater und der alten Magd im Weinberg arbeiten, und sogar während ihrer tödlichen Krankheit "vollendet" sie noch "mühsam" (III,97) eine für Heinrich bestimmte Stickerei.
Dabei darf nicht vergessen werden, daß sie selbst ein Opfer bürgerlicher Lebensordnung ist. Gegen ihren Willen bringt sie ihr Vater, "allein auf die Befriedigung seiner Wünsche bedacht" (II,129), zu einem "vornehm-religiösen Erzieher(.)" (II,129), der sie als 'schöne Seele'[30] entläßt, nachdem er ihr die ursprüngliche Sinnlichkeit und Lebenslust, ihre Hexenhaftigkeit[31], ausgetrieben hat. Sie verträgt sich nicht mit dem Konzept einer feinen Erziehung, wie sie dem Vater vorschwebt, zumal sie einem geheimen Nachtleben anzugehören scheint, das dem Lebensrhythmus des braven Bürgers widerspricht:

> "Sie (Anna, d. V.) war jetzt überhaupt ganz lebendig, laut und beweglich wie Quecksilber und schien ein ganz anderes Wesen zu sein als am Tage. Die Mitternacht schien sie zu verwandeln." (II,79)

Natürlich bricht auch, als Heinrich und Anna sich über dem Grab der Großmutter küssen, gerade "die allerschönste Nacht" (II,96) an.
Mit ihrer Rückkehr aus der Schweizer "Bildungsanstalt" (II,129) endet Annas nächtliches Treiben; nach der unglücklichen Szene an der Heidenstube, bei der sie und Heinrich vor den eigenen Triebwünschen zurückschrecken und alle sexuellen Re-

gungen mit heftigen Schuldgefühlen tabuisieren, bricht der Held alleine zur nächtlichen Nachfeier des Tellfestes auf. Dabei beseelt ihn der Wunsch, in der Art anakreontischen Müßiggangs

> "ein Liebchen eine festliche Nacht entlang zu führen, unter Tanz, Becherklang, Scherz und Kuß" (II,286),

weshalb er folgerichtig auf Judith stößt. Ihr gehören während Annas Krankheit seine Nächte, den Tag verbringt er still und entsagend, von einem "platonische(n) Pflicht- und Treuegefühl" (III,84) erfüllt, an Annas Krankenbett. Nicht von ungefähr bekommt sie, als ihre tödliche Krankheit ausbricht, eine "goldene Uhr" (III,33) geschenkt und ist nun mit demselben Ordnungssymbol wie der Vater des Helden ausgestattet; und wie dieser zum unerreichbaren Vorbild, so wird Anna im Bewußtsein des Helden zu einer Art Über-Ich, zur streng richtenden Gewissensinstanz[32]. Ihr zuliebe nimmt er "ein puritanisches Wesen" an, "überwachte" seine "Gedanken sorgfältig (...) und bestrebte" sich, "wie ein Glas zu sein, das man jeden Augenblick durchschauen dürfe." (III,73). Seine Besuche bei der anziehenden Judith betrachtet er daher "als eine gute Gelegenheit, [s]ich zu beherrschen" (III,47).
Die Figur der Anna bekräftigt auf diese Weise nicht nur die Geltung bürgerlicher Moralprinzipien, sondern auch deren Affinität zur Arbeitsethik. Beide schränken die Genußmöglichkeiten und -fähigkeiten des Helden ein und lassen ihm nur den Ausweg in einen Müßiggang, der die bürgerliche Lebensordnung nicht sprengt, sondern resignierend an ihr krankt. Anstatt Welt und Leben zu genießen, "'spintisiert'" Heinrich "ständig über Arbeit, Beruf, Erwerbsehre"[33] und ergeht sich mit schlechtem Gewissen in einem "melancholischen Müßiggang(.)" (IV,14); dessen Grundmuster deutet die Substitution von Geld durch Zeit an: er beruht auf dem Prinzip des Ersatzes. An die Stelle unmittelbaren Sinnengenusses treten Ersatzhandlungen der Phantasie und des Traums, der Sprache und der Geste. Der Rausch der Phantasie und die Poesie von Stimmungen und Träumen müssen die vorenthaltene Sinnenlust kompensieren. Daher verkümmert auch die Hybris des Müßiggängers, mit der sich William Lovell über die moralischen Normen seiner Mitmenschen hinwegsetzte, bei Heinrich, dem 'König jener Welt', zur hilflosen Gebärde eines Pseudohochmuts, wenn er "froh" ist,

> "das kärgliche Brot, welches die Welt ihm gewährte, verschwenderisch zu bezahlen, was (...) nicht sehr demütig war." (IV,119)

Die Verführung, die ihm von Judith droht (!), sublimiert er mit dem Bewußtsein vom Ausstand der Zeit, d.h. indem er ein sinnliches Motiv des Müßiggangs in ein kontemplatives der Muße übersetzt. Das ihr zugeordnete triebferne Organ des Auges dominiert auch in den Situationen "stundenlanger" Betrachtung. Nicht umsonst gilt das Auge, das zu seinen Objekten Distanz hält und eine nichttaktile Beziehung zu ihnen aufnimmt, als triebfernster Sinn.[34] Daher erinnert Heinrichs Abkehr vom Lebensgetriebe in den Momenten ruhigen Verharrens nicht nur an Schopenhauers Suspension des Willens als Bedingung ästhetischer Erfahrung, sondern ahmt in ihrem Verzicht auf Lebensunmittelbarkeit zugleich einen Zustand außer aller Zeit nach - den Tod[35], auch darin Schopenhauer folgend. Wer "stundenlang in die Berge hineinstarrt", wird selbst starr und gefriert in einer Art Vortod; einen "gefrorne[n] Christ[en]" (IV, 276) nennt Heinrich sich selbst einmal. Seine Sehnsucht nach dem Ausstand der Zeit, von dem er sich das Innewerden erfüllten Daseins erhofft, ist daher stets auch latente Todessehnsucht. Ihr Korrelat ist Heinrichs Melancholie: für den Melancholiker gibt es nichts Neues unter der Sonne, er ist in ein Universum ewiger Dieselbigkeit eingeschlossen. Das großflächige Spinnennetz, das der Held an einem Tiefpunkt seiner Existenz auf die Leinwand strichelt, bringt diesen Zustand plastisch zur Anschauung. Anders als Wilhelm Meister, der sich verschiedene Formen subjektiver Zeiterfahrung erschließt, stößt Heinrich - bildlich gesprochen - zum Wesen der Zeit selbst vor, die nach den Worten seines Autors "form- und farbenlos" ist. Als solches bedarf sie eines Inhalts, der ihr von außen zukommt, an dem sie sich konkretisieren kann.[36] Eben weil dem Helden der rechte Inhalt für die Zeit, nämlich Liebe und Leben, fehlt und er mehr in der Phantasie als in der Realität lebt, ignoriert er in seinem selbstvergessenen Müßiggang die unaufhaltsam vergehenden Jahre.

Den Verlust von dessen überkommenen, sinnlichen Elementen gleicht außer der Imagination und dem Traum auch die Sprache aus. Wenn etwa Heinrichs "überreizten Augen" das "unglückliche(.) Gewächse", das er auf der Suche nach neuen Malvorlagen findet, "bald zu blöde und harmlos" wird "wie einem Trinker, der nach immer stärkerm Schnapse verlangt" (II,122), dann vertritt das Auge den von Ausschweifungen übersättigten Leib des Müßiggängers, und der Vergleich mit dem Trinker simuliert das lasterhafte Zechen[37]. Ihm ergibt sich Heinrich später in der Tat, aber dieses Zechen versetzt ihn nicht in einen Zustand dionysischer Entgrenzung, sondern dient einer reflexiven, auf Erkenntnisgewinn ausgerichteten Muße, weshalb ihm der Erzähler hier ausnahmsweise die Zeitverschwendung nachsieht:

> Heinrich "ward (...) ein meisterlicher Zecher, welcher die deutsche Zechweise mit so viel Phantasie und Geschicklichkeit betrieb, daß die so verbrachten *Stunden und Nächte* eher ein lehrreicher Gewinn, eine *Art*

> *peripatetischer Weisheit* schienen als ein Verlust." (IV,98, Hervorh. v. d. V.)

Die Substitution von Geld durch Zeit, eines Materiellen durch ein Immaterielles, drückt sich auf diese Weise in der Ersetzung hedonistischen Müßiggangs durch eine asketische Muße aus. Ein Vorgang, den der Roman bis in den inhaltlichen Kontrast zweier vom Zeiterleben des Helden her einander ähnlicher Szenen verfolgt. Während sich in der "Jugendgeschichte" der Augenblick stillgestellter Zeit mit einem erotischen Motiv (Anna, Judith) verbindet (ohne es freilich völlig auszuschöpfen), stimuliert er später die schonungslose Selbsterkenntnis des Helden, die im Vorwurf der Zeitverschwendung gipfelt:

> "Es war einer jener Augenblicke, wo die Zeit eine Minute still zu stehen scheint und man von aller Außenwelt losgelöst endlich sich selbst sieht, fühlt und bemerkt. Es fiel ihm (Heinrich, d. V.) auf, daß er nun schon bei fünf und sechs Jahren zurückzählen konnte, ohne aus dem Bereiche des bewußten, reifenden Alters zu geraten; er fühlte zum ersten Male die Flucht des Lebens." (III,209) "Alles Vergangene erschien ihm töricht, dumpf und beschämend, auch erinnerte er sich genau aller Dummheiten, die er gemacht" (III,210).

Daß hinter dieser Muße des Helden die alten Gelüste des Müßiggangs lauern, führt der Roman an einigen andern Figuren vor. So schlägt bei einer "lesebeflissenen" (I,204) Familie der Müßiggang des Lesens in die Praxis seiner Laster um: die Töchter geraten

> "in ein einfältig verbuhltes Wesen hinein (...), (wechselten) Liebhaber auf Liebhaber" und "(blieben) mitten in ihrer übelriechenden Bibliothek sitzen" (I,204), während der Sohn "sehr genußsüchtig" wurde und schon als Handelslehrling in den Wirtshäusern als ein eifriger Spieler (lag) und (...) bei allen öffentlichen Vergnügen zu sehen (war)" (I,205).

Er wird später zum Dieb und Betrüger und stirbt - wie es Hans Sachs dem faulen Müßiggänger vorhergesagt hat - im Zuchthaus.
Anders als jener vergreift sich Heinrich, der ebenfalls eine Sachssche Prognose bewahrheitet und zum Bettler wird, lediglich an der Zeit, nicht am Geld, sieht man von der finanziellen Ausnutzung der Mutter einmal ab. Der Mangel an Geld aber ist es, der neben den verinnerlichten Normen bürgerlicher Moral die Askese des Hel-

den erzwingt, worauf die Figur des Kunstmalers Lys, ein alter ego Heinrichs, hinweist. Der "letzte Sprößling einer reichen Handelsfamilie", der

> "wegen des Zusammentreffens seines großen Reichtumes, seiner Einsamkeit und seines genußdürstigen Witzes ein großer Egoist" (III,123)

ist, kann es sich leisten, ein Liebesabenteuer ans andere zu reihen.[38)]
Heinrichs Zechen aber weist wieder auf eine frühere Entbehrung zurück, die Einschränkung oraler Lust durch die allzu sparsame Mutter.
Im Sinne des Sprichworts "Der Mensch ißt, um zu leben, und lebt nicht, um zu essen!" (I,105), reduziert sie die oralen Genüsse des Helden auf ein Minimum:

> "Die Speisen meiner Mutter (...) ermangelten, sozusagen, aller und jeder Individualität. Ihre Suppe war nicht fett und nicht mager, der Kaffee nicht stark und nicht schwach" (I,104).

Als "nüchterne Mittelstraße", die ihn "langweilte"(I,105), bezeichnet Heinrich das mütterliche Speiseangebot, zumal er selbst gern seinen "Gaumen dann und wann anderswo bedeutend reizte" (I,105). Den unmittelbaren Gaumenfreuden, welche die Mutter ihm vorenthält, steht allerdings eine symbolische bzw. metaphorische Oralbefriedigung durch das Geld gegenüber, nämlich jene "reichlichere Nahrung", die sie mit ihren Ersparnissen dem "unternehmenden Geiste" des Vaters, später dem studierenden Sohn gewährt (I,80).
Solche Lustfeindlichkeit schuldhaft der Mutter zuzurechnen, hieße das kritische Potential des Romans zu entschärfen, der sehr genau den ökonomischen Gründen bürgerlicher Askese nachspürt. So erfährt der Leser, daß die Mutter des Helden nicht aus der Stadt, sondern aus einem ländlichen Pfarrhaus stammt, in dem sich das "aristokratische(.) Regiment(.)" (I,72) nachrevolutionärer Restauration in Gestalt einer "Menge jagender, fischender, tanzender, singender, essender und trinkender Gäste" (I,71f.), d.h. genießender Müßiggänger, breitmachte. Im Pfarrhaus herrschte ein "sorgenfreie[s], vergnügliche[s] Dasein" (I,72)[39)]. Zwar zeichnete sich die spätere Frau Lee auch schon damals durch "ausdauernden Fleiß und treffliche Ordnungsliebe" (I,75) aus, sie ließ jedoch beide einem Garten angedeihen, um dafür zu sorgen, daß die vergnügungssüchtige, "unruhige Gesellschaft etwas Ordentliches zu beißen fand" (I,75), wenn sie von ihren Lustpartien zurückkehrte. Mit ihrer Heirat und dem damit verbundenen Umzug in die Stadt tauschte die Mutter ihre ländliche Naturalwirtschaft gegen eine städtische Geldwirtschaft ein, so daß ihr Wechsel vom Land in die Stadt einen Prozeß der Verbürgerlichung anzeigt, der sie von ihren ursprünglichen Nahrungsquellen abschneidet.

Eben diesen Prozeß beschreibt auch der Erzähler, wenn er den Nahrungsmittelaustausch in der Stadt als "eine ungeheure Abstraktion (...), hoch über dem festen Boden der Mutter Natur" (IV,76f.), kritisiert. Wehmütig erinnert sich deshalb Heinrichs Mutter an die

> "grünen Landstriche und die Gärten ihrer Jugend (...), in welchen sie einst selbst so gedeihlich gepflanzt hatte, daß sie zehnmal mehr wegzuschenken im stande war als sie jetzt bedächtig und teuer einkaufen mußte." (IV,72)

Es sind die modernen Lebensbedingungen der Stadt mit ihrer auf Geldakkumulation und Konkurrenz fußenden Ökonomie, die bei der Mutter jene vom Sohn beklagte "strenge Einteilung und Sparsamkeit" (IV,74) hervortreiben. Die winzigen "grünen Gärtchen" (I,92) aber, auf die Heinrich "stundenlang" (I,92) von seinem Fenster aus hinabsieht, rufen in ihm die Vorstellung "kleine[r] Paradiese" (I,92), d.h. die Sehnsucht nach einer freigebigen mütterlichen Natur, wach.
Was ihm die Stadt versagt, gewährt ihm in verschwenderischer Fülle das Land: orale, vor allem kulinarische Genüsse. Gleich der erste Tag beginnt mit einer Reihe von Imbissen, von denen er mit Früchten und Blumen beladen zurückkehrt. Die Mahlzeiten beim Oheim beeindrucken durch ihre schlaraffische Opulenz:

> die Tische "trugen große ländliche Schüsseln mit den entsprechenden Speisen: mächtige Stücke Rindfleisch und gewaltige Schinken. Neuer Wein aus einem großen Kruge wurde in einfache grünliche Gläser geschenkt" (II,161). "(...) das ungeheure Brot (ragte) wie ein Berg empor, als ein mächtiger Ausläufer des untern Speisengebirges"(II,162).

Wie die ländlichen "Speisegebirge" den wirkungsvollen Kontrast zum kargen Tisch der Mutter bilden, so stellt das alte Pfarrhaus mit "Farbe und Glanz, Bewegung, Leben und Glück, reichlich, ungemessen" (II,16), das düstere Vaterhaus in der Stadt in den Schatten. Mit Annas und Judiths Küssen bietet das Landleben dem Helden eine weitere orale Lust. Daß diese sich von der Urform des Oralen nicht ganz emanzipiert hat, Küsse und Bisse bei ihm eng verschwistert sind, verrät das gemeinsame Apfelessen mit Judith, bei dem Heinrich die von ihr aus den Äpfeln gebissenen Hälften verzehrt und sich "zwingen" muß, "Judith nicht zu küssen und die Süße von ihrem Munde noch dazu zu nehmen" (III,43). In einem späteren Traum aber verwandeln sich Judiths Küsse in wohlschmeckende Apfelküchlein zurück.
Seine Oralität markiert zugleich die Grenze der sexuellen Möglichkeiten des Helden. Als Judith sich ihm einmal in eindeutiger Absicht nähert, weicht er "wie ein

Krebs" (III,88) zurück, hilft ihr, "zitternd den Rock über der Brust zuheften" (III,88) und küßt sie "auf den Mund, gewissermaßen, um keinen müßigen Augenblick aufkommen zu lassen" (III,88f.), d.h., um sie vom vorenthaltenen Liebesakt abzulenken und für ihn zu entschädigen in einem.

Unschwer läßt sich seine Fixierung auf bloß oralen Lustgewinn als Weigerung, erwachsen zu werden, entziffern; noch seine Münchner Hungerphase klagt den Wunsch ein, ohne Gegenleistung von Arbeit wie ein Kind, freiwillig und 'unverdient' ernährt zu werden. "Auch wer nicht arbeitet, soll essen" ist als Motto seiner Regression eingeschrieben, in der eine entstellte Schlaraffen-Utopie sich versteckt.[40)]

Am Ende des Romans bestraft er sich freilich selbst für sein voriges gefräßiges 'Zeitverschlingen', indem er als "einzige Speise" (IV,329) nur noch Suppe zu sich nimmt, auch darin der sparsamen Mutter nacheifernd, die nach seinem Weggang "jahraus, jahrein" eine "Art schwarzer Suppe" (IV,71) kochte, um sich jeden Pfennig vom Munde abzusparen.

Daß Heinrich mit seinen nur scheinbar privaten pathologischen Symptomen kritisch auf die Bedingungen modernen Erwerbslebens reagiert, bestätigt die Entrüstung des Erzählers über die "verschiedene[n] freimaurerische[n] Grade der Niederträchtigkeit oder der Verdrehtheit" (IV,77), die "zu dieser Zeit" zum "glückliche[n] Erwerb des Brotes" (IV,77) gehören. Da die bürgerliche Moral Sexualität nur um den Preis beruflichen Erfolgs zuläßt - was Heinrich im Falle Annas selbst akzeptierte -, schließt sich der Kreis, in dem er zu sexueller Unreife verurteilt bleibt: wer nicht arbeitet, soll auch nicht lieben.[41)] Nicht ohne Absicht heißt es von einem tüchtigen, jungen Handwerksmeister, man habe ihm "als Pfand" (!) für seine Tüchtigkeit ein "schönes und wohlhabendes Bürgermädchen zur Frau" (IV,143) gegeben.

Heinrichs regressiver Müßiggang[42)] versagt sich freilich nicht nur den zeitgenössischen Arbeitsverhältnissen, sondern dem mit der Arbeit gegebenen Wirklichkeitsbezug. So geht ihm auf dem Land, dessen Bewohner "noch in der stillen Einschränkung und Entsagung vergangener Jahrhunderte" (I,270) leben, keineswegs "die Heiligkeit und die Bedeutung der Arbeit" auf (IV,77), die jenen noch bewußt ist; er genießt seinen dortigen Aufenthalt vielmehr als arkadisches Idyll, indem er zwischen Anna und Judith hin- und hergerissen ein reizvolles Schäferleben führt - er "schämte" sich sogar einmal, "so müßig und zwecklos umherzugehen" (III,2). Auf einen "alten vergoldeten Schäferroman" (II,187) beruft er sich daher auch, als er um eine Ausrede wegen seines Liebesbriefs an Anna verlegen ist; den Brief will er aus dieser Vorlage, die traditionell das goldene Zeitalter der Liebe und des Müßiggangs feiert, abgeschrieben haben, wodurch er sich selbst zum Schäfer stilisiert und in die Welt der Poesie entrückt. Selbst in der näheren Umgebung seiner Vaterstadt be-

hauptet er, mit seiner Flöte "unter stillen Waldsäumen liegend, innig das schäferliche Vergnügen des siebzehnten Jahrhunderts" (II,147) zu empfinden.
Indem er ihn in die Motive einer poetisch verklärten Vergangenheit kleidet, unterstreicht der Roman das Unzeitgemäße und Unwirkliche des Müßiggangs, ergänzt er die psychische Regression, die er an ihm ausmacht, um den historischen Anachronismus.
Kein anderer Bildungsroman des 19. Jahrhunderts akzentuiert den Müßiggang so entschieden als Widerpart des Realitätsprinzips wie Kellers "Grüner Heinrich". Der Müßiggang fällt aus der normalen Alltagswirklichkeit heraus und hat an lauter Ausnahme- oder Krisensituationen sein Leben: es ist der unerwartete Schulverweis, der Heinrich in die ländliche Idylle verschlägt, und eine Existenzkrise treibt ihn zu seinen Studien an der Universität; die Totenfeier der Großmutter unterbricht ebenso wie das Tellfest und der Münchner Umzug den gewöhnlichen Rhythmus täglichen Lebens. "Traum im Traume" (III, 146) heißt denn auch die Abteilung des Münchner Festzugs, in der Heinrich zu finden ist. Hebt sich der Festzug selbst schon als ästhetische Inszenierung vergangener Handwerker-Künstler-Herrlichkeit von der Realität der Gegenwart ab, so potenziert sich diese Distanz bei der Gruppe phantastischer und mythologischer Gestalten, unter die sich der Held gemischt hat.
Ein Bewußtsein potenzierter traumhafter Unwirklichkeit überfällt ihn auch in den Augenblicken müßigen Glücks; als er nach der Tellfeier mit Anna über den Fluß fährt, ist ihm als ob sie "im Traum in einen geträumten Traum träten" (II,274). Noch zweimal kehrt in dieser Episode der Irrealis des Glücks wieder[43)], der ebenso wenig wie Heinrichs Weigerung, erwachsen zu werden, einer bloß subjektiven Charakterdisposition zugeschlagen werden darf, sondern als Indiz für die vom Helden sonst erfahrene Glücksferne der Realität zu entschlüsseln ist. Ihre Zwänge lassen ihn die nächtliche Badeszene mit Judith als "Spuk" (III,89) entwirklichen und einem bloß erinnernd genießenden Gedächtnis anvertrauen; schon zuvor war ihm Judiths Baumgarten zur Märchenszenerie geworden, da es ihm schien,

> "als ob man in einen weiten Tempel getreten, dessen Säulen von Räucherwolken und Seidengeweben umhüllt und von dessen Decke grüne Kränze mit goldenen und rubinfarbigen Früchten herabhingen." (III,41).

Mit Vorliebe werden die Frauen und Mädchen, die es Heinrich angetan haben, als "fast märchenhafte Gestalt" (II,276) (Anna), "Fabelwesen" (III,84) (Judith), "liebliche[s] Wunder" (III,149) (Agnes) oder "Traumengel" (IV,215) (Dortchen) bezeichnet, um die Realitätsentrücktheit erotischen Glückversprechens kenntlich zu machen.

Heinrich, der sich gern "halb komödiantisch" (II,4) ausstaffiert, bekennt selbst, daß sich ihm "alles (...) zum entschiedenen Romane gestaltete" (II,85) und das Doppelleben zwischen Anna und Judith ihm "wie ein Märchen" (III,90) vorkomme. Natürlich stilisiert auch er sich wie andere Bildungshelden nach literarischen Vorbildern und gebärdet sich, als er heillos in Dortchen verliebt ist, als zweiter Werther; beinahe stürzt er einen "steilen Klippenpfad" (IV,282) hinunter, oder er setzt sich

> "auf einen verlassenen Pflug (...) und machte ein trübseliges Gesicht; denn er begriff nicht, wie jemand noch Freude daran finden könne, zu pflügen, zu säen und zu ernten, und er machte allem Lebendigen umher Leerheit, Nichtigkeit und Seelenlosigkeit zum Vorwurf, da er Dortchen nicht hatte." (IV,283)

In welcher Weise der Müßiggänger, der die beiden zentralen Zugangsmöglichkeiten zur bestehenden Realität, Arbeit und Geld, nicht nutzt oder nicht nutzen kann, von dieser sich ausschließt bzw. ausgeschlossen wird, führt der Roman mit äußerster Konsequenz an seinem mittellosen, nicht arbeitenden Helden vor. Diesem bleibt, nachdem ihm im Laufe seiner Geschichte immer stärker die realen Substrate sinnlicher Lust (Küssen, Tanzen, Essen) entzogen wurden, nur noch der Rückzug in einen im wahrsten Sinne träumerischen Müßiggang, nämlich in die "schöpferische Traumwelt" (IV,149) des Schlafs. Sich stets "auf die Dunkelheit und Vergessenheit der Nacht freuend" (IV,182), kompensiert er das erbärmliche Tagleben eines sozialen Außenseiters mit dem Lustprinzip eines bunten Traumlebens.
In dieses rettet er seine Verschwendungslust hinüber und stattet seine Träume superlativisch mit den "glühendsten Farben", dem "reichsten Gestaltenwechsel" und den "mit dem allerausgesuchtesten Leide gepaarten Empfindungen" (IV,149) aus[44]. Mit dem Bilderreichtum dieser Traumwelt triumphiert der Müßiggang ästhetisch über die häßliche Wirklichkeit, da die "Nacherinnerung" (IV,149) an das Geträumte

> "den Wachen für alles Übel vollkommen schadlos hielt und das Unerträgliche erträglich machte, ja sogar zu einer Art von bemerkenswertem Glück umwandelte." (IV,149f.)

Im Traum selbst kehrt auch das Problem der Zeit wieder. Zunächst bestätigt sich der Held die Gleichsetzung von Zeit und Geld, indem der Zeitverschwender Heinrich im Traum plötzlich reich ist - und wer reich ist, der hat auch Zeit. Zum Fürsprecher dieses unumschränkten Zeithabens macht sich in einer Art Rollentausch das Pferd des Träumers, sein Geld- und Goldfuchs[45]; von Heinrich ermahnt, die kostbare Zeit nicht zu verschwenden, erwidert das kluge Tier:

> "'Eilt gar nicht! (...) wenn der sehr richtig denkende Psalmist den Herrn seinen Gott anschrie: Tausend Jahre sind vor dir wie ein Augenblick! so ist diese gut begründete Hypothese von hinten gelesen eine und dieselbe Wahrheit: Ein Augenblick ist wie tausend Jahre!(...)'"(IV,167f.).

Auf virtuose Weise entwickelt der "Gaul" (IV,167) eine Relativitätstheorie der Zeit, indem er nachweist, daß Heinrichs erlebnisgesättigter Traum, der nach Ansicht des Helden schon sehr viel Zeit verschlungen hat, "das Werk und die Dauer von kaum zwei Sekunden (ist)"(IV,166). Denn

> "'(g)erade eine Sekunden ist's (...), daß ein berittener Nachtwächter um die Straßenecke bog, und ein einziger Hufschlag hat in dir meine Erscheinung erneuert, welche überhaupt veranlaßt wurde, als vor einer halben Stunde derselbe Nachtwächter des entgegengesetzten Weges kam.(...)-'" (IV,167)

Dem Minimum mechanisch gemessener äußerer Zeit entspricht ein Maximum erfüllter, bilderreicher Traumzeit. Diese Dissoziation von äußerer und innerer Zeit aber ist zugleich das Geheimnis von Heinrichs Müßiggang, und auch hier fungiert der Traum als Wunscherfüllung. Denn er kehrt das Verhältnis, in dem die beiden Zeiten im wachen Leben des Helden stehen, um. Während Heinrich im realen Leben immer wieder feststellen muß, daß viel mehr äußere Zeit vergangen ist, als er geglaubt hat, beschert ihm der Traum das gegenteilige Erlebnis - seine Abenteuer haben nur eine winzig kleine Zeitspanne verbraucht. Deshalb kann das Pferd den Helden auch beruhigen:

> "'(...) alles hat seine bequemliche Erfüllung und wir können uns ganz gemächlich Zeit lassen mit unserm Traum (...)!'"(IV,168).

Deutlicher als in den Traumsurrogaten, die Heinrich das äußere Glück ersetzen müssen, kann der Roman die Realitätsferne des Müßiggangs und sein Prinzip der Substitution nicht aussprechen.
In einer von Arbeitsleistung und Gewinnstreben beherrschten Welt kann der Müßiggang nur ein faszinierender Traum und zugleich ein pathologisches Phänomen sein. Krankhaft ist er nicht nur wegen des mit ihm einhergehenden Wirklichkeitsverlusts, sondern auch wegen der Beschädigungen, die das ihm innewohnende Lustprinzip unter übermächtig lustfeindlichen Bedingungen erleidet. Heinrichs gehemmter Eros illustriert diesen Sachverhalt in aller Deutlichkeit.

Pathologisch aber ist der Müßiggang auch in der ganz ursprünglichen Bedeutung des Wortes 'leiden'. Denn der Tribut, der für den Versuch, müßig und das besagt, ästhetisch zu leben, entrichtet werden muß, heißt leiden.
Ahnungsvoll teilt Heinrich schon auf seiner Reise nach München alle Leiden in "schöne und unschöne" (I,37f.) ein, weil er den "ästhetische[n]" für den "beste[n] Maßstab" (I,37) ihrer Beurteilung hält. Sein Plädoyer für die "schönen Leiden" gerät zur Rechtfertigung des Müßiggangs angesichts der Herrschaft eines unersättlichen Nützlichkeits- und Arbeitsfetischs. Dieser verdammt, was ihm anheimfällt, zu Formlosigkeit und Häßlichkeit. Bereits in der "Jugendgeschichte" macht der "halb müßig[e] und planlos[e]" (II,101) Heinrich Arbeit und Gewinnstreben als Ursachen von widrig Häßlichem aus; steigt ihm doch aus den Türen eines

> "Fabrikgebäudes", an dem er vorübergeht, "(e)in häßlicher Vitriolgeruch (...) in die Nase und bleiche Kinder arbeiteten innerhalb und lachten mit rohen Grimassen hervor." (II,101)

Vom Anwesen eines äußerst erfolgreichen Holzhändlers weiß er zu berichten, das dessen

> "Wohnhaus (...) mehr wie eine Arbeiterhütte als wie ein Herrenhaus dazwischen (zwischen seine Rohstoffvorräte, d. V.) hingeworfen (lag) und seine Frauensleute (...) für ein bescheidenes Ziergärtchen einen fortwährenden Krieg führen (mußten) (...)." Daß "ein großer Reichtum darin (in seinem Grundstück, d. V.) (lag), aber (...) täglich seine äußere Gestalt (änderte);" und daß der Mann "selbst die Dächer von den Gebäuden verkaufte" (II,258).

Dagegen wahrt der Müßiggang selbst in der depravierten Gestalt der Armut den Umriß einer eigenständigen Form; gerade in seinem materiellen Elend ist Heinrich von einer

> "seltsame[n] künstlerische[n] Gewissenhaftigkeit" (IV,149) durchdrungen, es ist dies aber "die künstlerische Gewissenhaftigkeit nicht etwa des Malers, sondern des Menschen" (ibid.), später spricht er daher von der "notwendig[n] klare[n] und fertige[n] Form", die sein "Geschick (...) angenommen habe" (IV,183)[46].

So kulminiert die Lebensvergeudung des Helden zuletzt in jenen ästhetischen Leiden, über die er bei seinem Aufbruch von zu Hause sinniert. Da er als Romanfigur

zu keinen andern als ästhetischen Leiden fähig ist, reflektiert der "Grüne Heinrich" auf diese Weise mit raffinierter Doppelbödigkeit seinen eigenen Abstand zur außerliterarischen Wirklichkeit.
Der kommentierende und Stellung beziehende Erzähler aber, der sehr genau vom personalen und vom Icherzähler zu unterscheiden ist, mag keinen Hiatus zwischen der außerliterarischen Wirklichkeit und der innerliterarischen des Romans zulassen:

> "Das Handwerk hat einen goldenen Boden und ganz gewiß in einem Romane ebensowohl wie anderswo" (III,132),

beteuert er mit Nachdruck. Deshalb bringt er auch der

> "Klage (...), daß die Helden mancher Romane sich eigentlich mit nichts beschäftigen und durch einen andauernden Müßiggang den fleißigen Leser ärgern" (III,132),

Verständnis entgegen und versichert, daß sein Held zu diesem Zeitpunkt der Handlung "wenigstens etwas tut, und wenn er auch nur Landschaften fertigt" (III,132). Als eine Form konkreter Tätigkeit erscheint ihm dies immer noch besser als reines Müßiggehen, denn später muß er besorgt feststellen, daß Heinrich nicht

> "mehr an der zusammenhaltenden Handarbeit saß (...), sondern mit allerlei studierendem, oft halbmüßigem Volke (umging)" (IV,97)[47].

Den künstlerischen "Spiritualismus" des Helden aber geißelt er unerbittlich als

> "Arbeitsscheu" und "Trägheit gegenüber derjenigen Tätigkeit, welche nichts anderes ist als das notwendige und gesetzliche Wachstum der Dinge" (III,136).[48]

So ausschließlich identifiziert er Arbeit und Realität miteinander, daß seiner Ansicht nach selbst die Natur arbeitet, die für ihn der Urgrund alles gegenständlich Wirklichen ist. Die Pflanze, die sonst das Analogon für die vegetative Trägheit des Müßigen lieferte, wird ihm zum Exempel tätigen Fleißes:

> Das "Erblühen ist die *wahre Arbeit* und der wahre Fleiß; sogar eine simple Rose muß vom Morgen bis zum Abend tapfer dabei sein mit ihrem ganzen Corpus und hat zum Lohn das Welken" (III,136f.; Hervorh. v. d. V.).[49]

Arbeit gilt nicht länger als jenes anthropologische Merkmal, das den Menschen von der ihn umgebenden Natur abhebt, sie wird vielmehr zum universellen Naturprinzip; daher fällt, wer nicht arbeitet, schuld- oder krankhaft von der Natur ab.[50)]
Aber nicht nur zum Naturprinzip ontologisiert der Erzähler Arbeit, auch die Geschichte schreitet ihm zufolge in der Art eines Arbeitsprozesses voran. Bei seiner Polemik gegen die "'geheimen Jesuiten'" (IV,63), die er als "Müßiggänger" (IV,63) apostrophiert, macht er geltend, daß der "Weltgang"(ibid.) nicht "Muße (...) genug" (ibid.) habe, um auf deren "Torheiten einzugehen"(ibid.).
Folgerichtig darf sich die Kunst auch keine privilegierte Stellung gegenüber der Realität anmaßen; die Tätigkeit des Künstlers muß ebenso den Normen der Arbeitsethik gerecht werden, wie der Inhalt seiner Werke.
Mit dem Hinweis auf das Handwerk und dessen goldenen Boden benennt der Erzähler diejenige Form der Arbeit, die er seinen Theoremen stillschweigend zugrundegelegt hat. Es bleibt ihm daher nicht erspart, jenes Auseinandertriften von Theorie und Praxis, das er beim Helden diagnostiziert, auch für seine eigenen Ausführungen einzuräumen. Denn in "jener höheren abstrakten Welt" (IV,78) konkurrenzkapitalistischer Ökonomie

> "ist einstweilen alles auf den Kopf gestellt und die Begriffe von der Bedeutung der Arbeit verkehrt bis zum Unkenntlichwerden." (IV,78)

Befremdet stellt der Erzähler fest, daß die von ihm so geschätzten Tugenden "Ordnung, Fleißigkeit, Betriebsamkeit, Um- und Übersicht" (ibid.) in den Dienst von Arbeiten "ohne innere Wahrheit, ohne vernünftigen Zweck" (ibid.), ja sogar von "Betrug und Schwindel" (ibid.) gestellt werden, daß

> "(h)ier (...) Arbeit (heißt)" und sich "lohnt (...), was dort Nutzlosigkeit, Müßiggang und Laster ist" (ibid.).

Da nur der Roman qua erzählter Inhalte, nicht aber der Partei ergreifende Erzähler den bürgerlichen Tugendkanon hinterfragt, muß dem letzteren die augenscheinlich bruchlose Integration von "Ordnung, Fleißigkeit" (IV,78) etc. in das System modernen Wirtschaftens paradox erscheinen. Deshalb nimmt er angesichts der "zivilisierten Wildnis" (IV,94) des unberechenbaren Marktes den erfolglosen Helden sogar in Schutz, indem er die

> "Menge von kleinen persönlichen und gesellschaftlichen Verumständungen" (IV,84) anführt, von denen "die Entscheidung (abhängt), ob die

> lange Jugend bis tief in die Männerjahre hinein eine blühende und glückliche Zeit oder eine dürre und finstere sein (...) soll." (ibid.)

Dieser den Helden entlastenden These entspricht eine ähnlich lautende, die Annas Vater vertritt; er, der in gewisser Weise zu Heinrichs Ersatzvater geworden ist, beklagt die Aleatorik des "freie[n] Erwerb[s]"(II,268) und antizipiert schon an dieser Stelle der Handlung Heinrichs späteres Bettlergeschick:

> "Wer nicht in seiner Jugend durch Übung und Vorbild seiner Umgebung, (...), oder sonst im rechten Moment den rechten Fleck erwischt, wo der Tick liegt, der muß manchmal bis in sein vierzigstes oder funfzigstes Jahr ein umhergeworfener und bettelhafter Mensch sein, oft stirbt er als ein sogenannter Lump."(II,269)

In einem Brief an Petersen entlastet auch Keller selbst seinen Helden, wenn er dessen Geschichte als "die Erfüllung eines Erziehungs- und Entwicklungsgeschickes" bezeichnet, "an welchem niemand schuld ist oder alle." 51)
Dennoch behauptet der Erzähler mit der Maxime vom 'goldenen Boden des Handwerks', dessen Wert sich auch im Roman zeigen und durchsetzen müsse, ein 'fabula docet', wonach der Held seinen Unstern einer falschen Berufswahl und mangelndem Arbeitseifer zuzuschreiben habe.
Diese romanimmanente These scheint die Figur eines "stattliche[n] junge[n] Bürgersmann[s]" (IV,142) zu belegen, der zusammen mit Heinrich von zu Hause aufgebrochen ist, im Gegensatz zu ihm jedoch als erfolgreicher Handwerksmeister und Geschäftsmann zurückkommt:

> "Sich in seinem einfachen Handwerk beschränkend und nichts anderes kennend als die unermüdete Nutzanwendung seiner fleißigen und geschickten Hand, jeden Vorteil für dieselbe ersehend und die Augen überall aufmachend, aber nur auf ein und denselben Gegenstand gerichtet und aller Orten nur diesen sehend, war er nach *wenigen Jahren* (Hervorh. v. d. V.) als ein wohlgeschulter und entschlossener junger Mann zurückgekehrt und begann die Gründung seines Hauses mit so zweifellosem und glücklichem Willen, als ob es gar nicht anders hergehen könnte, und die Welt empfing und förderte ihn dabei (...), und als Pfand gab sie ihm ein schönes und wohlhabendes Bürgermädchen zur Frau, mit welcher er jetzt eben, nicht ohne kluge geschäftliche Nebenzwecke, die Hochzeitsreise machte." (IV,142f.)

Anders als Heinrich weiß der junge Handwerker seine Zeit zu nutzen. Er ist ausdauernd, zielstrebig und fleißig; zweifellos begegnet dem Helden in ihm noch einmal das Vorbild des Vaters, dem er hätte nacheifern sollen.
Als "positives Gegenstück" zu den "mißlungenen Wanderjahren"[52)] beurteilt daher Bernhard Schubert die Figur des Bürgermanns, als Verkörperung einer gangbaren Lebensperspektive, die Heinrich schuldhaft ausgeschlagen hat. Dem wäre zuzustimmen, wenn der Roman den Werdegang des Handwerkers nicht bloß lakonisch in wenigen - bis auf den der Tauschsphäre entnommenen Pfand-Vergleich - bilderlosen Sätzen zusammenfaßte, sondern ihn als Alternative zur verfehlten Biographie des Helden ausführlich schilderte. So aber tritt Heinrich in seinem Landsmann, ähnlich wie bei der Vater-Imago, ein fertiges Beispiel angeblich gelungenen Lebens entgegen. Eine Einschränkung, zu der die Auskunft des Erzählers über den Handwerksmeister selbst berechtigt, da sie den Preis seines Erfolges nicht verschweigt: die strikte Vereinseitigung des Individuums, seine Funktionalisierung für den Beruf, der zum Lebensinhalt schlechthin wird und auf das außerberufliche Glück übergreift; nicht ohne "kluge geschäftliche Nebenzwecke" unternimmt das junge Paar seine Hochzeitsreise, so daß sich die Liebe ihre Zeit mit den Geschäften teilen muß - schließlich wurde dem jungen Bürger seine Frau als "Pfand" für seinen Fleiß gegeben.[53)]
Schubert berücksichtigt u. E. bei der Frage nach der Schuld des Helden zu wenig die genaue psychologische Fundierung von Heinrichs Verhaltensweisen. Zweifellos weicht Heinrich durch seinen Subjektivismus vom objektiven epischen Grundschema der Ausfahrt und Heimkehr, das Schubert im Roman nachweist, ab; aber das epische Grundschema selbst wird durch Elemente des modernen Romans, wie Psychologie und Reflexion, durchbrochen.
Unversehens, wie im Falle des sich zu Tode arbeitenden Vaters, treten selbst im Ideal des Handwerks Risse zutage, lassen Wortwahl und Syntax das anerkennende Resümee des Erzählers zweideutig werden; faßt er doch den Werdegang des jungen Handwerkers mit einer Partizipialkonstruktion zusammen, die in ihrer endlos scheinenden Reihung die monotone Anstrengung der Arbeit spürbar werden läßt, während die einzelnen Partizipien und ihre Objekterweiterungen die Ausrichtung des Individuums auf einen einzigen Zweck, seine unerbittliche Fixierung auf den Nutzen variieren: "sich beschränkend", "nichts anderes als die unermüdete Nutzanwendung kennend", "jeden Vorteil ersehend", "nur auf einen Gegenstand gerichtet und aller Orten nur diesen sehend", wobei das ausschließlich auf eine Sache konzentrierte, abstrakte Sehen (sehend/ersehend) den genauen Gegensatz zu Heinrichs sinnlicher Schau- und Augenlust bildet.

Schon in der "Jugendgeschichte" war ein Schatten auf die Integrität des Handwerks gefallen, als in der Ansprache des groben Schustermeisters an Heinrichs Mutter der aller Arbeit immanente disziplinierende Zwang zum Vorschein kam:

> "'(...)Wenn Euer Mann lebte, so würde er den Jungen (...) gewiß durch schwere Handarbeit ins Leben führen (...)! Zudem ist der Junge schon ein bißchen schwächlich und verwöhnt durch Euere Weiberwirtschaft; (...) gebt ihn mir, so wird er die gehörige Demut und damit den rechten Stolz eines Mannes aus dem Volke gewinnen, und bis er im stande ist, einen guten Schuh (...) zu arbeiten, soll er gelernt haben, was ein Bürger ist (...)'." (II,59)

Unbeabsichtigt wird so der Blick auf den Prozeß einer Zurichtung durch Arbeit freigegeben, an dessen Ende schließlich der tüchtige Bürger steht.
Da die Schilderung von Heinrichs intensivem Traumleben, die sich unmittelbar an seine Begegnung mit dem frisch vermählten Handwerksmeister anschließt, diese Episode nicht nur quantitativ[54)], sondern vor allem durch die eindringliche Poesie ihrer Bilder bei weitem übertrifft, scheint hier beispielhaft die für den Roman konstitutive Spannung zwischen Ideologie und Ästhetik auf. Insofern ist das vom Erzähler beschworene Handwerker-Ideal[55)] auch an den ästhetischen Proportionen des Romans zu messen. Denn trotz der Invektiven gegen den arbeitsscheuen und wirklichkeitsfremden Helden widmet sich der "Grüne Heinrich" dessen Tun und Lassen in extenso und macht sich nicht den Alltag der Arbeit, sondern die Manifestationen müßigen Daseins zum Thema - angefangen bei Heinrichs Landaufenthalten und der Tellfeier, über den Münchner Festzug bis zu den Studien, die der Held "ohne Nutzanwendung und Mäßigung" (IV,56) betreibt.
Einige Male bringt sogar selbst der Erzähler Verständnis für Heinrichs müßige Lebensweise auf; wenn er etwa dessen Schuldenpolitik als

> "eine ordentliche hohe Schule, in welcher sich sein Charakter (des modernen Menschen, d. V.) auf das trefflichste entwickeln und bewähren (...) kann" (IV,92),

würdigt, oder wenn er der Zeitverschwendung des Helden den positiven Sinn eines Bildungsprozesses verleiht:

> "Jünglinge von zwei= oder dreiundzwanzig Jahren wissen noch nicht, daß jedes Leben seinen eigenen Mann macht, und haben noch keine Trostgründe für Jahre, welche sie verloren wähnen." (IV,26)

Daß der Roman sich immer wieder selbst ins Wort fällt und seine bürgerlichen Sentenzen unterläuft, zeigt sich am mehrmals zitierten Motto: jeder soll der "Schmied seines Glückes sein". Auch Heinrich macht sich diese Parole zu eigen, wenn er sich vornimmt, "sein Schifflein tapfer [zu] lenken und seines Glückes (...) Schmied" (IV,54) zu werden. Die Metapher wörtlich nehmend und zugleich parodierend, versetzt der Roman seinen Protagonisten in ein düsteres "Verlies" (IV,126), in dem sich eine "verjährte (.) längst erloschene (.) Feueresse" (IV,127) befindet. Dort soll Heinrich, ohne "Zeit zu verlieren" (ibid.), Fahnenstangen für einen Festzug bemalen, an dem er im Unterschied zu früheren nicht aktiv teilnehmen wird.
Diese Episode, bei der man den Helden mit unmittelbarer körperlicher Arbeit - mit dem Schmieden seines Glücks! - beschäftigt sieht, ruft beim Leser den Eindruck hervor, arbeiten heiße nichts anderes, als lebendig begraben zu sein.

> "Draußen war es anhaltend das lieblichste Sommerwetter, der Sonnenschein lag auf der Stadt und dem ganzen Lande und die Leute trieben sich lebhafter als sonst im Freien herum" (IV,128), während Heinrich "mutterseelenallein" (IV,129) in seinem Verlies mit der "feuchten schimmligen Mauer" (IV,126) im "blassen Lichtstrahl der Mauerritze stand, seinen weißen Stab drehete und die sorgfältige reinliche Spirale zog." (IV,129) Tatsächlich fühlt er sich zuletzt, "als ob er ein Jahr lang am Schatten gelegen hätte in einem kalten Gefängnis." (IV,132)

Ein Eindruck, der nicht nur durch die grabartige Beschaffenheit des Verlieses, sondern auch durch die Erwähnung der draußen lockenden Sonne (Sommerwetter, Sonnenschein) verstärkt wird.
Außerdem nimmt die Arbeit, die Heinrich verrichten muß, mit ihrer endlosen Gleichförmigkeit und Mechanik ebenso wie durch die von ihr geforderte Beschleunigung geradezu den Typus moderner Fließbandarbeit[56)] vorweg:

> "denn nicht nur galt es, die ewige Linie ohne Anstoß und Aufenthalt, ohne Abschweifung und Ungleichheit fortzuführen, sondern sie auch so zu beschleunigen, daß es überhaupt der Mühe lohnte und den Anforderungen genügt wurde " (IV,129).

Der einzige Anlaß, bei dem handwerkliche Arbeit im "Grünen Heinrich" einen außerordentlichen ästhetischen Reiz entwickelt, ist Annas Tod. Die Verfertigung ihres Sarges, bei der Heinrich mithilft, sichert sich ihren ästhetischen Vorsprung vor der Massenproduktion im Verlies durch die Singularität des Ereignisses (der Sarg ist in der Art eines alten, individuellen Werkstückes, vor allem auch durch den besonde-

ren Glaseinsatz, speziell für Anna bestimmt) und durch den Zauber der freien Natur, in der diese Arbeit vor sich geht. Daß sie unmittelbar einer Toten dient, nähert sie jener andern Arbeit des Helden im Verlies an, bei der sich Assoziationen an Moder und Verwesung einstellen.57)
Nachdrücklich setzt der Roman die Zeiterfahrung des arbeitenden Heinrich von der Zeitverschwendung des müßigen ab:

> ohne auch nur "einen Augenblick zu verlieren durch Unschlüssigkeit oder Träumereien" (IV,129f.), weiß Heinrich "jeden Augenblick, was er geleistet" (IV,130).

Die disziplinierende Wirkung dieser Anstrengungen kommentiert der Arbeitgeber des Helden, der alte Trödler, mit den Worten:

> "'(...) sehen Sie, so wird man gesetzt und klug! Schon weiser geworden dahinten bei der alten Esse in der kurzen Zeit!(...)'"(IV,132).

Dabei ist der ironische Unterton, mit dem die bewährte Glücksschmiede (alte Esse) und die Ökonomie der Zeit (in der kurzen Zeit) als Mittel erfolgreicher Lebensbewältigung gepriesen werden, kaum zu überhören. Tatsächlich treibt die Arbeit dem Helden zumindest die Lust an der Verschwendung aus, da er sich nun lediglich ein "spärliches Abendbrot" gönnt, "seinen Erwerb geizig zusammenhaltend" (IV,130), während er früher mit dem "wenigen Gelde" (IV,112), das er entweder geliehen oder durch den Verkauf seiner Sachen bekommen hatte, "(umging) als ob er ohne alle Sorgen wäre" (ibid.). Auf diese Weise kann Heinrich die Soziogenese rigider Sparsamkeit am eigenen Leib erfahren.
Trotz allem aber findet er an der

> "verachteten Arbeit allmählig einen solchen Reiz, daß ihm die langen Sommertage, in diesem Loch zugebracht, gleich Stunden vorübergingen." (IV,129)

Dehnte er sonst Augenblicke zu Stunden und Jahren, so schrumpfen ihm nun im Rhythmus beschleunigter Arbeit die "langen Sommertage" zu Stunden. Sie lenkt ihn - ihrer realitätsstiftenden Funktion gemäß - von ihm selber ab, von seinen "Träumereien"(IV,130) und "Unschlüssigkeiten"(ibid.). Doch allzu lange vermag die Arbeit die bewegliche Phantasie des Helden nicht niederzuhalten, denn als er genügend Routine gewonnen hat, überzieht er das nüchterne Geschäft mit den Gespinsten seiner Einbildungskraft:

"Heinrich drehte unverdrossen seinen Stab, und zwar so sicher und geläufig, daß er dabei ein ganzes Leben durchdrehte und auf der sich abwickelnden blauen Linie eine Welt durchwanderte, bald traurig und verzagt, bald hoffnungsvoll, bald heiter und ausgelassen, die schnurrigsten Abenteuer erlebend." (IV,130)[58]

Der "Reiz", den er der anspruchslosen Arbeit im Verlies abgewinnt, dürfte sich nicht zuletzt ihrer versteckten Sexualsymbolik verdanken; denn nirgends anders als im dunklen Mutterschoß "dreht" der Held "unverdrossen seinen Stab"; arbeiten heißt zeugen und bleibt doch dessen Ersatz, so wie auch das Müßiggehen nur symbolische Befriedigung erlaubt. Daß das erotische Potential dieser Episode dem thanatalogischen nicht widerspricht, zeigt das Ende des Romans, an dem Heinrich sich mit der Mutter im Grab vereint und zugleich in den Schoß der Mutter Erde zurückkehrt.[59] Wenn auf seinem Grab "ein recht frisches und grünes Gras" (IV,329) wächst, dann ist er zuletzt in jenen vegetativen Arbeitsprozeß eingegangen, den der Erzähler mit seinem Bild der fleißigen Rose beschwört.
Wo der Roman den Leser nicht mit allgemeinen Reflexionen über Arbeit versorgt oder aus zeitlicher Distanz summarisch über sie berichtet, wie im Falle von Heinrichs Vater oder des jungen Handwerksmeisters, sondern sie aus der Nähe beschreibt, kommt er zu wenig ermutigenden Ergebnissen. Habersaats dubiose Bilderfabrik nennt der Held selbst ein "Fegefeuer" (II,106) für die dort beschäftigten Halbwüchsigen, die "streng und anhaltend arbeiten" (II,107) müssen.
Solche Desillusionierung der Arbeit läßt die Vorliebe des Romans für den Müßiggang des Helden einsichtig werden. Zumal der "Grüne Heinrich" eben diesen Müßiggang zum Anlaß nimmt, das Verhältnis von poetischer Fiktion und dem der Gattung eingeschriebenen Realitätspostulat auf die Probe zu stellen und vom außerliterarischen Wahrscheinlichkeitsprinzip abzuweichen.[60] So verdankt sich etwa Heinrichs zweites Zusammentreffen mit Dortchen und dem Grafen nicht bloßer Kontingenz, sondern einer romanhaften Fügung, ganz im Sinne jenes Schicksalsglaubens, dem der Held von Kindheit an huldigte[61]. Mit dem Bekenntnis, daß hier "der Zufall schon so viel getan" (IV,215) habe, macht der Erzähler selbst auf das überstrapazierte Zufallsprinzip aufmerksam. Umstandslos hatte er dagegen Heinrichs falsche Berufswahl der Willkür des Kontingenten angelastet, als er erklärte,

" daß ihn (Heinrich, d. V.) der Zufall auf hundert andere vermeintliche Bestimmungen hätte führen können." (IV,26)[62]

Irrt der Held in der Sphäre der Arbeit, so gelangt er jenseits ihrer mit traumwandlerischer Sicherheit ans Ziel. Das Schloß des Grafen erfährt er als veritablen Wunschort, an dem

> "alles Mußezeit oder alles Arbeitszeit (war), er mochte machen was er wollte" (IV,253), nur hier, "wo er selbst so gern zeitlebens geblieben wäre" (IV,250),

behält die Arbeit, da sie sich der Muße anverwandelt, jene "Seele und (...) freudige Lust" (II,32), die Heinrich sonst überall vermißte[63]. Aber auch den Kausalnexus zwischen Arbeitsleistung und Wohlstand, den das Motto vom Schmied des eigenen Glücks unterstellt, widerlegt der Roman, wenn er - gegen alle Wahrscheinlichkeit - seinem Protagonisten ein "ordentliches bürgerliches Vermögen" (IV,302) in den Schoß fallen läßt und ihn zum pikaresken 'Hans im Glück' macht[64].
Diesen plötzlichen Reichtum hatte Heinrich bereits träumend antizipiert, als er sich mit einem Sack voller Goldmünzen, zu denen er "unvermutet" (IV,165) gekommen war, in seine Vaterstadt einreiten sah. Selbst die Ehre (IV,325), die ihm seine Erbschaft einträgt - "hieß" es doch "überall (...), er habe ein großes Glück in der Fremde gemacht" (ibid.) - nimmt ein Traumbild vorweg:

> beim Einzug in die Stadt wird er "von allen Seiten mit biederer Achtung begrüßt (...), welche sich besonders dadurch kundgab, daß manche mit einem vertraulichen Griffe und wichtiger Miene seinen strotzenden Mantelsack betasteten " (IV,170).

Im Traum, der zum divinatorischen Erkenntnisorgan wird, durchschaut Heinrich die "biedere Achtung", die sich ausschließlich auf das gemünzte Gold, nicht auf ihn selbst bezieht, als Ausgeburt des verdinglichten Geldfetischs seiner Mitbürger. Am Ende zählt das bare Geld mehr als alle sonst so hoch veranschlagte Arbeit und Mühe - die Faktizität des Besitzes macht die Art seines Erwerbs vergessen -, wie im Falle des Revalenta arabica-Schwindels, der den Produzenten zum reichen und geachteten Mann machte (IV,78f.).

Indem er die Träume seines Helden wahr werden läßt, stellt der "Grüne Heinrich" - wie vor ihm schon der Meisterroman - jene Realität in Frage, der angeblich nur mit nüchterner Wachsamkeit, vorausschauender Planung und tatkräftiger Entschlossenheit beizukommen ist. Denn es gelingt dem traumselig-willensschwachen Helden buchstäblich im Schlaf, die Zukunft vorherzusehen. Aber damit nicht genug! In seinem Traumleben durchläuft Heinrich gleichsam eine künstlerische Entwicklung, da seine Träume, die anfänglich "märchenhaft und unsinnig" (IV,178) waren, mit der Zeit "eine einfache Schönheit und Wahrheit an(nahmen)" (ibid.), "folgerichtig und lebendig" (ibid.) wurden. Die Darstellung "einfacher Schönheit und Wahrheit", an der er als Künstler gescheitert war, beschert ihm nun die mühelose Produktivität des Traums.

Heinrichs träumerischer Müßiggang entlastet jedoch nicht nur den Helden selbst vom Druck äußerer Wirklichkeit, sondern suspendiert auch den Roman von den Geboten glaubwürdiger Realitätsnähe und eröffnet ihm ein Terrain suggestiver poetischer Bildfügungen.

Aber auch in den Erzählduktus selbst dringt der Müßiggang, der auf der Ebene der Romanhandlung vor der bürgerlichen Lebensordnung kapitulieren muß, ein: das zentrale Motiv der Zeitverschwendung setzt sich in der Disproportion zwischen erzählter Zeit und Erzählzeit durch. Da wird etwa auf die Schilderung von Festen und Szenen mit Heinrichs Jugendgeliebten mehr Erzählzeit 'verschwendet' als auf seine Lehrzeit bei Habersaat und Römer. Außerdem hat der Leser Schwierigkeiten, in den Passagen, die sich an die "Jugendgeschichte" anschließen, die einzelnen Episoden mit den Zeitangaben des Erzählers zu koordinieren.

Wenn der Roman nach der "Jugendgeschichte" seinem Helden nach München folgt, hat Heinrich dort schon zwei Jahre zugebracht.

Da auf die nun folgende Beschreibung des Festzugs samt der aus ihm sich ergebenden Verwicklungen, die nur zwei Tage erzählter Zeit umfassen, sehr viel mehr Erzählzeit als auf Heinrichs Studien entfällt, verzerrt sich das Verhältnis von erzählter Zeit und Erzählzeit. Daher ist man überrascht, wenn der Erzähler plötzlich erklärt, der Held sei "vor nun bald vier Jahren" (IV,70) von zu Hause aufgebrochen, woraus sich für die Studien immerhin eine Dauer von zwei Jahren ergibt. Ganz im Sinne der für den "Grünen Heinrich" typischen Verschränkung von Zeit und Geld versorgt der Erzähler den Rezipienten erst dann mit einer konkreten Zeitangabe, wenn sich Heinrichs finanzielle Lage besorgniserregend zuspitzt. Da dieser zuvor "das äußere Auge vor der Zukunft verschließend" (IV,57) in den Tag hineinlebte, werden auch erst im Nachhinein die Zyklen seiner Schulden rekonstruiert; nun erfährt man, daß er schon im zweiten Münchner Jahr auf Borg lebte und dies auch im dritten fortsetzte, wobei offen bleibt, wie lange, da es nur vage heißt, "nach Verlauf einer guten Zeit" (IV,102) sei die Mutter gezwungen worden, eine Hypothek aufzunehmen, damit der Sohn seine Gläubiger befriedigen konnte. Danach hält sich Heinrich mit dem Verkauf seiner Skizzen und Studienblätter eine Zeitlang über Wasser. Daß er sich auch noch in dieser Zeit seinen Studien widmet, kann der Leser anhand der spärlichen Auskünfte über Heinrichs Verkehr mit seinen "Zechgesellen und Studiengenossen" (IV,119) nur vermuten, da die Erlebnisse des Helden mit dem skurrilen Trödler zu einem eigenen Erzählstrang anwachsen. Er endet mit der Arbeitsepisode im Verlies, die zur Elends- und Traumphase überleitet. Hier fehlen alle exakten Zeitangaben, lediglich von einem "so ratlosen Zeitraum (...), wie er ihn vor kurzem noch nicht geahnt" (IV,137), ist die Rede. Über die Dauer dieser Leidenszeit bleibt der Leser zunächst im unklaren, was durch die extensive Erzählzeit der Trauminhalte noch verstärkt wird. Den nächsten genauen zeitlichen Anhaltspunkt liefert Dortchen, wenn sie in Heinrich "jene[n] junge[n] Schweizer" wiedererkennt, mit dem sie "vor sechs Jahren" (IV,206) in einem Gasthof zusammentraf, d.h. zu der Zeit, als er sich auf dem Weg nach München befand.

Bei Heinrichs endgültigem Aufbruch in die Schweiz teilt der Erzähler mit, jener sei "(nun) gerade sieben Jahre" (IV,306) von zu Hause fort gewesen, mit der im Märchen so beliebten Siebenzahl wieder auf das poetische Realitätsprinzip des Helden anspielend.

Bei allen drei Zeitmarken, den vier, sechs und sieben Jahren, ist der Leser überrascht, wieviel Zeit jeweils verstrichen ist, da er sich im Fluß der Erzählung ganz ähnlich wie der Held im Strom der Zeit hat treiben lassen; und so wie dieser immer wieder betroffen über die "ins Land" gegangenen Jahre innehält, so schrickt auch der Leser auf, wenn ihm der Erzähler die vergangenen Jahre vorrechnet.

Das Maß der Zeit bleibt dem erzählten Leben äußerlich - so lautet die Botschaft der Erzählstruktur, während der Erzählinhalt von der tödlichen Rache des mißachteten Zeitmaßes am säumigen Helden handelt.

Auf den ersten Blick erscheint Heinrichs Zögern und Zaudern bei seiner Heimkehr unverständlich, da er ja mit einem "ordentliche[n] bürgerliche[n] Vermögen" (IV, 302) und der Aussicht auf eine Verbindung mit Dortchen vor die Mutter hätte treten können. Dennoch steht sie ihm als "strenge(.) Richterin" vor Augen, "die ihn um ihn und sein Leben zur Verantwortung zöge" (IV,307). Wohl zurecht fürchtet der Held, ihren Maßstäben von Tüchtigkeit und Brauchbarkeit nicht gerecht zu werden, da sie die Erbschaft wahrscheinlich als unverdienten glücklichen Zufall mißbilligen werde [65)]. Am Vorbild des Vaters gemessen, muß er als gescheitert gelten. Sein Tod besiegelt die Ohnmacht des Müßiggangs angesichts der Allmacht der bürgerlichen Lebensordnung.

Im Bilderreichtum der Sprache und der Erzählstruktur des Romans, der sich selbst für die Geschichte seines Helden Zeit läßt und sie mit verschiedenen, ineinander geschachtelten Rückblenden wiedergibt, obsiegt die Anarchie des Müßiggangs zuletzt ästhetisch über die Sentenzen von Arbeitsmoral und Bürgerfleiß.

Neun Jahre vor seinem Tod schreibt der Autor des "Grünen Heinrich" in einem Brief vom 21. April 1881 an Wilhelm Petersen:

"Der eigentliche Müßiggang aber, bestehe er in Lektüre oder in irgend einer andern eigensinnigen heterogenen Übung, trägt immer seine göttliche Berechtigung des Daseins 'an sich' in sich."[66]

Anmerkungen

1) Einige Interpreten behaupten dagegen, daß der Held mit den Grundsätzen bürgerlicher Arbeitsethik konform gehe, ohne genauer zu berücksichtigen, daß dieses Einverständnis sich lediglich auf sein Bewußtsein bezieht; so betont etwa Hans Meier, Heinrich habe erkannt, "daß es im Leben darauf ankommt, wertvolle Arbeit zu leisten". Hans Meier, Gottfried Kellers "Grüner Heinrich". Betrachtungen zum Roman des poetischen Realismus. (Zürcher Beiträge zur deutschen Literatur und Geistesgeschichte 46), Zürich u. München 1977, S. 85. Rolf Selbmann spricht davon, daß den Helden nach dem Tellfest - also in einem frühen Stadium seiner Geschichte - das "Bewußtsein von der Notwendigkeit einer gesellschaftlich nützlichen Tätigkeit", nicht mehr "verläßt". Rolf Selbmann, Der deutsche Bildungsroman, a. a. O., S.138. Arbo von Roeder betont Heinrichs "Lebenstüchtigkeit". Arbo von Roeder, Dialektik von Fabel und Charakter. Formale Aspekte des Entwicklungsromans im 19. Jahrhundert, Tübingen o. J., (Diss.) [1969], S. 108; außerdem weist Roeder auf Heinrichs "immer akzeptierte Einstellung(...), sich mit einer produktiven Arbeit seinen Lebensunterhalt zu verdienen", hin. Roeder, a. a. O., S. 124. Die praktische Umsetzung seiner angeblichen Überzeugungen bleibt er aber in beiden Fassungen des Romans schuldig; denn auch der Schluß der zweiten Fassung, in der Heinrich zuletzt ein Amt antritt, ist unzureichend motiviert. Wie der Autor selbst tituliert dagegen auch Gerhard Kaiser den Helden als "Faulpelz". Gerhard Kaiser, Gottfried Keller. Das gedichtete Leben, Frankfurt a. M. 1981, S. 158.

2) Gottfried Keller, Der Grüne Heinrich (1. Fassung von 1854/55), 4 Bde., Bd. I, S. 43. In: Gottfried Keller, Sämtliche Werke, Hrsg. Jonas Fränkel u. Carl Helbling, Bern-Leipzig-München-Zürich 1926ff., Bd. 16 - 19. Die Angaben in Klammern beziehen sich auf die Seitenzahlen der Bände I - IV, die in den Sämtlichen Werken unter den Bandnummern 16 - 19 ediert sind.

3) Rolf Selbmann, a. a. O., S. 138.

4) In der ersten Fassung des "Grünen Heinrich" lassen sich drei Erzähler unterscheiden: ein kommentierender, der Stellung bezieht und Partei ergreift, der Icherzähler der "Jugendgeschichte" und ein personaler, der ganz im Erzählfluß aufgeht. Zur Unterscheidung der Erzählfunktionen im Roman siehe Franz K. Stanzel, Theorie des Erzählens, Göttingen 1979 (UTB 904). Bei der Frage, ob der "Grüne Heinrich" ein Desillusionsroman sei oder ob er sich zum Fürsprecher altbürgerlich-handwerklicher Ideale mache, erweist sich die Unterscheidung der Erzählpositionen als hilfreich und sinnvoll. Denn sie entspricht der Vielschichtigkeit des Romans selbst. So ließen sich auch die Positionen Bernhard Schuberts und Gerhard Kaisers miteinander versöhnen: der erstere arbeitet überzeugend die Präsenz des Ideals vom Handwerker-Künstler im "Grünen Heinrich" heraus, der letztere nicht weniger überzeugend den tiefen Pessimismus und die Desillusionierung bürgerlicher Werte. U. E. bezieht sich Schuberts Argumentation auf den kommentierenden Erzähler, von dem er den Autor Keller noch einmal unterscheidet, die von Kaiser auf den personalen bzw. den Icherzähler. Bernhard Schubert, Der Künstler als Handwerker. Zur Literaturgeschichte einer romantischen Utopie, Königstein/Ts. 1986. Gerhard Kaiser, Gottfried Keller. Das gedichtete Leben, a. a. O.

5) Daß im "Grünen Heinrich "Zeit (...) soviel wie Kredit" (ist) , stellt Adolf Muschg fest und umreißt zugleich Heinrichs Scheitern als Bürger: "Gelingt es nicht , sie (die Zeit, d. V.) in meßbaren, selbsterworbenen Gewinn zu verwandeln, so ist die bürgerliche Existenz am Ende." A. Muschg, Gottfried Keller, München 1977, S. 155f. Hörisch, der vor allem Hein-

richs Leiden am Identitätszwang des Geldfetischs untersucht, entgeht die spezifische Beziehung des Helden zur Zeit, mit deren Verschwendung er den Mangel an Geld kompensiert. Die "positive(.) Deutung des bedeutungskonstitutiven Mangels der Verschränkung von Sein und Zeit", die Hörisch im Zeiterleben von Kellers Protagonisten ausmacht, erfaßt nur einen Aspekt von dessen Verhältnis zur Zeit. Hörisch, Gott, Geld und Glück, a. a. O., S. 165.

6) Siehe Kapitel I, S. 28.

7) Als Erklärung für seine verhängnisvolle, vorschnelle Berufsentscheidung führt der Icherzähler an, er habe nicht gewußt,"daß man auch als Weltmann seine Mußestunden dergleichen (künstlerischen, d. V.) Neigungen widmen könne"(II,62).

8) Er stellt sich damit in die Tradition jener romantischen Helden, deren Künstlertum sich stets mit einem Widerwillen gegen die bürgerliche Arbeitswelt paart. Hartmut Laufhütte bezeichnet Heinrichs Beschäftigung mit der Malerei als "Fluchtreaktion". Hartmut Laufhütte, Wirklichkeit und Kunst in Gottfried Kellers Roman 'Der grüne Heinrich', Bonn 1969, S. 80. Ähnlich urteilt Gert Sautermeister in seiner Studie "Gottfried Keller: 'Der grüne Heinrich' (1854/55; 2. Fassung 1879/80). Gesellschaftsroman, Seelendrama, Romankunst. In: Romane und Erzählungen des Bürgerlichen Realismus. Neue Interpretationen, Hrsg. Horst Denkler, Stuttgart 1980, S. 80 - 123, S. 93: "Was aber könnte seiner (Heinrichs, d. V.) Realitätsscheu mehr entsprechen als die künstlerische Tätigkeit", da er bei ihr "Phantasie und Gestaltungswille[n] nicht länger für praktische Eingriffe in die bürgerliche Realität nutzt."

9) Zum gespannten Verhältnis zwischen der Imagination des Helden und der Realität siehe Wolfgang Preisendanz, Keller. Der Grüne Heinrich. In: Benno v.Wiese (Hrsg.), Der deutsche Roman. Vom Barock bis zur Gegenwart. Struktur und Geschichte, Düsseldorf 1963, Bd. 2: Vom Realismus bis zur Gegenwart, S. 76 - 127, S. 84ff.

10) Auf Heinrichs Stilisierung als leidender "Christus-Narr" weist Kaiser hin. Kaiser, a. a. O., S. 141.

11) In seinem Wunsch, in den Schoß der Mutter Natur zurückzukehren, sind stets auch inzestuöse Begierden virulent. Hörisch übersieht u. E. die Radikalität, mit der im "Grünen Heinrich" nicht nur die der Tauschabstraktion unterworfene Arbeit, sondern Arbeit überhaupt in Frage gestellt wird. Seine positive Deutung von Arbeit, der er vitalistische Potenzen der Nichtidentität zuschreibt und der künstlerischen Produktivität analogisiert, unterliegt selbst dem bürgerlichen Ideologem, demzufolge Arbeit an sich ein vitales Grundbedürfnis des Menschen ist. Siehe Hörisch, a. a. O., S. 132f.

12) Voll Ironie bezeichnet Keller daher seinen Helden in einem Brief an Wilhelm Petersen als "faulen Kerl", wobei der Autor selbst nicht nur in seiner Jugend, sondern auch noch in reiferen Jahren sich zu keinem geregelten Arbeitsleben entschließen konnte. An Wilhelm Petersen, 18. Juli 1877. In: Gottfried Keller, Gesammelte Briefe in vier Bänden, Hrsg. Carl Helbling, Bern 1950 - 1954, Bd. 3, 1, S. 356.
In einem Brief an Emil Kuh gesteht er seine eigene Faulheit unumwunden ein: "Meine Faulheit, (...), ist eine ganz seltsame pathologische Arbeitsscheu in puncto litteris."
An Emil Kuh, 6. 12. 1874. In: Keller, Gesammelte Briefe, a. a. O., Bd. 3, 1, S. 183.

13) "So arm wie jetzt ist der grüne Heinrich nie gewesen, und so verschwenderisch hat er sich nie gegeben", so lautet auch Muschgs Kommentar zu diesem Lebensabschnitt des Helden. Muschg, a. a. O., S. 174.

14) Wie es im Falle Heinrichs tatsächlich zutrifft, der nie ein sachbezogenes Berufsethos entwikkelt. Vgl. dazu Laufhütte, a. a. O., Kaiser, a. a. O. und Preisendanz, a. a. O.

15) Zurecht nennt Kaiser den Helden einen "Mutterausbeuter". Kaiser, a. a. O., S. 220.

16) Diese Uhr wird als Symbol des Vaters gleich bei seiner ersten Schilderung erwähnt (I,76).

17) Insofern ist Sautermeisters Behauptung, "Arbeit, Politik und Freizeit gelangen im Vater des Erzählers zu einer idealen Synthese", mit einem Fragezeichen zu versehen. Sautermeister, a. a. O., S. 85.

18) Daß Lees Witwe überhaupt eine, wenn auch knapp bemessene Lebensbasis bleibt, verdankt sich paradoxerweise gerade der Plötzlichkeit des Todes; sie hindert nämlich den Vater daran, das alte Haus, in dem die Familie nur vorübergehend wohnen sollte, abreißen zu lassen, so daß die Mutter von den Mieteinnahmen leben kann. Diese Umstände strafen die Bemerkung des Helden, "eine einzige Geschäftsidee des früh Verstorbenen" habe "hingereicht, seinen Hinterlassenen das Brot zu verschaffen, dessen sie (...) bedurften" (I,91), als nachträgliche Verklärung des Vaters Lügen.

19) Gleich nach dem Tod ihres Mannes hatte die Mutter mit der "gänzliche(n) Einschränkung und Abschaffung alles Überflüssigen" (I,91) begonnen, "wozu voraus jede Art von dienstbaren Händen gehörte" (I,91). Daher freut sich Heinrich in einer aristokratischen Anwandlung bei seinem Aufbruch nach München umso mehr darauf, in den Genuß einer "Bedienung" (I,17) zu kommen, die in der Miete des Zimmers inbegriffen ist.

20) In der formelhaften Wiederholung der Maxime "keinen Pfennig unnütz auszugeben" spiegelt sich die Prinzipienfestigkeit der Mutter, deren Lebensbereitschaft mit der Zeit in einer "entsagende[n] Unbeweglichkeit" (II,125) erstarrt.

21) Die Formel für Heinrichs Müßiggang nimmt Goethe in "Dichtung und Wahrheit" vorweg: "Müßig und träumerisch, weil ihm keine Gegenwart genügte" (10,594), mit diesen Worten umreißt er seine eigene psychische Verfassung zu Beginn der Wetzlarer Zeit.

22) Es ließe sich auf Heinrich geradezu das Paradox des Malers Conti aus der "Emilia Galotti" anwenden, der die rhetorische Frage stellt, ob "Raphael nicht das größte malerische Genie gewesen wäre, wenn er unglücklicher Weise ohne Hände wäre geboren worden?" Lessing, Emilia Galotti, I, 4. In: Gotthold Ephraim Lessings Sämtliche Schriften, Hrsg. Karl Lachmann u. Franz Muncker, 3. Aufl., 23 Bde., Stuttgart/Leipzig/Berlin 1886 - 1924, Bd. 2, S. 384. Folgt man Laufhütte, der am Ende seiner Untersuchung Heinrichs Autorschaft der "Jugendgeschichte" und der Zweitfassung des Romans betont, dann leistet der Held als Dichter, was er als Maler schuldig bleibt. Laufhütte, a. a. O., S. 372ff.

23) Frappierend ist die Ähnlichkeit, die Heinrichs Schau-Verhalten zu Schopenhauers Bestimmungen des künstlerischen Weltbezugs aufweist. Die Kunst, heißt es bei ihm, "reißt das Objekt ihrer Kontemplation heraus aus dem Strome des Weltlaufs". Arthur Schopenhauer, Die Welt als Wille und Vorstellung (1819). In: Arthur Schopenhauer, Sämtliche Werke, a. a. O., Bd. I, S. 265; dabei "verlangt" diese Kontemplation "ein gänzliches Vergessen der eigenen Person und ihrer Beziehungen". Schopenhauer, Die Welt als Wille und Vorstellung, a. a. O., S. 266.

24) Keller, Die Zeit geht nicht. In: Keller, Werke, a . a. O., Bd. 1, S. 214.

25) Ibid.

26) Daß bei Keller dem Innehalten in der Zeit generell ästhetische Bedeutung zukommt, unterstreicht Staigers Feststellung, es sei "ein ästhetisch-festliches Dasein, das sich im Gegenwärtigen hält, das jeden Augenblick als Eigenwert betrachtet". Emil Staiger, Die Zeit als Einbildungskraft des Dichters, a. a. O., S. 176.

27) Die Unverträglichkeit von Liebe und "bürgerlichem Alltag" im "Grünen Heinrich" hebt auch Sautermeister hervor: "Ohne Zeit, *ohne Muße und Müßiggang* kann Liebe sich nicht zur Darstellung bringen". Sautermeister, a. a. O., S. 95 (Hervorh. v. d. V.).

28) Siehe Hörisch, a. a. O., S. 130.

29) Heinz Schaffer, Musa iocosa, a. a. O., S. 221.

30) Heinrich selbst stilisiert sie in dieser Phase als ätherische Heilige. Asexualität ist der Preis für Annas Verwandlung in eine 'schöne Seele'.

31) "'Heinrich bekommt einen Kuß von dir, du Hexe!'" (II,79), hatte die alte Katherine, in der Rolle der Kupplerin, Anna in der Nacht des Bohnenputzens zugerufen. Annas ursprünglich vorhandene Sinnlichkeit zeigt sich etwa in ihrem ungeniert "begierige[n] Essen" (II,73), als sie sich mit Heinrich allein weiß, während sie in Anwesenheit des Vaters die bedürfnislose Sittsame spielt.

32) Siehe dazu Sautermeister, a. a. O., S. 99: "(...) Anna (steigt) allmählich zu einem Ideal auf, das nach einer bestimmten Seite hin das *Vaterideal* fortsetzt (...). Es ist die Seite der Moral und der Arbeit." Später übernimmt die Mutter diese Funktion (IV,307).

33) Karl S. Guthke, Gottfried Keller und die Romantik. In: Der Deutschunterricht 11 (1959) H. 5, S. 14 - 30, S. 28.

34) Nicht zufällig entspringen die Termini spekulativer philosophischer Erkenntis wie Schau, Betrachtung, Theoria der Augenmetaphorik. Die spezifische Sinnlichkeit des Auges, seine Art der Gefräßigkeit, hat Gert Mattenklott untersucht. Gert Mattenklott, Das gefräßige Auge oder: Ikonophagie. In: Ders., Der übersinnliche Leib. Beiträge zur Metaphysik des Körpers, Hamburg 1982, S. 78 - 102. Zur erotischen Ersatzfunktion von Heinrichs Schaulust siehe Jürgen Manthey, der sie als ideelle Repräsentanz der "geleugneten Geschlechtsrealität und -identität des Vaters", als "Substituierung" eines ursprünglich Sexuellen charakterisiert. Jürgen Manthey, Wenn Blicke zeugen könnten. Eine psychohistorische Studie über das Sehen in Literatur und Philosophie, München 1983, S. 391. Zu demselben Komplex vgl. auch Winfried Menninghaus, Weiße Wolken im "Grünen Heinrich". Artistische Ökonomie eines erotischen 'Bildes'. In: W. Menninghaus, Artistische Schrift. Studien zur Kompositionskunst Gottfried Kellers, Frankfurt a. M. 1982, S. 12 - 60.

35) Die Nähe von Heinrichs ruhigem Verharren zum Tod belegt Adolf Muschg in seinen Ausführungen zum Topos der Stille bei Keller. Adolf Muschg, a. a. O., S. 100. Einen "Vorgriff (...) auf die zeitlose Todesruhe bei der Mutter im Grab" sieht Kaiser (Kaiser, a. a. O., S. 83) in Heinrichs ruhigen Glücksmomenten mit Judith, in denen der Held sich "gleich alt und gleich jung" (II, 300) wie sie fühlt. .

36) Hegel definierte die Zeit bekanntlich als den "*Begriff* selbst, der *da ist* und als leere Anschauung sich dem Bewußtsein vorstellt". G. W. F. Hegel, Phänomenologie des Geistes. In: Hegel, Werke in zwanzig Bänden, a. a. O., Bd. 3, S. 584.

37) In ähnlicher Weise rügt Heinrich sein schlampiges Kopieren der "feinen und natürlichen Niederländer" als "Lasterhaftigkeit" (II,114).

38) Lys, der reich, schön, und erfolgreich bei den Frauen ist, verkörpert ein Wunsch-Ego des Helden; zugleich muß dieser ihn jedoch ablehnen, da Lys' Verrat an Agnes seinen eigenen an Anna wiederholt.

39) Auf die Wechselbeziehung zwischen "politische[m] Fortschritt und kulturelle[r] Askese" sowie zwischen "politische[r] Rückschrittlichkeit und kulturelle[r] Blüte", wie sie Kellers Roman verschiedentlich reflektiert, macht Sautermeister aufmerksam. Sautermeister, a. a. O., S. 82.

40) Siehe Kaiser, a. a. O., S. 224. Auf den asexuellen Charakter von Schlaraffen-Phantasien verweist Martin Müller. Martin Müller, Das Schlaraffen Land, a. a. O., S. 21 In ähnlicher Weise wie bei Kellers Helden verbinden sich Eßlust und kontemplative Schau auch bei Raabes "Stopfkuchen", dessen Beziehung zu Schopenhauers Philosophie im Unterschied zum "Grünen Heinrich" offen zutage liegt. Siehe dazu Mattenklott, Faulheit, a. a. O., S. 57f

41) In der zweiten Fassung des Romans wandelt die fleißige Hulda als Vertreterin eines enthusiastischen Abeitsethos das Paulus-Wort genau in diesem Sinne ab: "Denn wer nicht arbeitet,

soll nicht nur nicht essen, sondern braucht auch nicht zu lieben." Keller, Der Grüne Heinrich. (2. Fass.). In: Keller, Sämtliche Werke, a. a. O., Bd. 6 (IV), S. 98.

42) Den regressiven Charakter dieses Müßiggangs bezeugen auch die "längst vergessene[n] kindische[n]) Spiele"(II,123), die der Held während seiner Zeit bei Habersaat wieder aufnimmt.

43) "(W)ieder glaubten wir uns in einen andern Traum versetzt" (II,274), und "ich (glaubte) wieder zu träumen"(II,276).

44) William Lovell hatte einem ähnlichen "feinste[n] Epikureismus" (322) gehuldigt und "bei fröhlichen Gegenständen irgendeinen traurigen, melancholischen Zug"(322) zu finden versucht.

45) Zur Bedeutung des Goldfuchses und des Geldes im Traum des Helden siehe Hörischs ausführliche Interpretation. Hörisch, a. a. O., S. 119ff. und Kaiser, a. a. O., S. 227f.

46) Kaisers auf den Helden bezogene Behauptung: "Sein Leiden ist sein individueller Reichtum" (Kaiser, a. a. O., S. 180), bescheinigt dem Müßiggänger Heinrich einen immateriellen, nicht mit Geld aufzuwiegenden Schatz. "Sein Unglück ist tiefer als alle Glücksmöglichkeiten (...)." Ibid., S. 180.

47) In dieser Überzeugung wirkt die von der frühbürgerlichen Lehrdichtung vertretene These nach, daß körperliche Arbeit physische wie moralische Gesundheit verbürge.

48) Daß Kellers eigene künstlerische Praxis keineswegs dem Vorbild des solide und stetig arbeitenden Handwerker-Künstlers gerecht wurde, hat Schubert unterstrichen. Schubert, a. a. O., S. 104.

49) Unter diesen Voraussetzungen müßte der Erzähler die Mahnung des Angelus Silesius, "Blüh auf, gefrorner Christ"(IV,271) als Aufforderung zur Arbeit interpretieren, während Dortchen, die dem Helden die Verse aus dem "Cherubinischen Wandersmann" vorsingt, das Aufblühen unmißverständlich als Lieben versteht.

50) Im Sinne der klassischen Nationalökonomie bzw. des Marxschen "Kapitals" will Karl Moormann die Definition der Arbeit, die der Erzähler gibt, verstanden wissen: wie Adam Smith u. Karl Marx bestimme der Erzähler (Moormann setzt ihn mit dem Autor gleich) Arbeit als Verausgabung von Körperkraft, als Anstrengung und Mühe und kritisiere damit den Subjektivismus des Helden wie die leere Produktiviät der warenproduzierenden Gesellschaft. Moormann übersieht, daß die Bestimmungen von Smith und Marx sich auf die bürgerliche, warenproduzierende Gesellschaft beziehen, die Arbeit als Naturvermögen jenseits aller gesellschaftlichen Formbestimmungen ideologisch enthistorisiert. Siehe Karl Moormann, Subjektivismus und bürgerliche Gesellschaft. Ihr geschichtliches Verhältnis im frühen Prosawerk Gottfried Kellers, Bern und München 1977 (Gegenwart der Dichtung. Neue Folge Bd. 3), S. 129.

51) Brief an Wilhelm Petersen, 21. 4. 1881. Keller nimmt hier zwar Bezug auf die zweite Fassung des "Grünen Heinrich", aber seine Aussage gilt auch für die Erstfassung. In: Keller, Gesammelte Briefe, a. a. O., Bd. 3, 1, S. 380.

52) Schubert, a. a. O., S. 123.

53) Dagegen hatte Heinrich auf der Selbstzweckhaftigkeit allen Glücks beharrt. Daß im "Grünen Heinrich" auch noch "die glücklichste der Ehen, die Eriksons, den faden Beigeschmack des gut gelungenen Geschäftsabschlusses hat", konstatiert Kaiser. Kaiser, a. a. O., S.180.

54) Die Handwerker-Episode umfaßt 7, die Traumschilderung 28 Seiten!

55) Daß die Gleichung zwischen handwerklicher Solidität und "moralisch-bürgerliche[r] Bewährung des Einzelnen" (Schubert, a. a. O., S. 118) nicht aufgeht, zeigt der "Grüne Heinrich" an den beiden Künstlern Römer und Lys. Beide verdienen aufgrund der Sorgfalt und Präzision ihrer Arbeit den Titel Handwerker-Künstler, aber Römer lebt von Schulden und verfällt später endgültig seinen Wahnideen, und Lys geriert sich als amoralischer Frauenheld.

56) Siehe Sautermeister, a. a. O., S. 112. Kaiser apostrophiert Heinrich als "Akkordarbeiter". Kaiser, a. a. O., S.107.

57) Heinrichs der Situation völlig unangemessener Versuch, unter all den Fahnenstangen, die am Festtag an den Häusern befestigt sind, die von ihm gestrichenen wiederzuerkennen, parodiert unverkennbar den Stolz des Handwerkers auf seine individuell gefertigten Werkstücke.

58) In der zweiten Fassung des Romans, die sich um den harmonisierenden Ausgleich von Gegensätzen bemüht, fehlt nicht nur der Hinweis auf den Gefängnischarakter des Verlieses, sie läßt die Arbeits-Episode überdies versöhnlich ausklingen: Heinrich begegnet dem anmutigen und fleißigen Arbeitermädchen Hulda, das nicht müde wird, das Lob der Arbeit zu verkünden.

59) Zum Wunsch des Helden nach einer Vereinigung mit der Mutter im Grab, nach dem Zusammenschlafen mit ihr im Tod, siehe Kaiser, a. a. O., S. 51.

60) Diesen Sachverhalt könnte der Terminus poetischer Realismus, der ebenfalls auf Kellers Dichtung bezogen wird, benennen.

61) Darin gleicht Heinrich den anderen schicksalsgläubigen Bildungshelden.

62) Klaus-Detlef Müller unterscheidet daher zwischen zwei Zufallsprinzipien im "Grünen Heinrich", zwischen blinder Kontingenz und sinnstiftendem, glückhaftem Zufall. Da der letztere einer realistischen Romankonzeption widerspricht, müssen die auf ihm basierenden Handlungsteile ins traumhaft Unwirkliche entrückt werden:. "Der wesentlich instrumentale Charakter dieser das Wirklichkeitsprinzip des Romans verletzenden Erzählinhalte wird durch die immanente Reflexion ihrer Widersprüchlickeit, den wiederholten und nachdrücklichen Hinweis auf das Märchenhafte, verdeutlicht." Klaus-Detlef Müller, Der Zufall im Roman, a. a. O., S. 277.

63) Die Arbeit im Schloß steht außerhalb aller Nützlichkeitserwägungen. Daß hier keineswegs eine Utopie der Arbeit im bürgerlichen Sinne entwickelt wird, macht Kaiser drastisch deutlich, indem er sich auf eine Werknotiz Kellers bezieht, die dem Grafen eine aristokratische Faulheit bescheinigt: "(...) der Glücksfall, durch den Heinrich einen letzten Vater findet, (wird) zugleich zu dem Unglücksfall, daß zwei faule Brüder einander in ihrer Schwäche und Lebensferne potenzieren und bestätigen." Kaiser, a. a. O., S. 143.

64) Sautermeister, a. a. O., S. 115 ; siehe auch Kaiser, a. a. O., S. 219, der die Erbschaft einer "Art des Wunderbaren" zuschlägt.

65) In der zweiten Fassung des Romans, in der das Vermögen des Helden kleiner angesetzt wird als in der ersten, heißt es bezeichnenderweise: "Das zufällige Wesen aber, das dem winzigen Reichtum anhaftete, ließ mich seiner nicht froh werden, noch weniger ein *müßiges Leben* darauf bauen". Keller, Der Grüne Heinrich. (2. Fass.). In: Keller, Sämtliche Werke, a. a. O., Bd. 6 (IV), S. 301; Hervorh. v. d. V.)

66) Keller, Gesammelte Briefe, a. a. O., Bd. 3, 1, S. 379.

Epilog: Stifters "Nachsommer" - die Travestie der Muße

Ergiebig wie in keinem anderen Bildungsroman scheint die Frage nach Muße und Müßiggang im Falle des "Nachsommers" zu sein, möchte dessen Autor doch nach eigener Aussage den Leser mit einem Reich reiner Muße bekanntmachen[1]. Er befreit daher die beiden zentralen Figuren seines Romans, den Icherzähler Heinrich Drendorf und dessen väterlichen Mentor, den Freiherrn von Risach, von der Notwendigkeit des Gelderwerbs; beide leben von ihrem Vermögen, der Held von einem ererbten und Risach von einem erheirateten, ererbten und erarbeiteten[2].
Heinrich kann sich daher einem Brotberuf, d.h. der modernen Arbeitsteilung, entziehen, um "Wissenschafter im Allgemeinen" (I,10)[3] zu werden. Anders als sein Vater, ein Kaufmann, der sich für seine Liebhabereien höchstens einen "Augenblick abkargen" (I,2) kann, vermag der Sohn über seine Zeit nach Belieben zu verfügen:

> "(A)uch erlaubte mir meine Zeit recht gut, nicht nur einen, sondern mehrere Tage zu einer Nebenbeschäftigung zu verwenden." (I,86)

Die privilegierte Lebensweise des Freiherrn betont der alte Drendorf, wenn er diesen als einen Mann beneidet, der "*die Muße*, Mittel- und Mitarbeiter hat" (II,136, Hervorh. v. d. V.), um ungestört seinen privaten Interessen nachzugehen. Die Ankündigung des Kaufmanns, er wolle künftig seiner

> "Schreibstubenleidenschaft (...) Lebewohl sagen und nur [s]einen kleineren Spielereien leben, daß [er] auch einen Nachsommer habe, wie (...) Risach" (III,235),

macht noch einmal dessen in freier Muße sich entfaltende Existenz deutlich. Die Formulierung "Spielereien", die der Freiherr auch selbst für seine Beschäftigungen gebraucht (III,172), streicht deren selbstzweckhaften Charakter heraus. Als "Traumbild einer Rentiersgesellschaft", die "frei von Arbeit (ist)", umreißt deshalb Uwe Ketelsen den Inhalt des "Nachsommers".[4]
Bei näherem Hinsehen entpuppt sich freilich die Bezeichnung "Spielereien" als ironisches Understatement, da der Roman am Sinn und Wert von Risachs Tätigkeiten keinen Zweifel läßt: er leitet die Agri- und Hortikultur seiner Besitzung mit großer Umsicht, erzieht und unterrichtet seinen Pflegesohn in vorbildlicher Weise und macht sich um die Erhaltung alter Bau- und Kunstwerke verdient; außerdem ist er selbst ein fachkundiger Kunstsammler.
Daß der Terminus "Spielereien" lediglich den Standpunkt Unverständiger wiedergibt, legt Risachs Bemerkung nahe, "(v)iele" würden sein "Thun in Herstellung alter

Bilder unbedeutend und unerheblich nennen" (II,110), der Icherzähler selbst aber werde "es gewiß nicht tadeln, da [er] einen so großen Antheil an den Hervorbringungen der Kunst zu nehmen beginn[e]" (II,110).
Ebenso vermutet Heinrich, nur Außenstehende könnten die beachtlichen Sammlungen seines Vaters für "Spielereien" (II,171) halten.[5]
Zurecht können Risachs Aktivitäten demnach den Ernst und die Würde klassischer Muße beanspruchen, die ebenfalls nicht mit bloßem Spiel verwechselt werden will[6]. Von der Philosophie, dem traditionellen Inhalt der Muße, hält Heinrichs Mentor jedoch herzlich wenig:

> "Da ich von der Weisheitslehre sprach, welche man in unserem deutschen Lande noch immer als Weisheitsliebe mit dem griechischen Worte Philosophie bezeichnet, muß ich Euch sagen, (...) daß ich nicht gar sehr viel auf sie halte, wenn sie in ihrem eigenen und eigenthümlichen Gewande auftritt. (...) ich habe mich zu viel mit der Natur abgegeben, als daß ich auf lediglich Abhandlungen ohne gegebener Grundlage viel Gewicht legen könnte, ja sie sind mir sogar widerwärtig." (II,38f.)

Anstelle der spekulativen, in leeren Allgemeinheiten sich ergehenden Philosophie wendet sich Risach lieber den modernen, auf Beobachtung und Experiment fußenden Naturwissenschaften zu (I,130)[7]. Zu ihren Gunsten spricht jedoch nicht etwa der Vorzug konkreter Anschaulichkeit vor der philosophischen Abstraktion, sonst würde der Besitzer des Rosenhauses nicht ausdrücklich die Einbeziehung der Mathematik in die Naturwissenschaften begrüßen (I,131). Diese gelten ihm vielmehr als Instrument einer zukunftsträchtigen, allseitigen Naturbeherrschung:

> "Wir arbeiten an einem besondern Gewichte der Weltuhr, (...) an den Naturwissenschaften. Wir können jetzt noch nicht ahnen, was die Pflege dieses Gewichtes für einen Einfluß haben wird auf die Umgestaltung der Welt und des Lebens." (II, 245f.) "(...) wir stehen erst ganz am Anfange des Anfanges. Wie wird es sein, wenn wir mit der Schnelligkeit des Blitzes Nachrichten über die ganze Erde werden verbreiten können, wenn wir selber mit großer Geschwindigkeit und in kurzer Zeit an die verschiedensten Stellen der Erde werden gelangen, und wenn wir mit gleicher Schnelligkeit große Lasten werden befördern können? (...) Dann wird, um der Allberührung genügen zu können, Das, was der Geringste wissen und können muß, um Vieles größer sein, als jetzt." (II,246)

Die Vorstellung eines weltweiten unbegrenzten Güteraustauschs, der die Vermehrung des Wissens beim einzelnen fördert, gehört in den Fundus einer optimistisch-aufklärerischen Philosophie, die sich vom universellen Transfer der Waren auch den der Ideen und Gedanken verspricht[8].

Daß Risach nicht ganz so weltfremd ist, wie es die These von der "Traumwelt"[9] des "Nachsommers" nahelegt, beweist er mit der Bewirtschaftung seines Gutes, bei der er nicht althergebrachte, sondern rationelle neue Methoden zur Anwendung bringt[10]. Um seine Nachbarn für solche Verbesserungen zu gewinnen, hält er sich an das probate Mittel des Erfolgs:

> "'Meine Felder sind bereits ertragfähiger gemacht worden, als die ihrigen", erklärt er dem Erzähler, "Das sehen sie, und Das ist bei ihnen der haltbarste Grund zu mancher Betrachtung. (...).'" (I,73)

Mit bukolisch-georgischer Heiterkeit hat Risachs Landleben wenig zu tun; so läßt er als Arbeitgeber nicht mit sich spaßen: wer "wiederholt den Anordnungen nicht nachkömmt, (wird) des Dienstes entlassen" (I,131); außerdem muß der Freiherr über die "in arbeitendenden Ständen" (I,103) verbreitete "Sünde der Erfolggenügsamkeit oder der Fahrlässigkeit" (I,103) klagen. "Erfolggenügsamkeit" ist nicht nur dem Perfektionisten ein Greuel, sondern auch demjenigen, der sich - im Bunde mit den Naturwissenschaften - der innovatorischen Dynamik der Arbeit verschreibt.

Risachs Verhältnis zur Natur zeigt sich beispielhaft an der Schädlingsbekämpfung in seinem Garten, die er nach einem ausgeklügelten, äußerst effektiven System betreibt, indem er durch verschiedene Vorrichtungen insektenvertilgende Vögel an sein Grundstück bindet. Ohne sentimentale Naturschwärmerei beseitigt er diejenigen, die nicht in sein System passen:

> "Die großen, welche sich mit Schnabel, Krallen und Flügeln vertheidigen können, sind bei uns eher Feinde, als Freunde, und werden nicht geduldet." (I,164)

Dieses Freund-Feind-Schema wird sowohl dem Sperling[11] als auch dem Rotschwanz zum Verhängnis:

> "Als einen bösen Feind zeigte sich der Rothschwanz. Er flog zu dem Bienenhause und schnappte die Thierchen weg. Da half nichts, als ihn *ohne Gnade mit der Windbüchse zu tödten.*" (I,182; Hervorh. v. d. V.)

Die Natur wird nicht in ihrer gegebenen Fülle und Vielfalt belassen, sondern nach bestimmten selektiven Prinzipien verändert und manipuliert. Der Schaffung neuer, künstlicher Biotope dient Risachs Konzept, nicht der Erhaltung bereits vorhandener[12].

Daß jene zugleich schön sind, Produkte einer Ästhetisierung, widerspricht ihrem ökonomischen Nutzen keineswegs. Die "nicht ganz unbedeutend[en]" (I,180) Futterkosten für die Vögel, die Pflanzen und Bäume vor entstellenden Schäden bewahren, "deckt der Kaufschilling" (I,180) des Obstes[13]. Die Arbeitsleistung der Vögel aber läßt sich mit einem Zeit-Nutzen-Kalkül abschätzen:

> "ein einziges Paar (bringt) in einem einzigen Tage eine erkleckliche Menge von solchen Thierchen (Ungeziefer, d. V.) in das Nest, was erst hundert Paare in zehn, vierzehn, zwanzig Tagen." (I,170)

Über die Vogelwelt, die er für seine Zwecke einspannt, äußert sich Heinrichs Freund in ähnlicher Weise wie die Anwälte bürgerlicher Arbeitsethik, wenn es um die Mobilisierung brachliegender Arbeitskräfte geht; seine Fütterungspolitik erläutert er folgendermaßen:

> "Es kömmt nur darauf an, daß man, um seinen Zweck nicht aus den Augen zu verlieren, nur so viel Almosen gibt, als nothwendig ist, einen Nahrungsmangel zu verhindern." (I,165)

Zuviele Almosen untergraben die Arbeitsmoral! Das wußte schon der Vater des Fräuleins von Sternheim, der sich gegen Faulpelze und Herumtreiber entsprechend wappnete; mit ihnen muß der Besitzer des Rosenhauses ebenfalls rechnen, da "auch unnütze Glieder herbei kommen, *Müßiggänger, Störefriede*" (I,181; Hervorh. v. d. V.)[14].

Analog zur frühbürgerlichen Lehrdichtung, die verkündet, der Mensch sei von Gott zur Arbeit geschaffen, hegt Risach die Überzeugung,

> "das Vogelgeschlecht" sei "(z)u dieser Arbeit (dem Insektenvertilgen, d. V.) (...) von Gott (...) bestimmt worden (...) und zu dieser Arbeit reicht auch nur das Vogelgeschlecht vollkommen aus." (I,169)

Wie die Menschen gehen auch die Vögel arbeitsteilig vor:

> "'Wie sehr diese Thiere für das Ungeziefer geschaffen sind', (...), 'zeigt sich aus der Beobachtung, daß sie die Arbeit unter sich theilen. (...).'" (I,171)

Auf diese Weise scheinen Arbeit und Arbeitsethos in der Natur selbst verankert zu sein. Deshalb kann auch ihre ökonomische Nutzung mit ihrer Ästhetisierung harmonieren - beiden liegt dasselbe auf exakter Planung und Arbeitsanstrengung beruhende System zugrunde; der Ausschluß alles Systemfremden ist freilich als Preis für solche Harmonie zu entrichten[15].
Daß er die Störfaktoren, die sie bedrohen, nicht einfach zugunsten eines utopisch geglätteten Naturbildes ausblendet, sondern gleichsam unterm Druck detaillierter Naturkenntnis zur Sprache bringt, begründet jedoch zugleich den Wahrheitsanspruch des "Nachsommers".
Bei der Bearbeitung und Kontrolle der Natur darf der Mensch nicht einen Augenblick nachlassen; die Pflege der Rosen liefert das Vorbild ununterbrochener Wachsamkeit und Sorgfalt:

> "Abgestorbene Bäumchen kommen hier nicht leicht vor, weil sie schon in der Zeit des Absterbens weg gethan werden. Tödtet aber eine Ursache eines schnell, so wird es ohne Verzug entfernt. (...) auch im Sommer entfernen wir gleich jedes fehlerhafte Blatt und jede unvollständige Blume" (I,155).

Krankheit und Tod dürfen in Risachs perfekter Naturordnung nicht vorkommen, sie werden verdrängt wie bei der Turmgesellschaft des Meisterromans, da sie an die Grenzen aller Naturbeherrschung erinnern. Wie bei der Behandlung der Vögel die repressiven, so treten hier die rigiden Züge der Risachschen Ästhetisierungsbemühungen hervor[16].
Bei seinen Kultivierungsbestrebungen überläßt der Freiherr nichts dem Zufall; die ihn umgebende Natur trägt überall die Spuren menschlichen Eingriffs[17]; selbst dort, wo einmal nicht Hand an sie gelegt wird, geschieht dies besonderer Absichten und Zwecke wegen wie im Falle der versumpfenden Wiesen, deren Erlenstrünke hervorragendes Holz für Risachs Möbeltischlerei liefern. Deshalb steht dessen technisch-rationelles Verhältnis zur Natur im Widerspruch zum "ältesten und heiligsten stofflichen Treiben, dem Landbau"[18], das im "Nachsommer" seinem Autor zufolge geschildert werden sollte. Widersprüchlich wie bei Risach ist auch das Verhältnis des Icherzählers zur Natur; so verehrt er sie andächtig als Gottes Schöpfung (II,28), steht jedoch nicht an, in sie einzugreifen, wenn es um die Vervollständigung seiner

Stein- und Pflanzensammlungen geht: "(m)eine Kisten füllten sich und stellten sich an einander" (I,250), notiert er stolz.
Anläßlich einer Bergbesteigung macht er sich kein Gewissen daraus, die 'heilige Natur' zu versehren und "mit dem Hammer und Meißel theils Stufen in die glatten Wände (...), theils Löcher" zu schlagen, um "vorräthige(.) Eisen" anbringen und "auf einen Standort gelange[n]" zu können, "auf den zu gelangen eine Unmöglichkeit schien" (II,199)[19].
Scheinbar ohne Bezug auf sich selbst, spricht Heinrich von dem "Trieb" des Menschen, "die Natur zu besiegen und sich zu ihrem Herrn zu machen" (II,199)[20].

> Seine "Führer und (s)eine Träger" (I,250) "*rechneten* (...) sich vor, was heute, was seit vierzehn Tagen geschehen sei, wie Viel wir, (...) abgethan haben und wie viel Gebirge zusammen gestellt worden sei" (I,250; Hervorh. v. d. V.).

Was für Risachs Beziehung zur Natur gilt, trifft auch auf die zur Kunst zu. Von ihr spricht er meist mit fast religiöser Ehrfurcht, ja, er sieht in der Kunst "ein[en] Zweig der Religion" (II,153).
Der sakrale Kult, der mit den Zeugnissen vergangener Kunstepochen im Rosenhaus getrieben wird, dient der Auratisierung der Kunst. Sie, die von der Verständnislosigkeit und Verstocktheit barbarischer Zeitgenossen bedroht wird, soll gerettet und zu neuem Leben erweckt werden.
Zum Faszinosum ihrer Aura steht jedoch die handwerkliche Nüchternheit der Restaurierungsarbeiten, die von der "Chemie und andere[n] Naturwissenschaften" (I,104) profitieren, in einem eigentümlichen Spannungsverhältnis. Die Versöhnung zwischen jenen und den schönen Wissenschaften, die "das Innere des Gemüthes (...) bilden" (I,104) sollen, mißlingt. So überlagert etwa die ins einzelne gehende Schilderung der Wiederherstellung eines Madonnenbildes die recht dürftige Beschreibung des eigentlichen Bildinhalts und dessen künstlerischer Gestaltung. Der Bericht über die verschiedenen Restaurierungsstufen listet akribisch die Schwierigkeiten des Unternehmens auf und besticht durch seine Sachkunde und Präzision; die einzelnen Arbeitsschritte und das rein technische Verfahren werden ausführlich und erschöpfend besprochen. Im Gegensatz zur eigentlichen Bildbeschreibung, die zwei Textseiten umfaßt, erstreckt sich dieses Arbeitsprotokoll auf über fünf. Ihm stehen wenige, mit allgemeinen Reflexionen durchsetzte Angaben zum Sujet des Bildes gegenüber, dessen konkrete Ausführung, seine Farbgestaltung etc., dem Leser nicht weiter mitgeteilt wird, so daß der Eindruck entsteht, die Arbeit am Bild sei wichtiger als dieses selbst[21].

Der Auratisierung der Kunst wirken auch die ausführlichen Mitteilungen über die finanziellen Transaktionen beim Erwerb der einzelnen Werke (Marmorstatue, Madonnenbild) entgegen.

> "Ganz selbstverständlich wird vom 'Besitz der Schönheit' eines Kunstwerks geredet, wo es um dessen volles und angemessenes Verständnis geht (...). Erst im Besitz vollendet sich das Kunstwerk."[22)]

Ausdrücklich vermerkt der Erzähler, daß Risach "einen Teil seines Einkommens" und "seiner Zeit" für die Erhaltung einer gotischen Kirche "[ge]opfert" habe (II,349)[23)], so daß die Formel "Zeit und Geld" unvermittelt auch in dessen Reich angeblich zweckfreier Muße auftaucht und sich als relevant erweist.
Wenn Heinrichs Mentor vom "Werth eines solchen Gegenstandes" (II,84) wie der Marmorstatue spricht und damit ihren Kaufpreis meint, der Held selbst aber später feststellt, daß die Gemälde im Sternenhof "im Ganzen genommen (...) nicht den Werth, wie die im Asperhofe" (II,129) hätten, dann korrigiert erst das Ende des Satzes, wo von der Meisterschaft der jeweiligen Künstler die Rede ist, die irrige Annahme des Lesers, Heinrich taxiere den materiellen Wert der Bilder. Eine semantische Äquivokation, die der Text geradezu provoziert, denn der kunstliebende Vater des Icherzählers gebraucht die Vokabel Wert ebenfalls in ihrer monetären Bedeutung:

> "Er sagte, daß er nur alte (Bilder, d. V.) habe, die einen gewissen Werth besitzen, den man immer haben könne, wenn man einmal genöthigt sein sollte, die Bilder zu verkaufen." (I,9)[24)]

In welchem Maße die Kunst ihrer Sakralisierung zum Trotz in den Äquivalententausch von Warenbeziehungen eingebunden wird, läßt sich an Heinrichs Vorsatz ablesen, dem Zitherspieler, einem harmloseren Nachfahren des Harfners, "wenn [er] Ursache hätte, mit [den] Lehrstunden zufrieden zu sein", (II,3f.) eine besonders schöne Zither zu schenken. Der Künstler muß erst eine entsprechende didaktische Leistung erbringen, sein schönes Spiel allein reicht nicht aus, um ohne weiteres belohnt zu werden[25)]. Wie im Verhältnis der Figuren zur Natur schälen sich auch in ihrer Beziehung zur Kunst hinter der Beschwörung von Schönheit und Göttlichkeit die Strukturen moderner Rationalität, Technik und Wirtschaftlichkeit heraus. Deshalb ist es nicht allzu verwunderlich, daß die ländliche Sphäre des Rosenhauses mit der städtischen des Kaufmanns Drendorf verwandt ist, so wie auch im Meisterroman die Turmgesellschaft strukturelle Gemeinsamkeiten mit den Kaufleuten der "Lehrjahre" aufweist. Das Bindeglied zwischen den beiden Bereichen heißt im

"Nachsommer" Ordnung. Heinrich selbst offenbart die innere Nähe zwischen Eltern- und Rosenhaus mit dem Bekenntnis, es sei ihm im letzteren "so lieb geworden, wie bei [s]einen theuren Eltern, bei welchen auch eine Regelmäßigkeit und Ordnung herrscht, wie hier." (I,264) An anderer Stelle "freut(.)" ihn die "so große Reinlichkeit und Ordnung" (I,190) des Rosenhauses, die er "bisher nur in dem Hause [s]einer Eltern gesehen hatte" (I,190).
In beiden Häusern müssen alle Zimmer stets penibel aufgeräumt sein: bei Drendorf "durfte (...) kein Zimmer die Spuren des unmittelbaren Gebrauches zeigen" (I,3), und in Risachs Arbeitszimmer sind "keine unmittelbaren Spuren von Arbeit sichtbar" (I,92), obwohl er jeden Tag in diesem Raum arbeitet. Beidemale werden die Indizien lebendiger Gegenwart als Störfaktoren in einer systematisch geordneten Dingwelt getilgt.
Da jedes Zimmer sowohl bei Risach als auch in Heinrichs Elternhaus immer nur eine ganz bestimmte Funktion erfüllen darf, findet die moderne Arbeitsteilung, die auch der Held als "Wissenschafter im Allgemeinen" keineswegs überwindet - er reiht verschiedene Wissens- und Tätigkeitszweige lediglich additiv aneinander -, in beiden Häusern gleichsam ein materiell anschauliches Korrelat. Bis in die identischen Formulierungen hinein betreibt der Roman die Annäherung der beiden Lebensbereiche des Helden. Die Dieselbigkeit ihrer Ordnungen demonstriert er an verschiedenen Ritualen. Heinrichs Vater "stellte" ein "Buch, in dem er gelesen hatte, (...) genau immer wieder in den Schrein, aus dem er es genommen hatte" (I,3), während Risach das Buch, in dem der Held gelesen hat, mit folgenden Worten an seinen Platz zurückstellt:

> "'(...)es ist bei uns Sitte, daß die Bücher, (...) nach dem Gebrauche wieder auf das Gestelle gelegt werden, damit das Zimmer die ihm zugehörige Gestalt behalte.'" (I,57)

Im Rosenhaus ißt man "genau mit der Mittagstunde des Tages zu Mittag" (I,56) und das Abendessen muß "pünktlich immer zur gleichen Zeit sein" (I,275); bei den Eltern des Erzählers wird jeden Tag genau "um zwölf Uhr"(I,8), wenn der Vater aus dem Kontor nach Hause kommt, gegessen[26].
Da nichts anderes als Arbeit das geheime Zentrum all dieser Ordnungsvorschriften bildet, gehören Zeiteinteilung und Zeitökonomie zu deren wesentlichen Elementen. Gleich im ersten Abschnitt des "Nachsommers" teilt Heinrich mit, daß ihm und seiner Schwester "schon in der Kindheit regelmäßig (Geschäfte) aufgelegt wurden" (I,1) und daß die

"sogenannten Arbeitsstunden, in denen von uns Kindern Das verrichtet werden mußte, was uns als Geschäft aufgetragen war, (...) den regelmäßigen Verlauf der Zeit, von welchem nicht abgewichen werden durfte (bildeten)" (I,4).

Den repressiven, lustfeindlichen Charakter dieser Zeitordnung, die er selbst fraglos bejaht, verschweigt der Held nicht:

"Die Mutter war eine freundliche Frau, die uns Kinder ungemein liebte, und die weit eher ein Abweichen von dem angegebenen Zeitenlaufe zu Gunsten einer Lust gestattet hätte, wenn sie nicht von der Furcht vor dem Vater davon abgehalten worden wäre." (I,4)

Die Autorität des Pater familias verbürgt die Einhaltung der Zeitvorschriften; ihnen unterliegt auch Risachs Pflegesohn:

"(...) Gustav erschien völlig frei. Das Gesetz, welches seine Arbeiten regelte, war nun einmal gegeben, es war sehr einfach, der Jüngling hatte es zu dem seinigen gemacht, er hatte es dazu machen müssen, weil er verständig war, und so lebte er darnach." (I,236)

Gustavs Freiheit ist bloßer Schein, das Gesetz, an das er gebunden ist, wurde ihm von außen aufgenötigt ("es war nun einmal gegeben"). Das syntaktische Nacheinander enthüllt den wahren Sachverhalt: Gustav mußte das Gesetz akzeptieren, weil er der Schwächere war, die nachgereichte Begründung, verständige Einsicht habe ihn bei seiner Unterwerfung geleitet, wird von der Hierarchie des Satzes desavouiert.
Es ist die Unbestechlichkeit der Sprache, die im "Nachsommer" die erzählten Inhalte 'zur Wahrheit entstellt', indem sie den Zwang, der hinter dem angeblichen "Einklang [von] "Freiheit mit Ordnung begründenden Vorgängen"[27] steht, im Text sichtbar macht.
Da Risachs Pflegesohn sich an das ihm auferlegte Gesetz hält, arbeitet er meist, wenn von ihm die Rede ist:

er "machte uns" eine "leichte, feine Verbeugung, (...), weil er uns nicht mehr begleiten, sondern in den Zimmern zurück bleiben wollte, in welchen er noch Arbeit zu verrichten hatte." (I,182)[28]

Wieder endet das Wollen in einem Müssen ("zu verrichten hatte"). Als er sich wie der Erzähler in der Landschaftsmalerei versuchen möchte, dürfen "nur freie Stunden zu diesen Beschäftigungen verwendet" werden (II,69), und nach einem etwas längeren Spaziergang mit Heinrich "mußte" er "die Zeit, welche er am Tage verloren hatte, bei der Lampe nachholen" (III,181). Daß der Roman so häufig und so genau die Einhaltung der Zeitordnung referiert, bestätigt deren große Bedeutung im "Nachsommer" und hebt ihn von anderen Romanen ab. Das Vorbild der Arbeitsdisziplin liefert im "Nachsommer" die Vätergeneration: Drendorf geht "täglich Morgens in die Stadt in sein Verkaufsgewölbe und in seine Schreibstube" (I,8) und "kette[t]" sich, "je älter er [wird], mit einer desto wärmeren Ausdauer (...) an seine Arbeitsstube" (II,332), obwohl ihn dort "Geschäfte der eintönigsten Art" (II,171) erwarten. Risach, der eine erfolgreiche Laufbahn im Dienste des Staates hinter sich gebracht hat, genießt nicht jene Muße, bei der man nach Willkür und Laune mit der Zeit verfährt und seine Tätigkeiten keinem allzu strikten Reglement unterwirft. Risachs Lebensstil fehlt das aristokratisch-grandseigneurale Flair. Der Gestus der Muße als otium cum dignitate wird lediglich beschworen, aber erzählerisch nicht umgesetzt. So behauptet Risach zwar "'Meine Zeit', (...),'ist entweder so gemessen, daß ich nichts Anderes thun sollte, als auf mein Ende sehen, oder daß ich über sie verfügen kann, wie ich will (...)'" (III,93), aber die strenge "Tageseintheilung" (III,62), die im Rosenhaus herrscht, straft die angeblich freie Verfügbarkeit der Zeit Lügen.[29)]

Die unumschränkte Geltung dieser Ordnungen widerspricht der These von der "Spiel-Welt"[30)], die sich auf die Rede von den "Spielereien" glaubt stützen zu können. Denn ein Spiel, von dem man sich keinen Augenblick suspendieren darf, um sich einer Sache, die nicht Spiel ist, zuzuwenden und aus dem Spiel herauszutreten, hört auf, ein bloßes Spiel zu sein und ähnelt sich der Arbeit an. Die Ordnungsrituale des Rosenhauses repräsentieren auf diese Weise die Disziplin der Berufsarbeit. So hindert die befremdliche Starrheit seiner Systeme, die mit dem Titel Spielereien eben nicht angemessen zu beschreiben sind, Risach zum Beispiel, ein besonders schönes Stück Marmor, das Heinrich ihm aus Freundschaft schenkt, in seine Sammlung aufzunehmen, da er "auch in der Zukunft nicht von [dem] Grundsatze abgehe[n]" möchte (I,256), nur selbst gesammelten Marmor in seinem Haus unterzubringen.

Den bloß rhetorischen Charakter seiner Frage, "was sollte ein so alter Mann noch Ausschließliches zu thun haben?" (III,93), stellt der Besitzer des Rosenhauses unter Beweis, indem er sich dem Leser als ununterbrochen beschäftigt präsentiert. Gustavs Lehrstunden "(versäumte) der alte Mann nie" (I,239); wenn er sich nicht um seinen Pflegesohn kümmert, hält er sich in seinem Arbeitszimmer auf (II,139) oder leitet und überwacht Arbeiten auf dem Asperhof. Dort ist keineswegs alle Zeit Mußezeit:

> "An Nachmittagen, besonders wenn trübes Wetter war und die Geschäfte im Freien nicht eine große Ausdehnung hatten, versammelte man sich in dem Arbeitszimmer meines Gastfreundes. Dieses Zimmer war an Nachmittagen (...) wo *mehr Muße war*, der Vereinigungspunkt der kleinen Gesellschaft" (I,242; Hervorh. v. d. V.).

Wie beim Kaufmann Drendorf erscheint auch bei Risach Muße als eine Insel freier Zeit im Meer verplanter; von der "Zeit, welche Alle frei hatten" (I,279), ist ausdrücklich die Rede. In den Mußestunden aber werden

> "gewöhnlich Angelegenheiten des Besitzthums, Veränderungen, die nothwendig sind, *Arbeiten*, die man vornehmen müsse, und Gegenstände der Kunst" besprochen. (I,242; Hervorh. v. d. V.)

Selbst in der Muße kommt der Nutzen vor dem Schönen, in der Reihenfolge der Gesprächsgegenstände muß sich die Kunst als quasi ornamentale Dreingabe mit dem letzten Platz begnügen. Der Müßiggang kann im Rosenhaus nicht Fuß fassen:

> "Nach dem Genusse eines einfachen, (...) Mahles (...), stand man auf, um wieder zu seinen Geschäften zu gehen, die Jedem ernst und wichtig genug waren" (III,65f.).

Die Allgegenwart der Arbeit im "Nachsommer" verdeutlichen einige Textpassagen, die vom Terminus Arbeit, seinen Ableitungen und Synonymen geradezu leitmotivisch durchzogen werden. Im Kapitel "Die Begegnung" läßt sich auf der Länge von zwei Seiten folgende Wortkette ausmachen: "Arbeiten im Gebirge", "Ergänzungsarbeit", "Bauarbeiten", "Arbeiten nach(...)sehen", "gesellige(.) Mitarbeiter", "Behandlung und Einbringung" von Heu, "größere Arbeiten", "Geschäft(.)", außerdem werden "Wirtschaftszwecke(.)" und "Wirtschaftsvortheil" erwähnt. (I,305-306)[31].
Nicht als Abkömmlinge der Muße, sondern als Arbeit begreift auch der Icherzähler selbst seine Aktivitäten[32]. Da seine Unternehmungen keine nutzbringenden Resultate zeitigen und er sich im Laufe seiner Geschichte lediglich ein umfangreiches Wissen und verschiedene Fertigkeiten aneignet, kann nicht der Inhalt seiner Tätigkeiten das Kriterium ihres Arbeitscharakters abgeben; dieser legitimiert sich vielmehr durch die Strenge, mit der Heinrich ein bestimmtes Aufgabenpensum in einer bestimmten Zeit bewältigt. Als er sich bei Risach einmal einen längeren "Aufschub gefallen" (I,305) läßt, beschließt er, "was [ihm] an Zeit entginge, durch ein länger in den Herbst hinein fortgesetztes Verweilen im Gebirge wieder einzubringen." (I,305)

Daher verfehlen die Zeit- und Arbeitsökonomie im Rosenhaus nicht ihre Wirkung auf ihn; nach seiner Abreise vom Asperhof

> "war das Erste, was ich that, daß ich meine Zeit besser zu Rathe hielt, als früher. Ich mußte mir bekennen, daß die Art, wie in dem Rosenhause das Tagewerk betrieben wurde, auf mich von großem Einflusse sein solle. Da dort der Werth der Zeit sehr hoch angeschlagen und dieses Gut sehr sorgfältig angewendet wurde, so fing ich (...) an, mit viel *mehr Ordnung*, als bisher, nach einem *einzigen Ziele* während *einer bestimmten* Zeit *hinzuarbeiten*". (I,249; Hervorh. v. d. V.)[33]

Deshalb können wir Linkes Ansicht, die Arbeit spiele im "Nachsommer" keine zentrale Rolle, nicht zustimmen. Er übersieht ihre strukturelle Funktion, das Faktum, daß alle Aktivitäten und Tätigkeiten stets Arbeitscharakter gewinnen[34]. Folgerichtig spricht Heinrich daher von der "Muße", die er sich "von [s]einen *Arbeiten* im Gebirge zu einem Aufenthalte bei [s]einem Gastfreunde *abgedungen*" (I,305, Hervorh. v. d. V.) hat[35]; oder er identifiziert Muße einfach mit quantitativ verfügbarer Zeit und kann sie auf diese Weise mit Arbeit kombinieren; von "Muße zu [s]einen Arbeiten" (II,20) ist an einer Stelle die Rede. Mit Vorliebe gebraucht er ansonsten den Terminus Muße beim ausführlichen Begutachten von Zeichnungen oder Kupferstichen, wo die Sachkompetenz, der wissenschaftlich geschulte Blick im Vordergrund steht:

> "(ich) sah sie (die Zeichnungen, d. V.) noch einmal mit großer Muße und Genauigkeit an. Ich konnte es fast kaum glauben, wie sehr mich meine Zeichnungsübungen während des vergangenen Winters gefördert hatten. Ich verstand jetzt Vieles, (...) besser, als im Sommer" (I,240).[36]

Ähnlich wie Risach der spekulativen Philosophie die positiven Naturwissenschaften vorzieht, übersetzt Heinrich die ursprünglich theoretische Schau antiker Muße in die konkrete Betrachtung von Bildern. Beide Beschäftigungen haben ein kognitives Element gemeinsam; die Art und Weise, in der es jeweils realisiert wird, läßt freilich den Unterschied zwischen der Muße des Icherzählers und der antiken Muße erkennen, denn der letzteren ist gerade jene gewissenhafte Akribie, mit der Heinrich seinen Interessen nachgeht, völlig fremd[37].
Wenn der Held Jahr für Jahr tiefer ins Gebirge eindringt, so wächst der Umfang seiner selbstgestellten Aufgaben; er selbst bleibt jedoch unverändert derselbe. Seine Bildungsgeschichte ist in einer Weise versachlicht, daß Dieter Borchmeyer von einer "Bildungsbuchführung"[38] spricht, um sie zu kennzeichnen.

Mit einer unbeirrbaren, von keinen Lust- oder Unlustgefühlen getrübten Zielstrebigkeit erledigt der Icherzähler seine jeweiligen Arbeitsquanten, so daß er eher an einen pflichttreuen Beamten als an ein in ungestörter Muße sich entwickelndes Individuum erinnert.
Sein 'Beruf' als Naturforscher nimmt ihn dermaßen in Anspruch, daß er "oft Stunden der Nacht zu Hilfe nehmen" (I,222) muß, weil er so "viel beschäftigt" (ibid.) ist[39].
Dieser Arbeitseifer erklärt sich nicht aus einem leidenschaftlichen Engagement, einem obsessiven Interesse für die Gegenstände seiner wissenschaftlichen Neugier, deretwegen die ganze Welt um ihn herum ins Nichts versinken würde. Seine Versicherung, "ein gewisser Drang [s]eines Herzens [treibe]" (I,11) ihn dazu, "Wissenschafter im Allgemeinen" zu werden, klingt wenig glaubwürdig, zumal Heinrich kurz darauf erklärt, daß er "nicht die geringste Vorliebe für das eine oder das andere Fach" hege, noch "zu irgend einem Gegenstande eine hervorragende Fähigkeit" (I,11) zeige; auch nimmt er sich keineswegs vor, anstehende Schwierigkeiten mit Enthusiasmus zu meistern: seine Beteuerung, kein Gegenstand erscheine ihm "unüberwindlich" (I,11), weckt vielmehr Assoziationen an jenes Arbeitsethos, das einmal gestellte Anforderungen mit Zähigkeit und Ausdauer, aber ohne großen emotionalen Anteil bewältigen hilft[40].
Daß Arbeit von Gefühlen ablenkt bzw. sie unterdrückt, erscheint Heinrich als ausgesprochenes Positivum:

> "(...) was ich trotz der freudigen Stimmung, in welcher ich aus meinen Erringungen in der Kunst und in der Wissenschaft war, doch Schmerzliches in mir hatte, Das wich zurück und mußte erblassen vor der festen, ernsten, strengen Beschäftigung, die der Tag foderte, und *die ihn in seine Zeiten zerlegte.*" (II,183; Hervorh. v. d. V.)

Die den Tag zerstückelnde Arbeit löscht das Innenleben des Individuums zugunsten seiner Mimesis an Sachprobleme aus[41]. Daher prädestiniert gerade der Mangel einer "hervorragenden Fähigkeit zu einem Gegenstande" den Helden dazu, einer aus der großen Zahl derer zu werden, die

> "das Alltägliche thun, und deren eigenthümliche Anlage darin besteht, daß sie gerade keine hervorragende Anlage zu einem hervorragenden Gegenstande haben." (II,351f.)

Wieder unterläuft der Text die Intention des Erzählers, denn, anstatt ihn von der "große[n] Menge" (II,352) abzugrenzen, enthüllen die Worte seines Mentors Heinrichs Mittelmäßigkeit. Seine grenzenlose Bildbarkeit erweist sich nun als seine potentiell unbegrenzte Verfügbarkeit; deren Indiz ist eben die Ökonomie der Zeit:

> "Daß das Alles vereinigt werden konnte, mußte eine genaue Zeiteintheilung gemacht werden, und ich mußte die Zeit richtig verwenden. Dazu war ich wohl von Kindheit an gewöhnt worden" (II,183).[42)]

Vom uomo universale, an dessen vielseitiger Bildung sich die des Icherzählers orientieren soll, trennt ihn der Mangel an Individualität; während beim Cortegiano das Kraftzentrum seiner Persönlichkeit alle Fähigkeiten, Fertigkeiten und Kenntnisse bündelt und auf sie ausstrahlt, laufen diese beim Helden des "Nachsommers" in einem leeren Mittelpunkt zusammen[43)].

Die Arbeitsmanie seines Schützlings wird Risach jedoch mit der Zeit selbst bedenklich, weshalb er ihn dazu anhält, "einmal eine Weile müßig" (II,41) zu leben und zu tun, "was (...) der Augenblick und die Neigung eingibt" (ibid.). Mit dieser Ermunterung des Rosenhausbesitzers reflektiert der Roman gleichsam sich selbst, denn keine seiner Figuren geht müßig, keine läßt sich vom Augenblick und von der Neigung bestimmen, keine hat die Gelassenheit, die Dinge an sich vorüberziehen zu lassen[44)].

Risachs Vorschlag klagt den Müßiggang als konstitutives Element des Bildungsromans ein und bezeugt zugleich dessen Absenz im "Nachsommer"; die Muße, die er darstellen will, verkehrt sich unterderhand in Arbeit. Der Held ist zum Müßiggehen gar nicht in der Lage:

> "Obwohl ich nach dem Rathe (...) meines Gastfreundes entschlossen war, heuer meine Berufsarbeit, (...)[45)], ruhen zu lassen, (...) und mich meiner Laune und dem Augenblicke hinzugeben: hatte ich doch nicht den Willen, gar nichts zu thun, was mir die größte Qual gewesen wäre, sondern mich bei meinen Handlungen von meinem Vergnügen und der Gelegenheit leiten zu lassen." (II,65)

Die "Handlungen" aber unterscheiden sich nicht von denen des vorangegangenen Jahres, da Heinrich "viele Bücher und Schriften (...), alle Werkzeuge zur Oelmalerei (...) und (...) aus Vorsicht einige Vorrichtungen zu Vermessungen und Dergleichen eingepackt" (II,65) hat, alles Utensilien, die er auch schon im letzten Sommer mit sich führte.

Tatsächlich geht er in seiner Muße "sehr fleißig" (II,68) schwimmen und betätigt sich als Gustavs Lehrmeister in diesem Sport; außerdem "schrieb" er "mehr Briefe als sonst, (...) las in Dichtern, betrachtete Alles um [s]ich herum, schweifte oft weit

in die Gegend hinaus" (II,68). Mit dieser, wenige Zeilen umfassenden Aufzählung erschöpft sich die Präsenz müßiger Beschäftigungen im Text[46], da dem Icherzähler "diese Lebensweise (...) bald beschwerlich (wurde)" und er sich "etwas hervor (suchte), was [ihn] tiefer beschäftigte" (II,68). Von nun an wendet er sich "wieder" (II,68) der Landschaftsmalerei zu, wobei er, wie gewohnt, systematisch und gründlich zu Werke geht, so daß vom absichtslosen, entspannten Müßiggang nur die "Laune bald ein Stück Himmel bald eine Wolke" etc. (II,69) zu malen, übrigbleibt. "Die Tage verflossen, wie die in den vergangenen Jahren" (II,124), stellt der Held fest - der 'müßig' verbrachte Sommer gleicht dem vergangenen nicht müßigen!
Dennoch wirft Heinrich sich vor, seinen Beruf "so verlassen und [s]ich einem planlosen Leben (!) (...) hin[ge]geben" (II,183) zu haben[47]. Dieses Eingeständnis zitiert das Vorbild des planlos dahinlebenden Bildungshelden Wilhelm Meister und markiert zugleich den drastischen Abstand beider Helden und beider Romane voneinander.
Es gibt jedoch auch im nahezu hermetisch geschlossenen Regelkreis des "Nachsommers" eine, wenn auch winzige Lücke für den Müßiggang. So ist einmal die Rede davon, daß Natalie "müßig auf dem Bänklein" (II,220) bei der Felderrast sitze und dem Helden überdies beteuere, sie habe "die Zeit nicht gezählt" (II,217). Nicht ohne Grund bemerkt Heinrich schon früher, daß "um Natalie (...) etwas, wie ein tiefes Glück, verbreitet (war)" (I,285).
Die Liebe, die sich weder erzwingen noch planen läßt, transzendiert die Ordnungen der "Nachsommer"-Welt und gehört wie die wilde, noch unbearbeitete Natur zu einem Grenzbereich des quietistischen Kosmos der Romanfiguren[48]. Wenn Heinrich bei seinen Bergbesteigungen, jenen Vorstößen ins Unwegsame und Ungewisse, Natalies Bild vor Augen schwebt, scheint die innere Verwandschaft von Liebe und elementarer Natur auf[49]. Beide gilt es zu bewältigen im Sinne jenes Einhegens und Einfriedens, in dem das Lebenssystem der "Nachsommer"-Gestalten wurzelt: die Liebe mündet in die Ehe und die Natur der Bergwelt wird symbolisch in der Gipfelbesteigung bezwungen.
Der hedonistische Müßiggang scheidet von vornherein aus dem "Nachsommer" aus, da den Helden die "Vergnügungen, denen [s]eine Bekannten sich hingaben" (I,37), völlig kalt lassen - Geselligkeiten mit Musik und Tanz hält er für "Zeitverlust" (II,192)[50]. Die Abneigung gegen derartige Unterhaltungen teilt er mit seinem Vater und seinem Mentor, die ebenfalls von früh auf alle Arten der Zerstreuung ablehnen[51]. Die Lustfeindlichkeit der Romanfiguren spricht sich in Risachs Verurteilung der Leidenschaften und der Leidenschaftlichkeit unmißverständlich aus: sie "betreffen und befriedigen" nur "den Körper oder das Thierische des Menschen" (II,356) und sind deshalb zu verwerfen. Nun wird verständlich, warum in der Welt des Rosenhausbesitzers alles Chtonische und Animalische fehlt, warum man bäuerliche

Derbheit vergebens sucht. Auf die Distanz, die im "Nachsommer" zu den Tieren gehalten wird, hat Glaser hingewiesen[52]; sie kommen nur als "gesellige(.) Mitarbeiter" (I,306) des Menschen vor, nicht als vertraute Hausgenossen. Von den Hunden und Katzen, die Risach einmal erwähnt, taucht kein einziges Exemplar in seiner Nähe auf.

Als Spiegel gebändigter Natur figurieren die ausholenden, tableauartigen Schilderungen der Garten- und Feldanlagen des Asper- wie des Sternenhofs. In den Rosen aber als Symbolen früherer, nun durch Zucht[53] bewältigter Leidenschaft findet die Beherrschung der Triebnatur ihr eindringlichstes Zeichen. In der mühevollen Verschönerung äußerer Natur kehrt sich die 'verschönernde' Domestikation innerer Natur nach außen.

Scheinhaft ist daher auch das von einigen Interpreten dem "Nachsommer" zugrunde gelegte Modell organischen Wachstums und naturhafter Rhythmik, die mit dem Wechsel der Jahreszeiten angeblich den Erzählduktus des Romans fundiert[54]. Denn die Entwicklung des Helden, sofern man überhaupt von einer solchen sprechen kann, gleicht zwar in ihrer Allmählichkeit und Stetigkeit dem Wachstum einer Pflanze, aufgrund des rein quantitativen Anwachsens von Kenntnissen und Fähigkeiten fehlen ihr aber jene qualitativen Unterschiede, durch die sich die Stadien von Samen, Keimling, Blüte und Frucht bei der Pflanze voneinander abheben. Ähnlich verhält es sich mit dem Zyklus der Jahreszeiten; da der "Nachsommer" aus der Natur alles Chtonische und Urwüchsige verbannt, markieren die Wechsel der Jahreszeiten lediglich die einzelnen Arbeitsetappen des Helden, indem sie ihn dazu veranlassen, seine Tätigkeiten von der Stadt aufs Land und umgekehrt zu verlagern[55].

Die Ereignislosigkeit der Romanhandlung und die Gleichförmigkeit des Textes[56], die u.a. im statischen Verhältnis von erzählter Zeit und Erzählzeit sinnfällig wird, wie sein Prinzip der Wiederholung, die nur minimale Variationen aufweist und es schwer macht, die einzelnen Kapitel voneinander zu unterscheiden, begründen die unfreiwillige Modernität des "Nachsommers": wie kein anderer Roman des 19. Jahrhunderts bildet er aufgrund seiner Struktur die Eintönigkeit des modernen Arbeitslebens ab, die der Rezipient mit der ihm zugemuteten 'Lesearbeit' nachvollzieht.

Für den "Nachsommer" gilt, was Heinz Schlaffer zu Goethes "Wanderjahren" anmerkt:

> "Daß die Arbeit, einschließlich der ihr untergeordneten Tätigkeiten des Lernens und Forschens, den Hauptgegenstand dieses Romans abgibt, ist wohl die Ursache für die Langeweile, welche die 'Wanderjahre' dem vergnügungssüchtigen Leser bereiten. Mir scheint der exzeptionelle Rang der 'Wanderjahre' gerade darin begründet, daß er die trostlose Gleich-

förmigkeit der unter das Kapitalprinzip geratenen Welt auch in der Erzählform wiedergibt (...)".[57)]

Vor diesem Hintergrund erhält auch die sachbezogene Detailgenauigkeit von Stifters Erzählen einen präzisen Sinn: sie orientiert sich an einem der Arbeit verpflichteten Realitätsprinzip, das den Dingen den Vorrang vor den Individuen einräumt[58)]. Daß "Stifters poetisches Programm (...) von Anfang an von einer scharfen Opposition gegen die Fiktion beherrscht (ist)",[59)] bewahrheitet sich auch im "Nachsommer"; denn hinter der Fassade solch erfundener, idealer Orte wie des Rosenhauses oder des Sternenhofs behaupten sich realitätsnahe, der bürgerlichen Erwerbsgesellschaft durchaus angemessene Kultur- und Lebenstechniken.
Karl Wagners These, daß der "Nachsommer" u.a. auch deswegen "zum Ladenhüter" geworden sei, weil er mit den "literarischen Tendenzen des programmatischen Realismus und dessen bürgerlicher Arbeits- und Leistungstheorie nicht übereinstimmte", könnte man - Heinz Schlaffers Urteil über die "Wanderjahre" auf Stifters Roman anwendend - geradezu umkehren: sein Mißerfolg wäre der enttäuschten Erwartung des Lesepublikums zuzuschreiben; es trifft statt des erwarteten idealen Reichs der Muße und des Müßiggangs auf eben jene "Arbeits- und Leistungsideologie", von der es sich durch Lektüre zu entlasten hoffte[60)].
Ein Indiz für die unerwartete Affinität des "Nachsommers" zur Arbeitswelt liefert auch die Behandlung des Zufalls im Roman. Sieht man nämlich einmal vom Initialzufall der Begegnung zwischen Risach und dem Icherzähler ab, dann wird im gesamten Handlungsverlauf der Zufall ausgeschaltet, aber nicht im Sinne wunderbarer poetischer Fügung, sondern durch die Strategie bewußter und planvoller Kontingenzbewältigung[61)].
Risach wie Heinrich wappnen sich durch Vorsorge und Umsicht gegen alle Eventualitäten; Unvorhergesehenes und Unwägbarkeiten scheinen für sie nicht zu existieren. Und wieder läßt sich im Sprachgestus des Textes ein analoges Verfahren nachweisen. Es unterbindet poetische Assoziationen konsequent, indem es dem Prinzip lückenloser Information gehorcht[62)].
So schließt die Frage nach Muße und Müßiggang mit einem Paradox: gerade der "Nachsommer", der ausschließlich von beiden zu handeln vorgibt, verfehlt sie gründlicher als jeder der anderen hier untersuchten Romane. Weil die Muße bruchlos mit der bürgerlichen Lebensordnung harmonieren soll, dringen deren Normen in sie ein; wo sich der Müßiggang nicht im Widerstand gegen jene durchsetzt, kommt ihm keine eigene Substanz zu. Daher ähnelt der "Nachsommer" den im Vorwort skizzierten Aktualisierungsversuchen von Muße und Müßiggang, die ebenfalls beide mit Arbeit synthetisieren und dadurch harmlos und langweilig machen.

Anmerkungen

1) Siehe Stifters Brief vom 2. 1. 1855 an Gustav Heckenast, wo explizit von Risachs Muße die Rede ist. In: Adalbert Stifters Sämmtliche Werke. 1.- 25. Bd. Begründet und herausgegeben mit anderen von August Sauer, Prag 1901ff. und Reichenberg 1927ff. In: Bibliothek Deutscher Schriftsteller aus Böhmen (später Bibliothek Deutscher Schriftsteller aus Böhmen, Mähren und Schlesien); hrsg. im Auftrage der Gesellschaft zur Förderung deutscher Wiss., Kunst u. Literatur in Böhmen (später: im Auftrage der deutschen Gesellschaft der Wissenschaften und Künste für die tschechoslowakische Republik), Bd. 18, Briefwechsel, 2. Bd., Hrsg. Gustav Wilhelm, Prag 1918, S. 234.

2) Siehe Friedbert Aspetsberger, Der Groß-Sprecher Heinrich Drendorf. Zu Adalbert Stifters 'Nachsommer'. In: Vasilo XXXII (1983), S. 179 - 219, S. 180.

3) Adalbert Stifter, "Der Nachsommer", Hrsg. Kamill Eben und Franz Hüller, 3 Bde., Prag 1921. In: Adalbert Stifters Sämmtliche Werke, a. a. O, Bd. VI - VIII; die Seitenangaben in Klammern beziehen sich auf die Bände I - III des "Nachsommers", die in der Prager Ausgabe unter den Bandzahlen 6 - 8 ediert sind.

4) Uwe Ketelsen, Adalbert Stifter: *Der Nachsommer* (1857). Die Vernichtung der historischen Realität in der Ästhetisierung des bürgerlichen Alltags. In: Romane und Erzählungen des bürgerlichen Realismus. Neue Interpretationen, Hrsg. Horst Denkler, Stuttgart 1980 S. 188 - 202, S. 194. Siehe auch Dieter Borchmeyer, Stifters *Nachsommer* - Eine restaurative Utopie? In: Poetica 12/H.1 (80) S. 59 - 82, S. 71 und Gundel Mattenklott, Sprache der Sentimentalität. Zum Werk Adalbert Stifters, Frankfurt 1973, S. 71.

5) In einem Brief an Edmund Hoefer vom 15. 10. 1861 spricht Stifter selbst davon, daß er im "Nachsommer" "einen alten Mann" darstelle, der "freundnachbarlich im Umgange einiger Spielereien (...) lebte." In: Adalbert Stifters Sämtliche Werke, a. a. O., Bd. 20, Briefwechsel, 4. Bd., Hrsg. Gustav Wilhelm, Prag 1925, S. 13. Auch Stifters eigene Aussage ist als Untertreibung zu werten, da ihr der - überspitzt gesagt - tödliche Ernst, mit dem der "Nachsommer" die sogenannten Spielereien beschreibt, widerspricht. Deshalb kann auch Borchmeyers affirmative Deutung der "Spielereien", die seiner Ansicht nach ausgerechnet das normative Zentrum des Romans, Risachs Lebensbereich, relativieren sollen, nicht überzeugen. Siehe Dieter Borchmeyer, a. a. O., S. 70 u. 70f.

Der Paradoxie, die der Terminus "Spielereien" bezüglich der nachsommerlichen Welt Risachs beinhaltet, kommt Rudolf Wildbolz näher, ohne sie freilich zu durchschauen. So stellt er fest: "Soweit Risachs Wirklichkeit reicht, wird sie durch sein Wort bestimmt", zugleich soll dies jedoch bedeuten, daß "alles Tun, (...) alle Wertsetzungen die heitere Würde der Spielerei, des Spiels (erhalten)". R. Wildbolz, Adalbert Stifter. Langeweile und Faszination, Stuttgart, Berlin, Köln, Mainz 1976, S. 109. Würde und Spielerei lassen sich schlecht miteinander vereinbaren, zumal eine Spielerei etwas anderes, nämlich sehr viel Leichtgewichtigeres ist als ein Spiel. An diesen Begriff knüpft Wildbolz denn auch folgerichtig an, wenn er von "Spielregeln" spricht, denen man sich bei Risach ohne Wenn und Aber "unterwerfen" (Wildbolz, a. a. O., S. 110) muß. Nun ist von einem "hohe[n] Spiel" (ibid.) die Rede und von ethischen Normen (ibid.), die "in der Welt von Risachs 'Spielereien' zu den Regeln des Spiels gehör[en]" (ibid.). Demnach fehlt gerade den "Spielereien" Risachs all das, was "Spielereien" gewöhnlich kennzeichnet: das Regellose, Flüchtige, Unernste. Die Bezeichnung "Spielereien", deren Unangemessenheit nicht einfach interpretatorisch überspielt werden darf, liefert den Schlüssel zu einer Paradoxie des Romans selbst, die im folgenden ausführlich erörtert werden wird.

6) Siehe Kap. I, S. 13.

7) Deshalb vermag Ketelsens Behauptung, Risach widme sich "als Rentier der kontemplativen Erkenntnis der Welt" nicht zu überzeugen. Ketelsen, a. a. O., S. 193.

8) Siehe Heinz Schlaffer, der als lit. Zeugen dieser Philosophie Lessings "Nathan" und Lillos "London Merchant" anführt. Heinz Schlaffer, Der Bürger als Held, a. a. O., S. 111f. In Goethes "Wilhelm Meister" macht sich Werner zum Fürsprecher internationalen Warentauschs. (7, 40f.).

9) Ketelsen, a. a. O., S. 194.

10) Borchmeyer weist auf die Entfeudalisierung hin, die Risach und Mathilde auf ihren Landgütern durchgesetzt haben und betont, daß sie die letzteren "nach zeitgemäßen, rationellen Gesichtspunkten bewirtschaften". Borchmeyer, a. a. O., S. 64.

11) Siehe I, 181.

12) Als "ökologisch-sachlich" bezeichnet Wildbolz Risachs Umgang mit der Vogelwelt (Wildbolz, a. a. O., S. 112), ohne deutlich zu machen, daß diese Art von Ökologie sich nicht am natürlichen Gleichgewicht der Arten, sondern an den Zwecken des Menschen orientiert, obwohl er selbst auf die "ökonomische Wurzel" (ibid.) hinweist, die sich an Risachs "Verhältnis zu den Vögeln" (ibid.) zeigt.
Eine "gemodelte Natur" nennt Glaser zurecht die Risachschen Gartenanlagen. Horst Albert Glaser, Die Restauration des Schönen. Stifters 'Nachsommer', Stuttgart 1965, (Germ Abh. 6), S. 13. Auf die Künstlichkeit von Risachs Gartenbiotop weist auch Aspetsberger hin (Aspetsberger, a. a. O., S. 193), der außerdem darauf aufmerksam macht, daß ästhetische Argumente immer dann zurücktreten, wenn es sich "um Risachs Besitz handelt" (ibid.); an anderer Stelle gebraucht Aspetsberger in diesem Zusammenhang die treffende Bezeichnung "Besitzkalkül" (ibid., S. 194).

13) In ähnlicher Weise zahlt sich auch die sorgfältige Tierhaltung aus ("man (konnte) (...) keine schöneren, glatteren, glänzenderen und fröhlicheren Thiere sehen, als auf dem Asperhofe." (I,306)). Sie ermöglicht es, "mit einer geringeren Anzahl Thiere größere Arbeiten aus[zu]führen als in anderen Gehöften" (ibid.). Der Hinweis auf den "Kaufschilling"(I,180) des Obstes und die von Risach erzielten Ertragssteigerungen der Felder widersprechen Borchmeyers Behauptung, daß "(v)on dem materiellen Ertrag der Landwirtschaft (...) nicht die Rede" sei. Borchmeyer, a. a. O., S. 65. Deshalb ist auch Müllers These, die Güter Risachs und Mathildes dienten weder der Produktion noch dem Erwerb, einzuschränken. Klaus-Detlef Müller, Utopie und Bildungsroman. Strukturuntersuchungen zu Stifters "Nachsommer", ZfdPh 90 (1971), S. 199 - 228, S. 202.

14) Diese Textstelle zählt zwar, wie Aspetsberger anmerkt, "(s)eit Glasers Arbeit (...) zu den Standardzitaten in diesem Zusammenhang" (Aspetsberger, a. a. O., S. 192), aber sie ist im Kontext dieser Untersuchung umso aufschlußreicher als sie die Verbannung der Müßiggänger aus dem angeblichen Reich der Muße unmißverständlich ausspricht.

15) Die strukturelle Gewalt, die allem Systematischen innewohnt, hat Adorno in seiner "Negativen Dialektik" in unvergleichlich eindrucksvoller Weise entlarvt. Theodor W. Adorno, Negative Dialektik. In: Ders., Gesammelte Schriften, Hrsg. Rolf Tiedemann, Frankfurt a. M. 1973; Bd. 6.
Siehe auch Glaser, a. a. O., S. 14: "In der Ausrottung des Rotschwanzes ist das Schönheitsgesetz der Stifterschen Landschaft an der widerstrebenden Natur vollstreckt worden. Ihre Schönheit bezahlt sich mit dem Tode des nicht in sie Aufgenommenen."

16) Ein außerliterarisches Pendant zu Risachs Ordnungsästhetik stellt die Physiognomik dar, die seit Lavater und Carus in ganz ähnlicher Weise alles Häßliche und Normwidrige entweder abwertet oder ausgrenzt.

17) Dasselbe gilt auch für Mathildes Besitzung, den Sternenhof, siehe II, 302f. u. II,314f.

18) Siehe Brief vom 15. 10. 1861 an Edmund Hoefer. In: A. Stifters Sämmtliche Werke, a. a. O., Bd. 20, Briefwechsel, 4. Bd., Hrsg. Gustav Wilhelm, Prag 1925, S. 13.

19) An anderer Stelle spricht er davon, daß die Bergwände "durch (...) Hämmer und Meißel zugänglich" gemacht worden seien (II,2); siehe auch II,197f.

20) Die verschiedenen Bergbesteigungen, die er in immer unwegsameres Gelände unternimmt, symbolisieren stets einen Sieg über die rohe, ungeschlachte Natur und dienen der Selbstvergewisserung des umsichtigen, planenden Subjekts. Zur Symbolik der Bergbesteigung siehe Karl Pestalozzi, Die Entstehung des lyrischen Ich. Studien zum Motiv der Erhebung, Berlin 1970.

21) Man könnte einwenden, daß sich eben darin jene Rettung alter Kunst veranschauliche, die im Mittelpunkt von Risachs kultureller Tätigkeit steht. Dennoch bleibt die Disproportion bestehen, bei der das auratische Werk selbst zu kurz kommt.

22) Ketelsen, a. a. O., S. 195. Siehe auch J. Jacobs, der anmerkt, daß die "bei Stifter so stark betonte religiöse Aura (...) die Veräußerlichung der Kunst in der bürgerlichen Welt nicht verhindern (kann)", sondern ihr "in gewisser Weise sogar Vorschub (leistet)". Jacobs, a. a. O., S. 191.

23) Über die Großzügigkeit Risachs wird nicht als über etwas Selbstverständliches hinweggegangen; der Erzähler spielt sie vielmehr gegen die finanzielle Engherzigkeit der unmittelbaren Anwohner der Kirche aus, wodurch der ökonomische Aspekt des Ganzen erst richtig betont wird.

24) Die Bedeutung und Realität des Geldes setzt sich immer wieder gegen den Kunstsinn der "Nachsommerer" durch. So sind etwa bei der Steinsammlung von Heinrichs Vater für den Erbfall alle finanziellen Probleme bis ins einzelne geregelt (II,173f.). Und selbst die allen Verschönerungen so aufgeschlossene Mathilde redet von den Kostenvoranschlägen ihrer Projekte (II,242).

25) In ähnlicher Weise wird der Harfner des Meisterromans beim Landgeistlichen dazu gebracht, sich durch Unterrichten nützlich zu machen.

26) Auch in Gustav Freytags "Soll und Haben" wird ausdrücklich erwähnt, daß Schröters Angestellte "alle Mittage Punkt ein Uhr an dem Tische des Prinzipals (aßen)". Gustav Freytag, Soll und Haben, Bd.I. In: Freytag, Gesammelte Werke, a. a. O., Bd. 4, S. 64.

27) Wildbolz, a. a. O., S. 87. Siehe auch Emil Staiger, Adalbert Stifter: Nachsommer. In: E. Staiger, Meisterwerke deutscher Sprache aus dem neunzehnten Jahrhundert, München 1973, S. 164, wo der "Nachsommer" affirmativ als "Gesetzbuch des schönen Lebens" bezeichnet wird.

28) Es sei noch auf zwei weitere Stellen hingewiesen, die Gustavs Arbeitsamkeit belegen, um die Bedeutung des Arbeitsmotivs im "Nachsommer" zu unterstreichen: I,227 u. III,62. Siehe auch Klaus Amann: "Vor allem Gustav stellt sich als das völlig verinnerlichte, ja mechanisierte Exempel dieser Erziehung (der Erziehung durch die Vätergeneration, d. V.) dar. Meist wortlos lernt und arbeitet er selbständig mit der Vernunft eines Erwachsenen und der Freiheit eines Dressurpferdes." Klaus Amann, Zwei Thesen zu Stifters 'Nachsommer'. In: Vasilo XXXI (1982) S. 169 - 184, S. 180, Anm. 39.

29) Siehe auch "Nachsommer" I,228f.; Vgl. auch Wolfgang Linke, der auf die Ordnung der "Zeiteinteilung" hinweist, in der er freilich ein Positivum des Romans sieht. Wolfgang Linke, Die Arbeit in den Bildungsromanen des poetischen Realismus, Erlangen 1952 (Diss.), S. 31.

30) Den "Zusammenhang zwischen übersteigerter Ordnungsliebe und Grausamkeit" im "Nachsommer" macht Jens Tismar namhaft. Jens Tismar, Gestörte Idyllen. Eine Studie zur Pro-

blematik der idyllischen Wunschvorstellungen am Beispiel von Jean Paul, Adalbert Stifter, Robert Walser und Thomas Bernhard, München 1973, S. 66.

31) In einem Brief vom 3. 4. 1855 an Gustav Heckenast nennt Stifter den Icherzähler einen "sich schwer empor arbeitenden jungen Mann". In: A. Stifters Sämmtliche Werke, a. a. O., Bd. 18, Briefwechsel 2. Bd., S. 240.

32) Ähnliche Häufungen finden sich z.B. I, 228 - 229.

33) Daß im "Nachsommer" die "Stunde, welche die Uhr (...) schlägt" aufs genaueste berücksichtigt wird, während der Roman die geschichtliche Zeit ausblendet, stellt Walter Killy zutreffend fest. Walter Killy, Wirklichkeit und Kunstcharakter. Neun Romane des 19. Jahrhunderts, München 1963, S. 92. "Die Zeit erscheint (...) als Augenblick, dessen stets gleiche und stets wiederholbare Einzelheiten beachtet werden", d.h. als abstrakt-quantifizierbare Größe. Ibid., a. a. O., S. 93.

34) Linke, a. a. O., S. 35. Siehe auch Paul Jacksons Feststellung, die "arkadische Rosenhausidylle" sei "kein Traum der reinen Muße und des ziellosen Zeitvertreibs". P. Jackson, Bürgerliche Arbeit und Romanwirklichkeit. Studien zur Berufsproblematik in Romanen des deutschen Realismus, (Literatur und Kommunikation Bd. 5), Frankfurt 1981, S. 206 u. ibid., S. 214: "Es wäre (...) irreführend, von einer grundsätzlichen Ablehnung der Arbeit als solcher oder gar von einer Glorifizierung der Muße zu sprechen. Im 'Nachsommer' ist keiner untätig; im Gegenteil, das Tätigsein sowohl der Haupt- als auch der Nebengestalten macht einen wesentlichen Teil des Romans aus."

35) Siehe auch I,252: "An Sonntagen oder zu anderen Zeiten, wo die Arbeit minder drängte, gab es noch Gelegenheit zu manchen angenehmen Freuden und zu stärkender Erholung." Linke vermerkt zu Recht, daß sich bei Heinrich "eine an den Vater erinnernde Zweiteilung des Lebens in Tätigkeit und Freizeit anbahnt". Linke, a. a. O., S. 31.

36) Siehe auch II,118 u. II,255.

37) Siehe Kommentar zum achten Buch der "Politik" (1337 b 15-21) des Aristoteles, wo auf das "im Griechentum tief verwurzelte Empfinden, daß es ordinär sei, die Dinge zu exakt zu wissen", hingewiesen wird. Aristoteles, Politik, a. a. O., S. 387.

38) Borchmeyer, a. a. O., S. 73. Daher ist auch Ketelsens Aussage, Stifter halte "bei der Konstruktion der Fabel am transzendenten, organologischen Gedankenkern des <Bildungs>begriffs fest", zu differenzieren; zwischen Stifters Intentionen als Autor und dem, was sich gleichsam unterderhand als Romantext durchgesetzt hat, muß unterschieden werden. Ketelsen, a. a. O., S. 193.

39) Regelmäßig arbeitet der Icherzähler bereits morgens in aller Frühe, so daß er "Manches für den Tag schon an der Lampe fertig gemacht (hatte), wenn (...) man sich zu dem Frühmahle versammelte" (II,183), außerdem widmet er auch "manche Stunde von der beginnenden Nacht" (ibid.) seinen Arbeiten.
Im Rosenhaus "schloß" er sich "in [s]ein Zimmer ein und arbeitete mehrere Tage fleißig von Sonnenaufgang bis Sonnenuntergang" (II,249), und von einem seiner Gebirgsaufenthalte berichtet er: "Ich stieg dort auf Berge, ich arbeitete sehr angestrengt (...)." Wenig später heißt es: Ich "(...) ging ans Werk. Ich arbeitete recht fleißig." (II,250) Die ausführliche Zitation solch einschlägiger Textstellen, soll den Leser nicht ermüden, sondern ihm einen Eindruck von ihrer Dichte vermitteln.

40) Solche Emotionslosigkeit des Protagonisten sollte nicht vorschnell mit der methodischen Distanz des Naturforschers verwechselt werden, der sich sehr wohl für sein Fachgebiet ereifern und begeistern kann. Die Arbeitsmanie des Helden liefert zugleich die moralische Rechtfertigung für seine Befreiung von der Erwerbsarbeit; ganz ähnlich verhält es sich bei Risach und in gewisser Weise auch bei Gustav; obwohl sie vom Gelderwerb freigestellt sind, taucht auf-

grund ihres anhaltenden Tätigseins niemals die Frage nach der Berechtigung ihrer privilegierten Existenz auf. Ihre Arbeitsmoral macht die nicht berufstätigen Figuren des "Nachsommers" über jeden sittlich-moralischen Zweifel erhaben.

41) In die Mechanismen der Verdrängung wie der Sublimierung ursprünglich erotischer Triebregungen durch Arbeit gewährt der "Nachsommer" in geradezu exemplarischer Weise Einblick.

42) Unverständlich bleibt daher Paul Jacksons Behauptung: "die zeitliche Ordnung seiner (des Helden, d. V.) Tätigkeiten wird nicht etwa von der Uhr (...) bestimmt". Jackson, a. a. O., S. 204. Wie andere Interpreten überspielt Jackson die Widersprüche, die sich beim Thema Arbeit im "Nachsommer" finden. Dem Helden bleibt zwar eine Berufsarbeit, wie sie sein Vater auf sich zu nehmen hat, erspart, aber die Organisationsform seiner Tätigkeiten imitiert die väterliche Zeitökonomie bis ins Detail. Daher ist es u. E. verfehlt, die Arbeit im "Nachsommer" "poetisiert(.)" zu nennen. Jackson, a. a. O., S. 217.

43) Vgl. Aspetsberger, der, von einer anderen Fragestellung ausgehend, ebenfalls die Aushöhlung des Individuellen konstatiert, in ihr jedoch die Voraussetzung für die ästhetische Umsetzung von Stifters idealisiertem Menschenbild sieht. Aspetsberger, a. a. O., S. 203: "'Den Traum der frühen Klassik', das für die Gattung Mensch repräsentative Individuum, den Menschen in seiner Menschheit, im Neoabsolutismus darzustellen, schließt mit dieser Zeit eben auch die Substanz eines solchen Individuums aus; es wird 'leer', wird formale Vereinheitlichung, nicht substantielle Vermittlung der Widersprüche."

44) Die einzige Ausnahme ist Natalie (II,220), vgl. weiter unten.

45) Heinrich nimmt für sein Tun die Bezeichnung Beruf in ihrem ursprünglich-theologischen Sinn von Berufung in Anspruch.

46) Daß auch klassische Situationen kontemplativer Muße im Roman stumpf bleiben, erhellt die folgende Textsequenz: "Ich bestieg auf meiner Wanderung, (...) das Eiskar, setzte mich auf einen Steinblock und sah beinahe den ganzen Nachmittag in tiefem Sinnen auf die Landschaften, (...) hinaus. In dem Rosenhause beschäftigte ich mich wieder mit Betrachtung der Bilder." (II,122f.) Inhalt und Stimmung des Nachsinnens werden unterschlagen, im Stile eines positivistischen Protokollsatzes registriert es der Icherzähler, dann geht er unvermittelt wieder zu wichtigen Beschäftigungen über.

47) Siehe auch II,195, wo derselbe Gedanke noch einmal auftaucht.

48) Als unerlaubte Störung vorgegebener Normen und Regeln erscheint denn auch Risachs und Mathildes leidenschaftliche Zuneigung, die folgerichtig zum Scheitern verurteilt ist.

49) Thomas Keller schreibt der Gebirgslandschaft kompensatorische Funktion zu, da sich in ihr Eros und Sexus symbolisieren: "Was in den Höfen (Asper- und Sternenhof, d. V.) nicht ausgesprochen, nicht in metaphorisierter Form dargestellt werden darf, Genitalität, Sexualität und Vermehrung, scheint zunächst auf der Bergbesteigung präsent zu sein." Thomas Keller, Die Schrift in Stifters "Nachsommer". Buchstäblichkeit und Bildlichkeit des Romantextes, Köln u. Wien 1982, S. 294f. Zur imaginierten Präsenz Natalies in der Berglandschaft siehe ibid., S. 302f.

50) Siehe I, 18 und II,192. Nur aus Erkenntnisinteresse besucht Heinrich "Orte, an welchen sich viele Menschen zu ihren Vergnügungen versammeln", da er "die Art ihrer Erscheinung, ihr Wesen und ihr Verhalten als eines Ganzen sehen" (II,58) und studieren möchte.

51) Siehe II,190 u. III,99.

52) Glaser, a. a. O., S. 11f.

53) Im Terminus Zucht überlagern sich gleichsam die veredelnde Züchtung von Pflanzen und die triebfeindliche Züchtigung unerlaubten Begehrens.

54) Karl Wagner, 'Patriarchalische Stilleben'? Ein sozialgeschichtlicher Versuch über Stifters 'Nachsommer'. In Vasilo XXIX (1980), S. 139 - 165, S. 141. Killy, a. a. O., S. 91, Keller, a. a. O., S. 176f., Staiger, a. a. O., S. 172 u. S. 175.

55) Borchmeyer bescheinigt der "Pendelbewegung" des Helden zwischen Eltern- und Rosenhaus zurecht das "ruhige(.) Gleichmaß des Pendelschlags einer Standuhr"; ein Vergleich, der von naturhafter Rhythmik nichts weiß, sondern sie durchs technisch vermittelte Zeitquantum ersetzt. Dieter Borchmeyer, Ideologie der Familie und ästhetische Gesellschaftskritik in Stifters *Nachsommer*. In: ZfdPh (99) 1980, S. 226 - 254, S. 227.

56) Symptomatisch für die Erlebnisarmut des Helden sind Sätze wie die folgenden: "Der Tag verging, ungefähr wie der vorige, und so verflossen nach und nach mehrere. Die Ordnung des Hauses war durch die Ankunft der Frauen fast gar nicht gestört worden" (I,277f) oder : "Die Tage verflossen, wie die in den vergangenen Jahren" (II,124).
Vom "erhabene[n] Einerlei" (Staiger, Meisterwerke, a. a. O, S. 174) bzw. "dem heiligen Einerlei des Seins" (ibid., S. 175) im "Nachsommer" spricht Staiger, der trotz solch positiver Bewertung die Zeichen der Moderne in diesem Roman nicht übersehen kann und vermutet, daß auch in ihm "der 'démon ennui' seine Macht (...) behauptet". Ibid., S.176. Daß die "unterstellte Sinnhaftigkeit der Ordnungsrituale und des Alltagszeremoniells, inhaltlich gegen den Topos von der schändlichen Leere aristokratischen Müßiggangs gerichtet, (...) auf der Erzählebene als Formproblem auf(taucht)", konstatiert Karl Wagner (Wagner, a. a. O., S. 151f.); seiner Ansicht nach läßt der "oft bemängelte sprachliche Leerlauf" des "Nachsommers" erkennen, "daß es der Sprache des Romans mitunter nicht mehr gelingt, die Defizite der Realität gutzumachen." Ibid., S. 152.
U.E. kommt der Roman gerade in seinem "sprachlichen Leerlauf" und in den von ihm geschilderten "Ordnungsritualen" eben jener defizitären Realität, die er mit der "Nachsommer"-Welt vergessen machen möchte, strukturell am nächsten; darauf beruht Stifters eigentümlicher Realismus. (Siehe dazu weiter unten).

57) Heinz Schlaffer, Exoterik und Esoterik in Goethes Romanen, a. a. O., S. 223, Anm. 34. Zur anstrengenden Lektüre des Romans siehe Klaus Amann: "Die bestimmenden Strukturelemente des Romans, wie Tautologie, Wiederholung, Analogie, Zitat und Verweis, zwingen den Leser des Romans letztlich zu genau jener Form der Aufmerksamkeit gegenüber auch unscheinbaren Elementen und Veränderungen innerhalb des Romans und zu eben jenen Haltungen mühseligen Selberfindens, des Vergleichens und Abwägens, zu jenen Tugenden des Vertrauens, der Sorgfalt und der Geduld, die im Roman selber als grundlegende Bildungsprinzipien formuliert sind.". Klaus Amann, a. a. O., S. 175.
Amann vermutet, daß sich nur bei demjenigen Leser, der sich "dem Diktat der Form des Romans nicht beugt", d.h. nach unserer Interpretation, die Lesearbeit verweigert, Langeweile einstellt. Ibid., S. 176, Anm. 29.

58) Den künftigen Ehemann seiner Schwester tituliert Heinrich umstandslos als "ein Ding (...), das sich in dem Hause allmälich gestaltet." (II,329) Vgl. Glaser, a. a. O., S. 59f. u. S. 76; siehe auch Borchmeyer, Ideologie der Familie, a. a. O., S. 250, der feststellt, "(d)aß die 'Dinge' im *Nachsommer* nur um den Preis eines Verstummens der Subjektivität objektive Sinnträger zu sein vermögen". Borchmeyer sieht sich daher zu der Frage veranlaßt, "ob nicht eine Idealwelt, welche die Dinge dadurch zum Reden bringt, daß sie die Menschen verstummen läßt, die Stigmata der gleichen Entfremdung zwischen Ich und Welt, Innen und Außen trägt, welche jenen Weltzustand prägt, von dem sie sich gerade gegenbildlich abzusetzen sucht." Borchmeyer, a. a. O., S. 251f.

59) Hans Joachim Piechotta, Ordnung als mythologisches Zitat. Adalbert Stifter und der Mythos. In: Mythos und Moderne, Hrsg. K. H. Bohrer, Frankfurt a. M. 1983, S. 83 - 111, S. 85.

Piechotta bezieht sich nicht auf den "Nachsommer", in dem der Ordnung die mythische Dimension fehlt; dennoch ist auch dieser Roman Stifters antiromantischer Poetologie verpflichtet.

60) Daß der "Nachsommer" das Austragen wie die Versöhnung realgeschichtlicher Widersprüche im Medium der Literatur verweigert, hat Marianne Schuller nachgewiesen. Marianne Schuller, Das Gewitter findet nicht statt oder Die Abdankung der Kunst. Zu Adalbert Stifters Roman "Der Nachsommer". In: Poetica 10/H.1 (1978), S. 25 - 52.

61) Siehe dazu auch M. Schuller, a. a. O., S. 26ff. u. Walter Killy, a. a. O., S. 86 u. S. 92f., der betont, daß der "Nexus einzelner Handlungen, auch wenn sie gleichgültig erscheinen, und der Verlauf der Lokomotion (...) uns klar überliefert (wird)." Killy, a. a. O., S. 92. Selbst Ketelsen gesteht Stifter zu, "das Erzählte als Reproduktion möglicher außerliterarischer Realität erscheinen zu lassen. Im Einklang mit der Kunstdoktrin des 'Realismus' versucht er, den 'Kausalnexus' innerhalb der erzählten Handlung zu wahren (...)." Ketelsen, a. a. O., S. 193.

62) Walter Killy führt als Beispiele der Vorliebe Stifters für sprachliche Überdeterminierung folgende Sätze an: "Ich setzte mich nieder, nahm nach einer Weile mein Ränzlein, öffnete es und blätterte in den Papieren, *die ich daraus hervor genommen hatte*" (I,79; Hervorh. v. d. V.). "Ich legte meine Papiere auf das Tischchen, das neben meinem Bette stand, legte den Humboldt darauf und folgte der Magd, nachdem ich die Thür hinter mir gesperrt hatte." (I,80). Siehe Killy, a. a. O., S. 92f.

Literaturverzeichnis

Werkausgaben

Goethe, Gedenkausgabe der Werke, Briefe und Gespräche, Hrsg. Ernst Beutler, 24 Bde., Zürich 1948ff.

Goethes Werke, hrsg. im Auftrage der Großherzogin Sophie von Sachsen [Sophienausgabe], Weimar 1887 - 1919.

Keller, Gottfried: Sämtliche Werke, Hrsg. Jonas Fränkel u. Carl Helbling, Bern-Leipzig-München-Zürich 1926ff.

Keller, Gottfried: Gesammelte Briefe in vier Bänden, Hrsg. Carl Helbling, Bern 1950 - 1954.

Adalbert Stifters Sämmtliche Werke, 1. - 25. Bd. Begründet und herausgegeben mit anderen von August Sauer, Prag 1901ff. und Reichenberg 1927ff. In: Bibliothek Deutscher Schriftsteller aus Böhmen (später Bibliothek Deutscher Schriftsteller aus Böhmen, Mähren und Schlesien); hrsg. im Auftrage der Gesellschaft zur Förderung deutscher Wiss., Kunst u. Literatur in Böhmen (später: im Auftrage der deutschen Gesellschaft der Wissenschaften und Künste für die tschechoslowakische Republik).

Tieck, Ludwig: Werke in vier Bänden, herausgegeben und mit einem Nachwort versehen von Marianne Thalmann, Darmstadt 1963 - 1966.

Tieck, Ludwig: Schriften [Werke], Berlin 1828, unveränd. photomechan. Nachdruck, Berlin 1966.

Verwendete Literatur

- Abraham a Santa Clara: Centi-Folium Stultorum In Quarto. Oder Hundert Ausbündige Narren/In Folio. (...) (Wien 1709), Nachdruck der Erstauflage von 1709, Dortmund 1978 (Die bibliophil. Tb.).

- Adelung, Johann Christoph: Versuch eines vollständigen grammat.-krit. Wörterbuchs der Hochdeutschen Mundart, Leipzig 1774 - 86.

- Adorno, Theodor W.: Negative Dialektik. In: Ders., Gesammelte Schriften, Hrsg. Rolf Tiedemann, Frankfurt a. M. 1973, Bd. 6.

- Albertinus, Aegidius: Lucifers Königreich vnd Seelengejaidt: Oder Narrenhatz. Jn acht Theil abgetheilt. (1616), Hrsg. Rochus Frhr. von Liliencron, Berlin u. Stuttgart o. J. (Deutsche National Litteratur. Hist.-Krit. Ausgabe, Bd. 26).

- Amann, Klaus: Zwei Thesen zu Stifters 'Nachsommer'. In: Vasilo XXXI (1982) S. 169 - 184.

- Anakreon: Anakreon und die sogenannten Anakreontischen Lieder, übers. von Eduard Mörike. In: Eduard Mörike, Sämtliche Werke, hg. von Herbert G. Göpfert, München 1958 (2. Aufl.), S. 1378 - 1422.

- André, J.- M.: Recherches sur l'otium Romain, Annales Littéraires de l'Université de Besançon, vol. 52, Paris 1962.

- Aristoteles: Die Nikomachische Ethik. Übersetzt und herausgegeben von Olof Gigon, Zürich 1967. (Aus der Bibliothek Der Alten Welt des Artemis Verlags Zürich und München, 2. überarb. Aufl.).

- Aristoteles: Politik. Übersetzt und herausgegeben von Olof Gigon, Zürich 1971. (Aus der Bibliothek Der Alten Welt des Artemis Verlags Zürich und München, 2. durchges. Aufl.).

- Aspetsberger, Friedbert: Der Groß-Sprecher Heinrich Drendorf. Zu Adalbert Stifters 'Nachsommer'. In: Vasilo XXXII (1983), S. 179 - 219.

- Auerbach, Erich: Die Narbe des Odysseus. In: Ders., Mimesis. Dargestellte Wirklichkeit in der abendländischen Literatur, Bern u. Stuttgart 1988 (8. Aufl.), S. 5 - 27.

- Augustinus: De civitate Dei. In: Sancti Aurelii Augustini Opera Omnia, tomus sept., Parisiis MDCCCXXXVIII.

- Bachtin, Michael M.: Formen der Zeit im Roman. Untersuchungen zur historischen Poetik, Frankfurt a. M. 1989.

- Bahrdt, Carl Friedrich: Handbuch der Moral für den Bürgerstand, Tübingen 1789.

- Balzac, Honoré de: Traité de la vie élégante. In: Ders., La Comédie humaine, tomes I - XII. Édition publiée sous la direction de Pierre-Georges Castex, Paris 1976 - 1981 (Bibliothèque de la Pléiade), tom. XII, p. 211 - 257.

- Basedow, Bernhard: Elementarwerk mit den Kupfertafeln Chodowieckis u. a. 1785. Kritische Bearbeitung in drei Bänden, Hrsg. Theodor Fritzsch, Leipzig 1909.

- Baudelaire, Charles: Le peintre de la vie moderne. In: Ders., Oeuvres Complètes, Texte établi, présenté et annoté par Claude Pichois, Paris 1975 - 1976 (Bibliothéque de la Pléiade), vol. II, p. 683 - 724.

- Becker, Eva D.: Der deutsche Roman um 1780, Stuttgart 1964 (Germanistische Abhandlungen 5).

- Beckers, Gustav: Versuche zur dichterischen Schaffensweise deutscher Romantiker. <Ludwig Tieck, Friedrich Schlegel, Clemens Brentano>, Kopenhagen 1961.

- Berger, Albert: Ästhetik und Bildungsroman. Goethes "Wilhelm Meisters Lehrjahre", Wien 1977 (Wiener Arbeiten zur deutschen Literatur).

- Bernert, Ernst: Otium. In: Würzburger Jahrbücher für die Altertumswissenschaft, 4. Jg. (1949/50) S. 89 - 99.

- Bielschowsky, Albert: Goethe. Sein Leben und seine Werke, München 1902 - 1904, 2 Bde.

- Blanckenburg, Friedrich von: Versuch über den Roman, Faksimiledruck der Originalausgabe von 1774. Mit einem Nachwort von Eberhard Lämmert, Stuttgart 1965.

- Blessin, Stefan: Die radikal-liberale Konzeption von "Wilhelm Meisters Lehrjahren". In: Am Beispiel *Wilhelm Meister*. Einführung in die Wissenschaftsgeschichte der Germanistik, Hrsg. Klaus L. Berghahn, Beate Pinkerneil, Königstein/Ts. 1980, Bd. 2: Dokumente, S. 236 - 257.

- Boll, Franz: Vita contemplativa. In: Sitzungsberichte der Heidelberger Akademie der Wissenschaften, 8. Abhdl., Heidelberg 1920, S. 3 - 34.

- Borchmeyer, Dieter: Ideologie der Familie und ästhetische Gesellschaftskritik in Stifters *Nachsommer*. In: ZfdPh 99 (1980) S. 226 - 254.

- Borchmeyer, Dieter: Stifters *Nachsommer* - Eine restaurative Utopie? In: Poetica 12/H.1 (80) S. 59 - 82.

- Borges, Jorge Luis: Essays 1952 - 1979, übersetzt von K. A. Horst, C. Meyer-Clason, G. Haefs. In: J. L. Borges, Gesammelte Werke, Bd. 5, II, München o. J.

- Böschenstein-Schäfer, Renate: Arbeit und Muße in der Idyllendichtung des 18. Jahrhunderts. In: Goethezeit. Studien zur Erkenntnis und Rezeption Goethes und seiner Zeitgenossen. Festschrift für Stuart Atkins, Hrsg. Gerhart Hoffmeister, Bern u. München 1981, S. 9 - 30.

- Böttiger, Carl August: Ueber den Misbrauch der Deutschen Lectüre auf Schulen und einigen Mitteln dagegen, Leipzig 1787.

- Brans, Werner: Der Einzelne und die Gesellschaft in Ludwig Tiecks ersten selbständigen Schriften. Studien zur Entstehung des frühromantischen Individualismus, o. O. 1957 (Diss.).

- Brant, Sebastian: Das Narrenschiff. Nach der Erstausgabe (Basel 1494), Hrsg. Manfred Lemmer, Tübingen 1986 (3. erw. Auflage).

- Bruford, Walter H.: Goethes *Wilhelm Meister* als Bild und Kritik der Gesellschaft. In: Am Beispiel *Wilhelm Meister*. Einführung in die Wissenschaftsgeschichte der Germanistik, Hrsg. Klaus L. Berghahn, Beate Pinkerneil, Königstein/Ts. 1980, Bd. 2: Dokumente, S. 211 - 233.

- Büchner, Georg: Leonce und Lena, Kritische Studienausgabe, Hrsg. Burghard Dedner, Büchner-Studien Bd. 3, Frankfurt a. M. 1987.

- Campe, Joachim Heinrich: Väterlicher Rath für meine Tochter, Braunschweig 1796. Neudruck der Ausgabe Braunschweig 1796. Mit einer Einleitung von Ruth Bleckwenn. Quellen und Schriften zur Geschichte der Frauenbildung Bd. 3, Hrsg. R. Bleckwenn, Paderborn 1988.

- Castiglione, Baldesar: Das Buch vom Hofmann (Il libro del cortegiano), übersetzt und erläutert von Fritz Baumgart, München 1986.

- Chesterfield, Philipp Dormer Stanhope: Lord Chesterfield's Advice to his Son on Men and Manners, Chiswick, London and Glasgow 1826.

- Cicero, Marcus Tullius: Tusculanarum Disputationum. In: Marcus Tullius Cicero, Gespräche in Tusculum. Lateinisch-deutsch, Hrsg. Olof Gigon, München 1970 (2. Aufl.) (Tusculum Bücherei).

- Dedner, Burghard: Topos, Ideal und Realitätspostulat. Studien zur Darstellung des Landlebens im Roman des 18. Jahrhunderts, Tübingen 1969.

- Dischner, Gisela: Materialien zu einer Theorie des Müßiggangs. In: Gisela Dischner, Friedrich Schlegels "Lucinde" und Materialien zu einer Theorie des Müßiggangs, Hildesheim 1980.

- Donner, J. O. E.: Der Einfluss Wilhelm Meisters auf den Roman der Romantiker. Akademische Abhandlung, Helsingfors 1893 (Diss.).

- Eichner, Hans: Zur Deutung von 'Wilhelm Meisters Lehrjahren'. In: Jahrbuch des Freien Deutschen Hochstifts (1966), S. 165 - 196.

- Elias, Norbert: Über die Zeit. Arbeiten zur Wissensoziologie, Hrsg. Michael Schröter, Frankfurt a. M. 1984.

- Engel, Johann Jakob: Herr Lorenz Stark. Ein Charaktergemälde (1796), Berlin 1801.

- Ewald, Johann Ludwig: Über Volksaufklärung. Ihre Gränzen und Vortheile. Den menschlichsten Fürsten gewidmet, Berlin 1790.

- Ewald, Johann Ludwig: Erbauungsbuch für Frauenzimmer aller Konfessionen, 2 Bde., Hannover 1803.

- Fink, Gonthier-Louis: Die Bildung des Bürgers zum "Bürger". Individuum und Gesellschaft in >Wilhelm Meisters Lehrjahren<. In: Recherches Germaniques 2 (1972), S. 3 - 37.

- Forster, Georg: Ansichten vom Niederrhein. In: Georg Forster, Werke in vier Bänden, Hrsg. Gerhard Steiner, Leipzig o. J., Bd. II.

- Foucault, Michel: Die Ordnung der Dinge. Eine Archäologie der Humanwissenschaften, Frankfurt a. M. 1974.

- Foucault, Michel: Überwachen und Strafen. Die Geburt des Gefängnisses, Frankfurt a. M. 1977.

- Franklin, Benjamin: Advice to a young tradesman, written by an old one. To my Friend A. B., July 21, 1748. In: The papers of Benjamin Franklin, vol. 3, ed. Leonard W. Labaree a. o., Yale University Press, New Haven 1961.

- Freytag, Gustav: Soll und Haben. In: Ders., Gesammelte Werke, Leipzig 1909 (3. Aufl.), Bd. 4 u. 5.

- Garve, Christian: Popularphilosophische Schriften über literarische, ästhetische und gesellschaftliche Gegenstände (1792). Im Faksimiledruck herausgegeben von Kurt Wölfel, Stuttgart 1974, Bd. 1.

- Giese, Armin: Die Phantasie bei Ludwig Tieck - ihre Bedeutung für den Menschen und sein Werk, Hamburg 1973 (Diss.).

- Gigon, Olof: Einleitung zur Nikomachischen Ethik des Aristoteles. In: Aristoteles, N. E., a. a. O., S. 7 - 51.

- Glaser, Horst Albert: Die Restauration des Schönen. Stifters 'Nachsommer', Stuttgart 1965 (Germ Abh. 6).

- Gnüg, Hiltrud: Der Kult der Kälte. Der klassische Dandy im Spiegel der Weltliteratur, Stuttgart 1988.

- Gottfried von Straßburg: Tristan und Isolde, Hrsg. Friedrich Ranke, Dublin/Zürich 1967 (11. Aufl).

- Gottrau, André: Die Zeit im Werk des jungen Tieck, Zürich 1947 (Diss.).

- Grazia, Sebastian de: Of Time, Work and Leisure, New York 1964.

- Groh, Dieter: Viel Muße und wenig Arbeit. Die Überflußgesellschaft ist viel älter als wir glauben. Eine kulturhistorische Betrachtung. Rundfunkfeature Hessischer Rundfunk (3. 7. 1984).

- Guden, Philipp Peter: Polizey der Industrie, oder Abhandlung von den Mitteln, den Fleiß der Einwohner zu ermuntern, welcher die Königl. Groß-Brittanische Societät der Wissenschaften zu Göttingen i. J. 1766 den Preis zuerkannt hat, Braunschweig 1768.

- Guillaume de Lorris: Der Rosenroman, übersetzt und eingeleitet von Gustav Ineichen. Mit einem Vorwort von Wolfgang Stammler, Berlin 1967 (2. Aufl.).

- Gundolf, Friedrich: Ludwig Tieck. In: Jahrbuch des Freien Deutschen Hochstifts (1929) S. 99 - 195.

- Guthke, Karl S.: Gottfried Keller und die Romantik. In: Der Deutschunterricht 11 (1959) H. 5, S. 14 - 30.

- Haas, Rosemarie: Die Turmgesellschaft in "Wilhelm Meisters Lehrjahren". Zur Geschichte des Geheimbundromans und der Romantheorie im 18. Jahrhundert, Bern und Frankfurt a. M. 1975.

- Haller, Albrecht von: Albrecht von Hallers Gedichte, hrsg. u. eingel. von Ludwig Hirzel, Frauenfeld 1882.

- Hartmann von Aue: Iwein. Textausgabe nach der Ausgabe "Iwein." Eine Erzählung von Hartmann von Aue, herausgegeben von G. F. Benecke u. Karl Lachmann, neu bearbeitet von Ludwig Wolff. 7. Ausgabe, Berlin 1968.

- Haßler, Karl: Ludwig Tiecks Jugendroman "William Lovell" und der "Paysan perverti" des Restif de la Bretonne, Greifswald 1902 (Diss.).

- Hegel, G. W. F.: Werke in zwanzig Bänden, neu edierte Ausgabe. Redaktion Eva Moldenhauer u. Karl Markus Michel, Frankfurt a. M. 1971.

- Hellge, Rosemarie: Motive und Motivstrukturen bei Ludwig Tieck, Göppingen 1974 (Diss.).

- Horaz: Q. Horati Flacci Opera, ed. Fridericus Klingner, Lipsiae 1959 (3.Aufl.).

- Höllerer, Walter: Nachwort zum "Titan". In: Jean Paul, Werke in 12 Bden., Hrsg. Norbert Miller, München u. Wien 1975, Bd. 6, S. 1139 - 1165.

- Hörisch, Jochen: Gott, Geld und Glück. Zur Logik der Liebe in den Bildungsromanen Goethes, Kellers und Thomas Manns, Frankfurt a. M. 1983.

- Huizinga, Johan: Homo ludens. Vom Ursprung der Kultur im Spiel, Hamburg 1987.

- Isokrates: Areopagiticus. In: Isocrates. In three volumes. With an English translation by George Norlin (vol. I a. II; vol. III English transl. by L. van Hook), London 1961 - 1962 (The Loeb Classical Library), vol. II, p. 104 - 157.

- Jackson, Paul: Bürgerliche Arbeit und Romanwirklichkeit. Studien zur Berufsproblematik in Romanen des deutschen Realismus, Frankfurt a. M. 1981 (Literatur und Kommunikation Bd. 5).

- Jacobs, Jürgen u. Krause, Markus: Der deutsche Bildungsroman. Gattungsgeschichte vom 18. bis zum 20. Jahrhundert, München 1989.

- Jacobs, Jürgen: Wilhelm Meister und seine Brüder. Untersuchungen zum deutschen Bildungsroman, München 1972.

- Janz, Rolf Peter: Zum sozialen Gehalt der "Lehrjahre". In: Literaturwissenschaft und Geschichtsphilosophie. Festschrift für Wilhelm Emrich, Hrsg. H. Arntzen, B. Balzer u. a., Berlin, New York 1975, S. 320 - 340.

- Jean Paul: Werke in zwölf Bänden, Hrsg. Norbert Miller, München u. Wien 1975.

- Jost, Francois: Tiegel Tieck: 'William Lovell' et le 'Paysan Perverti'. In: Études Germaniques 28 (1973) S. 29 - 48.

- Jung, Jochen (Hrsg.): Lob der Faulheit. Literaturalmanach 1986, Salzburg u. Wien 1986.

- Jung, Johann Heinrich genannt Stilling: Sämmtliche Schriften, Nachdruck der Ausgabe Stuttgart 1835 - 1838 (Hrsg. J. U. Grollmann), Hildesheim/New York 1979.

- Kaiser, Gerhard: Gottfried Keller. Das gedichtete Leben, Frankfurt a. M. 1981.

- Kant, Immanuel: Über Pädagogik, Hrsg. D. F. Th. Rink. In: Kants Werke. Akademie-Textausgabe, Bd. IX: Logik, Physische Geographie, Pädagogik, unveränd. photomech. Nachdruck, Berlin 1968.

- Kant, Immanuel: Kritik der Urtheilskraft. In: Kants Werke. Akademie Textausgabe Bd. V: Kritik der praktischen Vernunft. Kritik der Urtheilskraft, unveränd. photomech. Nachdruck, Berlin 1968.

- Keller, Thomas: Die Schrift in Stifters "Nachsommer". Buchstäblichkeit und Bildlichkeit des Romantextes, Köln u. Wien 1982.

- Ketelsen, Uwe: Adalbert Stifter: *Der Nachsommer* (1857). Die Vernichtung der historischen Realität in der Ästhetisierung des bürgerlichen Alltags. In: Romane und Erzählungen des bürgerlichen Realismus. Neue Interpretationen, Hrsg. Horst Denkler, Stuttgart 1980, S. 188 - 202.

- Kierkegaard, Sören: Entweder - Oder. Unter Mitwirkung von Niels Thulstrup u. der Kopenhagener Kierkegaard-Gesellschaft herausgegeben von Hermann Diem u. Walter Rest, München 1978 (2.Aufl.).

- Killy, Walter: Wirklichkeit und Kunstcharakter. Neun Romane des 19. Jahrhunderts, München 1963.

- Kittler, Friedrich A.: Über die Sozialisation Wilhelm Meisters. In: Gerhard Kaiser u. Friedrich A. Kittler, Dichtung als Sozialisationsspiel. Studien zu Goethe und Gottfried Keller, Göttingen 1978, S. 13 - 124.

- Klee, Gotthold: Tiecks Werke, Bibl. Inst., Leipzig 1892.

- Konkursbuch. Zeitschrift für Vernunftkritik. Nummer sieben, "Müßiggang und Laster", Tübingen 1981.

- Korff, Hermann August: Der Geist der Goethezeit. Versuch einer ideellen Entwicklung der klassisch-romantischen Literaturgeschichte, Bd. II, Darmstadt 1974 (9. Aufl.).

- Köhn, Eckhardt: "Straßenrausch". Flanerie und kleine Form. Versuch zur Literaturgeschichte des Flaneurs bis 1933, Berlin 1989.

- Köhn, Lothar: Entwicklungs- und Bildungsroman. Ein Forschungsbericht (Erster Teil). In: DVjs 42 (1968) S. 427 - 473.

- Köpf, Gerhard u. Schultz, Joachim (Hrsg.): Das Insel-Buch der Faulheit, Frankfurt a. M. 1983.

- Kreuzer, Ingrid: Märchenform und individuelle Geschichte. Zu Text- und Handlungsstrukturen in Werken Ludwig Tiecks zwischen 1790 u. 1811, Göttingen 1983.

- Kürnitz, Johann Georg (Hrsg.): Oekonomische Encyklopädie, oder allgemeines System der Staats-, Stadt-, Haus- und Landwirthschaft, in alphabetischer Ordnung. 60. Theil. 1792. In Auszügen abgedruckt in: Ordnung, Fleiß und Sparsamkeit. Texte und Dokumente zur Entstehung der "bürgerlichen Tugenden", Hrsg. Paul Münch, München 1984, Nr. 46, S. 284 - 309.

- La Roche, Sophie von: Geschichte des Fräuleins von Sternheim (1771). In: Deutsche Literatur. Sammlung literarischer Kunst- und Kulturdenkmäler in Entwicklungsreihen. Aufklärung, Bd. 14, Hrsg. Fritz Brüggemann, Darmstadt 1964.

- Lapide, Pinchas: Arbeit - Fluch oder Würde des Menschen? (2) Die Bibel - Im Schweiße deines Angesichtes. Rundfunkfeature, Hessischer Rundfunk (2. 5. 82).

- Laufhütte, Hartmut: Wirklichkeit und Kunst in Gottfried Kellers Roman 'Der grüne Heinrich', Bonn 1969.

- Lessing, Gotthold Ephraim: Emilia Galotti. In: Gotthold Ephraim Lessings Sämtliche Schriften, Hrsg. Karl Lachmann u. Franz Muncker, 23 Bde., Stuttgart/Leipzig/Berlin 1886 - 1924 (3. Aufl.).

- Linke, Wolfgang: Die Arbeit in den Bildungsromanen des poetischen Realismus, Erlangen 1952 (Diss.).

- Lukács, Georg: Die Theorie des Romans, Neuwied und Berlin 1971 (SL 36).

- Lukács, Georg: Faust und Faustus, Vom Drama der Menschengattung zur Tragödie der modernen Kunst. Ausgewählte Schriften II, (11. - 18. Tsd.), (=rde 285/879, Reinbek 1968.

- Mann, Heinrich: Einleitung zu Choderlos de Laclos` "Schlimme Liebschaften". In: Choderlos de Laclos, Schlimme Liebschaften, übertragen und eingeleitet von Heinrich Mann, Frankfurt a. M. 1976 (Nachdruck der Ausgabe des Romans von 1920).

- Manthey, Jürgen: Wenn Blicke zeugen könnten. Eine psychohistorische Studie über das Sehen in Literatur und Philosophie, München 1983.

- Marcuse, Herbert: Über die philosophischen Grundlagen des wirtschaftswissenschaftlichen Arbeitsbegriffs (1933). In: Ders., Schriften Bd. 1, Frankfurt a. M. 1978, S. 556 - 594.

- Martens, Wolfgang: Die Botschaft der Tugend. Die Aufklärung im Spiegel der deutschen Moralischen Wochenschriften, Stuttgart 1968.

- Martini, Fritz: Deutsche Literaturgeschichte, Stuttgart 1968 (15. Aufl.).

- Mathesius, Johannes: Syrach Mathesij Das ist/Christliche Lehrhaffte/Trostreiche vnd lustige Erklerung vnd Außlegung des schönen Haußbuchs/so der weyse

Mann Syrach zusammen gebracht vnd geschrieben. In gewisse Predigten vnd drey vnterschiedene Theil angeordnet/vnd mit fleiß abgetheilet. 1589. In Auszügen abgedruckt in: Ordnung, Fleiß und Sparsamkeit. Texte und Dokumente zur Entstehung der "bürgerlichen Tugenden", Hrsg. Paul Münch, München 1984 Nr. 18, S. 104 - 114.

- Mattenklott, Gert: Blindgänger. Physiognomische Essais, Frankfurt a. M. 1986.

- Mattenklott, Gert: Das Ende des Dilettantismus. In: Merkur 41. Jahrgang Sept./Okt. 1987 (Nr. 463 - 464), S. 748 - 761.

- Mattenklott, Gert: Der übersinnliche Leib. Beiträge zu einer Metaphysik des Körpers, Hamburg 1982.

- Mattenklott, Gert: Tödliche Langeweile. In: Merkur 41. Jahrgang 1987 (Nr. 455), S. 91 - 103.

- Mattenklott, Gundel: Sprache der Sentimentalität. Zum Werk Adalbert Stifters, Frankfurt a. M. 1973.

- May, Kurt: "Wilhelm Meisters Lehrjahre", ein Bildungsroman? In: DVjs 31, H. 1, (1957), S. 1 - 37.

- Meier, Hans: Gottfried Kellers "Grüner Heinrich". Betrachtungen zum Roman des poetischen Realismus. (Zürcher Beiträge zur deutschen Literatur und Geistesgeschichte 46), Zürich u. München 1977.

- Menius, Justus: An die hochgeborne Furstin/fraw Sibilla Hertzogin zu Sachsen/Oeconomia Christiana/das ist/von Christlicher haushaltung. Mit einer schönen Vorrede D. Martini Luther 1529. In Auszügen abgedruckt in: Ordnung, Fleiß und Sparsamkeit. Texte und Dokumente zur Entstehung der "bürgerlichen Tugenden", Hrsg. Paul Münch, München 1984, Nr. 3, S. 47 - 51.

- Menninghaus, Winfried: Artistische Schrift. Studien zur Kompositionskunst Gottfried Kellers, Frankfurt a. M. 1982.

- Meyer, Hermann: Zarte Empirie. Studien zur Literaturgeschichte, Stuttgart 1963.

- Minder, Robert: Glaube, Skepsis und Rationalismus, Frankfurt a. M. 1974.

- Moormann, Karl: Subjektivismus und bürgerliche Gesellschaft. Ihr geschichtliches Verhältnis im frühen Prosawerk Gottfried Kellers, Bern und München 1977 (Gegenwart der Dichtung. Neue Folge, Bd. 3).

- Moritz, Karl Philipp: Anton Reiser. Ein psychologischer Roman. In: K. Ph. Moritz, Werke, Hrsg. Horst Günther, Frankfurt a. M. 1981, Bd. I.

- Muschg, Adolf: Gottfried Keller, München 1977.

- Müller, Günther: Gestaltung-Umgestaltung in Wilhelm Meisters Lehrjahren, Halle 1948.

- Müller, Klaus-Detlef: Der Zufall im Roman. Anmerkungen zur erzähltechnischen Bedeutung der Kontingenz. In: GRM 28 (1978), S. 265 - 290.

- Müller, Klaus-Detlef: Utopie und Bildungsroman. Strukturuntersuchungen zu Stifters "Nachsommer", ZfdPh 90 (1971), S. 199 - 228.

- Müller, Martin: Das Schlaraffenland. Der Traum von Faulheit und Müßiggang. Eine Text-Bild-Dokumentation, Wien 1984.

- Münz, Walter: Individuum und Symbol in Tiecks "Lovell". Materialien zum frühromantischen Subjektivismus, Bern u. Frankfurt a. M. 1975 (Regensburger Beiträge zur deutschen Sprach- und Literaturwissenschaft. Reihe B: Untersuchungen, Bd. 2).

- Nietzsche, Friedrich: Werke. Kritische Gesamtausgabe, Hrsg. Giorgio Colli u. Mazzino Montinari, Berlin 1967ff.

- Novalis: Schriften, Hrsg. Richard Samuel, H.- J. Mähl u. G. Schulz, Darmstadt 1977ff.

- O'Loughlin, Michael: The Garlands of Repose. The literary celebration of civic and retired leisure. The traditions of Homer and Vergil, Horace and Montaigne, Chicago 1978.

- Opaschowski, Horst Werner u. Raddatz, Gerhard: Freizeit im Wertewandel. Schriftenreihe zur Freizeitforschung, Bd.4, Hamburg 1982.

- Opaschowski, Horst Werner: Probleme im Umgang mit der Freizeit. Schriftenreihe zur Freizeitforschung, Bd. 1, Hamburg o. J.

- Ovid: Remedia Amoris. In: P. Ovidi Nasonis, Amores, Medicamina Faciei Femineae, Ars Amatoria, Remedia Amoris. Ed. brevique adnotatione critica instr. E. J. Kenney, Oxonii 1961 (Scriptorum classicorum bibliotheca Oxoniensis).

- Paulin, Roger: Ludwig Tieck. Realien zur Literatur, Stuttgart 1987 (SM 185).

- Pestalozzi, Karl: Die Entstehung des lyrischen Ich. Studien zum Motiv der Erhebung, Berlin 1970.

- Petriconi, Hellmuth: Die verführte Unschuld. Bemerkungen über ein literarisches Thema, Hamburg 1953.

- Piechotta, Hans Joachim: Ordnung als mythologisches Zitat. Adalbert Stifter und der Mythos. In: Mythos und Moderne, Hrsg. K. H. Bohrer, Frankfurt a. M. 1983, S. 83 - 111.

- Pikulik, Lothar: Die Frühromantik in Deutschland als Ende und Anfang. Über Tiecks "William Lovell" und Friedrich Schlegels Fragmente. In: Die literarische Frühromantik, Hrsg. Silvio Vietta, Göttingen 1983, S. 112 - 128.

- Pikulik, Lothar: Romantik als Ungenügen an der Normalität. Am Beispiel Tiecks, Hoffmanns, Eichendorffs, Frankfurt a. M. 1979.

- Platon: Sämtliche Werke. Nach der Übersetzung von Friedrich Schleiermacher mit der Stephanus-Numerierung herausgegeben von Walter F. Otto, Ernesto Grassi, Gert Plamböck, Reinbek 1971, (Rowohlts Klassiker).

- Preisendanz, Wolfgang: Keller. Der Grüne Heinrich. In: Benno v.Wiese (Hrsg.), Der deutsche Roman. Vom Barock bis zur Gegenwart. Struktur und Geschichte, Düsseldorf 1963, Bd. 2: Vom Realismus bis zur Gegenwart, S. 76 - 127.

- Reinig, Christa: Müßiggang ist aller Liebe Anfang, Düsseldorf 1979.

- Restif de la Bretonne: Le paysan perverti. Texte et dossier établis et présentés par Daniel Baruch, 2 tomes, Paris 1978.

- Ribbat, Ernst: Ludwig Tieck. Studien. Kronberg/Ts. 1978.

- Richter, Dieter: Schlaraffenland. Geschichte einer populären Phantasie, Köln 1984.

- Roeder, Arbo von: Dialektik von Fabel und Charakter. Formale Aspekte des Entwicklungsromans im 19. Jahrhundert. (Das wiss. Arbeitsbuch VI/7), Tübingen o. J. [1969] (Diss.).

- Röder, Gerda: Glück und glückliches Ende im deutschen Bildungsroman. Eine Studie zu Goethes "Wilhelm Meister", München 1968 (Münchner Germanistische Beiträge 2).

- Sachs, Hans: Werke, Hrsg. Adelbert von Keller u. Edmund Goetze, Reprograf. Nachdruck der Ausgabe Stuttgart 1870 - 1908, Hildesheim 1964 - 1982.

- Sade, Donatien Alphonse François, Marquis de: Justine oder Das Unglück der Tugend. In: Ders., Ausgewählte Werke, Hrsg. Marion Luckow, Frankfurt a. M. 1972, Bd. 4.

- Sauder, Gerhard: Empfindsamkeit und Frühromantik. In: Die literarische Frühromantik, Hrsg. Silvio Vietta, Göttingen 1983, S. 85 - 111.

- Sautermeister, Gert: Gottfried Keller: Der grüne Heinrich (1854/55; 2. Fassung 1879/80). Gesellschaftsroman, Seelendrama, Romankunst. In: Romane und Erzählungen des Bürgerlichen Realismus. Neue Interpretationen, Hrsg. Horst Denkler, Stuttgart 1980, S. 80 - 123.

- Scheibe, Friedrich Carl: Aspekte des Zeitproblems in Tiecks frühromantischer Dichtung, GRM XLVI (1965) S. 50 - 63.

- Schiller, Friedrich: Ueber die ästhetische Erziehung des Menschen in einer Reihe von Briefen (1795). In: Schillers Werke. Nationalausgabe. Begründet von Julius Petersen, Weimar 1943ff., Bd. 20, Hrsg. L. Blumenthal u. Benno v. Wiese, Weimar 1962.

- Schlaffer, Hannelore: Wilhelm Meister. Das Ende der Kunst und die Wiederkehr des Mythos, Stuttgart 1980.

- Schlaffer, Heinz: Der Bürger als Held. Sozialgeschichtliche Auflösungen literarischer Widersprüche, Frankfurt a. M. 1973.

- Schlaffer, Heinz: Exoterik und Esoterik in Goethes Romanen. In: Goethe Jahrbuch 95 (1978), S. 212 - S.226.

- Schlaffer, Heinz: Musa iocosa. Gattungspoetik und Gattungsgeschichte der erotischen Dichtung in Deutschland, Stuttgart 1971.

- Schlechta, Karl: Goethes Wilhelm Meister, Frankfurt a. M. 1985.

- Schlegel, Caroline: Caroline. Briefe an ihre Geschwister, ihre Tochter Auguste u. a. nebst Briefen von A. W. u. F. Schlegel, Hrsg. G. Waitz, Leipzig 1871, 2 Bde.

- Schlegel, Friedrich: Kritische Friedrich-Schlegel-Ausgabe, Hrsg. Ernst Behler unter Mitwirkung von J.- J. Anstett und Hans Eichner, München, Paderborn und Wien 1958ff.

- Schlegel, Johann Elias: Werke, Hrsg. Johann Heinrich Schlegel (1764 - 1773) (Faksimiledruck), Frankfurt a. M. 1971.

- Schmidt, Uwe: Wohlfeil leben. In: Konkursbuch Nummer sieben. "Müßiggang und Laster", Tübingen 1981, S. 19 - 22.

- Schnabel, Johann Gottfried: Wunderliche Fata einiger See=Fahrer, absonderlich Alberti Julii, (...), Nordhausen 1731. Unveränderter Nachdruck Frankfurt a. M. 1973. (Deutsche Romane des 17. und 18. Jahrhunderts. Eine Serie von Nachdrucken, ausgewählt von Ernst Weber).

- Schneider, Ferdinand Joseph: Tiecks "William Lovell" und Jean Pauls "Titan". In: ZfdPh 61 (1936) S. 58 - 75.

- Schneider, Margret: Etüden zum Lesen sprachlicher Formen in Goethes "Wilhelm Meister", Zürich und Freiburg im Br. 1970 (Zürcher Beiträge z. dt. Literatur und Geistesgeschichte Bd.38).

- Schopenhauer, Arthur: Sämtliche Werke. Textkritisch bearbeitet und herausgegeben von Wolfgang Frhr. von Löhneysen, Darmstadt 1989.

- Schubert, Bernhard: Der Künstler als Handwerker. Zur Literaturgeschichte einer romantischen Utopie, Königstein/Ts. 1986.

- Schuller, Marianne: Das Gewitter findet nicht statt oder Die Abdankung der Kunst. Zu Adalbert Stifters Roman "Der Nachsommer". In: Poetica 10/H. 1 (1978), S .25 - 52.

- Schulz, Gerhard: Bürgerliche Epopöen? Fragen zu einigen deutschen Romanen zwischen 1790 und 1800. In: Deutsche Literatur zur Zeit der Klassik, Hrsg. Karl Otto Conrady, Stuttgart 1977, S. 189 - 210.

- Schumann, Detlev W.: Die Zeit in 'Wilhelm Meisters Lehrjahren'. In: Jahrbuch des Freien Deutschen Hochstifts (1968), S. 130 - 165.

- Schweikert, Uwe: Dichter über ihre Dichtungen. Ludwig Tieck, 3 Bde., München 1971.

- Selbmann, Rolf: Der deutsche Bildungsroman. Realien zur Literatur (SM 214), Stuttgart 1984.

- Seneca, L. Annaeus: De brevitate vitae. In: Seneca in ten volumes. With an English translation by John W. Basore a.o., vol. I - III Moral Essays, vol. II, London 1968 - 1979; 10 Bde. (The Loeb Classical Library).

- Snell, Bruno: Die Entdeckung des Geistes, Göttingen 1975 (4. Auflage).

- Staiger, Emil: Die Zeit als Einbildungskraft des Dichters. Untersuchungen zu Gedichten von Brentano, Goethe und Keller, München 1976.

- Staiger, Emil: Meisterwerke deutscher Sprache aus dem neunzehnten Jahrhundert, München 1973.

- Stanzel, Franz K.: Theorie des Erzählens, Göttingen 1979 (UTB 904).

- Stein, Gerd (Hrsg.): Dandy - Snob - Flaneur. Exzentrik und Dekadenz. Kulturfiguren und Sozialcharaktere des 19. und 20. Jahrhunderts, Bd. 2, Frankfurt a. M. 1985.

- Struve, Christian August: Erklärung teutscher Sprichwörter in Rücksicht auf Erziehung und Behandlung der Kinder. 2 Bde., Glogau 1798 - 1799. In Auszügen abgedruckt in: Ordnung, Fleiß und Sparsamkeit. Texte und Dokumente zur Entstehung der "bürgerlichen Tugenden", Hrsg. Paul Münch, München 1984, Nr. 47, S. 310 - 312.

- Sulzer, Johann Georg: Anweisung zur Erziehung seiner Töchter (Zürich 1781). In: Johann Georg Sulzers Pädagogische Schriften. Mit Einleitung und Anmerkungen von Willibald Klinke, Langensalza 1922.

- Tewes, Joseph (Hrsg): Nichts Besseres zu tun - Über Muße und Müßiggang, Oelde 1989.

- Thomasin von Zirclaria, Der Wälsche Gast, Hrsg. H. Rückert , Quedlinburg u. Leipzig 1852.

- Timm, Albrecht: Verlust der Muße. Zur Geschichte der Freizeitgesellschaft, Hamburg o. J.

- Tismar, Jens: Gestörte Idyllen. Eine Studie zur Problematik der idyllischen Wunschvorstellungen am Beispiel von Jean Paul, Adalbert Stifter, Robert Walser und Thomas Bernhard, München 1973.

- Toulmin, Stephen /Goodfield, June: Entdeckung der Zeit. Aus dem Englischen von Ursula Hermann, Frankfurt a. M. 1985

- Trainer, James: *William Lovell*: Tieck's World of Chaos. In: Études Germaniques 23 (1968) S. 191 - 201.

- Treiber, Hubert/Steinert, Heinz: Die Fabrikation des zuverlässigen Menschen. Über die "Wahlverwandtschaft" von Kloster- und Fabrikdisziplin, München 1980.

- Veblen, Thorstein: The Theory of the Leisure Class. An Economic Study of the Evolution of Institutions, New York 1899; deutsche Ausgabe: Ders., Theorie der feinen Leute. Eine ökonomische Untersuchung der Institutionen, übers. von Suzanne Heintz u. Peter von Haselberg, München 1981.

- Voß, Theodor E.: Arkadien in Büchners *Leonce und Lena*. In: Büchnerstudien Bd. 3, Hrsg. Burghard Dedner, Frankfurt a. M. 1987, S. 275 - 436.

- Völker, Ludwig: Langeweile. Untersuchungen zur Vorgeschichte eines literarischen Motivs, München 1975.

- Wagner, Karl: 'Patriarchalisches Stilleben'? Ein sozialgeschichtlicher Versuch über Stifters 'Nachsommer'. In: Vasilo XXIX (1980), S. 139 - 165.

- Watt, Ian: Der bürgerliche Roman. Aufstieg einer Gattung. Defoe - Richardson - Fielding, Frankfurt a. M. 1974.

- Weber, Max: Gesammelte Aufsätze zur Religionssoziologie, 3 Bde., Tübingen 1920 - 1921.

- Weigand, Karlheinz: Tiecks 'William Lovell'. Studie zur frühromantischen Antithese, Heidelberg 1975 (Beiträge zur neueren Literaturgeschichte, Folge 3, 23).

- (Weiße, Felix Christian): Der Kinderfreund. Ein Wochenblatt. 8. Theil (1777), 10. Theil (1778), 19. (1781) u. 20. Theil (1780) in Auszügen abgedruckt in: Ordnung, Fleiß und Sparsamkeit. Texte und Dokumente zur Entstehung der "bürgerlichen Tugenden", Hrsg. Paul Münch, München 1984, Nr. 34, S. 190 - 210.

- Welskopf, Elisabeth Charlotte: Probleme der Musse im alten Hellas, Berlin 1962.

- Westphal, Joachim: Faulteuffel. Wider das Laster des Müssigganges (...). In: Theatrvm Diabolorum, Das ist: Ein sehr nutzliches verstenndiges Buch [...] Gebessert vnd gemehret/ mit einem newen Pestelentz Teuffel/so zuvor noch nie im Truck außgangen/sampt einem nutzlichen Register 1569. In Auszügen abgedruckt in: Ordnung, Fleiß und Sparsamkeit. Texte und Dokumente zur Entstehung der "bürgerlichen Tugenden", Hrsg. Paul Münch, München 1985, Nr. 15, S. 80 - 100.

- Wezel, Johann Karl: Herrmann und Ulrike (1780), Hrsg. Gerhard Steiner, Leipzig 1980.

- Wildbolz, Rudolf: Adalbert Stifter. Langeweile und Faszination, Stuttgart 1976.

- Xenophon: Memorabilia and Oeconomicus. With an English translation by E. C. Marchant, London 1959 (The Loeb Classical Library).

GPSR Compliance

The European Union's (EU) General Product Safety Regulation (GPSR) is a set of rules that requires consumer products to be safe and our obligations to ensure this.

If you have any concerns about our products, you can contact us on ProductSafety@springernature.com

In case Publisher is established outside the EU, the EU authorized representative is:

Springer Nature Customer Service Center GmbH
Europaplatz 3
69115 Heidelberg, Germany

Batch number: 10578188

Printed by Printforce, the Netherlands